Xpert.press

Springer
Berlin
Heidelberg
New York
Hongkong
London
Mailand
Paris
Tokio

Die Reihe **Xpert.press** des Springer-Verlags vermittelt Professionals in den Bereichen Betriebs- und Informationssysteme, Software Engineering und Programmiersprachen aktuell und kompetent relevantes Fachwissen über Technologien und Produkte zur Entwicklung und Anwendung moderner Informationstechnologien.

Michael Glöggler

Suchmaschinen im Internet

Funktionsweisen, Ranking Methoden,
Top Positionen

Mit 47 Abbildungen und 25 Tabellen

 Springer

Michael Glöggler
Via delle Vergini 9
53100 Siena
Italien

gloeggler@top-webpromotion.de

Bibliografische Information Der Deutschen Bibliothek
Die Deutsche Bibliothek verzeichnet diese Publikation
in der Deutschen Nationalbibliografie; detaillierte bibliografische
Daten sind im Internet über <http://nb.ddb.de> abrufbar.

ISBN-13:978-3-642-63934-0   e-ISBN-13:978-3-642-59321-5
DOI:10.1007/978-3-642-59321-5

Springer-Verlag Berlin Heidelberg New York
ein Unternehmen der BertelsmannSpringer Science+Business Media GmbH

http://www.springer.de

© Springer-Verlag Berlin Heidelberg 2003

Softcover reprint of the hardcover 1st edition 2003

Satz: Computer to film von pdf Daten der Firma perform, Heidelberg
Umschlaggestaltung: KünkelLopka Werbeagentur, Heidelberg
Gedruckt auf säurefreiem Papier   33/3142PS - 5 4 3 2 1 0

Vorwort

Das Internet hat mit der Kommerzialisierung des World Wide Webs Mitte der neunziger Jahre ein Wachstum erreicht, das bisher von keinem anderen Medium erzielt wurde. Die Hauptursache der rapiden Entwicklung weltweit liegt in der Besonderheit des World Wide Webs, einer relativ einfachen und kostengünstigen Erstellung, Verwaltung und Veränderung von Informationsinhalten sowie deren globalen Publizierung und Zugriffsmöglichkeit. Wesentlich unterstützt wurde das Wachstum durch Erweiterungen der ursprünglich rein Text basierten Informationsangebote durch Bild-, Audio- und Videodateien.

Während Mitte der neunziger Jahre von der Mehrzahl aller Unternehmen das Word Wide Web als nationaler oder globaler Marktplatz in seiner zukünftigen Bedeutung bei weitem noch nicht erkannt wurde, zählt das Internet heute für viele Branchen als eines der wichtigsten Medien und ist fester Bestandteil des Marketing-Mix geworden. Betrachtet man die Nutzerzahlen im Jahre 2002 alleine nur für Deutschland mit circa 30 Millionen Usern, wird das Potential des Marktplatzes Internet überaus deutlich.

Eine sehr wichtige Rolle im elektronischen Markt nehmen die Suchmaschinen und Webkataloge ein. Sie stehen als Mittler zwischen Informationsanbietern und Informationssuchenden. Entsprechend aktueller Studien beginnt zu 90 Prozent eine Suche im Internet nach Informationen, Produkten oder Dienstleistungen über die Suchhilfen. Dieser Umstand macht es für Content-Anbieter unabdingbar, dass sie möglichst optimal im Datenbestand der Suchhilfen vertreten sein müssen, da sie ansonsten nicht gefunden werden. Optimal vertreten bedeutet, dass das Informationsangebot eines Content-Anbieters über nur einige wenige Suchworte schnell von Usern gefunden wird.

Diesem Anspruch steht jedoch die enorme Menge an Informationsangeboten gegenüber, die es erschweren schnell gefunden zu werden. Darüber hinaus besteht nach wie vor ein erheblicher Mangel an Kenntnissen wie Websites gestaltet werden müssen, um bei den Suchmaschinen eine relevante Rangposition zu erreichen.

Ziel dieses Buches ist es, einfach und ohne viel Fachterminologie in die Technologien und Funktionsweisen von Suchmaschinen im Internet einzuführen. Dabei werden alle erforderlichen Informationen, Verfahren und Methoden so umfassend dargestellt, dass es jedem gelingt Websites auf den vorderen Rängen bei den Suchmaschinen zu positionieren. Optimal positionieren bedeutet in diesem Zusammenhang, eine Website technisch und inhaltlich so zu gestalten, dass sie von den Suchmaschinen in ihren Datenbestand aufgenommen und unter bestimmten Suchwörtern eine möglichst hohe Rangposition in den Suchergebnislisten erzielt. Ein umfangreiches Optimierungskonzept (Kap. 6 bis 11) zeigt auf einfache Weise, wie Websites für Suchmaschinen aufbereitet werden sollen, welche Fehler man nicht begehen darf und wie eine Indexierung dauerhaft überprüft werden kann.

Zum besseren Verständnis welche Arten von Suchhilfen im Internet existieren und wie ihre technischen Unterschiede Einfluss auf das Ranking haben, werden die verschiedenen Typen in Kapitel 1 kurz zueinander abgegrenzt. Für all diejenigen die mit den Grundlagen des Hypermedia nicht vertraut sind, geht Kapitel 2 auf diejenigen Bereiche und Parameter ein, die zur Optimierung der Rangposition von Websites Einfluss haben.

Kapitel 3 beschäftigt sich sehr umfangreich mit dem technischen Hintergrund der Suchmaschinen. Ziel ist es, durch eine leicht verständliche Erklärung der Funktionsweisen von Suchmaschinen grundlegende Kenntnisse zu vermitteln. Mit diesem Wissen ist es möglich, die unterschiedlichen Verfahren der Relevanzbewertung zu verstehen, bewerten und die Methoden zur Optimierung von Websites sicher anwenden zu können. Im Mittelpunkt stehen dabei die Methoden wie Suchmaschinen Dokumente im Internet finden und wie sie geeignete Parameter zur Bewertung von Dokumenten gewinnen können. Kapitel 4 verdeutlicht sehr gut, auf welchen Bewertungsverfahren Suchmaschinen aktuell entscheiden, welches Dokument die höchste Relevanz zu einer Suchanfrage hat und deshalb auf Position eins im Suchergebnis erscheint. Diese Gewichtungsmodelle haben direkten Einfluss auf die Optimierung von Websites und werden deshalb ausführlich erläutert.

Wie Suchmaschinen ihre Suchergebnislisten aufbauen und welche Suchmethoden sie Anwendern zur Verfügung stellen, wird in Kapitel 5 erklärt. Speziell die Art wie Anwender bei den Suchmaschinen suchen können und wie sie tatsächlich Suchanfragen stellen, hat Auswirkung auf die inhaltliche Gestaltung von Websites.

Aus den Systematiken des Hypermedia sowie den Funktionsweisen der Suchmaschinen lassen sich Handlungsanweisungen ableiten, wie Websites am besten gestaltet werden müssen. In Kapitel 6 werden dazu alle Methoden die auf ein Dokument angewendet werden sollten, umfangreich und leicht verständlich dargestellt. Kapitel 7 beschreibt fortführend zahlreiche Verfahren die sich aus dem Hypermedia ergeben und gleichfalls zur Website Optimierung empfohlen werden.

Eine Einschränkung der Indexierung stellen die Spam-Regeln der Suchmaschinen dar. Spam sind unerlaubte Verfahren, die zum Ausschluss aus dem Datenbestand bei Suchmaschinen führen können. Um nicht Gefahr zu laufen Spam zu betreiben, wird in Kapitel 8 detailliert auf das Thema Spam eingegangen und dazu einige Tipps und Tricks gezeigt, um die Spamerkennung zu umgehen. Kapitel 9 beschreibt die verschiedenen Verfahren, um in den Datenbestand von Suchmaschinen aufgenommen zu werden, als auch mögliche Fehler eines Content-Anbieters, die dies verhindern können.

Der käufliche Erwerb von Rangpositionen stellt mittlerweile eine von nahezu allen Suchmaschinen angebotene Methode dar, schnell auf prominenten Positionen zu erscheinen. Für verschiedene Content-Anbieter stellt dies durchaus eine Alternative zur technisch basierten Website Optimierung dar und wird aus diesem Grunde umfassend in Kapitel 10 behandelt.

Die technische Überwachung der Funktionsfähigkeit der eigenen Website sowie eine permanente Analyse der Server Log Files schaffen die Voraussetzung für ein dauerhaft gutes Ranking bei Suchmaschinen. In Kapitel 11 werden die wichtigsten Web Site Monitoring und Web File Analysen mit Handlungsempfehlungen vorgestellt.

Nach dem Lesen dieses Buchs verfügt der Leser über sehr gute Kenntnisse des technischen Systemumfeldes von Suchmaschinen im Internet, deren Funktionsweisen sowie den Kriterien der Relevanzbildung. Es wird ein umfassendes Spezialwissen bereitgestellt das es ermöglicht, eigene Websites technisch und inhaltlich so zu optimieren, dass eine optimale Rangposition erzielt wird. Hierzu werden alle anzuwendenden Methoden und Verfahren umfassend und leicht verständlich erklärt und dargestellt. Zahlreiche Abbildungen, Tabellen und eine Vielzahl an weiterführenden Links ins Internet unterstützen ein optimales Verständnis. Bei genauer Beachtung und Einsatz der in diesem Buch beschriebenen Systematiken ist es folglich jedem möglich, eine Website auf Seite 1 bei allen relevanten Suchmaschinen zu positionieren.

Viel Spaß beim Lesen und noch mehr Erfolg bei der Optimierung von Websites!

Michael Glöggler

Inhaltsverzeichnis

Abbildungsverzeichnis

Tabellenverzeichnis

1 Überblick Suchdienste im World Wide Web

Zu Beginn des Buches ist es erforderlich die verschiedenen Arten von Recherchetools im WWW genauer zu definieren, da jeder Typ von Suchdienst die Erfassung und Speicherung von Daten sowie die Beantwortung von Suchanfragen unterschiedlich ausführt. In Hinblick auf die Optimierung von Websites ist es dabei wesentlich, die jeweiligen Methoden zu identifizieren, die Suchhilfen einsetzen um die Rangposition eines Dokuments in der Suchergebnisliste zu bestimmen. Nur durch eine genaue Kenntnis aller Methoden der Rangbildung können Websites effizient optimiert werden.

Die Art *wie* die Suchdienste ihren Datenbestand erzeugen, ihn verwalten und aktualisieren sowie Dokumente hinlänglich ihrer Relevanz zu Suchanfragen unterscheiden, stellt dabei ein geeignetes Unterscheidungskriterium dar. Oder anders ausgedrückt, die Methode wie Dokumente an die Suchdienste zur Aufnahme in deren Datenbestand übergeben werden können und wie eine inhaltliche Auswertung und Relevanzbewertung erfolgt, dient als Unterscheidungskriterium. Die im Internet vorkommenden Suchdienste können in vier Grundtypen unterschieden werden:

- Webkataloge
- Suchmaschinen
- Metasuchmaschinen
- Payed Placement-Suchmaschinen.

Diese strenge Differenzierung dient jedoch überwiegend dazu, die verschiedenen Verfahren zum Zwecke eines besseren Verständnisses genauer zueinander abgrenzen zu können. Wie sich noch zeigen wird, bieten nahezu alle Suchdienste eine Kombination der vorgenannten Formen unter ein und der selben Webadresse und Benutzeroberfläche an. Ein gutes Beispiel ist hierfür Altavista.

Bei Altavista besteht die Möglichkeit eine Suche über den *Index der Suchmaschine* oder im *Webkatalog* vorzunehmen. Wird eine Suchanfrage an den Index der Suchmaschine gerichtet, erscheinen im obersten Bereich der Ergebnisliste Verweise zum Webkatalog des betreffenden Suchthemas. Im daran anschließenden Bereich erscheinen sogenannte *Sponsored Links* die von *Payed Placement-Suchmaschinen* kommen und deren Position bei Altavista als *Payed Listing* gekauft werden kann. Erst im Anschluss daran erscheinen die eigentlichen Suchergebnisse aus dem Datenbestand des *Altavista-Index*.

Abb. 1.1. Altavista.de Suchergebnisliste – verkürzte Darstellung

1.1 Webkataloge

Ein *Webkatalog* ist ein Suchdienst bei dem alle Dokumente und Dateien die in
den Datenbestand aufgenommen werden, von Mitarbeitern des jeweiligen Such-
dienstes manuell geprüft, redaktionell bewertet, verworfen oder akzeptiert werden. Im einfachsten Fall beruht ein manuell erstellter Webkatalog auf einer al-
phabetischen oder nach thematischen Kriterien geordneten URL-Liste.

Prominentes Beispiel für einen Webkatalog ist *Yahoo*, der mit 27 Länder spezifischen Webkatalogen weltweit vertreten ist und dessen Datenbestand nach Sprachen organisiert ist. Ein weiterer sehr bedeutender Webkatalog ist das *Open Project Directory* der für viele Internet-Portale und Suchmaschinen die Datenbasis
für deren Webkatalog stellt. Im deutschsprachigen Raum ist der Webkatalog von
Web.de als eigenständige Sammlung thematisch aufbereiteter URL-Verweise eine
interessante Suchalternative.

Das Hauptargument der Betreiber von Katalogen für deren Existenz ist, dass
durch eine intellektuelle Bewertung von Websites die Präzision von Suchergeb-

nissen im Vergleich zu Suchmaschinen wesentlich steigt. Da jedoch alle Dokumente die in einen Katalog aufgenommen werden, genau auf ihren Inhalt geprüft und bewertet werden müssen, verfügen Webkataloge im Vergleich zu Suchmaschinen über einen erheblich kleineren Datenbestand. Präzise Suchergebnisse bedingen jedoch besonders in einem so dynamischen Medium wie dem WWW, eine möglichst große und aktuelle Datenbasis, die von den großen Suchmaschinen am ehesten erreicht wird. Nur durch eine umfassende Berücksichtigung möglichst aller vorhandenen Informationsangebote können diejenigen Dokumente gefunden werden, die einer Suchanfrage am besten entsprechen. Dem Vorteil einer genaueren thematischen und inhaltlichen Bestimmung steht in Hinblick auf die Präzision von Suchergebnissen, der wesentlich geringere Datenbestand von Webkatalogen Ergebnis verschlechternd gegenüber.

Ein Webkatalog verfügt über kein Software Tool, das selbstständig das Web nach Inhalten durchsucht um hierdurch neue Dokumente zum Zwecke der Erweiterung seines Datenbestands zu finden. Möchte ein Content-Anbieter ein Dokument oder eine Website in den Datenbestand eines Webkatalogs aufnehmen lassen, muss er ein mehr oder weniger umfangreiches Eintragungsformular unter Angabe des Dokumenten-URL mit weiterführenden Informationen ausfüllen. Diese Angaben werden dann gemeinsam mit dem Inhalt durch den Dienstbetreiber redaktionell geprüft. Dabei obliegt die Entscheidung, ob ein Dokument in das Verzeichnis aufgenommen und welcher thematischen Kategorie es zugeordnet wird, einem Redaktionsteam.

Von besonderer Bedeutung für die Website-Optimierung ist, nach welchen Kriterien die Suchergebnisse bzw. die Kataloglisten bei Webkatalogen sortiert werden. D.h. auf Basis welcher Kriterien erscheint eine Website am Anfang bzw. am Ende einer Auflistung. Es existieren hierzu zwei unterschiedliche Verfahren.

Beim gewichteten Verfahren, das von nahezu allen bedeutenden Webkatalogen verfolgt wird, ordnen beauftragte Redakteure den einzelnen Websites und Dokumenten *manuell* eine Gewichtung zu. Dieses Dokumentengewicht drückt aus, wie exakt ein Dokument einem Thema entspricht. Je genauer der Inhalt einer Website mit der Kategorie in der er erscheinen soll übereinstimmt, desto wahrscheinlicher ist die Aufnahme in die betreffende Kategorie und umso höher ist das *manuell* zugeordnete Gewicht. Für die Position in der Suchergebnisliste ist folglich eine intellektuelle Bewertung und manuelle Gewichtung eines Dokuments ausschlaggebend. Da diese Gewichtung durch den Betreiber des Webkatalogs aufgrund von internen Bewertungskriterien vergeben wird, besteht für einen Content-Anbieter die einzige Möglichkeit die Rangposition über die *inhaltliche Ausarbeitung* seiner Website in Bezug auf die gewählte Kategorie zu beeinflussen. Je genauer der Inhalt dem Thema der entsprechenden Kategorie des Webkatalogs entspricht, desto höher bewertet ein Redakteur ein Dokument und um so weiter vorne erscheint es in der Auflistung.

Bei ungewichteten Verfahren, erfolgt die Aufnahme in den Katalog gleichfalls durch manuelle Prüfung und Zuordnung zu einem bestimmten Thema. Die Reihenfolge in der Suchergebnisliste wird jedoch nicht durch einen Relevanzgrad einer Seite zu einem Thema bestimmt. Die Sortierung erfolgt innerhalb einer vorgegebenen Themenstruktur entweder alphabetisch oder nach dem Datum der Aufnahme in den Datenbestand. Dabei widerspricht die Logik der ungewichteten Verfahren dem Ziel von Webkatalogen, besonders präzise Ergebnisse durch intellektuelle Bewertung der einzelnen Dokumente zu liefern. Das ungewichtete Verfahren setzt beispielsweise Bellnet ein und sortiert seine Daten in alphabetischer Reihenfolge der Dokumententitel.

Links

Allesklar
- [www.allesklar.de/]

Ask Jeeves
- [www.ask.com/]

Bellnet
- [www.bellnet.de]

Dino Online
- [www.dino-online.de/]

Looksmart
- [www.looksmart.com]

Open Directory Project
- [http://dmoz.org]

Web.de
- [www.web.de]

Yahoo
- [www.yahoo.com]

Jump Site Webkataloge
- [www.suchmaschinen.de/]

1.2 Suchmaschinen

Das wesentlichste Unterscheidungsmerkmal einer *Suchmaschine* zu einem Webkatalog ist, dass die vier Kernfunktionen einer Suchhilfe,

1. die Datenbeschaffung,
2. die Dokumentenanalyse und -bewertung,
3. der Aufbau und Verwaltung von Datenstrukturen sowie
4. die Suchanfrage mit der Berechnung von Relevanzwerten

ausschließlich auf *automatisierten Verfahren* beruhen. Eine Gegenüberstellung der einzelnen Verfahren von Webkatalogen und Suchmaschinen verdeutlicht dies.

Datenbeschaffung

Webkataloge setzten kein Softwaretool ein, das aktiv im Internet neue Websites und Dokumente ausfindig macht. Die Erweiterung des Datenbestands erfolgt ausschließlich über ein Anmeldeformular, bei dem der Content-Anbieter seine Website selbst anmeldet. Wird eine Seite nicht aktiv angemeldet, kann sie auch nicht in den Datenbestand aufgenommen werden. Suchmaschinen verfügen hingegen über eine spezielle Systemkomponente, den sogenannten Webrobot, der aktiv das Internet nach neuen Dokumenten durchsucht.

Dokumentenanalyse und Dokumentenbewertung

Die *inhaltliche Bewertung* von Dokumenten, die Entscheidung über eine Aufnahme in den Datenbestand sowie die Zuordnung zu einem bestimmten Katalogthema erfolgt bei Webkatalogen manuell. Suchmaschinen setzen hingegen hierfür verschiedene Softwaretools ein, die eine vollständig automatisierte Analyse und inhaltliche Bewertung von Dokumenten vornehmen. Ein manueller Eingriff, z.B. in Form der Elimination eines Dokuments aus dem Datenbestand, erfolgt in der Regel nur bei Verstößen gegen die Nutzungsordnung.

Aufbau und Verwaltung von Datenstrukturen

Der Datenbestand bei Webkatalogen wird durch eine manuelle Aufnahme von neuen Dokumenten in die Datenbank entwickelt. Innerhalb vorgegebener Strukturen die die einzelnen Themen repräsentieren, werden neue URL's durch Redakteure hinzugefügt. Automatisierte Suchmaschinen setzen hingegen Software basierte Verfahren ein, die basierend auf verschiedenen Parametern und Indexierungsmethoden über die Aufnahme und den inhaltlichen Schwerpunkt eines Dokuments entscheiden. Zur Umsetzung der speziellen Datenstrukturen von Suchmaschinen werden überwiegend Information Retrieval Systeme eingesetzt, die geeignete Datenstrukturen an Hand von Keywords realisieren.

Suchanfrage mit der Berechnung von Relevanzwerten

Während bei Webkatalogen am besten über die einzelnen Themenstrukturen mittels Blättern gesucht wird, eignen sich Suchmaschinen besser zur Suche mittels Keyword-Eingabe in ein Suchfeld. Ein geeignetes Dokument findet man i.d.R. bei Webkatalogen in dem man sich bis zu dem betreffenden Thema durchklickt. Bei Suchmaschinen liefert im Allgemeinen die Methodik der Relevanzbewertung eine ausreichende Anzahl an relevanten Dokumenten. Die Bestimmung der Relevanz eines Dokuments zu einem bestimmten Thema erfolgt, entgegen einer manuellen Bewertung bei den Webkatalogen, gleichfalls mittels automatisierter Verfahren.

Der vorgenommene Vergleich verdeutlicht, dass die Suchmaschinen alle Verfahren der Erfassung von Ressourcen im Internet, deren Aufnahme in den Datenbestand und die inhaltliche Bewertung vollständig automatisiert ausführen. Aus diesem Grund wird dieser Typ von Suchdienst oftmals auch *automatisierte Suchmaschine* genannt. Die bekanntesten Vertreter automatisierter Suchmaschinen im deutschsprachigen Raum sind Google, Altavista, Fireball und Lycos.

Vergleicht man weiter die Verfahren der Bestimmung von Relevanz bei Webkatalogen und Suchmaschinen wird deutlich, dass eine Beeinflussung der Rangposition in der Suchergebnisliste, wenn überhaupt, nur bei den automatisierten Suchmaschinen erfolgen kann. Die vollkommene Automatisierung aller Prozesse bedingt ein Software basiertes Regelkonzept. Nur so ist es den Suchmaschinen technisch möglich, einen geordneten und kontrollierten Datenbestand aufzubauen, inhaltliche Differenzierungen sowie Relevanzbewertungen vorzunehmen und als Ergebnis weitestgehend präzise Suchergebnisse zu liefern.

Im Fortverlauf dieses Buches wird genau gezeigt, welche Verfahren und Methoden die Suchmaschinen einsetzen, um ihre Aufgabe zu lösen. Erst mit genauer Kenntnis der Funktionsweisen von Suchmaschinen kann eine Website so optimiert werden, dass sie zu einer bestimmten Suchanfrage auch einen möglichst hohen Relevanzwert aufweist. Aus diesem Grund wird nachfolgend das Systemumfeld der Suchmaschinen genauer betrachtet. Hier finden sich zahlreiche technische Kriterien, die z.B. für die Aufnahme oder Ablehnung in den Datenbestand ausschlaggebend sind. Zu berücksichtigen ist auch das HTTP-Protokoll, das den Suchmaschinen verschiedene Parameter übergibt, die zur Gewichtung und Berechnung der Relevanz verarbeitet werden können.

Zur vollkommenen automatisierten Umsetzung des Aufbaus und Pflege des Datenbestandes sowie der Beantwortung von Relevanz orientierten Suchanfragen, setzen Suchmaschinen i.d.R. auf drei Systemkomponenten,

1. das Webrobot-System,
2. das Information Retrieval System,
3. und den Query-Processor,

die nachfolgend einer genauen Betrachtung unterzogen werden. Deren Analyse ermöglicht einen tiefen Einblick in die Arbeitsweisen der Suchmaschinen, woraus sich die gewünschten Vorgaben zur Optimierung einer Website ableiten lassen. Die Systemkomponenten werden nachfolgend kurz im Überblick dargestellt.

Webrobot-System

Die Hauptfunktion des *Webrobot-System* ist es, die Daten zum Aufbau eines Datenbestands aus dem WWW zu generieren sowie im Bestand bereits vorhandene Dokumente auf ihre Existenz und Veränderung hin zu überprüfen.

Information Retrieval System

Automatisierte Suchmaschinen im Internet basieren auf *Information Retrieval Systemen*. Sie sind die wesentlichste Systemkomponente der Suchmaschine. Ihre Aufgabe ist es, auf Basis der vom Robotsystem gefundenen Dokumente durchsuchbare Datenstrukturen aufzubauen. Information Retrieval Systeme verfügen über spezielle Methoden, Textdokumente zu analysieren und mittels automatisierter Verfahren den jeweiligen Dokumenten Gewichte zuzuweisen. Diese Gewichte repräsentieren die Relevanz eines Dokuments zu einem bestimmten Suchbegriff. Die Gesamtheit der Verfahren von Information Retrieval Systemen zur Erstellung eines durchsuchbaren Datenbestandes wird oftmals auch mit dem Begriff der *Indexierung* definiert.

Query Processor

Der *Query Processor* ist eine Software-Komponente die den Datenbestand abfragt und System technisch die *eigentliche* Suchmaschine darstellt. Die Bezeichnung der Gesamtheit aller drei Teilkomponenten als Suchmaschine ist insofern ungenau, es soll jedoch dem allgemeinen Sprachgebrauch gefolgt werden.

Der Query Processor bearbeitet die Suchanfrage. Eine Suchanfrage besteht aus einem oder mehreren Worten oder Textfragmenten. Der Query Processor greift dazu auf den Index des Retrievalsystems zu und erzeugt eine Liste an Dokumenten, die der Suchanfrage entsprechen. Durch den Einsatz einer oder mehrerer Retrieval-Funktionen berechnet er eine Rangfolge, die die Relevanz der betreffenden Dokumente zur Suchanfrage wiedergibt. Der Query Processor ist mit seiner Eingabeoberfläche und der Suchergebnisliste die Schnittstelle zum Anwender.

Links

Altavista
- [www.altavista.de]

Alltheweb
- [www.alltheweb.com]

Fireball
- [www.fireball.de]

Google
- [www.google.de]

HotBot
- [www.hotbot.com]

Inktomi
- [http://search.positiontech.com]

Lycos
- [www.lycos.de]

NorthernLight
- [www.northernlight.com/]

Tiscali
- [www.tiscali.de]

Teoma
- [www.teoma.com/]

Jump Site Suchmaschinen
- [www.suchmaschinen.de/]

Suchmaschinen Deutschland
- [http://directory.google.com/Top/World/Deutsch/Computer/Internet/
Suchen/Suchmaschinen/]

Suchmaschinen Österreich
- [http://directory.google.com/Top/World/Deutsch/Computer/Internet/
Suchen/Suchmaschinen/%C3%96sterreich/]

1.3 Metasuchmaschinen

Metasuchmaschinen sind dadurch gekennzeichnet, dass sie über keinen eigenen Datenbestand verfügen, sondern gezielt auf die Daten anderer Suchmaschinen und Webkataloge zugreifen. Eine Metasuchmaschine ist ein Recherchetool, das über eine eigene Benutzeroberfläche verfügt, Suchanfragen jedoch via HTTP-Request an verschiedene Suchmaschinen und Webkataloge sendet. Sie greift dabei auf den Datenbestand der anderen Suchdienste zu, fragt sie parallel ab und agregiert die zurückgelieferten Suchergebnisse in einer eigenen Suchergebnisliste. Dabei werden doppelte Ergebnisse eliminiert und eigene mathematische und statistische Kriterien zur Bestimmung der Rangreihenfolge angewendet.

Eine Metasuchmaschine besteht im wesentlichen nur aus einer Software, die Suchanfragen an andere Suchdienste weiterleitet und deren zurückgelieferten Ergebnisse nach eigenen Kriterien bewertet. Da eine Metasuchmaschine keinen eigenen Datenbestand besitzt, kann auch keine Aufnahme in den Datenbestand erfolgen.

Eine qualitativ sehr hochwertige Metasuchmaschine ist *MetaGer*. MetaGer verfügt über die Möglichkeit zahlreiche Suchmaschinen und Webkataloge parallel abzufragen. Welche bei einer Suche berücksichtigt werden, kann vom Anwender selbst bestimmt werden.

Der Ablauf einer Suchanfrage an eine Metasuchmaschine kann allgemein in sechs Schritten dargestellt werden:

1. Annahme einer Suchanfrage über das eigene Interface,
2. Umwandeln der Anfrage in eine Syntax, die von den abgefragten Suchhilfen verstanden wird,
3. Abschicken der Anfragen via HTTP-Request,
4. Warten auf die Suchergebnisse und Sammeln der zurückgelieferten Suchergebnisse,
5. Analyse der Resultate, Eliminierung von Duplikaten und Bilden einer Rangreihenfolge,
6. Zusammenführen der Resultate als ein Suchergebnis,

Bekannterweise ist es keiner Suchmaschine und keinem Webkatalog möglich, das WWW vollständig zu erfassen und die gespeicherten Daten auch weitestgehend aktuell zu halten. Je nach individueller Zielsetzung bzw. vorhandener Systemressourcen erfassen die einzelnen Suchhilfen immer nur eine Teilausschnitt des World Wide Webs. Ziel von Metasuchmaschinen ist es, die unzureichende Abdeckung des WWW der einzelnen Suchmaschinen und Webkataloge dadurch zu verbessern, dass gleichzeitig auf mehrere Datenbestände unterschiedlicher Suchdienste zugegriffen wird. Hierdurch erhöht sich die Auswahl und Anzahl an relevanten Dokumenten erheblich. Die Präzision der Suchergebnisse hängt jedoch neben der größeren Datenbasis insbesondere auch vom eingesetzten Algorithmus der Retrieval-Funktion ab.

Links

MetaGer
- [http://meta.rrzn.uni-hannover.de]

Metacrawler.de
- [www.metacrawler.de/]

Nettz.de
- [www.nettz.de/]

Liste aller relevanten Metasuchmaschinen
- [www.metasuchmaschinen.net/metasuchmaschinen_01.htm]

Jump Site Metasuchmaschinen
- [www.suchmaschinen.de/]

1.4 Payed Listing Suchmaschinen

Die Bezeichnung *Payed Listing-Suchmaschine* ist streng genommen unzutreffend, legen wir die in Kap. 1.2 gemachte Definition zu Grunde. Bei dem Payed Listing-Verfahren handelt es sich um *gekaufte* Rangpositionen, die bei verschiedenen Suchmaschinen und Webkatalogen an eigens hierfür vorgesehenen Bereichen innerhalb der Suchergebnisliste erscheinen.

Die bekanntesten Payed Listing-Suchmaschinen sind Overture, Espotting und QualiGo. Das Prinzip von allen drei Diensten beruht auf dem Verkauf von Positionen bei anderen Suchdiensten gegen Höchstgebot. Hierzu haben die Betreiber bei unterschiedlichen Suchdiensten Flächen innerhalb der Suchergebnislisten gekauft. Vor den eigentlichen Suchergebnissen aus dem Datenbestand der jeweiligen Suchhilfe erscheinen die Payed Listing-Ergebnisse. In der Regel werden diese Verweise als Sponsored Links gekennzeichnet.

Gegenwärtig finden sich die Payed Placement-Verweise von Overture in Deutschland bei nachfolgenden Portalen und Suchdiensten.

Tabelle 1.1. Portal-Partner von Overture in Deutschland

Portal	URL	Portal	URL
T-Online	[www.t-online.de]	AOL	[www.aol.de]
Altavista	[www.altavista.de]	MSN	[www.msn.de]
Freenet	[www.freenet.de]	ZDNet	[www.zdnet.de]
Fireball	[www.fireball.de]	Lycos	[www.lycos.de]
PC-Welt	[www.pc-welt.de]	HotBot	[www.hotbot.lycos.de]
Tiscali	[www.tiscali.de]		

In den USA sind wichtige Portal-Partner von Overture in nachfolgender Tabelle gezeigt.

Tabelle 1.2. Portal-Partner von Overture in USA

Portal	URL	Portal	URL
AltaVista	[www.altavista.com]	Excite	[www.excite.com]
AOL	[www.aol.com]	Go	[www.go.com]
Ask	[www.ask.com]	HotBot	[www.hotbot.com]
Direct Hit	[www.directhit.com]	iWon	[www.iwon.com]
Lycos	[www.lycos.com]	MSN	[www.msn.com]
Yahoo	[www.yahoo.com]	Netscape	[www.netscape.com]

Die Payed Placements von Espotting findet man bei vielen deutschsprachigen Portalen.

Tabelle 1.3. Portal-Partner von Espotting in Deutschland

Portal	URL	Anmerkung
Ciao!	[www.ciao.com]	5 Links an zentralen Stellen
Tiscali	[www.tiscali.de]	Links an zentralen Stellen
Lycos	[www.lycos.de]	Links im Channel und Directory
Web.de	[www.web.de]	Links 1 – 3 vor Suchergebnissen
Netscape	[www.netscape.de]	Suchauswahloption auf Espotting
Stern	[www.stern.de]	Links 1 – 3 vor Suchergebnissen
Metaspinner	[www.metaspinner.de]	Links 1 – 3 vor Suchergebnissen
Yahoo	[www.yahoo.de]	Links 1 –5 vor Suchergebnissen

Da die wenigsten Suchmaschinen und Webkataloge über eine entsprechende Technologie verfügen um Pay-Per-Click (PPC) im Versteigerungsverfahren zu realisieren, arbeiten sie mit den entsprechenden Dienstanbietern zusammen.

Das Pay-Per-Click-Verfahren der Payed Listing Suchmaschinen beruht auf einem Bieterverfahren. Das bedeutet, dass die Rangposition innerhalb des gemieteten Bereichs bei den Portal-Partnern gegen Höchstgebot versteigert wird. Gegenstand der Versteigerung ist der Preis den ein Anbieter bereit ist, für jeden erfolgten Klick auf seine Website zu bezahlen (PPC). Ein Interessent gibt hierzu in ein Eingabeformular ein oder mehrere Suchworte ein, unter denen er bei den Partnern der PPC-Suchmaschinen gefunden werden möchte. Sind die betreffenden Suchworte schon belegt wird angezeigt, welchen Betrag andere Bieter bereit sind für jeden Klick auf ihre Website zu bezahlen. Es kann ein höherer oder niedrigerer Betrag als die der Mitbewerber geboten werden. Die Höhe des gebotenen Pay-Per-Click-Betrags bestimmt konkret die Position in der Suchergebnisliste. Das Keyword mit dem höchsten PPC-Betrag erscheint dabei auf Position eins, alle anderen werden in absteigender Reihenfolge, entsprechend ihres Gebots angezeigt.

Google bietet mit seinem AdWords Programm ein ähnliches Verfahren an. Die Position am Rand der Suchergebnisliste bestimmt sich jedoch aus einer Kombination von Pay-Per-Click und der Anzahl von erfolgten Klicks (Click-Through-Rate) auf das jeweilige Link.

Der große Vorteil für einen Content-Anbieter bei Payed Placement ist, dass er innerhalb von kürzester Zeit bei allen Partnern der PPC-Suchmaschinen ganz oben auf Suchergebnisliste erscheinen kann. Die Höhe der Kosten ergeben sich durch den gebotenen PPC-Betrag und die Anzahl der erfolgten Klicks auf einen Verweis. Dabei kann eine Budget-Obergrenze bestimmt werden, um die Gesamtkosten zu kontrollieren. Mit jedem erfolgten Klick verringert sich der verbleibende Betrag des Budgets. Ist das Budget aufgebraucht, wird das Link bei den Portal-Partner entfernt.

Links

Overture
- [www.overture.de]

Espotting
- [www.espotting.de]

QualiGo
- [www.qualigo.de]

2 Systemumfeld der Suchmaschinen im WWW

Im nachfolgenden Kapitel wird zum besseren allgemeinen Verständnis des Zusammenhangs kurz auf das Hypermedia, das Systemumfeld der Suchmaschinen eingegangen. Das Hypermedia, das auf einer Vielzahl von gegenseitig verlinkten Dokumenten und Ressourcen das World Wide Web bildet, basiert auf dem Client-Server Prinzip. Anwendungen kommunizieren beispielsweise über das HTTP-Protokoll und fordern von Servern HTML-Dokumente an. Diese werden über das Internet übertragen und in einem Client-Programm, dem WWW-Browser angezeigt. Die Dokumente selbst, sowie der auf HTTP basierende Kommunikationsprozess zwischen Server und Client beinhaltet eine Vielzahl von Parametern, die von den Suchmaschinen eingesetzt werden können, um Dokumente in Hinblick auf ihre Relevanz zu Suchanfragen zu unterscheiden. Aus diesem Grunde soll kurz auf die Systematik des Hypermedia eingegangen und dessen wichtigsten Elemente erläutert werden.

Wer mit dem Client-Server Prinzip, der Arbeitsweise des HTTP-Protokolls sowie HTML vertraut ist, kann dieses Kapitel bedenkenlos übergehen.

2.1 Client-Server -Prinzip bei Suchmaschinen

Betrachtet man die Struktur des World Wide Web so kann sie als eine Vielzahl von Hypertextdokumenten bezeichnet werden, die sich auf weltweit verteilten Rechnersystemen befinden und über Hyperlinks miteinander verbunden sind. Damit alle diese unterschiedlichen Rechnersysteme Daten miteinander austauschen können, ist eine Systematik erforderlich, die über viele Netzwerke und unterschiedliche Rechnersysteme hinweg kommunizieren kann.

Das Client-Server-Prinzip ist eine Softwarearchitektur zur Organisation und zum Zusammenwirken von verteilten, heterogenen Computersystemen. Sie erlaubt die Aufteilung von Funktionalitäten auf dezentrale Hard- und Softwareumgebungen, wobei die in der Kommunikation auftretenden Prozesse in Clients (Dienst suchende Prozesse) und Server (Dienst erbringende Prozesse) unterschieden werden kann. Hierdurch wird es möglich, dass dezentrale und heterogene Umgebungen miteinander über ein einheitliches Protokoll und unterschiedliche Netzwerke Daten austauschen können.

Das Client-Server-Prinzip basiert auf Clients (Anwendungen) die von Servern bestimmte Dienste anfordern. Hier beinhaltet der durch den Client initiierte Dienst suchende Prozess die Anforderung zur Übertragung einer bestimmten Datei. Der Dienst erbringende Prozess wird von dem Server ausgeführt, in dem er die angeforderte Ressource, sofern vorhanden, an den Client überträgt. Die Kommunikation zwischen Client und Server erfolgt dabei im WWW über das HTTP-Protokoll. Das HTTP-Protokoll legt dabei alle Regeln und Datenformate fest, die zur Kommunikation zwischen WWW-Clients und WWW-Servern entsprechend der dargestellten Systematik erforderlich sind.

Die gebräuchlichsten und bekanntesten Clients im WWW sind die WWW-Browser zum Aufrufen von Webseiten. Aber auch Suchmaschinen verfügen über Clients die von WWW-Servern Dienste anfordern. Zum Aufbau und Pflege ihres Datenbestands setzen Suchmaschinen Webrobots ein, die entsprechend dem Client-Server-Prinzip Dienste von WWW-Servern anfordern. Webrobots sind also Clients, die im Zuge des Datenaustausches an den Server eine Client-Kennung senden, an Hand der jeweilige Webrobot identifizierbar ist. Die Anforderung von Diensten beinhaltet z.B. das Übertragen von Ressourcen wie HTML-Dateien, Bild-, Audio- oder Videodateien.

Auf der anderen Seite fungieren Suchmaschinen auch als Server und zwar immer dann, wenn eine Suchanfrage (Dienst suchender Prozess) gestellt wird und vom Server der Suchmaschine (Dienst erbringender Prozess) durch Übertragung der Suchergebnisliste beantwortet wird.

Im Modell des Client-Server-Prinzip ist eine Suchmaschine sowohl Client als auch Server.

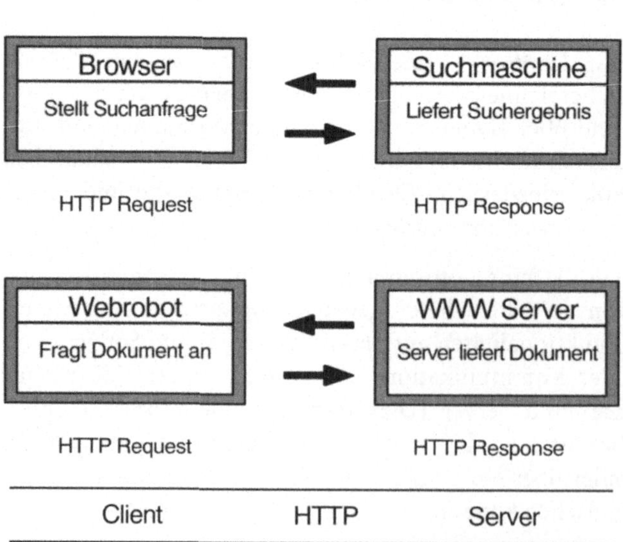

Abb. 2.1. Client-Server-Prinzip bei den Suchmaschinen

> **Links**
>
> HTTP-Protokoll und Client-Server-Prinzip
> * [http://viror.wiwi.uni-karlsruhe.de/webmining/script/2/HTTP-1.xml]
>
> Das Client-Server-Prinzip
> * [http://velocette.fh-frankfurt.de/wwwdv/SERVICE/KURSE/FOLIEN_A8/
>   sld 006.htm]
>
> Das Client-Server-Prinzip
> * [www.rtb-nord.uni-hannover.de/buecher/inet/all-inet-3.4.html]

2.2 Das HTTP-Protokoll

Zur Kommunikation von Anwendungen in Netzwerken sind spezifische Anwendungsprotokolle erforderlich. Die Kommunikation im WWW basiert auf dem ASCI-Text basierten *HTTP-Protokoll*.

Das HTTP-Protokoll ist ein Anwendungsprotokoll, das speziell für verteilt arbeitende Client-Server-Systeme entworfen wurde. HTTP kommt im WWW seit 1990 als Protokoll zum Austausch von Hypermedia-Informationen zum Einsatz und hat bereits seit der ersten Version 0.9 wichtige Änderungen und Erweiterungen erfahren. Die aktuelle Protokollversion ist HTTP/1.1. Es setzt als Protokoll der 5. OSI-Schicht auf dem TCP/IP Protokoll auf und ermöglicht die Kommunikation über unterschiedliche Netzwerktypen und Netzwerktopologien, als auch zwischen heterogenen Client-Server-Systemen.

Das HTTP-Protokoll übermittelt bei der Übertragung von Dateien eine Vielzahl an Informationen, die von den Robotsystemen der Suchmaschinen eingesetzt werden, um einen Datenbestand möglichst effizient aufzubauen und zu verwalten. Des weiteren werden bestimmte Protokollinformationen von den Suchmaschinen ausgewertet und bei der Berechnung der Relevanz berücksichtigt.

2.2.1 HTTP-Protokollinformationen

Zur Kommunikation zwischen Client und Server stellt das HTTP-Protokoll nur einige wenige Methoden zur Verfügung, die sich jedoch an der Systematik des Client-Server-Prinzips orientieren. Die beiden wichtigsten Methoden sind GET-Requests und HEAD-Requests.

Die GET-Methode dient zur Aufnahme der Kommunikation mittels Request eines Clients an einen WWW-Server. Hierbei wird unter Angabe des Protokolls und des Domain-Namen bzw. der IP-Adresse ein Dokument innerhalb eines bestimmten Verzeichnispfads von einem eindeutig benannten Server angefordert. Ein gültiger HTTP-Request stellt sich wie folgt dar:

GET http://www.w3.org/Protocols/HTTP-NG/Activity.html HTTP/1.1

Befindet sich die angeforderte Ressource (Activity.html) auf dem Server (w3.org), antwortet dieser und überträgt die betreffende Datei an den Client.

Auf eine Anforderung (GET) antwortet der Server mit einem Response. Der HTTP-Response übersendet mit der vollständigen Ressource auch verschiedene Response Header Informationen. Eine genauere Betrachtung dieser Informationen ist sehr wichtig, da diese von den Suchmaschinen zur Verwaltung und Bewertung von Dokumenten verwendet werden können. Relevante Response-Informationen für die weitere Verarbeitung durch die Suchmaschinen sind:

- Dokumententyp der angeforderten Ressource,
- Domainname, Dokumentenname und Verzeichnistiefe,
- Schriftsatzdefinition bei Textdokumenten,
- Erstellungsdatum der angeforderten Datei,
- Änderungsdatum der angeforderten Datei,
- Dokumentengröße der angeforderten Datei,
- Hostname des Servers,
- Verfügbarkeitsstatus des Servers.

Eine Erweiterung der GET-Methode stellt die konditionale GET-Methode dar. Sie wird eingesetzt, um Ressourcen nur dann zu übertragen, wenn die betreffende Bedingung erfüllt ist. Bedingungen können beispielsweise sein:

If-Modified-Since	Überträgt ein Dokument nur, wenn es seit einem bestimmten Datum verändert wurde. Beispiel: If-Modified-Since: Sat, 29 Oct 1994 19:43:31
If-Match	Zwingt den Server zum Up-Date Vergleich von Dateien, die beim Client und auch beim Server vorhanden sind. Beispiel: If-Match: x.htm,y.htm,zzy
If-None-Match	Definiert einen konditionalen Request und zwingt den Server zum Up-Date Vergleich von, nicht beim Client aber beim Server vorhandenen Dateien. Beispiel: If-None-Match: x.htm,y.htm,zzy
If-Unmodified-Since	Überträgt ein Dokument nur, wenn es seit einem bestimmten Datum nicht verändert wurde. Beispiel: If-Unmodified-Since: Sat, 29 Oct 1994 19:43:31 GMTMax-Forwards.

Durch den Einsatz von konditionalen GET-Requests können Webrobots den Aufwand zur Pflege ihres Datenbestand erheblich reduzieren. So werden Ressourcen nur dann vollständig von den Servern übertragen, wenn die betreffenden Bedingungen erfüllt sind. Im Hinblick auf die Pflege und Aktualisierung von bereits erfassten Ressourcen ist die If-Modified-Since Bedingung relevant. Da das Erstellungsdatum bzw. Änderungsdatum einer bereits erfassten Ressource von den

Suchmaschinen gespeichert wird, reicht es einen If-Modified-Since-Request zu starten um zu überprüfen, ob eine Ressource seit der letzten Erfassung verändert wurde. Nur wenn die Bedingung erfüllt ist, wird sie übertragen.

2.2.2 Server-Statusinformationen

Neben Ressourcen spezifischen Informationen wie z.B. Erstellungsdatum, Größe oder Dateityp überträgt der Response Header als erstes eine Information über den Serverstatuts. Über den Response-Header ist es dem Server möglich, zusätzliche Informationen an den Client zu übermitteln, die Auskunft über die Verfügbarkeit des Servers, das Vorhandensein der angefragten Ressource oder weitere vom Client auszuführende Maßnahmen beinhalten kann. Die Statusinformationen sind in fünf Klassen unterteilt, die bei einem Client zu unterschiedlichen Reaktionen führen können.

Statusklasse 100
Die Anfrage erhalten, wird weiter bearbeitet.

Statusklasse 200
Die Anfrage wurde empfangen und wird vollständig ausgeführt.

Statusklasse 300
Die angefragte Ressource befindet sich auf einem anderen Server – die Anfrage wird weitergeleitet.

Statusklasse 400
Die Anfrage kann nicht ausgeführt werden.

Statusklasse 500
Serverfehler – der Server kann aufgrund technischer Probleme die Anfrage nicht beantworten.

Die Statusklassen verfügen über Statusinformationen, die einem Client genau den Status einer Anfrage oder den Status des angefragten Servers bekannt geben. In Abhängigkeit des jeweiligen Status kann der anfragende Client reagieren. Eine vollständige Übersicht und Beschreibung zum HTTP-Protokoll und den Status Codes findet man bei der *Network Working Group*.

Die übermittelte Statusklasse hat bei den Suchmaschinen direkte Auswirkungen auf die Aufnahme oder den Erhalt einer Datei im Datenbestand. Die Status Codes 1xx und 2xx weisen auf eine erfolgreiche Bearbeitung (Status Code 100; Continue) und Ausführung (Status Code 200; OK) eines Request hin. Die angeforderte Ressource wird übertragen und kann vom Client entsprechend verarbeitet werden.

Der Status Code 3xx zeigt an, dass sich z.B. die angeforderte Ressource zeitlich befristet (Status Code 302; Moved Temporarily) oder für immer (Status Code 301; Moved Permanently) auf einem anderen Server befindet.

Besondere Bedeutung haben die Status Codes der Klasse 4xx. Der Status Code *404; Not Found* zeigt an, dass sich die betreffende Ressource nicht mehr auf dem Server befindet. Status Code *403; Forbidden* übermittelt, dass der Zugriff verweigert wird und Status Code *401; Unauthorized* zeigt einen nicht erlaubten Zugriff an. In allen drei Fällen führt dies zur Löschung einer Ressource im Datenbestand der Suchmaschine.

Die Statusklasse 5xx gibt technische Einschränkungen des betreffenden Servers bekannt. Treten im wiederholten Maße technische Probleme bei Requests auf, führt auch dies zur Löschung einer Ressource im Datenbestand der Suchmaschine.

Links

DNS – NS und Internet Glossary
- [www.menandmice.com/online_docs_and_faq/glossary/glossarytoc.htm]

Network Working Group
- [www.w3.org/Protocols/rfc2068/rfc2068]

Learning About URIs
- [www.w3.org/Addressing/]

Uniform Resource Identifier (URI) SCHEMES
- [www.iana.org/assignments/uri-schemes]

HTTP-Hypertext Transfer Protocol
- [www.w3.org/Protocols/]

IP Adressen
- [www.hjotten.de/networking/ipadressen.asp]

Architekturmodell für Rechnernetze Kommunikationsprotokolle
- [www.uni-muenster.de/ZIV/Lehre/1999-4/RechnernetzeTechnische Grundlagen/01_Architekturmodell/index.htm]

Einführung in die Nutzung des Rechnernetzes
- [www.tu-chemnitz.de/urz/netz-kurs/script.html]

HTTP-Protokoll
- [http://viror.wiwi.uni-karlsruhe.de/webmining/script/2/HTTP-1.xml]

Logfile-Formate
- [http://viror.wiwi.uni-karlsruhe.de/webmining/script/2/LogFormat-1.xml]

HTTP-Protokoll und Server Codes
- [www.informatik.uni-trier.de/~sack/ProSeminarSS2001/HTTP/ ppframe.htm]

Connection Errors & Web Server Response Codes
- [www.internetseer.com/help/error.xtp]

Das Client-Server-Prinzip
- [www.uni-paderborn.de/cs/heiss/lehre/vs/vs_3_4.pdf]

2.3 Funktion und Aufbau eines URL

Ein *Uniform Ressource Locator*, auch URL genannt, ist einer der wichtigsten Bestandteile des HTTP-Protokolls. Der URL beschreibt eine Ressource im WWW und ist als eindeutige Adresse im Internet zu verstehen. Die Suchmaschinen speichern alle URL's der indexierten Dokumente zum Zweck der Verwaltung und der Aktualisierung des Datenbestands in einer Datenbank ab. Ein URL beschreibt das *Wie*, das *Wo* und das *Was* eines Dokuments im Internet. Ein gültiger URL ist beispielsweise

http://www.noesis.de/emarketing/web_promotion.html

Das Internet wurde seit Beginn an so ausgelegt, dass die Möglichkeit besteht verschiedene Anwendungen und deren Ressourcen über unterschiedliche Anwendungsprotokolle und Server im Internet zu integrieren. So stellt der Protokollzusatz in dem URL (hier: http) das Protokoll dar, *wie* Server und Client miteinander kommunizieren, d.h. mittels welchem Anwendungsprotokoll. Andere gültige Anwendungsprotokolle von Anwendungen im Internet können z.B. *FTP*, *Telnet*, *Mail-To* oder auch *News* sein. Das Protokoll angebende Präfix wird durch Doppelpunkt vom restlichen String getrennt.

Der zweite Teil des URL definiert das *wo*, d.h. auf welchem Server sich eine Ressource befindet. Die Angabe erfolgt entweder in Form eines Domain-Namen (im obigen Fall: www.noesis.de) oder durch Angabe einer Host-IP-Adresse. Es wird eine interne Umwandlung des Domain-Namen in die dazugehörige IP-Adresse des Servers vorgenommen. Die Systematik des DNS-Systems im Internet ermöglicht mit Kenntnis eines Domain-Namen die entsprechende IP-Adresse des Servers aufzulösen, der die betreffende Domain hostet.

Der dritte Teil des Strings der sich hinter der Domain befindet, gibt Auskunft über das *was*, d.h. welche Dateiressource (hier: web_promotion.html) sich in welchem Verzeichnis (hier: /emarketing/) auf dem Server befindet.

Das HTTP-Protokoll schreibt keine Längenbegrenzung eines URL vor. Parameter die die Länge eines URL bestimmen sind der Domainname, die Namenslänge der jeweiligen Verzeichnisse, die Anzahl der Verzeichnisse und die Länge des Namens einer Ressource. Eine mögliche Längenrestriktion eines URL wird technisch ausschließlich durch ein Serversystem bestimmt. Zu beachten ist jedoch, dass die Top Level Domain (TLD)-Vergabestellen eine Vorgabe über die minimale und maximale Zeichenanzahl machen, die je nach TLD-Vergabestelle, i.d.R. zwischen 3 bis 64 Zeichen betragen.

Eine Auswertung des URL durch einen Webrobot ermöglicht die Gewinnung wichtiger Informationen die, wie im Fortverlauf noch gezeigt wird, von den Suchmaschinen zur Aufnahme, Verwaltung und Berechnung der Relevanz eines Dokuments eingesetzt werden. Folgende Informationen sind relevant:

- das Anwendungsprotokoll,
- der Domain-Name,
- die IP-Adresse des Hosts,
- die Portnummer des Dienstes,
- die Bezeichnungen der Verzeichnisse,
- die Tiefe des Dateiverzeichnisses,
- der Name der Ressource,
- der Dateityp (z.B. html, txt, jpg, gif, etc.).

Links

Network Working Group
- [www.w3.org/Protocols/rfc2068/rfc2068]

Adressen im Internet (URL)
- [www.www-kurs.de/url.htm]

Web-Adressierung (URL) Web-Protokoll HTTP
- [www.informatik.uni-leipzig.de/rnvs/lehre/rn1/WWW_AR02.pdf]

2.4 Hypertextdokumente

Suchmaschinen erfassen überwiegend Textdokumente in HTML-Format. Ergänzend ermöglichen verschiedene Suchmaschinen auch die Indexierung von Textdateiformaten wie beispielsweise Word oder PDF (s. Kap. 6.15). Im Hinblick auf die Methoden und Verfahren zur Optimierung von Websites stehen HTML-Dokumente im Mittelpunkt der nachfolgenden Betrachtungen. Ein kurzer Überblick über HTML sowie die Struktur eines HTML-Dokumentes ermöglicht ein besseres Verständnis über die Möglichkeiten der Indexierung; zeigt aber auch die Problematik die mit der Analyse von HTML-Dokumenten zusammenhängt.

HTML ist eine Auszeichnungssprache (Mark Up Language) mit der Aufgabe, die logischen Bestandteile eines Dokuments zu beschreiben. Als Auszeichnungssprache enthält HTML daher Befehle zum markieren typischer Elemente eines Dokuments, wie Überschriften, Textabsätze, Listen, Tabellen oder Grafikreferenzen.

Wesentliches Kennzeichen von HTML-Hypertext ist es *Hyperlinks* (eingebettete Verweise zu anderen Dokumenten) zu integrieren. Diese Links ermöglichen es von dem üblichen linearen Informationsfluss eines Textdokuments abzuweichen und auf andere Dokumente im gesamten WWW zu verweisen. Die Struktur von Hypertexten im Hypermedia kann man somit als Netz darstellen, wobei die Informationseinheiten als Knoten und die Verweise als Verbindungen zwischen den jeweiligen Knoten betrachtet werden können. Das Internet ist durch die Verweise von Dokumenten zueinander als ein weltweites Hypermedia-System zu definieren, das es einem WWW-Client theoretisch ermöglicht, durch die Weiterverfolgung der Hyperlinks alle Dokumente im WWW zu erreichen. In Hinblick auf Suchmaschinen bedeutet das, dass ihnen durch die Systematik des Hypermedia und einer existierenden Link-Struktur die Möglichkeit gegeben wird, theoretisch alle Dokumente im Web durch Weiterverfolgung aller Hyperlinks zu indexieren. Wie sich noch zeigen wird, stellen aus diesem Grunde die Hyperlinks bei der Bewertung von Dokumenten ein wichtiges Kriterium für die Suchmaschinen dar.

Das Hypermedia-System besteht letztendlich aus einer riesigen Sammlung von miteinander verknüpften, heterogenen Dateitypen, erstellt in unterschiedlichen Scriptsprachen und Scriptversionen, die mittels einheitlicher und automatisierter Systematiken erfasst, analysiert und verarbeitet werden müssen. HTML-Dokumente stellen dabei den kleinsten gemeinsamen Nenner dar.

Die Struktur von HTML-Dateien lässt sich grob in zwei Arten von Informationsbereiche unterteilen, die durch die HTML-Elemente HEAD und BODY definiert werden. Dieser Zweiteilung folgend kann die Struktur eines HTML-Dokumentes wie folgt dargestellt werden:

```
<html>
 <head>
<title> Hier erscheint der DokumentenTitel</title>
  <meta name="Feldbezeichner" content="Feldinhalt">
  Hier erscheinen weitere Verwaltungsinformationen in Form von Meta-
Tag Angaben
 </head>
 <script>
 Hier kann ein JavaScript integriert werden
<body>
 Hier erscheint der eigentliche sichtbare Dokumentenbereich in Form von
Texten, Verweisen, Grafikreferenzen usw.
 </body>
 </html>
```

Abb. 2.2. Struktur von HTML-Dokumenten

2.4.1 HTML-Dokumententitel

Der Dokumentenkopf eines HTML-Dokuments wird durch die HEAD-Tags bestimmt. Innerhalb der HEAD-Tags werden Informationen zur differenzierten inhaltlichen Analyse, als auch Angaben zur Verwaltung einer Datei durch ein Retrievalsystem angegeben.

Die Struktur des Dokumentenkopfs lässt sich in einen Bereich unterteilen, der den Dokumententitel (TITLE-Tag) bestimmt und in einen zweiten Bereich, der inhaltsbeschreibende Metainformationen (Meta-Tags) zu einem Dokument beinhalten kann.

Das TITLE-Tag wird von den HEAD-Tags eingeschlossen und beinhaltet die einzige Information innerhalb der HEAD-Tags die im Browser sichtbar ist. Der Text der zwischen den TITLE-Tags angegeben wird, erscheint bei der Anzeige im WWW-Browser in der Titelzeile des Anzeigefensters. Gleichzeitig wird er vom WWW-Browser beim Setzen von Lesezeichen auf die Datei verwendet und in der Liste der bereits besuchten Seiten angezeigt. Allgemein wird der Dokumententitel wie folgt dargestellt:

<title> Hier steht der Dokumententitel</title>

Das Setzen eines Dokumententitels ist nicht Voraussetzung um ein gültiges HTML-Dokument zu erstellen. In Hinblick auf die Methoden der Indexierung wird jedoch ein den Inhalt reflektierender Titel empfohlen. Der Dokumententitel wird von Retrieval-Systemen als wichtige Information gewertet, die am optimalsten Auskunft über den Inhalt bzw. das Thema eines HTML-Dokuments vermittelt. Aus diesem Grunde wird der Dokumententitel bei der Indexierung gesondert erfasst und ihm in Hinblick auf das Ranking eine besondere Relevanz beigemessen. Die Berücksichtigung des Dokumententitels bei der Dokumentenanalyse und Verbesserung eines Retrievalergebnisses entspringt den klassischen Methoden des Information Retrieval von Textdokumenten.

Von Seiten der HTML-Programmierung besteht grundsätzlich keine Restriktion was die Länge des Titels anbelangt. Retrieval-Systeme erfassen Dokumententitel jedoch nur bis zu einer bestimmten Zeichenanzahl. Die genaue Länge ist systemabhängig.

2.4.2 HTML-Metainformationen

Meta-Tags erscheinen innerhalb der HEAD-Tags nach dem TITLE-Tag. Metaangaben erscheinen nicht im sichtbaren Teil eines HTML-Dokuments, sondern sind ausschließlich im Quelltext der Dokumente sichtbar. Sie stellen übergeordnete Informationen zur erweiterten inhaltlichen Beschreibung eines Textdokuments dar. Darüber hinaus dienen sie Retrieval-Systemen Dokumente hinlänglich Erstellungsdatum, Verfasser oder auch Sprache zu verwalten. Entsprechend ihrer Funktion können sie in Metainformationen zur erweiterten *inhaltlichen Erschließung* eines Textdokuments oder in Metainformationen zur *Verwaltung von Dokumenten* unterschieden werden.

Mittlerweile existieren drei Methoden zur Angabe von Metainformationen in HTML-Dokumenten. Die Definition der *Dublin Core Organisation*, das Verwaltungsschema der *Platform for Internet Content Selection* sowie die W3C Definition für Meta-Tag. Letztere stellen quasi einen Internetstandard dar und werden entsprechend ihrer Bedeutung für das Ranking in Kapitel 6.7 detailliert dargestellt.

2.4.3 HTML-Dokumentenkörper

Innerhalb der BODY-TAGS steht der für einen Browser sichtbare Inhalt einer HTML-Seite und beinhaltet den eigentlichen Text eines HTML-Dokuments in einer natürlichen Sprache. Die Inhalte einer HTML-Seite werden mittels verschiedener Mark Up Tags beschrieben. Dies erfolgt durch Befehle zum Markieren typischer Elemente eines Texts wie z.B. Überschriften, Textabsätze, Listen, Tabellen oder Grafiken und dient zur Dokumentenstrukturierung im Sinne einer verbesserten visuellen Darstellung. Sie dienen aber auch für eine effiziente Dokumentenanalyse durch Retrieval-Systeme.

Eine der wichtigsten Eigenschaften von HTML ist die Möglichkeit Verweise und Hyperlinks zu definieren. Verweise sind Referenzen auf Ressourcen die sich außerhalb eines Dokuments befinden und innerhalb einer HTML-Datei dargestellt werden sollen. Hyperlinks stellen klickbare Verweise auf andere Dokumente und Ressourcen im Internet dar.

HTML bietet zur Beeinflussung der Darstellung von Text verschiedene Methoden der Textauszeichnung. Die beiden bekanntesten Möglichkeiten stellen die Bildung von *Überschriften* und das *Hervorheben* von Text im Fließtext dar. Die logische Textauszeichnung erlaubt es, Text innerhalb der BODY-Tags durch die Angabe betreffender Auszeichnungstags besonders hervorzuheben. Die visuelle Interpretation bzw. die Berücksichtigung der Auszeichnungsanweisung bleibt dem jeweiligen Client-Programm überlassen.

In Hinblick auf die Systematik der Dokumentenanalyse durch Retrieval-Systeme sind Überschriften innerhalb eines Texts von Bedeutung. Betrachtet man strukturierte Texte stellt man fest, dass eine Überschrift im Allgemeinen den Inhalt eines Absatzes reduziert zusammenfasst. Die Information Retrieval Systeme der Suchmaschinen verfügen über Systematiken, die Überschriften in Textdokumenten im Zuge der Dokumentenanalyse an Hand bestimmter Auszeichnungsmerkmale identifizieren und deren Begriffe differenziert bewerten.

Zur Hervorhebung der *Überschriften* unterscheidet HTML sechs Überschriftenebenen um Hierarchieverhältnisse in Dokumenten abzubilden. Das Tag <H1> bildet hierbei die höchste und <H6> die niedrigste Ordnung. Mittels dieser Tags ist es einem Webrobot möglich, sowohl die Ordnung der Überschrift als auch den Text der Überschrift differenziert auszuwerten. Einzelne Elemente oder auch ganze Absätze können im Fließtext durch verschiedene physische Tags der Textauszeichnung hervorgehoben werden. Diese logischen Tags der Auszeichnung ermöglichen es einem Robot-Client, den innerhalb der Tags befindlichen Text differenziert zu erfassen.

Das größte Problem für Retrieval-Systeme bei der Erfassung, Analyse und Bewertung von Inhalten ist die nur sehr geringe Möglichkeit, HTML-Dokumente für eine automatisierte Datenverarbeitung aufzubereiten. Obwohl ein HTML-Dokument in einen Dokumentenkopf und einen Dokumentenkörper gegliedert ist sowie verschiedene Methoden der Textauszeichnung zur weiteren Strukturierung ermöglicht, zählen HTML-Dokumente dennoch als schwach strukturierte Textdokumente. Textdokumente können jedoch von Information Retrieval Systemen nur immer dann optimal analysiert werden, wenn eine einheitliche und normierte Strukturierung vorhanden ist, die eine differenzierte Auswertung von Inhalten anhand von Strukturierungsregeln ermöglicht. Bei HTML-Dokumenten ist dies nicht der Fall, weshalb die Suchmaschinen unterschiedliche Verfahren der Dokumentenanalyse einsetzen müssen, um HTML-Dokumente *inhaltlich* erschließen zu können. Gleichfalls sind Gewichtungsverfahren erforderlich, die die einzelnen Dokumente *bezogen auf die Relevanz* zu einer Suchanfrage entsprechend sortieren. Eine Relevanz bezogene Sortierung bestimmt die Rangposition eines Dokuments innerhalb der Suchergebnisliste und wird *Ranking* genannt.

Links

Eigenschaften von HTML
- [www.teamone.de/selfhtml/tbae.htm]

HTML 4.01 Specification
- [www.w3.org/TR/1999/REC-html401-19991224/html40.txt]

Schema des Grundgerüsts einer HTML-Datei
- [www.teamone.de/selfhtml/tq.htm]

Allgemeine Regeln für HTML
- [www.teamone.de/selfhtml/bae.htm]

Respect Standards
- [www.w3.org/Talks/1999/0830-tutorial-unicode-mjd/slide99-0.html]

3 Funktionsweisen von Suchmaschinen

Eine genaue Kenntnis über die Funktionsweisen von Suchmaschinen schafft die Voraussetzung, Suchmaschinen auf technischer Ebene in Hinblick auf die Indexierung besser zu verstehen. Die einzelnen Prozesse und Verfahren die Suchmaschinen einsetzen, um Informationen aus dem Internet zu generieren, sie in zulässige Daten und unzulässige Daten zu separieren, als auch Dokumente inhaltlich zu erschließen, bilden die technische Grundlage für die in Kapitel 6 bis 9 aufgeführten Empfehlungen der Website-Optimierung.

Eine Analyse der verschiedenen Verfahren die zur Datenbeschaffung und dem Aufbau eines durchsuchbaren Datenbestands erforderlich sind, enthüllen die „Geheimnisse" der Suchmaschinen. Im Zuge der Darstellung der Funktionsweisen von Webrobots wird sehr deutlich, wie Suchmaschinen das Web durchsuchen und wie sie dabei Dokumente und andere Dateien im Internet finden.

Um Textdokumente in einen Datenbestand zu überführen der durchsucht werden kann, müssen die Dokumente zunächst aufbereitet und in weiteren Prozessen analysiert werden. Im Mittelpunkt der nachfolgenden Betrachtungen stehen dabei die eingesetzten Methoden zur inhaltlichen Erschließung von Textdokumenten. Oder anders ausgedrückt, welche Verfahren setzen Suchmaschinen ein, um die natürliche Dokumentensprache als auch ihren Inhalt bzw. das Thema das sie behandeln, erschließen zu können. Erst die Kenntnis der Methoden einer inhaltlichen Relevanzbewertung von Textdokumenten ermöglicht das Aufstellen von Handlungsanweisungen zur inhaltlichen Ausarbeitung von Dokumenten.

3.1 Webrobots und die Erfassung des WWW

Eine der wichtigsten Fragen bei der Erstellung eines Datenbestandes ist immer,

„... wie kann ein Datenbestand möglichst effizient und kostengünstig erzeugt und aktuell gehalten werden ...".

Grundsätzlich gilt die Regel, dass je überschaubarer und eindeutig identifizierbar ein Datenbestand ist, je homogener die Eingangsdaten sind und je besser abgrenzbar die technischen Rahmenbedingungen sind, desto eher ist es möglich, Daten organisiert und kostengünstig in einen Bestand aufzunehmen sowie über ihren Lebenszyklus hinweg periodisch zu aktualisieren.

Betrachten wir das WWW so widersprechen die realen Gegebenheiten allen Anforderungen einer einfachen und effizienten Datengenerierung und Pflege. Im Internet befinden sich unterschiedlichste Dateiressourcen in einem weltweit verteilten Netzwerk. Dabei existieren vielfältige Datenquellen und Dateitypen, die in unterschiedlichen Programmiersprachen und Programmierstandards erstellt werden. Sie befinden sich nicht in einem eindeutig abgrenzbaren Systemumfeld. Darüber hinaus wächst die Anzahl der miteinander verbundenen Computersysteme, als auch die Menge der Dokumente und Ressourcen in einer bisher noch nie dagewesenen Geschwindigkeit. Die zeitnahe und vollständige Erfassung der Inhalte des World Wide Webs und damit verbunden die Erzeugung eines durchsuchbaren Datenbestands, ist somit für alle Recherchetools in Internet eine nicht ganz einfach Aufgabe.

Webkataloge begegnen dieser Problemstellung in der Form, dass sie die Verantwortung zur Generierung ihres Datenbestands sowie dessen Vollständigkeit grundsätzlich den Content-Anbietern überlassen. Der Aufbau des Datenbestands bei Webkatalogen erfolgt bekannterweise über die aktive Anmeldung einer Website. Die Webkataloge verfügen über keinen Mechanismus der dazu führt, Dokumente im Web selbstständig mit dem Ziel zu finden, sie in den Bestand aufzunehmen. Wird eine Website nicht aktiv bei einem Webkatalog angemeldet, erscheint sie auch nicht in dessen Datenbestand. Die damit verbundene außerordentlich geringfügige Erfassung des Internets, selbst durch sehr große Webkataloge wie Yahoo, ist eines der häufigsten Kritikpunkte an deren Suchergebnissen.

Diese unzureichende und unvollständige Erfassung des Internets stellt die Ausgangsüberlegung der Suchmaschinen für ihre Dienste dar. Erklärtes Ziel der großen Suchmaschinen ist es eben gerade, das WWW möglichst umfassend und vollständig zu erfassen und dabei Schritt zu halten, mit der Geschwindigkeit der Veränderungen an erfassten Dokumente sowie dem fortschreitenden Wachstum im Internet.

Die Aufgabe bedeutet zu aller erst ein System und Verfahren zu entwickeln das es ermöglicht, vorhandene und neu erzeugte Ressourcen im Internet umfassend zu identifizieren und über ihren Lebenszyklus hinweg auf Veränderungen erkennen zu können.

Die eingesetzte Lösung ist ein *Webrobot-System*. Häufig verwendete Synonyme für ein Webrobot-System sind auch *Webrobot, Robot, Web Wanderer, Web Crawler* oder auch *Spider*, die jedoch grundsätzlich die gleiche Art von System und Prozess beschreiben. Ein Webrobot ist diejenige Systemkomponente der Suchmaschinen, die für die Erfassung von neuen und veränderten Ressourcen im Internet verantwortlich ist.

Die Aufnahme in den Datenbestand einer Suchmaschine ist logischerweise die erste Voraussetzung um bei Suchanfragen überhaupt berücksichtigt werden zu können. Da die Suchmaschinen versuchen das Web zwar möglichst vollständig zu erfassen, dabei aber keine irrelevanten oder unerwünschten Inhalte zu speichern, verfügen die Webrobots über Systematiken, nicht erwünschte oder doppelte Inhalte, sowie technisch fehlerhaft erstellte oder mangelhaft angebundene Websites von der Indexierung auszuschließen.

Der Webrobot stellt folglich die erste Hürde für einen Content-Anbieter dar, der eine Website in den Datenbestand einer Suchmaschine aufgenommen haben möchte. Eine genaue Betrachtung der Arbeitsweisen von Webrobots scheint demzufolge ratsam. Hierdurch werden Fehler bei der Aufnahme vermieden und Websites können in Hinblick auf die Verwaltungsfunktionen der Webrobots optimiert werden.

3.1.1 Arbeitsweisen von Webrobots im Überblick

Ein *Webrobot* ist bei großen Suchmaschinen ein im Internet global verteilt arbeitendes Software- und Hardwaresystem, das das Internet konstant auf neue oder veränderte Dokumente und Ressourcen hin überprüft. Da ein Webrobot aus verschiedenen Hardware- und Softwarekomponenten bestehen kann, wird auch der Begriff des Webrobot-Systems verwendet. Im Client-Server-Modell entspricht der Webrobot dem *Client* und der Host einer Website dem *Server*.

Zur Überprüfung, ob sich im System erfasste Dokumente auch im Original verändert haben, werden alle erfassten Ressourcen in periodischen Abständen vom Webrobot-System wiederholt besucht und analysiert. Neue Ressourcen werden durch die Verfolgung von Hyperlink-Verweisen aus bereits indexierten Dokumenten erkannt und erfasst.

Webrobots sind von ihrer technischen Konzeption her grundsätzlich nicht nur auf das HTML-Dateiformat beschränkt. Über Einstellungsmöglichkeiten des Serversystems kann genau bestimmt werden, welche Dokumententypen von einem Robot erfasst werden sollen. Gleichfalls können Robots auch auf unterschiedlichen Anwendungsprotokollen arbeiten und neben HTTP-Servern auch FTP-, GOPHER-, WAIS- und NEWS-Server besuchen. Eine Restriktion auf bestimmte Dokumente- und / oder Protokolle erfolgt mittels Einstellungen mit dem Zweck, durch eine Beschränkung auf ausgesuchte Dateitypen eine Homogenität der Eingangsdaten und damit verbunden, einen hohen Eiffizienzgrad bei der Verarbeitung von Daten zu erreichen.

Betrachtet man das Gesamtsystem einer Suchmaschine, stellt das Webrobot-System grundsätzlich eine vom Retrievalsystem und Query-Processor eigenständige Systemkomponente dar. In Abhängigkeit der Gesamtkonfiguration des Suchmaschinensystems ergeben sich jedoch teilweise unterschiedliche Funktionen und Prozesse, die von den beiden Systembereichen Robotsystem und Retrievalsystem prozessual überlappend ausgeführt werden können. Überschneidungen kommen u.a. bei der Filterung und Datennormalisierung von Eingangsressourcen vor, die systemtechnisch grundsätzlich durch beide Systemkomponenten vorgenommen werden können.

Betrachtet man einen Webrobot in diesem Zusammenhang nicht nur als Softwareapplikation die Dateien im Internet sucht, sondern als ein System, das aus mehreren Komponenten und jeweils verschiedenen Funktionen besteht, wird der Begriff Webrobot fälschlicherweise mit dem *Gatherer* gleichgesetzt. Ein Gatherer ist eine eigenständige Systemkomponente innerhalb eines Webrobot-Systems, die den reinen Prozess des Sammelns von Dokumenten im WWW übernimmt. Zum Zweck einer deutlichen Abgrenzung der einzelnen Systemkomponenten kann ein Webrobot-System in vier Komponenten unterteilt werden:

Gatherer	sammelt Dokumente im WWW,
Loader	organisiert die auszuführenden Aufträge,
URL-Datenbank	verwaltet alle gespeicherten URL's,
Checker	wendet unterschiedliche Filter an.

Wie die einzelnen Komponenten zusammenwirken kann anschaulich am Beispiel der Aktualisierung bereits erfasster Dateien dargestellt werden:

1. Aus einem bestehenden Bestand wird eine Liste der zu besuchenden URL's erstellt.

2. Diese Liste wird dem Loader übergeben, der die URL's entsprechend der Auslastung der einzelnen Gatherer verteilt und deren Abarbeitung überwacht.

3. Die Gatherer richten HTTP-Requests an die WWW-Server und übergeben die zurückgelieferten Daten an den Checker.

4. Werden nicht mehr existierende URL's erkannt, erfolgt eine Löschungsmeldung an die URL-Datenbank.

5. Der Checker hat die Aufgabe, über die Weitergabe der Eingangsdaten an das IR-System zu entscheiden. Er wendet unterschiedliche Filter auf die Eingangsressourcen an und gibt nur diejenigen Dokumente an das Retrievalsystem zur Indexierung weiter, die eine System individuelle Filterkette fehlerfrei durchlaufen haben.

6. In den Dokumenten gefundene neue Hyperlinks behandelt das System gesondert. Über sie können neue Ressourcen im WWW ausfindig gemacht werden. Mittels HTTP-Request besteht die Möglichkeit sie sofort auf ihre Existenz hin zu überprüfen. Je nach Systematik erfolgt entweder sofort ein Download (vollständiges Laden) der betreffenden Datei oder die neu gefundenen URL's werden zunächst an die URL-Datenbank zur Aufnahme und späteren vollständigen Indexierung übergeben.

7. Diejenigen Ressourcen die den Systemvorgaben entsprechen, übergibt der Checker an das Information Retrieval System (IR-System) der Suchmaschine. In einem gesonderten Prozess werden dann die akzeptierten Dokumente vom IR-System analysiert und in den Datenbestand aufgenommen.

Nachfolgende Darstellung verdeutlicht die Systematik und das Zusammenwirken der vier Systemkomponenten.

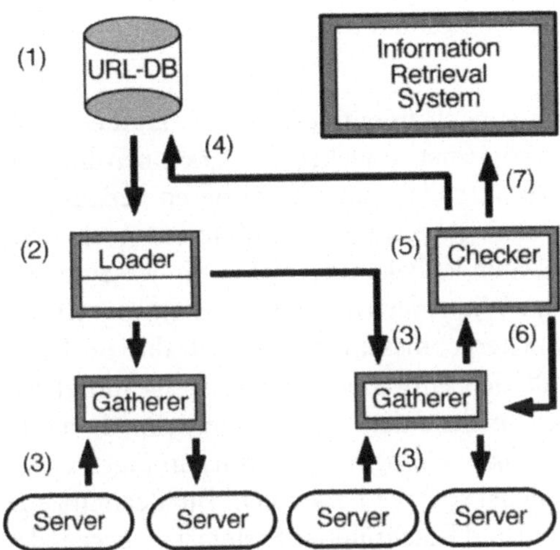

Abb. 3.1. Komponenten eines Webrobot-Systems

Links

Web Gathering Subsystem
- [www.npac.syr.edu/users/gcheng/homepage/thesis/node99.html]

AltaVista Search Engine 3.0, Software Product Description
- [http://solutions.altavista.com/docs/AVSE-3.0-SPD-2.4.pdf]

A System for Collecting and Analyzing Topic-Specific Web Information
- [www9.org/w9cdrom/293/293.html]

Slow Robot
- [http://docs.iplanet.com/docs/manuals/compass/301c/admin/filling.htm]

FAST Web Crawler-FAQs
- [www.fastsearch.com/support/crawler.asp]

CRAWLER
- [http://wwwbrauer.informatik.tu-muenchen.de/seminare/web/WS0001/
  vortrag02.html]

Harvest-NG System overview
- [http://webharvest.sourceforge.net/ng/develop/overview.shtml]

Digital Libraries
- [http://dbpubs.stanford.edu:8090/pub/2000-29]

Robots Text Files
- [www.global-positioning.com/robots_text_file/index.html]

3.1.2 Erfassung des WWW durch Webrobots

Die wesentliche Aufgabe der Gatherer ist es, den vorhandenen Datenbestand einer Suchmaschine zu aktualisieren und den Bestand mit neuen Dokumenten fortlaufend zu erweitern.

Zielsetzung der Suchmaschinen hinlänglich bereits erfasster Dokumente ist, Veränderungen an den Dokumenten möglichst umgehend zu erkennen und im eigenen Datenbestand entsprechend zu aktualisieren. Aktualisieren bedeutet in diesem Zusammenhang auch zu berücksichtigen, ob ein Dokument noch existiert. Die Aktualität der gespeicherten Daten ist bekanntermaßen ein wesentliches Qualitätskriterium von Suchmaschinen. Wie jeder Anwender aus eigener Erfahrung kennt, ist nichts quälender als Suchergebnisse, die eine Vielzahl von Links enthalten zu Dokumenten deren Inhalt sich entweder schon lange geändert hat oder Verweise zu Ressourcen, die nicht mehr existieren. Suchmaschinen versuchen einmal erfasste Dokumente so häufig wie möglich zu besuchen (auch crawlen genannt), um Veränderungen möglichst sofort zu erkennen. Die Realität zeigt jedoch, dass es den Suchmaschinen aufgrund beschränkter Systemressourcen, der Änderungsgeschwindigkeit und dem anhaltenden Wachstum im Internet nur sehr schwer möglich ist, Veränderungen zeitnah zu erkennen und ihrem Bestand entsprechend zu aktualisieren.

Besondere Beachtung finden URL's bei den Suchmaschinen. Spezielle Filter extrahieren alle URL's, die sich in den Dokumenten befinden. Versteht man das Hypermedia als ein Netzwerk von weltweit gegenseitig mit Hyperlinks verknüpften Ressourcen wird deutlich, dass die Suchmaschinen gezielt möglichst alle URL's erfassen und weiterverfolgen. Über diese Systematik ist es ihnen möglich neue Dokumente zu identifizieren und theoretisch sogar das gesamte World Wide Web vollständig zu erfassen.

Zur Initiierung eines Crawl-Prozesses (Überprüfung gespeicherter URL's) erhält ein Gatherer über den Loader eine von der URL-Datenbank erzeugte Liste aller URL's, die zu besuchen sind. Diese Liste wird von der URL-Datenbank an Hand bestimmter Kriterien, wie z.B. Datum des letzten Besuchs, Änderungshäufigkeit des Dokuments oder Zugehörigkeit zu einem bestimmten Netzwerkbereich sowie Art des zu stellenden HTTP-Requests, erwartetem Dokumententyp oder weiteren individuellen Auswahlkriterien erstellt.

Der Gatherer startet mit den URL's als Adressen HTTP-Requests an die ausgewählten Server und fordert entweder Informationen über die betreffende Ressource (konditionaler Request) oder fragt gleich die vollständige Ressource zur Übermittlung an. Der Server liefert die gewünschte Information bzw. überträgt die angeforderte Datei mit allen dazugehörigen Dateien an den Gatherer. Umgangssprachlich wird dieser Vorgang auch oft als *„... der Server wird vom Robot besucht ..."* bezeichnet.

Die Requests erfolgen als HTTP-Befehle wie z.B. dem GET-Befehl:

GET http://www.noesis.de/emarketing/online_marketing.html HTTP/1.1

Mit dem HTTP-Request überträgt der Gatherer im Request Header seinen individuellen User Agent (Client-Kennung), wodurch es dem Host bzw. einer Protokollisierungssoftware möglich ist, den Gatherer zu identifizieren. So lautet beispielsweise die Client-Kennung von Google *Googlebot*, FAST identifiziert sich mit *FastCrawler* und Fireball übermittelt *KIT-Fireball* als User Agent. Eine sehr gute Übersicht über Crawler bietet weiterführend *The Web Robots Pages*.

Erfolgt ein Verbindungsaufbau und der Request fehlerfrei, antwortet der angefragte WWW-Server entsprechend dem jeweilig gestellten HTTP-Befehl bzw. Methode:

GET-Methode

Es wird das vollständige Dokument inkl. aller Protokoll-Header-Informationen übermittelt.

Konditionalen GET-Methode

Das angefragte Dokument wird nur dann vollständig übermittelt, wenn die Bedingung erfüllt ist. Ansonsten liefert der Server nur Header-Informationen.

Der Übertragung der angeforderten Ressource werden Protokoll-Header-Informationen vorangestellt. Sie liefern für die Indexierung interessante Informationen, die bei der Relevanzbewertung berücksichtigt werden können. Die Header-Informationen können weiter dazu eingesetzt werden, Webressourcen nach bestimmten Kriterien zu analysieren, zu bewerten und zu kategorisieren. Die Header-Informationen werden deshalb zur Bearbeitung an die URL-Datenbank sowie an das Retrievalsystem weitergegeben und konkret bei der Indexierung berücksichtigt.

Weiter liefern die HTTP-Header-Informationen wichtige Angaben über die Möglichkeit des Zugriffs auf Ressourcen sowie die Verfügbarkeit bzw. den Status (sogenannte Status Code Informationen) des betreffenden Server. Diese Informationen führen, in Abhängigkeit ihrer Bedeutung und systemspezifischer Einstellungen, bei den Robotsystemen zu entsprechend differenzierten Maßnahmen wie z.B. der Löschung eines URL oder zu einem späteren Wiederbesuch.

In Hinblick auf ihre Wirkung bei der Aufnahme in den Index einer Suchmaschine sind die wichtigsten Status Codes mit ihrer Bedeutung kurz zusammengefasst:

Status Code 200 OK

Das Dokument befindet sich unter dem angefragten URL und der Request konnte vom Server entsprechend der Request-Methode erfüllt werden. Die übertragenen Daten werden vom Robotsystem verarbeitet.

Status Code 301 Moved Permanently

Das Dokument befindet sich nicht mehr unter dem angefragten URL; der Server hat den Request an den aktuellen URL weitergeleitet. Der alte URL kann vom Robotsystem durch den neuen URL ausgetauscht oder vollständig gelöscht werden.

Status Code 302 Moved Temporarily

Das Dokument befindet sich zur Zeit nicht mehr unter dem angefragten URL. Der Server hat den Request temporär an einen anderen URL weitergeleitet. Der alte URL kann vom Robotsystem durch den neuen URL ersetzt oder vollständig gelöscht werden.

Status Code 304 Not Modified

Bei dem konditionalen GET-Request *if-modified-since* bzw. *if-not-modified-since* der eine Dokumentenübertragung nur dann ausführt, sofern ein Dokument geändert wurde, liefert der Server mit dem Response-Header den 304 Code. Die Suchmaschine kann die darin enthaltenen Information zur Bestimmung der Änderungshäufigkeit von Dokumenten verwenden.

Status Code 401 Unauthorized

Eine Übertragung eines Dokuments ist nur nach vorherigem Autorisierungsverfahren möglich. Da Robots dies nicht ausführen können, kann ein solches Dokument auch nicht in den Datenbestand aufgenommen werden.

Status Code 404 Not Found

Die angefragte Ressource befindet sich unter der verwendeten URL nicht mehr auf dem Server. Die Datei wird aus dem Datenbestand der Suchmaschine gelöscht.

Status Code 414 Request-URL Too Long

Der Server kann den angefragten URL-Request nicht beantworten, da er zu lang ist. Der URL wird aus der URL-Datenbank der Suchmaschine gelöscht.

Status Code 500 Internal Server Error

Der Server ist im Moment des Requests technisch nicht in der Lage die Anfrage (z.B. wegen Überlastung) zu beantworten. Der betreffende URL wird in eine Warteschleife eingereiht und nach Ablauf einer bestimmten Zeit nochmals besucht. Dieser Vorgang kann sich mehrmals wiederholen, bis ein gesetzter Wert erreicht ist und eine Löschungsmeldung des URL an das Robot-System erfolgt.

Eine vollständige Übersicht und Beschreibung zum HTTP-Protokoll und den Status Codes findet man bei der *Network Working Group*.

Links

Network Working Group
* [www.w3.org/Protocols/rfc2068/rfc2068]

The Web Robots Pages
* [www.robotstxt.org/wc/robots.html]

Search engine robots that visit your web site
* [www.jafsoft.com/searchengines/webbots.html]

3.1.3 Loader und URL-Datenbank

Die beiden Komponenten *Loader* und *URL-Datenbank* sind grundsätzlich zwei eigenständige Systemkomponenten, die jedoch in sehr engem, funktionalem Zusammenhang stehen. Es ist deshalb erforderlich, beide Komponenten in ihrem wechselseitigen Zusammenwirken zu sehen.

Die Funktion des Loader erstreckt sich auf das Managen von verteilt arbeitenden Suchrobots. Dies beinhaltet das Übergeben von Request-Aufträgen an die Gatherer, das Überwachen der Ausführung und damit verbunden, die Optimierung von Systemressourcen durch eine Analyse der Auslastung der einzelnen Gatherer.

Damit Suchrobots über Informationen verfügen welche URL überprüft werden soll, erhalten sie vom Loader URL-Listen, mit dem Auftrag an die hierin aufgeführten URL's einen HTTP-Request zu richten. Mit der Übergabe der URL-Liste erfolgt gleichzeitig eine Definition der Art des auszuführenden HTTP-Requests. Zulässige Requests sind der GET-, der konditionale GET- und der HEAD-Request. Die konkrete Art des HTTP-Request richtet sich danach, ob ein Dokument auf seine Existenz hin überprüft, eine Veränderung an einem Dokument erkannt oder ein nicht indexiertes Dokument vollständig geladen werden soll.

Neben der Art des auszuführenden Request wird in der URL-Liste auch der erlaubte Dokumententyp definiert, der unter einem URL erwartet wird. Das HTTP-Protokoll ermöglicht über die Content-Type-Definition den angeforderten Ressourcentyp zu bestimmen. Nur wenn ein Dokument der Content-Type-Definition entspricht, wird es vom Server übertragen. Mittels dieser Methode unterbinden die Systeme u.a., dass Dokumente übertragen werden die nicht vom System verarbeitet werden können oder sollen.

Die Bestimmung welche URL zu welchem Zeitpunkt besucht werden soll, erfolgt jedoch nicht durch den Loader, sondern durch die URL-Datenbank. Die URL-Datenbank ist in der Regel eine relationale Datenbank, die die Daten der vom System bereits erfassten URL's nach Kriterien speichert und somit eine differenzierte Wiederbesuchshäufigkeit (Crawl-Perioden) ermöglicht. Sie kann Teil des Robotsystems oder Teil des Information Retrieval-Systems sein.

Die wesentliche Funktion der URL-Datenbank ist die Speicherung und das Verwalten aller URL's. In der URL-Datenbank werden alle vom System übergebenen URL's nach Kategorien gespeichert. Es kann grundsätzlich nach zwei Hauptkategorien unterschieden werden.

(1) Eine Kategorie bilden URL's deren Dokumente bereits durch das Retrieval-System erfasst und indexiert wurden. Diese sind periodisch auf ihre Existenz oder eine Veränderung hin zu überprüfen.

(2) Die andere Kategorie stellen neue URL's dar, die vom System z.B. durch URL-Extraktion aus Dokumenten erfasst wurden. Sie bedürfen einer differenzierten Bearbeitung, da noch keine Informationen über die jeweiligen Ressourcen vorliegen. Die entsprechenden Dokumente müssen erst aus dem WWW geladen und vom System analysiert werden. Durchlaufen sie alle Filter ohne Probleme werden sie in den Index der Suchmaschine aufgenommen.

Eine wichtige Anforderung an URL-Datenbanken ist die Umsetzung einer differenzierten Crawl-Strategie. Da nicht alle Dokumente einer gleichen Änderungshäufigkeit unterliegen, ist es Verschwendung von Systemressourcen, alle erfassten Dokumente in der gleichen Häufigkeit auf Veränderungen hin zu überprüfen. Die URL's werden hierzu in verschiedene Kategorien unterteilt, deren Wiederbesuchrhythmus auf Basis von einem oder mehreren Kriterien beruht. URL's können dabei gleichzeitig auch mehreren Kategorien angehören. URL-Cluster können z.B. an Hand

- der Änderungshäufigkeit eines Dokuments,
- der Tiefe eines Dokuments im Verzeichnis,
- seiner Netzwerkadresse,
- seiner IP-Adresse,
- seiner Wichtigkeit für das System (z.B. als Linkliste),
- der Fehlerhäufigkeit des Hostrechners,
- der Art der Programmierung (statische oder dynamisches HTML Seite),
- des Dokumententyps (z.B. HTML, PDF, RTF, Word, etc.),

gebildet werden.

Zur Umsetzung von Crawl-Clustern werden in der URL-Datenbank erforderliche Zusatzinformationen mit abgespeichert:

- vollständiger URL,
- Hostname und IP-Adresse des Host-Servers,
- Dokumenten-Mime-Type,
- Dokumentenerstellungs- und änderungsdatum,
- Datum des letzten Besuchs,
- Errechneter Wert der Änderungsfrequenz,
- Informationen aus der Robots.txt-Datei,
- Server Status Informationen (in Prozess / Prozess ausgeführt / Fehlermeldung).

Neben der Optimierung der Systemressourcen eines Webrobot-Systems kann die Zuordnung einer Ressource zu einer bestimmten Kategorie sowohl positive als auch negative Auswirkungen auf die Bewertung eines Dokuments haben. Verfolgt eine Suchmaschine beispielsweise die Strategie, möglichst immer aktuelle bzw. neue Informationen bevorzugt anzubieten, erleiden Dokumente die ein älteres Erstellungs- oder Änderungsdatum aufweisen, eine Verschlechterung in ihrer Bewertung und somit ihrer Rangposition.

Die Organisation von URL's nach IP-Adressen kann unterschiedliche Zielsetzungen verfolgen. Sie wird u.a. eingesetzt um auf diesem Wege alle URL's eines bestimmten Hostrechners aus dem Bestand zu löschen, wenn ein Verstoß gegen die Nutzungsordnung erkannt wird. So weist NorthernLight ausdrücklich darauf hin, dass es nicht nur einzelne URL's aus seinem Verzeichnis löscht, wenn es pornographische Inhalte auf den Seiten entdeckt, sondern unverzüglich alle URL's die die gleiche Server IP-Adresse besitzen.

Eine andere Motivation URL's nach IP-Adressen zu verwalten kann die Absicht sein, WWW-Server nicht URL-weise zu besuchen, sondern immer alle URL's einer betreffenden IP-Adresse zum gleichen Zeitpunkt aufzusuchen. Diese Systematik wird auch mittels Netzwerk-Clustern realisiert, in dem immer alle URL's besucht werden, die einer bestimmten Netzwerkadresse oder IP-Adresse zugeordnet sind.

Links

A Prototype WWW Search System
- [www.npac.syr.edu/users/gcheng/homepage/thesis/node99.html]

CEWES MSRC Web-Linked Database Projects
- [www.wes.hpc.mil/pet/tech_reports/ reports/pdf/tr_9841.pdf]

A Dynamic Warehouse for the XML Data of the Web
- [www-sop.inria.fr/orion/TAIWAN/fichierspresentation/file21cobena.ppt]

Crawling Important Sites on the Web
- [http://bibnum.bnf.fr/ecdl/2002/INRIA/INRIA.pdf]

NothernLight
- [www.northernlight.com]

World Wide Web Robots, Wanderers, and Spiders
- [www.csa.iisc.ernet.in/Documentation/WebDoc/Robots/]

3.1.4 Der Checker

Der *Checker* ist für die Aufnahme eines Dokuments in den Datenbestand einer Suchmaschine aus der Betrachtung eines Content-Anbieters, die kritische Systemkomponente. Durch den Einsatz eines Checker soll vermieden werden, dass keine unerwünschten Ressourcen an das Information Retrieval-System weitergegeben werden. Der Checker übernimmt die wichtige Funktion der Überprüfung aller vom Gatherer übergebenen Eingangsressourcen hinlänglich der vom System definierten Vorgaben. Aufgrund klarer Vorgaben welche Dateitypen in welcher Form von der Suchmaschine verarbeitet und gespeichert werden können, gibt der Checker nur diejenigen Dokumententypen an das Retrievalsystem weiter, die den Vorgaben entsprechen. Soll eine Ressource folglich in den Datenbestand aufgenommen werden, muss sie vollständig den Spezifikationen der jeweiligen Suchmaschine entsprechen.

Ein gutes Beispiel ist der Dokumententyp. Mit Ausnahme nur weniger Suchmaschinen wie z.B. Google oder Altavista, ist das einzig zulässige Textdateiformat das die Suchmaschinen im WWW im allgemeinen zulassen, das HTML-Format. Und dies, obwohl Information Retrieval-Systeme grundsätzlich nahezu alle gängigen Textdateiformate problemlos verarbeiten können. Versucht man ein Nicht-HTML-Textformat, wie zum Beispiel ein Word-Dokument zu indexieren, gelingt dies nicht. Der Checker erkennt das Dateiformat als nicht System konform und löscht mit dem Dokument auch den betreffenden URL aus der URL-Datenbank.

Neben der Kontrolle des Dateiformats ist es für die Suchmaschinen wichtig, alle in den Dokumenten gefundenen URL's auf ihre syntaktische Richtigkeit, ihre Existenz sowie auf die technische Verfügbarkeit des betreffenden Server hin zu überprüfen. Da die Verarbeitung eines URL verschiedene Prozesse, wie das Speichern in der Datenbank, das Initiieren eines Crawl-Prozesses sowie das Verarbeiten des betreffenden Dokuments nach sich zieht, bedeutet die ungeprüfte Speicherung eines inaktiven oder fehlerhaften URL, Verschwendung von Systemressourcen. Weiter bedeutet die Speicherung von fehlerhaften oder nicht mehr existenten URL's eine Verschlechterung der Suchergebnisse, bezogen auf ihre Qualität und Präzision.

Die Funktionsbreite eines Checker kann sich bei seinen Analysefunktionen rein auf das Überprüfen der Dokumente und URL's mittels einiger weniger Filteranwendungen beschränken. Es können jedoch auch sehr umfangreiche und detaillierte Filterketten implementiert sein, mit der Zielsetzung einer völligen Datennormalisierung, Dokumentenanalyse und -klassifikation. Im Regelfall erfolgt jedoch die Datennormalisation und -analyse durch das Retrievalsystem. Ein Checker besteht grundsätzlich aus einer Kette an Filtern, die sequenziell auf ein Dokument angewendet werden. Jeder einzelne Filter kann dabei ein Dokument bzw. den URL verändern oder löschen.

Nachfolgend werden drei wesentliche Filterprozesse erläutert, die von nahezu allen Suchmaschinen angewendet werden und deren erfolgreicher Durchlauf für ein Dokument im Allgemeinen Voraussetzung für die Aufnahme in den Datenbestand ist.

Dokumentenfilter

Zur Überwachung des Dokumententyps wird ein Dokumentenfilter eingesetzt, der zur Filterung der Eingangsdaten auf erlaubte Ressourcen dient. Die Identifikation des Dokumententyps erfolgt durch die Mime-Type Übermittlung innerhalb des HTTP-Response-Header als Objektinformation. Entspricht ein Eingangsdokument nicht den Systemvorgaben wird es gelöscht und der dazugehörige URL aus der Datenbank entfernt.

Dublettenerkennung

Nach der Überprüfung auf zulässige Dokumententypen filtert der Checker die einzelnen Ressourcen auch darauf, ob sie bereits unter dem gleichen oder einem anderen Domain-Namen indexiert wurden. Dublettenerkennung ist für Suchmaschinen mit halbwegs aktueller Technologie kein Problem.

Ein HTML-Dokument kann über mehrere Domain-Namen auf dem gleichen oder einem anderen Server aufgerufen werden. Hierzu muss lediglich der WWW-Server für jede Domain einen Eintrag auf das gleiche Verzeichnis führen, bzw. eine Kopie eines Dokuments auf einem anderen Server gehostet werden. Ruft man nachfolgende URL's auf, wird immer das gleiche Dokument angezeigt.

- www.noesis.de/emarketing/content_management.html
- www.noesis-ecommerce.de/emarketing/content_management.html
- www.noesis-online-marketing.de/emarketing/content_management.html

Dubletten sind aus Sicht der Suchmaschinen nicht nur tatsächliche Kopien einer Datei, abgelegt unter anderem Dateinamen, sondern inhaltlich übereinstimmende oder nur geringfügig voneinander abweichende Seiten. Existiert ein Dokument identisch unter anderen Domain-Namen auf dem gleichen oder auf anderen Servern, ist es eine Dublette.

Zur eindeutigen Identifizierung von Dokumenten wird bei der Indexierung für jedes Dokument eine eindeutige Kontrollsumme errechnet und mit abgespeichert. In der Praxis wird für einen Datensatz eine Chiffriersumme nach einem Verfahren errechnet das sicherstellt, dass jede Informationseinheit eine eigene Chiffriersumme erzeugt. Unabhängig von der Länge einer Dateneinheit ist dabei jede Chiffriersumme 16 Bytes lang. Bei identischen Dokumenten ergibt sich eine identische Chiffriersumme. Der Filter kann durch einen Vergleich der Chiffriersummen sehr schnell eine Dublizitätserkennung ausführen und entsprechende Maßnahmen wie z.B. das Löschen der entdeckten Dublette vornehmen.

URL-Filter

URL's bilden die wichtigste Grundlage für die Erfassung des Internets und finden besondere Beachtung bei den Filterprozessen. Es wird folglich von den Webrobot-Systemen eine genaue Analyse der erhaltenen URL's hinlänglich ihrer Existenz, Syntax sowie anderer relevanter Kriterien vorgenommen. Die Filter werden auf alle dem System übergebenen URL's angewendet.

In einem ersten Schritt wird überprüft, ob die durch das HTTP-Protokoll definierte URL-Syntax eines gefundenen URL eingehalten wird. Zur Erkennung von dynamisch generierten Dokumenten wird der URL-String weiter auf Sonderzeichen wie ?, &, %, =, untersucht. Befindet sich ein solches Zeichen im URL, ist das ein eindeutiger Hinweis auf dynamisch erzeugte HTML-Dokumente. Schließt eine Suchmaschine dynamisch erzeugte Dokumente von der Indexierung aus, wird der betreffende URL nicht gespeichert.

Eine Überprüfung des URL auf seine Existenz sowie die Erreichbarkeit eines Servers kann vor der Aufnahme in die Datenbank, als auch im Zuge des regulären Crawl-Prozess erfolgen. In beiden Fällen wird hierzu ein HTTP-Request gestartet und der Status Code des Response-Header ausgewertet. Wird der Status Code *404 file not found* geliefert, ist der URL nicht mehr existent und es kommt zur Löschung des betreffenden URL. Wird ein Status Code der Klasse 5xx zurückgeliefert, deutet das auf Probleme des Hostrechners hin. In solch einem Fall erfolgen im allgemeinen noch weitere Request-Versuche bevor der URL gelöscht wird.

Ein wichtiger Filterprozess stellt den Abgleich eines URL mit einer Black List dar. Mit Hilfe von Black Lists wird sichergestellt, dass Dokumente die gegen die Nutzungsordnung der Suchmaschinen oder nationale Gesetze verstoßen, nicht in den Datenbestand aufgenommen werden. Ein Eintrag in eine Black List ist permanent, d.h. ein URL bzw. ein Dokument ist dauerhaft gesperrt. Die Filterung des URL kann auch in Kombination mit der IP-Adresse erfolgen. Wird ein URL bei *diesem* Verfahren auf die Black List gesetzt, erfolgt gleichzeitig die Sperrung des gesamten IP-Adressbereich.

Über die URL-Datenbank besteht die Möglichkeit die maximale Anzahl von URL's je Domain oder Host auf eine Obergrenze zu beschränken. Hierzu wird in der Datenbank eine Obergrenze festgelegt und die Anzahl der URL's je Host oder Domain bei der Neuaufnahme überprüft. Ist die maximal zulässige Anzahl überschritten, erfolgt keine Aufnahme. Von dieser Maßnahme sind gelegentlich Content-Anbieter betroffen, die ihre Websites bei Massen-Providern unter einer Subdomain bzw. einer einzigen Domain hosten, die für Hunderte oder Tausende von Subverzeichnissen verwendet wird.

Ein Redirect-Filter prüft, ob sich ein Dokument tatsächlich unter dem angegebenen URL sowie auf dem betreffenden Server befindet oder ob eine Weiterleitung auf ein anderes Dokument erfolgt. Eine automatisierte Weiterleitung, auch Redirect genannt, kann z.B. mittels HTTP-Befehl im HTML-Dokument ausgeführt werden. Wird dann der ursprüngliche URL aufgerufen, erfolgt eine automatische Weiterleitung einer Anfrage nach Ablauf einer Zeitvorgabe auf einen anderen als den ursprünglichen URL. Erfolgt ein Redirect, wird dies jedoch im Response-Header als Status Code Information an die Suchmaschine kommuniziert und ist somit erkennbar.

Von einigen Suchmaschinen wird ein Redirect als Spam-Versuch interpretiert und es erfolgt die Löschung des betreffenden URL. Wird hingegen ein Redirect von einem System zugelassen, erfolgt im allgemeinen eine vollständige Überprüfung der betreffenden Ressource unter dem neuen URL.

Links

CEWES MSRC Web-Linked Database Projects
- [www.wes.hpc.mil/pet/tech_reports/ reports/pdf/tr_9841.pdf]

URL Filter
- [www.oasis-europe.org/docs/en/d0305/node33.html]

Frequently Asked Questions (and Answers) about Harvest
- [www.tnt.uni-hannover.de/print/plain/soft/info/harvest/FAQ.html]

3.2 Datenaufbereitung und Analyse

Eine Datenaufbereitung hat als erste Aufgabe Textdateien in ein einheitliches Datenformat umzuwandeln, das vom System effizient verarbeitet werden kann. Die Information Retrieval Systeme der Suchmaschinen analysieren die vom Webrobot-System übergebenen HTML-Dokumente nicht auf Basis ihrer Originaldateien sondern in konvertierten Form.

Die Dokumentenanalyse hat weiter zur Aufgabe, in einem anschließenden Prozess Textdokumente inhaltlich zu erschließen. Ziel ist es, Begriffe in Textdokumenten *aufzuspüren*, die als Schlüsselworte den Sinn bzw. das Thema das ein Dokument behandelt, wiederzugeben. Doch bevor dies möglich ist, müssen zuerst die Zeichenfolgen von Textdokumenten als *Worte im semantischen* Sinn identifiziert und einer bestimmten natürlichen Sprache zugeordnet werden.

Das physikalische Ergebnis der Dokumentenaufbereitung und Analyse dient zur Entwicklung des Datenbestandes der Suchmaschinen und stellt somit die Basis für die Verfahren der Relevanzbewertung dar.

3.2.1 Information Retrieval Systeme

Zum besseren Verständnis der erforderlichen Verfahren zum Aufbau von Datenstrukturen bei Suchmaschinen, soll vorab kurz dargestellt werden, wie Suchmaschinen ihren Datenbestand organisieren.

Suchmaschinen bestehen auf der Systematik von *Information Retrieval Systemen*. Dies sind spezielle Datenbanksysteme zur Verarbeitung von Textdokumenten. Sie werden seit Beginn des WWW bei der Informationssuche in wenig strukturierten Dateitypen, wie z.B. HTML-Dokumenten eingesetzt. Ziel eines Retrievalsystem ist es, Textdokumente so aufzubereiten, dass ein effizient durchsuchbarer Datenbestand entsteht, der Texte unter Berücksichtigung von Bewertungskriterien erfasst und eine Rangfolge der gefundenen Dokumente hinlänglich einer Suchanfrage ermöglicht.

Der Aufbau eines Datenbestands besteht aus verschiedenen Verfahren. Der sogenannte Indexierungsprozess lässt sich dabei im wesentlichen in drei Teilprozesse,

1. die Datennormalisierung,
2. die Dokumentenanalyse,
3. die Bildung von durchsuchbaren Datenstrukturen (auch Indexierung genannt),

unterteilen.

Der Unterschied zwischen Informationen Retrieval Systemen und Tabellen orientierten Datenbanksystemen, wie beispielsweise SQL-Datenbanken, lässt sich am besten durch einen Vergleich darstellen. Betrachtet werden hierzu die Form wie Daten vom System erfasst werden, in welchen Datenstrukturen sie abgespeichert und wie Suchanfragen beantwortet werden. Um zu verstehen, wie Daten bei Tabellen orientierten Datenbanksystemen erfasst und verarbeitet werden, betrachten wir zunächst deren Datenstrukturen.

Die Form der Datenhaltung erfolgt in Tabellen, die relational miteinander verknüpft sein können. Die Tabellen bestehen aus Kolumnen und Zeilen. Die Felder einer Zeile bilden immer einen Datensatz, auch Tupel genannt. Die einzelnen Kolumnen definieren den jeweiligen Feldtyp. In jeder Kolumne wird ein bestimmter Typ von Inhalt erwartet, weshalb auch der Feldtyp bei der Erstellung der jeweiligen Datenbanktabelle in Hinblick auf Zeichentyp und Zeichenlänge definiert werden kann. Der Tabelleninhalt wird entweder über ein Eingabemodul mittels manueller Eingabe oder durch den Import von Daten eingestellt. Eine einfache Tabelle einer Adressdatei kann folgendermaßen aussehen:

Tabelle 3.1. Darstellung einer Datenbanktabelle

Name	**Vorname**	**Strasse**	**Nr.**	**PLZ**	**Ort**
Meier	Peter	Pausenstr.	17	80639	München
Huber	Anton	Romanplatz	12	10225	Berlin
Schmidt	Anja	Zehrstrasse	31	60337	Frankfurt

Eine Tupel bzw. Datensatz besteht in diesem Fall aus mehreren Feldern und sieht im Falle des obigen Beispiels wie folgt aus:

Meier	Peter	Pausenstr.	17	80639	München

Der Aufbau der Datenbank mit Inhalten erfolgt entweder durch Direkteingabe über ein Eingabeinterface, durch Prozeß orientierte Einträge oder durch Datenimport. Wesentlich dabei ist, dass durch die Definition der jeweiligen Kolumne der Inhalt hinlänglich seiner Bedeutung definiert wird. So ist bei obiger Tabelle bestimmt, dass alle Inhalte des Feldes *Name* den Namen einer Person repräsentieren. Das System nimmt keine weitere Analyse mehr vor, ob die Zeichenfolge *Meier* auch tatsächlich ein sinnvolles Wort im semantischen Sinn ergibt oder nicht.

Die Suche von Datensätzen erfolgt mittels einer *Data Manipulation Language* wie z.B. SQL. Möchte man einen bestimmten Datensatz in einer Tabelle suchen, erfolgt ein Vergleich aller Inhalte der betreffenden Kolumne mit dem Suchstring. Wird der Name *Meier* in der Kolumne *Name* gesucht, werden hierzu alle Felder der Kolumne nach der Zeichenfolge *Meier* durchsucht und diejenigen Datensätze zurückgeliefert, die eine Zeichenfolge *Meier* beinhalten. Kommt der Name *Meier* mehrmals vor, werden alle Datensätze angezeigt, die die Zeichenfolge *Meier* beinhalten. Die Reihenfolge der Auflistung kann sich nach verschiedenen Kriterien wie z.B. dem Datum der Erstellung des Datensatzes richten. Eine Unterscheidung nach dem Aspekt der Relevanz erfolgt nicht; alle Suchergebnisse sind bezogen auf die Suchanfrage gleich relevant.

Bei Information Retrieval Systemen werden keine strukturierten Daten (z.B. in Tabellenform) zur Verarbeitung übergeben, sondern unstrukturierte Textdokumente aus dem Internet. Aus der Sicht eines Computersystems bestehen Textdokumente zunächst nur aus eine Abfolge von Zeichen. Es kann zunächst nicht erkennen, welche Zeichenfolge ein natürlichsprachiges Wort abbildet, wo es anfängt und aufhört. Während bei Tabellen orientierten Datenbanksystemen durch die Bestimmung der Kolumne definiert wird, dass alle sich hierin befindenden Zeichenfolgen z.B. einen Namen repräsentieren, muss von Information Retrieval Systemen erst durch einen speziellen Sprachfilter erkannt werden, ob es sich bei einer Zeichenfolge um ein Wort im semantischen Sinn handelt.

Die Erkennung von Worten ist für Information Retrieval Systeme Voraussetzung um einen durchsuchbaren Datenbestand aufbauen zu können. Anders als bei Tabellen orientierten Datenbanksystemen müssen sie bei der Analyse von Textdokumenten automatisiert bestimmen, welche Zeichenfolge innerhalb eines Dokuments ein Wort im semantischen Sinn darstellt. Erst nach der Identifikation einer Zeichenfolge als Wort kann ein Begriff so in den Datenbestand übernommen werden, dass bei einer Suche sowohl das betreffende Wort, als auch das Dokument in dem das Wort vorkommt, auffindbar ist.

Die von Information Retrieval Systemen überwiegend eingesetzte Datenstruktur ist ein *invertiertes Dateisystem,* das im nächsten Kapitel noch genauer beschrieben wird. Im wesentlichen beruht es auf einem *Index,* in dem alle Worte geführt werden, die in den erfassten Textdateien vorkommen. Ein Index kann man sich sehr einfach als alphabetisch sortierte Liste aller erkannten Worte vorstellen. Jedes Wort im Index verfügt über einen Verweis zu einer *invertierten Datei.* In dieser invertierten Datei befinden sich wiederum Verweise zu all denjenigen Dokumenten, die das betreffende Wort beinhalten. Für jedes im Index geführte Wort existiert jeweils eine invertierte Datei. Da ein Textdokument im allgemeinen sehr viele Worte beinhaltet, wird es in allen entsprechenden invertierten Dateien mit seiner Dokumenten-Identnummer (DocID) als Verweis geführt. Nachfolgende Grafik verdeutlicht die Struktur eines invertierten Dateisystems an Hand des im Index vorkommenden

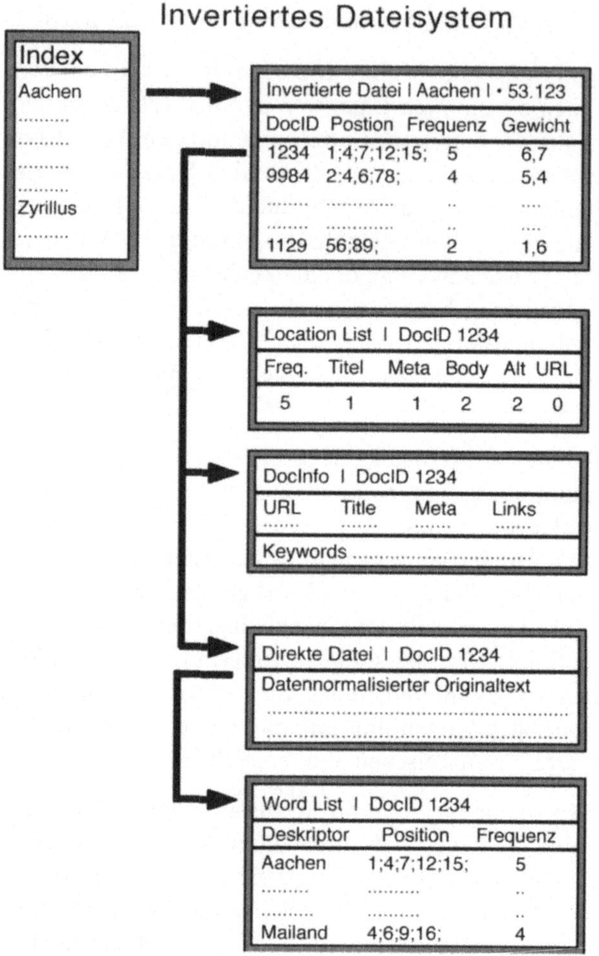

Abb. 3.2. Struktur eines invertierten Dateisystems – schematische Darstellung

Wortes „Aachen". Gezeigt wird die dazugehörige invertierte Datei sowie die Textdokumente, in denen das Wort „Aachen" im Dokument erscheint.

Bei einer Suche wird eine Suchanfrage an den Index gerichtet. Beinhaltet der Index das gesuchte Wort, werden über die betreffende invertierte Datei all diejenigen Dokumente angezeigt, die das gesuchte Wort beinhalten. Das Ergebnis der Suche stellt eine Liste aller gefunden Dokumente mit entsprechenden Verweisen zu den Dokumenten dar, die das Suchwort führen.

Wichtiges Unterscheidungskriterium zu den Suchergebnissen von Tabellen orientierten Datenbanksystemen ist, dass die Information Retrieval Systeme der Suchmaschinen *gewichtete Verfahren* zur Relevanzbestimmung einsetzen. Während SQL-

Datenbanken eine Suchergebnisliste beispielsweise nach Erstellungsdatum der Datensätze oder alphabetisch bzw. numerisch sortieren, setzen die Suchmaschinen einen Algorithmus ein, der sich an der *Relevanz* eines Dokuments zur Suchanfrage orientiert. Ein Dokument ist im Sinne einer Suchanfrage relevanter als ein anderes Dokument, wenn es *inhaltlich* der Suchanfrage eher entspricht, als ein anderes Dokument. Zur Ermittlung der Relevanz setzen die Information Retrieval Systeme verschiedene Verfahren ein, um Dokumente bezüglich ihrer Relevanz differenzieren zu können. Diese Verfahren beruhen, wie in diesem Buch noch ausgiebig dargestellt wird, auf dem Einsatz von verschiedenen Parametern zur Bestimmung von Dokumentengewichten sowie auf Retrieval-Funktionen zur Berechnung der Relevanz eines Dokuments hinlänglich einer Suchanfrage.

Die Aufgabe der Optimierung von Websites bedeutet also im Grunde nichts anderes, als all diejenigen Parameter genau zu kennen und richtig einzusetzen, die Suchmaschinen verwenden, um die Relevanz eines HTML-Dokuments bezüglich einer Suchanfrage zu berechnen. Möchte man eine möglichst gute Rangposition erzielen, muss durch den richtigen Einsatz der Gewichtungsparameter mathematisch ein möglichst hoher Relevanzgrad erzielt werden.

Links

Glossary for Information Retrieval
- [www.cs.jhu.edu/~weiss/glossary.html]

How Search Engines Rank Web Pages
- [www.searchenginewatch.com/webmasters/rank.html]

XIRQL: A Query Language for Information Retrieval in XML Documents
- [www.is.informatik.uni-duisburg.de/bib/fulltext/ir/Fuhr_Grossjohann:
  01.pdf]

Models in Information Retrieval
- [www.is.informatik.uni-duisburg.de/bib/fulltext/ir/Fuhr:00a.pdf]

Information Retrieval Invited Papers, Tutorials – Baeza-Yates
- [www.dcc.uchile.cl/~rbaeza/cv/invited.html]

Improving an Algorithm for Approximate String Matching
- [www.dcc.uchile.cl/~rbaeza/ftp/engin.ps.gz]

Literature about search services
- [www.lub.lu.se/desire/radar/lit-about-search-services.html]

Information Retrieval und das Web: Grundlagen & Problematik
- [www.inf.uni-konstanz.de/dbis/teaching/ss01/data-on-the-web/local/
  www_ir.pdf]

Information Retrieval Dokumentverarbeitung
- [www-ai.cs.uni-magdeburg.de/lehre/ws-00-01/DokVer/ab9.pdf]

Methoden und Modelle des Information Retrieval
- [http://page.inf.fu-berlin.de/~kuehn/diplom.ps]

Statistische Verarbeitung natürlicher Sprache
- [www.cl.uni-heidelberg.de/kurs/ss00/statling/]

Skriptum Information Retrieval
- [http://ls6-www.cs.uni-dortmund.de/ir/teaching/courses/ir]

Survey of the State of the Art in Human Language Technology
- [http://cslu.cse.ogi.edu/HLTsurvey/HLTsurvey.html]

Statistical Natural Language Processing
- [http://cslu.cse.ogi.edu/HLTsurvey/HLTsurvey.html]

3.2.2 Verfahren der Datenaufbereitung und Analyse im Überblick

Suchmaschinen sind so konzipiert, dass es ihnen technisch möglich ist, aus den Milliarden von Dokumenten des World Wide Webs einen Datenbestand zu erzeugen, der die Gesamtheit der vorhanden Dokumente so weit wie möglich abdeckt und innerhalb eines Systems zu einem durchsuchbaren Datenbestand agregiert. Wie schon im Kapitel 3.1.1 dargestellt, erfolgt das Auffinden und Erfassen von HTML-Dokumenten durch ein Webrobot-System, das an Hand von URL-Listen Dokumente im Internet aufsucht. Neue Dokumente werden durch das Weiterverfolgen von bisher nicht bekannten URL's identifiziert. Bisher unbekannte URL's können mittels Analyse der HTML-Dokumente gefunden oder durch aktive Anmeldung einer URL an das System übergeben werden.

Soll ein Datenbestand erzeugt werden der es ermöglicht Suchanfragen über alle aus dem WWW erhaltenen und gespeicherten Dateien zu stellen, setzt dies eine besondere Form der Datenaufbereitung und Datenanalyse sowie den Entwurf geeigneter Datenstrukturen voraus. Betrachtet man ein Textdokument so erkennt man unschwer, dass es aus der Sicht eines Computersystems zunächst nur aus einer Vielzahl an unterschiedlichen Zeichen besteht, die keinen Aufschluss über den Inhalt eines Textdokuments zulassen. Wesentliche Aufgabe der Suchmaschinen ist jedoch zu erkennen, welches Thema ein Dokument behandelt und in welcher natürlichen Sprache es verfasst ist. Denn nur durch eine inhaltliche Interpretation der Dokumente kann eine Suchanfrage im Sinne eines präzisen Ergebnisses beantwortet werden.

Diese Überlegungen führen dazu ein Verfahren einzusetzen, das die Zeichenketten zu Worten verbindet und eine Erkennung der natürlichen Sprache ermöglicht. Desweiteren ist eine Methodik erforderlich, die aufgrund einer Analyse aller Worte genau diejenigen bestimmt, die den Inhalt eines Dokuments repräsentieren. Oder anders ausgedrückt, es müssen die Worte ausgeschlossen werden, die

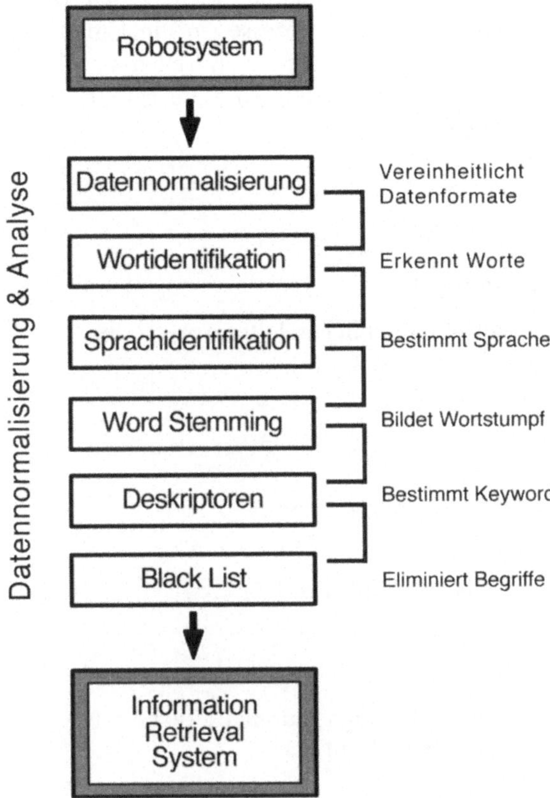

Abb. 3.3. Prozesse der Datennormalisierung und Dokumentenanalyse

keine inhaltliche Repräsentanz ermöglichen, aber gleichzeitig die Worte herausgefiltert werden, die den Sinn eines Textdokuments wiedergeben.

Im Gegensatz zu kontrollierten Systemen in denen Dokumententypen vordefiniert, Dokumente einheitlich strukturiert und die Qualität und Programmiersprache genormt sind, besteht das Web aus einer Unsumme an heterogenen Dokumenten, die zum Teil in schlechter Programmierqualität erstellt sind und darüber hinaus oftmals unterschiedliche Programmiererweiterungen oder Multimediaelemente beinhalten können. Damit ein System Daten effizient verarbeiten kann, müssen jedoch alle Daten ein einheitliches Datenformat besitzen. Aufgabe der Datenaufbereitung und Dokumentenanalyse ist es, aus dem Internet erfasste Textdokumente so aufzubereiten, dass daraus ein effizient durchsuchbarer Datenbestand gebildet werden kann.

Die vom Robotsystem übergebenen Ressourcen durchlaufen hierfür verschiedene Filter mit der Zielsetzung, die Dokumente in ein einheitliches Datenformat umzuwandeln, Worte im semantischen Sinn zu identifizieren und Keywords

(Schlüsselwörter) zu bestimmen, die einen Text inhaltlich wiedergeben. Die von den einzelnen Suchmaschinen eingesetzten Filterprozesse sind in Umfang und Ausprägung grundsätzlich systemspezifisch und können in Teilen sowohl vom Robotsystem als auch vom Retrievalsystem der Suchmaschine ausgeführt werden. Die gebräuchlichsten Verfahren sind dabei

- die Datennormalisierung,
- die Wortidentifikation,
- die Sprachidentifikation
- die automatisierte Keyword-Gewinnung.

Oben dargestellte Grafik bildet die allgemein üblichen Filterprozesse ab.

Links

Automatic Text Analysis
- [www.dcs.gla.ac.uk/~iain/keith/data/pages/14.htm]

Document Processor
- [www.infotoday.com/searcher/may01/liddy.htm]

Automatic Text Analysis
- [www.dcs.gla.ac.uk/Keith/pdf/Chapter2.pdf]

Solving The Word Mismatch Problem Through Automatic Text Analysis
- [http://citeseer.nj.nec.com/xu97solving.html]

Information Retrieval-Textanalyse
- [wwwiti.cs.uni-magdeburg.de/~sattler/lectures/agenten.ps]

Introduction in Information Retrieval
- [www.dcs.gla.ac.uk/Keith/Chapter.1/Ch.1.html]

3.2.3 Datennormalisierung

Der erste Prozess der auf die vom Webrobot-System erhaltenen Dokumente angewendet wird, ist die Transformation bzw. Konvertierung aller Dateien in ein einheitliches Datenformat, das vom System effizient verarbeitet und gespeichert werden kann. Kern des Normalisierungsprozess stellt die Umwandlung unterschiedlicher Datenformate und Datenqualitäten in ein System spezifisches Standardformat dar und beinhaltet das Entfernen von Programmiercode, sowie eine Restrukturierung der Datei, die sich an den technischen Erfordernissen des Systems orientiert. Erweiternd kann die Datennormalisierung auch eine Datenkompression der konvertierten Dateien zum Zwecke der Einsparung von Plattenspeicher beinhalten.

Angewendet auf HTML-Textdateien bedeutet eine *Datennormalisierung*, dass der gesamte HTML-Programmiercode entfernt wird. Bei nicht sauber erstellten HTML-Dokumenten kann es hier insofern zu Problemen kommen, dass der Filter ganz oder in Teilbereichen nicht erkennt, wo der Programmiercode endet und wo Text beginnt. Im Zuge der Separation des natürlichsprachigen Textes vom Programmiercode werden bei modernen Systemen auch Programmiererweiterungen wie z.B. JavaScript entfernt. Der Einsatz von Programmiererweiterungen führt jedoch nach wie vor bei verschiedenen Systemen zu dem Problem, dass er nicht eindeutig erkannt wird. Die Folge für das Dokument kann eine mangelhafte Berücksichtigung durch die Suchmaschine nach sich ziehen.

Wichtig für die Weiterverarbeitung ist die Erkennung der Dokumentenstruktur. HTML-Dokumente gelten allgemein hin als schwach strukturiert. Über die beiden Tags HEAD und BODY wird jedoch zumindest eine grobe Grundstruktur festgelegt, die es ermöglicht Worte im Dokumentenkopf bzw. im Dokumentenkörper differenziert zu berücksichtigen. Innerhalb des Dokumentenkopfs kann noch eine Unterscheidung vorgenommen werden, ob ein Wort im Dokumententitel oder innerhalb eines der Meta-Tags vorkommt. Eine mögliche Strukturierung des Dokumentenkörpers erfolgt in HTML u.a. durch die <H1> bis <H6>-Tags. Diese Tags dienen zur Bestimmung von Überschriften und leiten Absätze ein.

Die durch das HTML vorgegebenen Möglichkeiten der Strukturierung eines Dokuments werden bei der Datennormalisierung durch Erkennung der betreffenden Tags erfasst und in der konvertierten Datei entsprechend berücksichtigt. Gleiches gilt für die Darstellung von Sonderzeichen. Sprachspezifische Sonderzeichen wie zum Beispiel die deutschen Umlaute, werden von der für HTML üblichen Abbildungsmethode in eine systemspezifische Darstellungsform überführt.

Den umgewandelten Dokumenten wird im Zuge der Datennormalisierung eine eindeutige Dokumentennummer (die sogenannte DocID) zugeordnet, unter der das Dokument sowie sein URL fortan identifizierbar sind.

Links

Document Processor
- [www.infotoday.com/searcher/may01/liddy.htm]

Chancen und Grenzen der maschinellen Indexierung
- [www.agi-imc.de/.../$FILE/Chancen%20und%20Grenzen%20der%20
  maschinellen%20Indexierung.pdf]

3.2.4 Wortidentifikation

Zum Aufbau einer durchsuchbaren Datenstruktur durch Retrieval-Systeme sind Worte im semantischen Sinn erforderlich, die ein Textdokument inhaltlich repräsentieren. Nur wenn Worte im semantischen Sinn identifizierbar sind, können diese indexiert und danach gesucht werden. Die Wortidentifikation ist ein Konvertierungsprozess, der eine Vielzahl von Zeichen innerhalb eines Dokuments in eine Menge an lexikalisch sinnvollen Worten umwandelt. Ein Problem in diesem Zusammenhang stellt wie bereits erwähnt, das Erkennen von Worten im Sinne einer natürlichen Sprache dar. D.h. ein Filter zur Wortidentifikation muss in der Lage sein, Bitfolgen als Worte im semantischen Sinne identifizieren zu können sowie Zeichen und Zahlen hiervon zu unterscheiden. Eine Entfernung des Programmiercodes bei HTML-Dokumenten erfolgt bereits im Zuge der Datennormalisierung.

Auf den ersten Blick mag die Wortidentifikation lediglich auf dem Erkennen von Leerzeichen als Wortseparatoren hinaus laufen. Realisiert man jedoch zur Worterkennung ausschließlich nur diese Methodik, würden grundsätzlich alle Zeichen und Buchstaben zwischen zwei Leerzeichen ein Wort im semantischen Sinn definieren. Betrachtet man hingegen einen Text genauer, stellt man fest, dass ein solches Verfahren nur ungenaue Ergebnisse liefern kann. Erschwerend wirken bei einer exakten Wortidentifikation die Berücksichtigung von Zahlen, Bindestrichen, Satzzeichen sowie die Groß- und Kleinschreibung von Worten, die ein verfeinertes Verfahren der Wortidentifikation erfordern.

Ein differenzierter Prozess der Wortfindung bei Hypermedia-Textdokumenten basiert auf der Erkennung von wiederkehrenden binären Assoziationen von Inhaltsworten. Somit wird zur Identifikation von lexikalisch sinnvollen Begriffen ein mehrstufiger Worterkennungsfilter auf das betreffende Dokument angewendet. Der Filter erkennt Worte durch die Klassifizierung von Symbolen in die drei Klassen:

- gültige Symbole zur Bildung eines Wortes,
- Symbole zur Trennung von Worten,
- besondere Prozesssymbole.

Erstere werden durch das jeweilige Alphabet dargestellt und zur weiteren Verarbeitung des hierdurch gebildeten Wortes an den nachfolgenden Filter weitergegeben. Durch die Zugrundelegung eines Wörterbuchs kann eine Bedeutungsidentifikation und somit Wortidentifikation im lexikalischen Sinn erfolgen. Es ist jedoch eine Methode zur Erkennung von Worten erforderlich, die nur in Großbuchstaben geschrieben sind. Eine gesonderte Definition bedingt auch die Erkennung von reinen Zahlen sowie von Worten, die eine Buchstaben-Zahlen Kombination wie z.B. 1994AD (1994 anno domini) beinhalten. Sowohl reine Zahlen als auch Buchstaben-Zahlenkombinationen müssen dabei als semantisch sinnvolle Zeichenfolgen identifizierbar sein.

Symbole zur Trennung von Worten dienen dem System zu erkennen, wann ein Wort beginnt und wann es endet. Diese Symbole sind z.B. Leerzeichen, Bindestriche, Kommas, etc. und sind im ASCII-Zeichensatz definiert. Die exakte Bedeutung ob ein solches Zeichen ein Symbol zu Worttrennung darstellt oder ob es Teil eines Wortes ist, hängt von der betreffenden Sprache ab und muss sprachspezifisch entschieden werden.

Ein einfaches Beispiel verdeutlicht dies. Während im Englischen ein Leerzeichen zwischen zwei Worten nicht immer zwei eigenständige Worte im semantischen Sinn definiert, sondern oftmals auch ein lexikalisch zusammen gehörender Begriff durch Leerzeichen getrennt sein kann (z.B. information retrieval system), trennen in der deutschen Sprache Leerzeichen allgemein lexikalisch eigenständige Worte.

Als Ergebnis des Wortidentifikationsprozesses stellt der Filter eine Liste an gefundenen Begriffen im lexikalischen Sinn bereit, die zur Generierung von geeigneten Schlüsselwörtern an den Keyword-Relevanzfilter bzw. vorab, an das Word Stemming Modul übergeben wird. Sofern dem Keyword-Relevanzfilter noch ein Stoppwortfilter vorgeschaltet ist, durchläuft die hier erzeugte Wortliste vorab einen Prozess der dazu führt, alle Worte aus der Liste zu eliminieren, die ohne inhaltlich repräsentative Bedeutung für ein Dokument sind.

3.2.5 Sprachidentifikation

Über die Robotsysteme erfassen Suchmaschinen mittels Link-Verfolgung alle Textdokumente die vom System zugelassen sind. Über das Internet sind bei genauer Betrachtung Dokumente in allen natürlichen Sprachen erreichbar. Da die Webrobots nicht in einem abgeschlossenen System Hyperlinks weiterverfolgen, sondern alle Verweise auf Ressourcen im gesamten WWW aufsuchen, ist es sehr wahrscheinlich, dass Verweise zu Dokumenten in unterschiedlichen Sprachen führen.

Würden die Suchmaschinen alle Textdokumente sprachlich undifferenziert erfassen und verarbeiten, führt dies zu einem unstrukturierten Datenbestand und hätte eine erhebliche Verschlechterung der Suchergebnisse zur Folge. Die Information Retrieval Systeme der Suchmaschinen verarbeiten folglich Eingangsressourcen mit der Maßgabe, zwischen den jeweiligen Sprachen zu unterscheiden und ihren Index sprachorientiert zu verwalten. Die Folge ist, dass Dokumente die nicht den definierten Sprachen entsprechen auch nicht von den Suchmaschinen in ihren Datenbestand aufgenommen werden. Möchte folglich ein Content-Anbieter ein Dokument im deutschsprachigen Datenbestand bei Google oder Altavista indexieren lassen, muss die natürliche Sprache in der das Dokument verfasst ist, überwiegend Deutsch sein.

Die Separation der Datenbestände nach Sprachen führt zu einer erheblichen Verbesserung der Suchergebnisse. Durch die Trennung der Indexe in unterschiedliche Sprachen werden sowohl Mehrdeutigkeiten von Worten unterschiedlicher Sprachen ausgeschlossen, als auch die Möglichkeit eröffnet, Suchergebnisse nur in einer bestimmten Sprache zu erhalten. Für eine spezielle sprachspezifische Suche bieten sowohl Google, Alltheweb und Lycos Expertensuchen an. Über die Definition der gewünschten Sprache wird dabei eine Suchanfrage ausschließlich an den betreffenden Index gerichtet.

Zur getrennten Erfassung von Dokumenten und dem Aufbau sprachspezifischer Datenbestände, werden bei der Verarbeitung der Textdokumente spezielle Sprachfilter eingesetzt. Die Aufgabe von Sprachfiltern ist es zu erkennen, ob ein Textdokument in einer bestimmten definierten Sprache, bzw. in welcher natürlichen Sprache es verfasst ist. Entspricht ein Dokument einer definierten natürlichen Sprache, wird es an das hierfür vorgesehene sprachspezifische Indexierungsmodul weitergeben. Wird die Sprache nicht eindeutig erkannt oder ist ein Dokument in einer nicht zugelassenen natürlichen Sprache erstellt, wird das Dokument und der dazugehörige URL vom System gelöscht.

Sprachfilter können über die technische Kompetenz der Erkennung von unterschiedlichen natürlichen Sprachen verfügen oder lediglich die Funktion besitzen zu erkennen, ob ein Dokument in der einzigen vom System erlaubten natürlichen Sprache verfasst ist. Die eingesetzte Software und deren Methoden zur Sprachidentifikation können sehr unterschiedlich sein. Eine reine Sprachbestimmung über die Auswertung des Meta-Tag LANGUAGE ist jedoch in keinem Fall ausreichend und wird als Angabe bei der Indexierung nicht beachtet.

Um die jeweiligen Sprachen möglichst exakt zu bestimmen, kann ein kombiniertes Verfahren verwendet werden, bei dem sowohl *statistische Methoden* als auch ergänzend ein *Wörterbuch* zum Einsatz kommt.

Werden *statistische Verfahren* der Spracherkennung angewendet, basieren diese oftmals auf der Theorie der *Hidden-Markov-Modelle*. Die Hidden-Markov-Modelle sind eine Klasse von statistischen Modellen, die auf der Theorie der Markovketten basieren und vor allem in der Sprachverarbeitung Anwendung finden. Im Aufgabenbereich der Worterkennung dienen Markov-Modelle speziell der Repräsentation zeitlicher Abfolgen artikulatorischer Gesten und eignen sich zur Wortmodellierung oder Worterkennung.

Bei diesem Verfahren wird die Zeichenfolge der zu klassifizierenden Texte erfasst und mit der für die jeweilige Sprache typischen Zeichenfolge verglichen. Ausgehend vom beobachteten Ähnlichkeitsgrad wird der Text dann z.B. als deutschsprachig oder fremdsprachig klassifiziert. Im Zusammenhang mit der Erkennung einer natürlichen Sprache ist die Darstellung der sprachspezifischen Sonderzeichen einer Sprache im HTML-Code relevant.

Ergänzend wird zur möglichst genauen Bestimmung einer Sprache, bei nicht eindeutiger Identifikation mittels statistischer Verfahren, ein Wörterbuch zur Verifikation zu Grunde gelegt. Eine Erweiterung um ein Wörterbuch kann insbesondere dann erforderlich werden, wenn im Text verstärkt Eigennamen, Lehnwörter oder fachspezifische Terminologien verwendet werden, die eine Bestimmung der Dokumentensprache beeinflussen. Zur Bestimmung der jeweiligen natürlichen Sprache erfolgt in solch einem Fall ein Abgleich der im Textdokument auftretenden Worte mit einem Wörterbuch. Erst durch die Kombination des statischen Verfahrens, unter Zugrundelegung von Wörterbüchern, kann die eindeutige Erkennung einer Sprache auch im Zweifelsfall zuverlässig erfolgen.

> **Links**
>
> Statistische Sprachmodelle
> - [www.coli.uni-sb.de/~thorsten/gk-workshop/node11.html]
>
> Other Web Pages Related to Cross-Language Text Retrieval
> - [www.ee.umd.edu/medlab/mlir/resources.html]
>
> Cross-Language LSI
> - [www.cs.duke.edu/~mlittman/courses/Archive/INLS379/xlang/xlang.html]
>
> Multilingual and Monolingual Term Identification and Applications
> - [www.cs.columbia.edu/~min/presentations/candidacy/]
>
> Automatic Text Analysis
> - [www.dcs.gla.ac.uk/Keith/pdf/Chapter2.pdf]

3.2.6 Word Stemming

Das *Word Stemming* ist eng mit der automatisierten Bestimmung von Keywords und dem Aufbau des Index verbunden. Word Stemming bedeutet *Bilden eines Wortstamms,* wobei mit dem Wort *stem* nicht nur die Grundform eines Wortes gemeint sein muss, sondern auch ein um den Suffix (Nachsilbe) und / oder Prefix (Vorsilbe) eines Wortes gekürzter Wortstumpf definiert wird. Ziel dieses Verfahrens ist es, die Anzahl von Dokumenten die bei einer Suchanfrage berücksichtigt werden zu erhöhen sowie die Anzahl an Worten im Index ohne wesentlichen Bedeutungsverlust zu reduzieren.

Die diesem Verfahren zu Grunde gelegte Überlegung ist, dass der Wortstamm eines Wortes grundsätzlich die Bedeutung eines Wortes repräsentiert und dass semantische Abwandlungen von Worten, wie z.B. durch Pluralbildung oder Deklinationen, keine Abweichungen vom eigentlichen Sinn eines Wortes bedeuten. Entsprechend diesem Prinzip hat das Wort *house* im Englischen für ein Retrievalsystem das Word Stemming einsetzt, die gleiche Bedeutung wie *houses.* Dokumente mit den Deskriptoren *house* bzw. *houses* werden bei Anwendung von Word Stemming beide im Index unter dem erzeugten Wortstamm *house* geführt.

Der Prozess des Word Stemming beinhaltet das Transformieren von Worten auf ihre semantische Grundform oder einen durch das System definierten Wortstumpf. Bei der am meisten eingesetzten Form der Wortstammbildung, der Suffix-Entfernung, werden Worte die als Substantive in der Pluralform im Dokument vorkommen, durch Entfernung der Plural bildenden Nachsilbe in die Singularform transformiert. In der im Englischen leicht zu bildenden Pluralform wird dazu das die Pluralform bildende Suffix „s" bzw. „es" mittels einem speziellen Filter erkannt und entfernt, wodurch der Wortstamm erhalten bleibt. Bei der Prefix-Entfernung wird hingegen einem Wort nach bestimmten Regeln seine Vorsilbe entfernt und nur der um die Vorsilbe verkürzte Wortstamm indexiert.

Entsprechend der jeweiligen Word Stemming-Strategie der Indexierung verarbeitet auch der Query Prozessor Suchanfragen in der entsprechend transformierten Form. D.h. auf Suchworte wird der gleiche Stemming-Prozess angewendet wie bei der Indexierung. Es findet somit auch bei der Suchanfrage eine Übersetzung eines Suchwortes in einen Wortstumpf statt.

Es ist wichtig hervorzuheben, dass Stemming-Algorithmen immer individuell auf eine bestimmte Sprache ausgerichtet sind und sich nicht alle Sprachen eignen, ein Stemming anzuwenden. Während das Word Stemming in der englischen Sprache aufgrund seiner relativ einfachen Semantik und Grammatik durch das Entfernen von Suffixen und Präfixen relativ effiziente und präzise Suchergebnisse liefert, führen die bekannten Algorithmen in grammatikalisch anspruchsvolleren Sprachen zu eher mangelhaften Ergebnissen.

Die Mehrzahl aller Suchmaschinen im Internet wenden kein Word Stemming an, sondern indexieren im Volltextmodus jeden Begriff, der im Dokument als Wort im semantischen Sinn erkannt wird. Ob eine Suchmaschine Stemming-Algorithmen einsetzt, lässt sich einfach dadurch nachvollziehen, in dem eine Suchabfrage mit einem Begriff in der Singular- und in der Pluralform ausgeführt wird. Ist die Anzahl der Dokumente des Suchergebnisses in beiden Fällen gleich, wird Word Stemming eingesetzt. Die Kenntnis über den Einsatz von Word Stemming ist insbesondere in Hinblick auf die Bestimmung von repräsentativen Deskriptoren im HTML-Dokument sehr relevant. Unterscheidet eine Suchmaschine beispielsweise zwischen der Singularform und der Pluralform, muss ein Deskriptor in beiden Formen im Dokument vorkommen, damit ein Dokument Teil des Suchergebnisses beider Formen des Suchwortes wird.

Links

Conflation and Stemming
- [www.comp.lancs.ac.uk/computing/research/stemming/paice/article.htm]

Indexing in our model of IR
- [www.cs.tcd.ie/courses/baict/baim/jf-im/13Indexing.pdf]

Stemming Algorithmus
- [www.cis.uni-muenchen.de/people/Schulz/SeminarSoSe2001IR/
  FilzmayerMargetic/ referat.html]

Fortgeschrittene Algorithmen für Stemming
- [http://stinfwww.informatik.uni-leipzig.de/~kherrman/stemming.ps.gz]

Textverarbeitung
- [www.cis.uni-muenchen.de/people/Schulz/SeminarSoSe2001IR/Nagy/
  node3.html]

3.2.7 Deskriptorengewinnung

Von allen Problemen die beim Aufbau und Pflege des Datenbestandes eines Retrievalsystems zu lösen sind, ist die Bestimmung von Deskriptoren die schwierigste Aufgabe. Primäres Ziel der Analyse von Textdokumenten ist es, diejenigen Begriffe in einem Dokument zu identifizieren, die dazu geeignet sind ein Thema *inhaltlich* zu repräsentieren. D.h. aus der Gesamtmenge an Worten eines Textdokuments müssen genau die Worte vom System erkannt werden, über die es möglich ist, den thematischen Inhalt eines Dokuments darzustellen. Diese Teilmenge an Begriffen werden allgemein hin als *Schlüsselwörter* oder *Keywords,* aber auch als *Deskriptoren* bezeichnet.

Wie im Kapitel Information Retrieval Systeme (s. Kap. 3.2.1) schon erläutert, werden nicht die einzelnen Textdokumente bei einer Suchanfrage auf das Vorkommen eines Suchbegriffs untersucht. Sondern es werden die einzelnen Dokumente durch Worte repräsentiert die im Text vorkommen und die den Inhalt am genauesten wiedergeben. Für jedes Wort das im Index vorkommt existiert eine invertierte Datei, die unter dem betreffenden Begriff Verweise zu allen Dokumenten führt, die das Wort beinhalten. Je nach Systemvorgaben des IR-Systems muss ein Begriff in einer bestimmten Häufigkeit im Dokumententext vorkommen, um als Deskriptor geeignet zu sein.

Zum Aufbau einer Indexdatei ist es somit erforderlich Deskriptoren aus natürlichsprachigen Textdokumenten zu generieren, die ein Dokument *inhaltlich* repräsentieren. Diese Systematik ist immer dann einzusetzen, wenn bei einer Suchanfrage nicht jedes einzelne Dokument vollständig durchsucht werden soll, sondern Dokumente aufgrund von repräsentativen Begriffen gefunden und als relevant oder nicht relevant betrachtet werden sollen.

Ein sehr wesentlicher Teil des Indexierungsprozesses ist folglich die Anwendung eines *Keyword-Relevanzfilters* auf ein Textdokument mit dem Ziel, eine Liste an repräsentativen Deskriptoren zu generieren. Wie umfangreich die einzelnen Dokumente ausgewertet werden ist von System und Indexierungseinstellung unterschiedlich. Es besteht die Möglichkeit ein Dokument vollständig zu analysieren, d.h. alle Worte eines Dokuments zu berücksichtigen oder nur bestimmte Teilbereiche eines Dokuments zu indexieren. Bei HTML-Dokumenten kann sich eine partiale Kontextanalyse auch nur auf den Inhalt zwischen den HEAD-Tags oder auf eine bestimmte Anzahl von Begriffen, wie z.B. die ersten 100 oder 200 Worte eines Dokuments, beschränken.

Das Finden und Vergeben von inhaltsbezogenen Deskriptoren dient drei wichtigen, miteinander in Beziehung stehenden Zielen:

1. Der Suche nach Dokumenten die für eine Anfrage relevant sind.
2. Die Verknüpfung von Dokumenten, die thematisch zusammengehören.
3. Der Relevanzbestimmung der einzelnen Dokumente, auf Basis von repräsentativen Begriffen, bezogen auf eine Suchanfrage.

Die automatisierte Deskriptorengewinnung mittels Keyword-Relevanzfilter soll in diesem Sinne so *erschöpfend* und *spezifisch* wie möglich erfolgen. Hierbei stellen relevante Bestimmungsmerkmale bei der Anzahl und Genauigkeit von repräsentativen Begriffen die Erfordernis an den *Recall* (Menge aller berücksichtigter Dokumente) und die *Precision* (Genauigkeit der Suchantwort) dar. So bedeutet *erschöpfend*, dass alle Themen eines Dokumentes mittels Deskriptoren repräsentiert sind, was positive Auswirkungen auf den Recall hat. *Spezifisch* bedeutet hingegen, dass aus der Gesamtheit möglicher Themen eines Dokumentes genau diejenigen gefiltert werden, die das betreffende Dokument am zutreffendsten repräsentieren, was zu einer Verbesserung der Precision führt.

Die Schwierigkeit eines Keyword-Relevanzfilters besteht bekanntermaßen darin, mittels automatisierter Verfahren zu entscheiden, *welche* Begriffe ein Dokument *grundsätzlich* repräsentieren und aus dieser Menge heraus diejenigen zu filtern, die ein Dokument *inhaltlich* am *genauesten* abbilden. Denn Ziel ist es, unter Berücksichtigung des jeweiligen Anspruchs an Recall und Precision, einer Suchabfrage möglichst genau die Dokumente in einem bestimmten Umfang als Ergebnis zu liefern, die der Anfrage auch am exaktesten entsprechen.

Zur Bestimmung welche Worttypen grundsätzlich geeignet sind um als Deskriptoren zu fungieren, ist eine Betrachtung der einzelnen Wortarten sowie deren Funktion im Satz hilfreich. Ein Satz in einer natürlichen Sprache besteht aus unterschiedlichen Wortarten, wie z.B. Substantiven, Verben, Adjektiven, Bindewörtern, die grammatikalisch erforderlich sind, um einen Gedanken auszudrücken. Jeder Text besteht wiederum aus einer Vielzahl an Wörtern, die in ihrer Gesamtheit dazu dienen, inhaltlich ein Thema zu beschreiben.

Die überwiegende Anzahl der Worte eines Textes ist jedoch nicht dazu geeignet, ein Dokument in der Form abzubilden, dass die einzelnen Worte das Thema auch tatsächlich *inhaltlich* in Bezug auf eine Suchabfrage repräsentieren. Einen Großteil von Worten die über alle Sachgebiete hinweg keinen Erkenntnisgewinn über den Inhalt eines Dokuments ermöglichen, sind die so genannten Füllwörter, wie z.B. bestimmte und unbestimmte Artikel (der, die, das, ein, eins, einer), Bindewörter (und, oder), Präpositionen, Wortkonjunktionen, Pronomen, Fragewörter oder auch Modalverben. Untersucht man die verbleibenden Worttypen genauer, welche einzeln betrachtet ein Thema inhaltlich am ehesten wiedergeben, zeigt sich, dass Inhalte am ehesten durch Substantive abgebildet werden können.

In diesem Zusammenhang wurde in empirischen Untersuchungen festgestellt, dass sich natürlichsprachige Texte unterschiedlicher Sachgebiete in ihrem Wortschatz erheblich unterscheiden. Auf einzelne Begriffe bezogen bedeutet das, dass die Häufigkeit eines Wortes das einem bestimmten Sachgebiet angehört, mit der Bedeutsamkeit dieses Begriffs für das jeweilige Sachgebiet korreliert.

Als Entscheidungsgrundlage, ob ein Wort als Schlüsselwort *wichtig* ist oder nicht, kann die *Häufigkeit seines Vorkommens* im Text Ausschlag gebend sein. So bauen die meisten Ansätze der automatisierten Indexierung auf der Beobachtung auf, dass die Häufigkeit einzelner Begriffe in einem natürlichsprachigen Text, mit der Bedeutsamkeit dieser Wörter für die inhaltliche Repräsentation korreliert. Es erkannte bereits H.P. Luhn, ein Pionier der automatischen Indexierung, dass ein unmittelbarer Zusammenhang zwischen Worthäufigkeit und Wortbedeutung für einen Text besteht.

Das *Prinzip des geringsten Aufwands* das auch als *Zipf'sche Gesetz* bekannt ist, besagt, dass es für den Verfasser eines Textes einfacher ist, bestimmte Worte zu wiederholen die ein Thema beschreiben, als ständig nach neuen Begriffen zu suchen. Dabei kommen diese den Inhalt repräsentierenden Schlüsselwörter zwar im Text verstärkt vor, aber im Verhältnis zur Gesamtwortmenge nur in *mittlerer* Worthäufigkeit. Auf Anhieb liegt die Vermutung nahe, dass diejenigen Worte die besonders häufig im Text auftreten, sich bevorzugt als Keywords eignen. Es hat sich aber empirisch gezeigt, dass sich sehr häufig auftretende Wörter nicht als Deskriptoren eignen. Weiter sind sehr selten auftretende Wörter auch keine geeigneten Deskriptoren.

Die Erkenntnis, dass Substantive Themen eines Dokuments repräsentieren können, führt zu der Indexierungsmethode von Retrievalssystemen, den Inhalt bzw. ein Thema von Textdokumenten über die Erfassung der vorkommenden Substantive abzubilden. Wie erwähnt, dienen jedoch nicht alle Substantive eines Texts dazu den Sinn wiederzugeben, sondern nur diejenigen, die mit *mittlerer Häufigkeit* vorkommen. Der generelle Zusammenhang von Worthäufigkeit und Relevanz lässt sich demzufolge wie nachfolgend abgebildet darstellen.

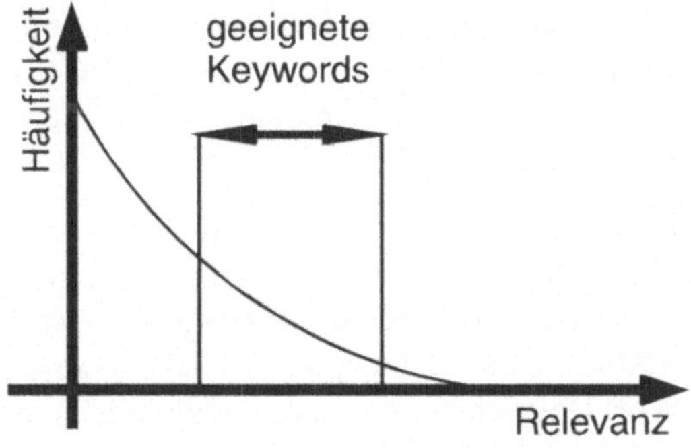

Abb. 3.4. Zusammenhang von Worthäufigkeit und Wortrelevanz

Links

Relevanzfilter und Ähnlichkeitsmaß von Dokumenten mittels Keywords
- [www2.iicm.edu/cguetl/education/student/hkonrad/seminar.html]

Information Retrieval and Search
- [www.cs.sfu.ca/~cameron/Teaching/D-Lib/IR.html]

Information Retrieval Indexierung: Grundidee
- [www.home.fh-karlsruhe.de/~rire0001/DVII/IR.pdf]

Automatische Indexierung strukturierter Dokumente
- [www.fh-darmstadt.de/all/tmp/tdf/knorz.doc]

Automatic Text Analysis
- [www.dcs.gla.ac.uk/Keith/Chapter.2/Ch.2.html]

3.2.8 Stoppwortliste und Black List

Stoppwortlisten sind Listen von Worten, die bei der Erfassung von Schlüsselwörtern zur Indexierung nicht berücksichtigt werden sollen. Ziel ist es mittels Stoppwortlisten irrelevante oder unzulässige Begriffe effizient zu identifizieren und zu eliminieren. Hierzu werden alle in einem Dokument erkannten Begriffe mit den Worten in der Stoppwortliste abgeglichen. Kommt ein Wort sowohl als Deskriptor als auch als Stoppwort vor, wird es aus der Liste der Keywords eines Dokuments gestrichen. Durch Stoppwortlisten ist es möglich, Begriffe die nicht im Index erscheinen sollen von der Indexierung auszuschließen. Häufig werden Worte auf die Stoppwortliste gesetzt, die gegen die Nutzungsordnung der Suchmaschine, gesetzliche Bestimmungen oder allgemeingültige Wertvorstellungen verstoßen.

Der Einsatz von Stoppwortlisten eignet sich auch sehr gut um grammatikalische Füllwörter wie bestimmte und unbestimmte Artikel, Bindewörter, Präpositionen, Wortkonjunktionen, Pronomen, Fragewörter sowie Modalverben von vorne herein auszuscheiden. Die Einträge in Stopplisten sind grundsätzlich sprachorientiert und können dynamisch angepasst werden. Die Anwendung von Stoppwortlisten kann im Zuge der Deskriptorengewinnung erfolgen oder als eigenständiger Teilprozess dem Keyword-Relevanzfilter vor- oder nachgeschaltet sein.

Neben den Stoppwortlisten kommen bei den Suchmaschinen auch *Black Lists* zum Einsatz. Gleich den Stoppwortlisten handelt es sich bei den Black List um Wortlisten von unzulässigen Worten. Der Unterschied zur Stoppwortliste ist die Art der Konsequenz, die sich an das Auftreten eines Wortes anschließt. Während die Stoppwortliste das betreffende Wort lediglich aus der Liste der zu indexierenden Worte löscht, führt das Vorkommen eines Wortes das sich auf der Black List befindet, zur Elimination des gesamten Dokuments.

Links

Automatische Dokumentenindexierung
- [www.iuk.hdm-stuttgart.de/nohr/KM/KmAP/Indexing.pdf]

Google Stopwords
- [www.ranks.nl/tools/stopwords.html]

3.3 Datenstrukturen der Information Retrieval Systeme

Die Notwendigkeit der Suchmaschinen Textdokumente inhaltlich so zu unterscheiden, dass Suchergebnisse entsprechend ihrer Relevanz sortiert werden können, erfordert spezielle Datenstrukturen. Diese Datenstrukturen müssen so angelegt sein, dass alle Dokumente im Datenbestand gefunden werden, die zu einer Suchanfrage relevant sind. Darüber hinaus müssen die Datenstrukturen dem Query Processor alle Informationen liefern, die es ermöglichen eine Differenzierung der Dokumente, bezogen auf ihre Relevanz zu einer Suchanfrage, vornehmen zu können. Die von der Mehrzahl der Suchmaschinen eingesetzte Datenstruktur ist das invertierte Dateisystem, das effiziente Suchen ermöglicht und in dem alle Informationen zur Unterscheidung der Relevanz gespeichert werden können.

3.3.1 Besonderheit der Datenstrukturen von IR-Systemen

In jedem Informationssystem existieren gewöhnlich zwei wesentliche Datenstrukturen. In der einen Datenstruktur werden die an das System übergebenen Dateien gesichert und verwaltet. Das Dateiformat in dem Daten gespeichert werden ist durch das System definiert und orientiert sich an den Erfordernissen der Verwaltung, Datenhaltung und dem Zugriff auf die Daten.

Eine zweite Datenstruktur macht den Zugang zu den gespeicherten Dokumenten über Suchanfragen möglich. Bei Suchmaschinen ist es das invertierte Dateisystem, das über entsprechende Verweise auf die gespeicherten Dokumente verfügt, um diese bei Suchanfragen zu finden. Ziel von Retrieval-Systemen ist es, eine durchsuchbare Datenstruktur anzulegen mittels derer es möglich ist, Textdokumente schnell und effizient zu finden. Für Information Retrieval Systeme bieten sich hierzu verschiedene Datenstrukturen wie z.B. die N-Gram-Datenstruktur, die PAT-Datenstruktur oder auch die Signature File-Datenstruktur an. Die jedoch am häufigsten eingesetzte Datenstruktur, sowohl in herkömmlichen bibliographischen Information Retrieval Systemen, als auch bei den Suchmaschinen, ist das „invertierte Dateisystem" mit einer zentralen Indexdatei.

Die Erfordernis für eine besondere Datenstruktur liegt in dem Umstand, schwach strukturierte Textdokumente so verarbeiten müssen, dass es IR-Systemen möglich ist, Suchanfragen nicht innerhalb der einzelnen Dokumente selbst auszuführen, sondern über eine gesonderte Datenstruktur. D.h. die einzelnen Dokumente werden so aufbereitet, dass sie durch eine bestimmte Anzahl von Schlüsselwörtern inhaltlich abgebildet werden. Dieser Systematik liegt die Erkenntnis zu Grunde, dass Textdokumente grundsätzlich nach bestimmten Themen, die sie inhaltlich abdecken, gesucht werden. Anders ausgedrückt, jemand der bei einer Suchmaschine eine Suchanfrage stellt erwartet Textdokumente, die sich *inhaltlich* möglichst exakt mit dem Thema beschäftigen, das durch die Suchwörter definiert wird.

In diesem Zusammenhang ist eine Unterscheidung zwischen den einzelnen Dokumenten erforderlich, was deren Relevanz zu einer Suchanfrage anbelangt. Während Tabellen orientierte Datenbanken alle Datensätze ohne inhaltliche Differenzierung liefern, ist ein wesentliches Merkmal der Information Retrieval Systeme Suchergebnisse in Hinblick auf ihre Relevanz zu unterscheiden. Diese Anforderung ist besonders bei Textdokumenten erforderlich, da die einzelnen Dokumente aufgrund ihrer inhaltlichen Ausarbeitung, bezogen auf eine Suchanfrage, sehr unterschiedlich relevant sein können.

Die Information Retrieval Systeme müssen also zunächst Textdokumente mittels geeigneter Datenstrukturen so erfassen, dass sie hinlänglich aller Themen die sie beinhalten erfasst und effizient aufgefunden werden können. Weiter muss es durch besondere Verfahren möglich sein, diejenigen Dokumente, die Teil eines Ergebnisses sind, entsprechend ihrer Relevanz zur Suchanfrage sowie zueinander diskriminieren zu können.

Die technische Realisation erfolgt auf Basis der Systematik eines gewichteten invertierten Dateisystems. Textdokumente sind in einem invertierten Dateisystem durch ihre Schlüsselwörter im Index und den ihnen zugeordneten invertierten Dateien so organisiert, dass eine Suchanfrage alle Dokumente liefert, die den bestimmten Suchbegriff beinhalten. Durch verschiedene Gewichtungsverfahren erhalten die einzelnen Dokumente im Zuge der Indexierung eine Bewertung, wonach sich berechnen lässt inwieweit sie einem bestimmten Thema entsprechen. Die Informationen zur Berechnung der Relevanz werden im invertierten Dateisystem mit abgespeichert.

Ein invertiertes Dateisystem bei Suchmaschinen basiert im allgemeinen auf drei verschiedenen Dateistrukturen,

- den direkten Dateien,
- den invertierten Dateien,
- und dem Index.

Die Gesamtheit aller Maßnahmen zur Entwicklung dieser Datenstrukturen wird Indexierung genannt. Nachfolgende Grafik zeigt eine allgemeine Struktur eines invertierten Dateisystems, welche jedoch bei den einzelnen Retrieval-Systemen individuell abweichen kann. Die gewählte Darstellungsform der Tabellen dient einer verbesserten visuellen Darstellung und entspricht nicht der realen Form der einzelnen Tabellen. Auf die Funktionsweise des invertierten Dateisystems wird nachfolgend detailliert eingegangen.

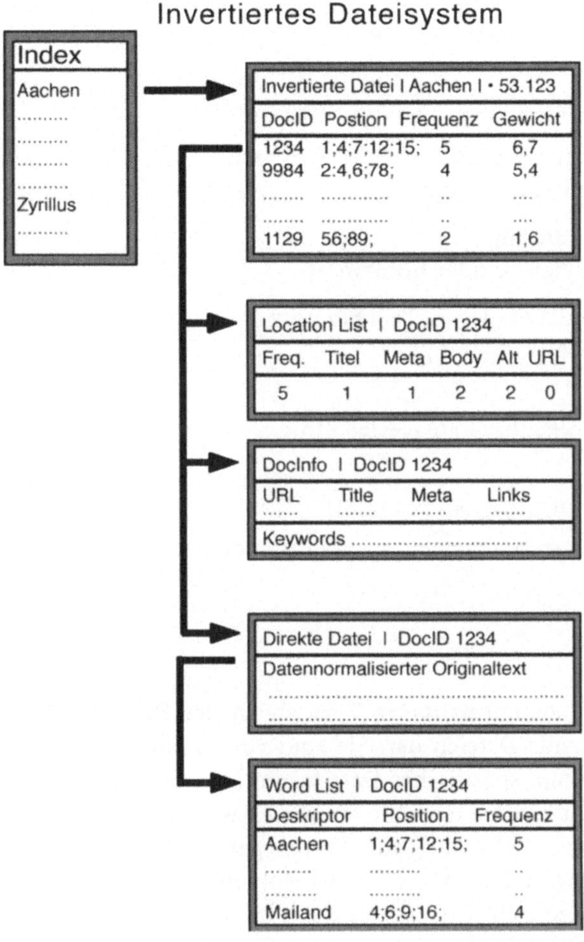

Abb. 3.5. Invertiertes Dateisystem – schematische Darstellung

Links

Index Compression vs. Retrieval Time of Inverted Files for XML Documents
- [www.is.informatik.uni-duisburg.de/bib/fulltext/ir/Fuhr_Goevert:02a.pdf]

Information Retrieval
- [www.uni-duisburg.de/FB3/CL/ses/docs/ir.html]

Texte und Quellen zum Thema Information Retrieval
- [www.hbi-stuttgart.de/nohr/Ir/ir.htm]

Computer-unterstütztes Indexieren
- [wwwai.wu-wien.ac.at/Publikationen/Kaiser/diss.html]

Research Resources on Cross-Language Text Retrieval
- [www.ee.umd.edu/medlab/mlir/papers.html]

Using Intelligent Agents to enhance search engines performance
- [www.firstmonday.dk/issues/issue2_3/jansen/index.html]

Adaptive Systems & Interaction Group, Microsoft Research
- [http://research.microsoft.com/~sdumais/]

Information Retrieval and Filtering
- [www.nersc.gov/~cding/papers/index.html#web]

Combining Content and Collaboration in Text Filtering
- [www.csee.umbc.edu/~ian/pubs/mlif.ps.gz]

File Structures
- [www.dcs.gla.ac.uk/~iain/keith/data/pages/66.htm]

File Structures
- [www.dcs.gla.ac.uk/Keith/Chapter.4/Ch.4.html]

3.3.2 Direkte Dateien

Die *direkten Dateien* stellen datennormalisierte Textdateien der Originaldokumente sowie mögliche ergänzende Dateien dar. Sie sind von ihrem Ursprungsformat (z.B. HTML) in ein System spezifisches Dateiformat konvertiert worden, so dass sie vom System intern möglichst effizient verarbeitet werden können. Die direkten Dateien werden entweder vollständig vom System gespeichert oder es erfolgt nur eine Speicherung ausgesuchter Bereiche des Dokuments. Eine partiale Erfassung und Speicherung kann sich beispielsweise auf bestimmte Head-Informationen wie den Dokumententitel oder verschiedene Meta-Tag-Angaben beschränken, aber auch eine bestimmte Anzahl von Worten innerhalb des Dokumentenkörpers beinhalten.

Verschiedene kommerzielle Suchmaschinen im Internet wie z.B. Google, speichern jedoch die konvertierten Originaldokumente vollständig in komprimierter Form ab, was ihnen ein Textstreaming bei der Volltextsuche ermöglicht. Die vollständige Speicherung aller indexierten Dokumente hat bei Google weiter den Vorteil, dass Webressourcen auch aus dem *Archiv* der Suchmaschine aufgerufen werden können und somit nicht nur als Original vom Server der betreffenden Datei verfügbar sind.

Neben dem konvertierten Originaltext enthält jede direkte Datei eine *Word List* in der alle Deskriptoren aufgeführt sind, die ihr bei der automatisierten Deskriptorengewinnung zugewiesen werden. Die Word List kann Teil der direkten Datei sein oder wie es gelegentlich der Fall ist, in Form einer eigenständigen Datei angelegt werden. Mit der Erfassung eines Dokuments wird jeder direkten Datei eine DocID (einzigartiger numerischer Identifikator) zugewiesen, über die sie vom System effizient verwaltet werden kann.

Links

Grundelemente Dateistrukturen
- [www8.informatik.uni-erlangen.de/IMMD8/Lectures/ DOKUMENTENMANAGEMENT/v05.4.ps.gz]

3.3.3 Invertierte Dateien

Die *invertierten Dateien* stellen eine Umkehrung der direkten Dateien dar. Eine invertierte Datei verweist auf sämtliche direkte Dateien, die einen bestimmten Begriff als Keyword in ihrer Word List führen. D.h. eine invertierte Datei für ein bestimmtes Schlüsselwort setzt sich aus Verweisen zu all denjenigen direkten Dateien zusammen, die durch einen bestimmten Deskriptor repräsentiert werden. Der Verweis auf die direkten Dateien erfolgt durch einen numerischen Identifikator, der in der invertierten Datei gespeichert ist. Bei Systemen die Gewichtungs- oder Klassifikationsverfahren unterstützen, wie das bei den Suchmaschinen allgemein hin der Fall ist, können in den invertierten Dateien neben dem numerischen Identifikator auch umfangreiche Informationen zur Gewichtung, wie z.B. der Positionen eines Keywords im Dokument oder auch die Häufigkeit der Vorkommnis im Dokument, gespeichert werden. Diese Informationen werden in der invertierten Datei entweder direkt dem Identifikator zugeordnet oder in einer weiteren Datei, der *Location Lists*, gespeichert, die über den jeweiligen Identifikator referenziert ist.

Eine wichtige Erweiterung der invertierten Datei kann, zur effizienteren Verarbeitung der Angaben zur Relevanzberechnung, eine separate Location List sein. Die Einträge der Location List dienen zur exakten Lokalisierung einzelner Worte im Dokument. Für jedes Keyword im Dokument gibt die Location List die genaue Anzahl der Vorkommnis, die Stelle eines Wortes innerhalb des Originaltextes sowie die Stelle innerhalb des URL an. Kommt ein Begriff in einem Dokument mehrmals vor, wird jede Vorkommnis exakt festgehalten und zusätzlich aufsummiert.

Die Location List differenziert die verschiedenen Angaben weitergehend und ermöglicht somit verfeinerte Gewichtungsverfahren. Von besonderer Bedeutung für die Bewertung von Dokumenten sind die Begriffe die sich im Dokumententitel, im Meta-Tag DESCRIPTION und im Meta-Tag KEYWORDS befinden. Weiter wird oftmals eine Unterscheidung vorgenommen, ob ein Begriff als Überschrift im Dokumentenkörper vorkommt. Überschriften in HTML-Dokumenten werden von den Suchmaschinen an Hand des HATML-<h1> bis <h6>-Tags identifiziert.

Innerhalb des im Browser sichtbaren Textbereichs, also innerhalb der Body-Tags eines HTML-Dokuments, kann weitergehend eine Unterscheidung nach der Lage im Dokument erfolgen. Die genaue Bestimmung der Position eines Wortes im Dokument oder im URL ermöglicht eine weiterführende, differenzierte Gewichtung. So können Deskriptoren, die weiter am Anfang eines Textes stehen, als wichtiger für die inhaltliche Repräsentanz eines Dokuments gewertet werden, als diejenigen, die später im Text vorkommen. Wird eine Wortposition bestimmt, erfolgt zudem die Zuordnung eines *absoluten* numerischen Werts, der es ermöglicht die relative Lage eines Schlüsselwortes in Abhängigkeit aller Worte im Dokument zu bestimmen. Durch dieses Verfahren ist es nicht nur möglich die Position zu bestimmen, sondern auch die *Distanzen* zwischen verschiedenen Begriffen zu berechnen. Durch eine Berechnung der Entfernung verschiedener Worte zueinander kann eine differenzierte Gewichtung erfolgen, die Wortfolgen mit kurzen Entfernungen als relevanter erkennt, als Wortfolgen mit größeren Entfernungen zu einander. Diese Methode wird *Proximity-Verfahren* genannt und gewichtet Dokumente höher, die Suchworte bei kombinierten Suchen möglichst nahe beieinander beinhalten.

Neben der Angabe der genauen Lage eines Deskriptor, erfolgt in der invertierten Datei auch ein Eintrag über dessen Häufigkeit im Dokument. Weiter wird die Worthäufigkeit aller Dokumente zu einem Wert aufsummiert. Dieser Wert zeigt an wie oft ein bestimmtes Wort insgesamt in allen Dokumenten und somit im gesamten Datenbestand vorkommt. Da laufend neue Dokumente im Datenbestand aufgenommen werden, muss dieser Wert periodisch aktualisiert werden. Die Werte über die Häufigkeit von Schlüsselwörtern in einem bestimmten Dokument als auch im gesamten Datenbestand stellen, wie sich nachfolgend noch zeigen wird, relevante Ausgangswerte für die statistischen Gewichtungsverfahren dar.

In der *Docinfo-Datei* werden weiterführende Informationen eingetragen, die eine Suchmaschine zur Darstellung eines Dokuments in der Suchergebnisliste benötigt. Die jeweiligen Informationen die hier gespeichert werden, sind von System zu System unterschiedlich. So extrahieren Altavista, Fireball und Lycos aus den HTML-Dokumenten zur Darstellung der Ergebnisliste den vollständigen Inhalt des Dokumententitel sowie das Meta-Tag DESCRIPTION als Kurzbeschreibung für ein Dokument, ergänzt um den URL. Google verzichtet hingegen auf die Angaben des Meta-Tag DESCRIPTION als Kurzbeschreibung und setzt stattdessen ein Textstreaming-Verfahren ein, das in Abhängigkeit des Suchbegriffs genau den Textausschnitt im archivierten Dokument darstellt, in dem sich der Suchbegriff befindet.

Links

Inverted Files
- [www.dcs.gla.ac.uk/~iain/keith/data/pages/72.htm]

Invertierte Datei
- [www.linguistik.uni-erlangen.de/tree/html/corsica/zierl97/node66.html]

Invertierte Datei
- [www.ib.hu-berlin.de/~wumsta/infopub/textbook/definitions/d98.html]

Indexierung mittels invertierter Dateien
- [www.cis.uni-muenchen.de/people/Schulz/SeminarSoSe2001IR/Nagy/node4.html]

File Structures
- [www.dcs.gla.ac.uk/Keith/Chapter.4/Ch.4.html]

3.3.4 Indexdatei

Der *Index* innerhalb des invertierten Dateisystems ist grundsätzlich eine sortierte Liste aller vorkommenden Begriffe, mit einem Verweis zu der jeweiligen invertierten Datei. Jedem Indexbegriff wird eine eindeutige invertierte Datei zugeordnet, die alle Verweise zu denjenigen Dokumenten beinhaltet, die den betreffenden Begriff als Deskriptor führen.

Bei einer kontrollierten Indexierung liegt dem Index ein genaues Wörterbuch der zulässigen Begriffe zu Grunde. Dadurch werden nur Deskriptoren über das System indexiert, die Element des Wörterbuchs sind. Das bedeutet u.a. auch, dass orthographisch falsch geschriebene Worte nicht indexiert werden. Der Einsatz eines Wörterbuchs ermöglicht weiter eine Kontrolle über die Zulässigkeit von Worten. So können Begriffe oder auch Dokumente in denen die Begriffe vorkommen ausgeschlossen werden, sofern sie nicht im Wörterbuch vorkommen. Dem Vorteil der Kontrolle über die indexierbaren Begriffe steht der nicht unerhebliche Nachteil gegenüber, dass neue Worte die in einer von Wissenschaften geprägten Gesellschaft sehr schnell entstehen, nur zeitlich sehr verzögert aufgenommen werden. Das Ergebnis ist, dass Datenbestände von Suchmaschinen die kontrollierte Indexierung betreiben, niemals wirklich aktuell sind.

Bei unkontrollierter Indexierung werden hingegen alle Begriffe die als Deskriptoren vom Keyword-Filter generiert werden, unabhängig ihrer genauen Schreibweise indexiert. Eine unkontrollierte Indexierung schließt jedoch nicht die Anwendung von Black Lists aus. Über die Methodik einer unkontrollierten Indexierung können zwar sehr einfach neue Worte und Schreibweisen in den Index aufgenommen werden, gleichzeitig wird jedoch auch jedes falsch geschriebene Wort indexiert.

Eine Strategie der unkontrollierten Indexierung verfolgt u.a. Google, bei der auch falsch geschriebene Worte in den Index aufgenommen werden, obwohl Google über ein sehr gutes und umfangreiches Wörterbuch verfügt. Das Wörterbuch bei Google wird nicht nur im Zuge der Indexierung eingesetzt, sondern auch bei Suchanfragen. Wird eine Suchanfrage orthographisch falsch gestellt, wird neben den gefundenen falsch geschriebenen Suchergebnissen auch eine Suchanfrage mit der korrigierten Schreibweise angeboten. Altavista, Lycos und Fireball liefern hingegen ohne Hinweis auf die richtige Schreibweise alle Dokumente als Suchergebnis, die das betreffende Keyword in der falsch geschriebenen Form beinhalten. Eine Fehlerkorrektur erfolgt nicht.

Eine wichtige Festlegung der Indexierungsparameter im Zusammenhang mit der Behandlung der Schreibweise von Worten, stellt die Handhabung unterschiedlicher Schreibweisen in Hinblick auf die Groß- und Kleinschreibung dar. Ein Wort kann entweder ausschließlich mit Großbuchstaben (1), Kleinbuchstaben (2) oder gemischt in Groß- und Kleinbuchstaben (3), (4) geschrieben werden:

(1) HAUS
(2) haus
(3) Haus
(4) hAuS

Eine Berücksichtigung der exakten Schreibweise führt in obigem Beispiel bei Zeichen genauer Indexierung zu vier unterschiedlichen Deskriptoren. Im Allgemeinen unterscheiden jedoch Information Retrieval-Systeme bei kontrollierter Indexierung nur zwischen Schreibweise (1) und (2). Erscheint ein Wort in der unter (3) oder (4) dargestellten Form wird es in die Schreibweise (2) konvertiert. Relevant im Hinblick auf die Bestimmung von Keywords ist bei der Indexierung noch die Unterscheidung zwischen Fall (1) und Fall (2). So existieren Suchmaschinen die bei einer vollständigen Großschreibung eines Wortes (Fall 1) dieses als eigenes Indexwort erfassen. Diese Strategie verfolgt u.a. Fireball, während Google, Altavista und Lycos alle Worte, unabhängig ihrer Schreibweise, nur in der Form (2) sowohl bei der Indexierung als auch bei Suchanfragen berücksichtigen. Wird ein Wort in der Form (1) sowohl im Dokument als auch in einer Suchanfrage verwendet, erfolgt immer eine System interne Umwandlung in die Form (2).

Um einen Index für alle Dokumente im System aufzubauen wird wie dargestellt, die Dokumentenorganisation von direkten Dateien invertiert; d.h. umgekehrt und über invertierte Dateien für jeden einzelnen Term abgebildet. Dadurch werden die Dokumente bei einer Suchanfrage über den jeweiligen Begriffe im Index erreicht. Üblicherweise ist ein Index sequentiell nach Schlüsselwörtern geordnet. Mit dem Index kann somit jeder inhaltsbeschreibende Begriff als Zugriffsschlüssel zu den Dokumenten benutzt werden.

Um beispielsweise alle Dokumente zu finden die den Begriff „Computer" beinhalten, wird der Index auf diesen Begriff hin sequentiell durchsucht und die betreffende invertierte Datei identifiziert. Das invertierte Dateisystem liefert als Ergebnis eine Liste all derjenigen Dokumente, die im Originaldokument den gesuchten Begriff beinhalten. Zur Identifikation der betreffenden direkten Dateien wird der Identifikator eingesetzt. Zusätzlich werden weitere Informationen, die für eine Gewichtung erforderlich sind, in der internen Ergebnisliste mitgeliefert. Da die gesamten Informationen von Dokumenten über den Index und die invertierten Dateien verfügbar sind, muss nicht mehr jedes einzelne Dokument auf einen Suchbegriff hin durchsucht werden. Dies zählt als einer der Hauptvorteile der invertierten Dateien und führt zu einer erheblichen Leistungssteigerung bei Suchanfragen.

Bei sehr großen Datenbeständen und einer sehr umfangreichen Anzahl an Begriffen im Index kann ein einfaches lineares Listing der Indexworte, die linear sequentiell durchsucht werden, nicht hinreichend effizient sein. Ein Verfahren zur Leistungssteigerung in invertierten Dateisystemen ist beispielsweise der Einsatz von B-Trees, die anstelle eines linearen Indexes auf die invertierten Listen verweisen. Systemtechnisch kann diese Dateiorganisation mittels lokaler Dateiorganisation auf einem Server oder mittels globaler Dateistruktur auf mehrere Server verteilt werden. Bei global organisierten invertierten Dateien verfügt jeder Server über eine logisch organisierte Teilmenge (z.B. nach Buchstabenfolgen a-c, d- f oder Deskriptoren: haur, haus, haut,...) aller invertierten Dateien. Über eine relativ flache Baumstruktur werden entsprechend den Buchstabenfolgen von Deskriptoren diese schnell gefunden. Jede Hierarchieebene repräsentiert dabei eine Position des betreffenden Buchstabens im Begriff. Ein Beispiel für den Begriff „Haus" macht dies deutlich.

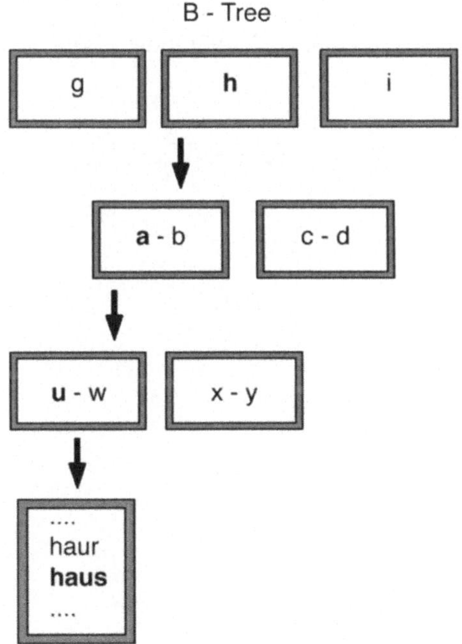

Abb. 3.6. Beispiel eines b-tree organisierten invertierten Dateisystems

Eine der wichtigsten Entscheidung bei der Erstellung eines Indexes ist die Definition der Indexierungsstrategie und damit verbunden die Bestimmung geeigneter Gewichtungsmodelle (s. Kap. 4). D.h. ob und wie Dokumente sowie deren Deskriptoren gewichtet und mittels welcher Retrieval-Funktion geeignete Dokumente identifiziert und bewertet werden können.

Indexe stellen den Zugang zur Datenbasis für die Anfragen via Querry Processor, der Suchkomponente einer Suchmaschine, dar. Entsprechend der definierten Suchstrategien (z.B. einfache Keywordsuche, Suche mittels Boolescher Operatoren, Volltextsuche, Expertensuche, etc.) und deren Retrieval-Funktionen müssen die Indexe so konzipiert sein, dass sie hierzu über alle erforderlichen Daten und Gewichtungsinformationen verfügen und diese effizient organisieren.

Im nachfolgenden Kapitel beschäftigen wir uns ausgiebig mit den verschiedenen Gewichtungsmodellen, auch Indexierungsmodelle genannt, die bei den Suchmaschinen zum Einsatz kommen.

Links

Index-sequential files
- [www.dcs.gla.ac.uk/~iain/keith/data/pages/72.htm]

B-Trees
- [www.dcs.gla.ac.uk/~iain/keith/data/pages/83.htm]

Sortierung der Indexdatei
- [www.linguistik.uni-erlangen.de/tree/html/corsica/zierl97/node67.html]

File Structures
- [www.dcs.gla.ac.uk/Keith/Chapter.4/Ch.4.html]

4 Relevanz und Gewichtungsmodelle

Das wesentlichste Unterscheidungsmerkmal von Information Retrieval Systemen im Vergleich zu klassischen Tabellen orientierten Datenbanksystemen ist deren Funktionalität, Suchergebnisse entsprechend ihrer *Relevanz* zu einer Suche differenzieren zu können. Relevanz kann auch im Sinne von *Ähnlichkeit* gedeutet werden. Information Retrieval Systeme sind so konzipiert, dass es möglich ist, aus der Gesamtheit aller im Datenbestand vorhandenen Dokumente, genau diejenigen Textdokumente zu finden, die zu einer Suchanfrage ein Mindestmaß an Ähnlichkeit besitzen. Dies erfordert von den Suchmaschinen relevante Dokumente von irrelevanten Dokumenten unterscheiden und relevante Dokumente hinlänglich ihres Ähnlichkeitsgrads zur Suchanfrage sortieren zu können.

Um eine Unterscheidung vornehmen zu können, welche Dokumente eines Datenbestandes inhaltlich über einen Bezug zu einer Suchanfrage verfügen und zu welchem Grad eine Ähnlichkeit besteht, müssen Gewichtungsmodelle eingesetzt werden, die Dokumente hinlänglich ihrer Relevanz zu einer Suchanfrage unterscheiden können. Nachfolgend werden die wichtigsten Gewichtungsmodelle dargestellt, die von Suchmaschinen im Internet verwendet werden. Sie lassen sich grob in *Vektorraum basierte Gewichtungsmodelle* und *Hypermedia basierte Gewichtungsmodelle* unterteilen. Da die Bestimmung von Relevanz auf mathematischen Modellen zur Berechnung der Ähnlichkeit basiert, muss bei der Beschreibung der einzelnen Modelle hierauf Bezug genommen werden. Die Erklärung der einzelnen mathematischen Modelle ist jedoch allgemein gut verständlich.

Was unter dem Begriff *Relevanz* zu verstehen ist und warum er ein wichtiges Merkmal bei der Verarbeitung und Suche von Dokumenten in einem Datenbestand darstellt, wird nachfolgend ausführlich erklärt. Ein grundlegendes Verständnis über die Bedeutung der Relevanz und damit verbunden, eine Kenntnis über die einzelnen Gewichtungsmodelle ist Voraussetzung, um eine Website für Suchmaschinen optimieren zu können.

4.1 Zusammenhang von Relevanz und Rangbildung

Betrachten wir bekannte Datenbanksysteme wie z.B. SQL basierte Datenbanken, so basieren sie auf einem binären Entscheidungskriterium, das nur dann Datensätze als Ergebnis berücksichtigt, wenn sie einer Suchanfrage zu 100 Prozent entsprechen. Faktisch erfolgt dies durch einen Vergleich des Suchstrings mit dem

Inhalt aller Felder einer oder mehrerer Kolumnen. Die Suche in einer Adressdatei nach dem Namen *Meier* kann nur dann zu einem Ergebnis führen, wenn mindestens ein Datensatz in der Datenbank existiert, der die Zeichenfolge *Meier* unter der gestellten Suchbedingung in dem betreffenden Feld exakt erfüllt.

Bei Information Retrieval Systemen ist dies anders. Dokumente werden auch dann Teil eines Suchergebnisses, wenn sie eine Suchanfrage nur teilweise erfüllen; d.h. sie werden auch dann als Ergebnis angezeigt, wenn der berechnete Relevanzgrad nicht 100 Prozent sondern beispielsweise nur 95 Prozent, 75 Prozent oder auch weniger aufweist. Die Erfordernis Daten auch bei einem geringeren Relevanzgrad als 100 Prozent als geeignetes Suchergebnis zu berücksichtigen, liegt in der Besonderheit von Textdokumenten sowie der Systematik begründet, wie Inhalte von Dokumenten über Keywords erschlossen werden.

Analysiert man verschiedene Texte die von unterschiedlichen Verfassern zu einem vorgegebenen Thema erstellt wurden wird deutlich, dass die einzelnen Texte je nach Fachwissen, Schreibstil, persönlicher Zielsetzung, anvisiertem Publikum sowie aufgewendeter Zeit und Motivation inhaltlich sehr unterschiedlich ausfallen können. In der Terminologie des Information Retrieval kann auch gesagt werden, die einzelnen Texte sind hinlänglich eines eindeutig vorgegebenen Themas *inhaltlich* abweichend und bezogen auf das Thema unterschiedlich *relevant*. Die Ähnlichkeit der einzelnen Dokumente zueinander als auch zum vorgegebenen Thema ist verschieden.

Überträgt man die Erkenntnis der *unterschiedlichen Relevanz* von Dokumenten, die ein und das selbe Thema behandeln auf das Information Retrieval wird deutlich, dass die Suchmaschinen über automatisierte Verfahren verfügen müssen, die dieser Realität entsprechend gerecht werden und unter dieser Vorbedingung dennoch präzise Suchergebnisse liefern. Das *Thema* zu dem ein Anwender Dokumente sucht bestimmt er durch seine Suchworte. Das Ergebnis bilden all diejenigen Dokumente, die aufgrund der einzelnen Verfahren der Retrieval Systeme und der eingegebenen Suchworte als *ähnlich* zur Suchanfrage gelten.

Zur Realisation von Suchmethodiken, die die Ähnlichkeit von Textdokumenten zu einer Suchanfrage berücksichtigen, sind spezielle Datenstrukturen erforderlich. Weiter müssen Methoden angewendet werden, die aufgrund der Inhalte von Dokumenten automatisiert eine Bestimmung vornehmen können, welche Dokumente zu einem bestimmten Thema relevant sind und in welcher Intensität diese Ähnlichkeit ist.

Die zur Realisation erforderlichen Datenstrukturen sind das invertierte Dateisystem, das bereits im vorherigen Kapitel dargestellt wurde. Zur Umsetzung der Bestimmung des Grades der Ähnlichkeit von Dokumenten sind Gewichtungsmodelle notwendig, die aufgrund von verschiedenen Parametern bestimmen, zu welchen Themen ein Dokument relevant ist und wie stark diese Relevanz hinlänglich jeden Themas ist.

Betrachtet man alle Elemente des Hypermedia so können die für Gewichtungsverfahren erforderlichen Parameter aus einem Dokument selbst, als auch auf Basis der Systematik des Hypertext und HTTP-Protokolls gewonnen werden.

In den nachfolgenden Abschnitten wird auf die wichtigsten Gewichtungsmodelle eingegangen, die eine Bewertung der Ähnlichkeit von Dokumenten zu Suchanfragen ermöglichen. Es ist zu beachten, dass die verschiedenen Gewichtungsmodelle jedoch nur die Parameter festlegen, mittels derer Werte eine Berechnung der Relevanz erfolgen kann. Die konkrete mathematische Berechnung eines Ähnlichkeitsgrads erfolgt über eine Retrievalfunktion.

Eine Retrievalfunktion ist ein Algorithmus der auf Basis verschiedener Gewichtungsmodelle den Relevanzgrad eines Dokuments, bezogen auf eine Suchanfrage, berechnet. Zwei Punkte sind hierbei zu beachten.

Eine Retrievalfunktion kann einen oder mehrere Parameter verschiedener Gewichtungsmodelle berücksichtigen. Weiter können die verschiedenen Gewichtungswerte der einzelnen Modelle in ihrer Wirkungsstärke von der Retrievalfunktion unterschiedlich stark bei ihrer Berechnung berücksichtigt werden. In der praktischen Anwendung kann dies beispielsweise bedeuten, dass eine Retrievalfunktion die als Gewichtungsmodelle *Term Frequency* und *Inverse Term Frequency* zur Relevanzberechnung einsetzt, die Intensität der Wirkung die sie den Werten der einzelnen Gewichtungsmodelle zuweist, unterschiedlich stark berücksichtigt. So kann beispielsweise der Algorithmus einer Suchmaschine der Term Frequency einen Anteil von 80 Prozent und der Inverse Term Frequency einen Anteil von 20 Prozent bei der Berechnung der Relevanz zuordnen. In Abhängigkeit der Verteilung der verschiedenen Gewichtungsmodelle und Bewertungskriterien von Schlüsselwörtern ergibt sich dann eine unterschiedliche Relevanz der Dokumente zur Suchanfrage.

Während die Bestimmung der einzusetzenden Gewichtungsmodelle eine Grundsatzentscheidung für eine Suchmaschine ist, die dazu führt, dass die für die jeweiligen Gewichtungsmodelle erforderlichen Parameter bei der Dokumentenanalyse erfasst und im invertierten Dateisystem entsprechend berücksichtigt werden, stellt die Verteilung des Wirkungsgrades der einzelnen Gewichtungsmodelle eine flexible Einstellungsoption dar, die zur Feineinstellung der *Precision* dient. Sie hat insofern direkte Auswirkung auf die Präzision von Suchanfragen und dient, basierend auf den eingesetzten Gewichtungsmodellen, zur Verbesserung der Qualität von Suchergebnissen.

Auch wenn grundsätzlich alle Gewichtungsmodelle des Information Retrieval bekannt sind, kann keine wirklich eindeutige rekursive Ermittlung des Algorithmus einer Suchmaschine erfolgen, da die Kombinationsformen, die individuelle Berechnung der Stärke einzelner Parameter als auch die Verteilung der Wirkungsstärke der Modelle zueinander nicht exakt nachvollzogen werden kann. Die rekursive Analyse eines Suchmaschinen-Algorithmus kann folglich immer nur ein approximatives Ergebnis zu den einzelnen Parametern, deren Zusammensetzung und Intensität liefern.

Das Ergebnis einer Suchanfrage von Suchmaschinen die gewichtete Verfahren einsetzen, ist eine Ergebnisliste die nach bestimmten Kriterien sortiert wird. Während noch vor wenigen Jahren die Suchergebnislisten zum Teil optional nach Alphabet sortiert werden konnten, hat sich eine Sortierung nach Relevanz, d.h. nach Ähnlichkeitsgrad der gefundenen Dokumente zur Suchanfrage durchgesetzt. Die *Rangbildung,* auch *Ranking* genannt, orientiert sich bei den Suchmaschinen heute nach dem Grad der Ähnlichkeit. Je eher ein Dokument einer Suchanfrage entspricht, desto weiter oben auf der Ergebnisliste erscheint es. Das Dokument das auf der ersten Seite und auf der ersten Position einer Suchergebnisliste angezeigt wird, entspricht der gestellten Suchanfrage, gemäß der Berechnungsmethodik der Suchmaschine, am genauesten. Die Rangposition entspricht folglich dem Ähnlichkeitsgrad eines Dokuments zur Suche.

Links

Retrieval Evaluation
- [www.dcs.gla.ac.uk/~iain/keith/data/pages/144.htm]

Technology To Ensure Most Relevant Results of Any Search Engine Today
- [www.northernlight.com/docs/press_company_pr99_1025.html]

Search Strategies
- [www.dcs.gla.ac.uk/Keith/Chapter.5/Ch.5.html]

4.2 Effektivität von Suchmaschinen

Die Qualität einer Suchmaschine ist sowohl für den suchenden Anwender als auch für einen Content-Anbieter gleichermaßen bedeutsam. Eine qualitative Systembewertung von Retrieval-Systemen kann anhand der *Systemeffizienz* und der *Systemeffektivität* erfolgen.

Mit der Systemeffizienz werden die Kosten und die Zeit gemessen, die zur Ausführung bestimmter Systemoperationen erforderlich sind. Faktoren die die Systemeffizienz beeinflussen sind u.a. die Art der Datenstrukturen, Organisation der Speichermedien und Methoden der Query-Abfrage. In Hinblick auf die Intention dieses Buches, Methodiken zur Website-Optimierung zu identifizieren, ist eine Kenntnis über die Systemeffektivität und deren Kennzahlen sowie Einflussfaktoren wichtiger, als eine Analyse der Systemeffizienz bestimmenden Parameter. Aus diesem Grund soll die Systemeffizienz nicht weiter vertieft werden.

Unter Systemeffektivität versteht man im Allgemeinen die Fähigkeit eines Information Retrieval Systems, einem Nutzer genau die Informationen nachzuweisen die er sucht. Im Hinblick auf Systemeffektivität sind zwei Maßgrößen relevant um die Leistung der Retrieval Systeme von Suchmaschinen zu definieren. Die Maßgröße *Recall* beschreibt die Fähigkeit eines Retrievalsystems *alle* für eine bestimmte Suchanfrage relevanten Dokumente nachzuweisen. Die Precision beurteilt hingegen die *Exaktheit* mit der relevante Dokumente nachgewiesen werden.

Welche Maßzahl konkret für Nutzer von Retrieval-Systemen relevanter ist, lässt sich nicht allgemein beantworten. Die Praxis zeigt, dass von Anwender zu Anwender unterschiedliche Informationsbedürfnisse bestehen. So existieren Nutzer die einen hohen Recall wünschen, also ein Ergebnis bevorzugen, das möglichst viele Dokumente generiert. Auf der anderen Seite existieren Nutzer, die möglichst alles Irrelevante zu vermeiden suchen und insofern eine möglichst hohe *Precision* bevorzugen.

Trennt man die Menge der *nachgewiesenen* Dokumente von den *nicht nachgewiesenen* Dokumenten einer Datenbank und trennt man die *relevanten* Dokumente von den *irrelevanten* Dokumenten, so kann der Recall R und die Precision P wie folgt definiert werden:

Recall R

$$\frac{\text{Anzahl der nachgewiesenen relevanten Dokumente}}{\text{Anzahl aller relevanten Dokumente in der Datenbank}} \qquad (4.1)$$

Precision P

$$\frac{\text{Anzahl der nachgewiesenen relevanten Dokumente}}{\text{Anzahl aller nachgewiesenen Dokumente}} \qquad (4.2)$$

Die Werte für Recall und Precision liegen jeweils zwischen 0 und 1; je näher an 1, desto besser.

- **Recall = 1** bedeutet, dass alle relevanten Dokumente im Datenbestand gefunden wurden.

- **Precision = 1** bedeutet, dass alle gefundenen Dokumente auch relevant sind.

Der Recall bezieht sich folglich auf die Fähigkeit eines Systems verwertbare Dokumente nachzuweisen, während die Precision hingegen die Fähigkeit eines Systems misst, ungenaue Dokumente vom Suchergebnis auszuschließen.

Eine hochgradig umfangreiche Indexierung, d.h. es werden möglichst viele Begriffe aus dem Text eines Dokuments indexiert, führt zu einem Nachweis vieler potentiell relevanter Dokumente. Gleichzeitig leidet aber die Precision, da auch nur wenig bedingte Dokumente Teil des Suchergebnisses werden. Werden hingegen überwiegend hochspezifische Deskriptoren zur Dokumentenrepräsentanz berücksichtigt, d.h. mittels bestimmter Verfahren die repräsentativsten Wörter identifiziert, steigt zwar die Precision der gefunden Dokumente, es sinkt jedoch gleichzeitig auch die Anzahl der möglich relevanten Dokumente. Diese Überlegungen haben direkte Auswirkung auf die Einstellungen des Keyword-Relevanzfilters (s. Kap. 3.2.7) sowie die Höhe der Gewichtung von Schlüsselwörtern.

Einer messbaren Effektivität eines Retrievalsystems mittels oben dargestellter Maßzahlen, steht jedoch immer auch die *subjektive* Erwartung bzw. Bewertung eines Nutzers gegenüber, inwieweit ein Retrievalsystem in der Lage ist, seine Anfrage zufriedenstellend zu beantworten. Ein großes Hindernis stellt dabei die Problematik dar, dass verschiedene Nutzer das Gleiche mittels unterschiedlicher Suchworte und Suchmethoden bzw. Unterschiedliches mittels gleicher Wortwahl suchen.

Natürliche Sprachen ermöglichen aufgrund von Synonymen die Verwendung verschiedener Wörter für ein und den selben Begriff. Dieses Problem versuchen z.B. klassische Retrieval Systeme mittels Thesaurusregeln zu lösen. Suchmaschinen im Internet besitzen für diese Problematik hingegen keine Lösung, denn Suchanfragen mit Synonymen werden aufgrund der Keyword orientierten Suchbeantwortung mit einem anderen Ergebnis beantwortet.

Ein anderes Problem stellt die Mehrdeutigkeit von Worten dar. So kann beispielsweise mit dem Wort „Golf" entweder eine Sportart, ein bestimmtes Fahrzeugmodell oder auch eine geographische Definition für eine Meeresküste gemeint sein. Das Problem der Wortmehrdeutigkeit versuchen Information Retrieval Systeme zu lösen, indem Dokumente nicht nur ausschließlich auf Basis einzelner Deskriptoren indexiert werden. Sondern es werden zusätzlich Dokumente mittels bestimmter Verfahren, wie z.B. dem Cluster-Verfahren, inhaltlich analysiert und dann einem bestimmten Themen-Cluster zugeordnet.

Relevanz von Informationen ist aber auch immer subjektiv in Abhängigkeit des eigenen Wissens und muss in Bezug auf die Information beurteilt werden, die benötigt wird und nicht diejenige, die angefordert wird. Das bedeutet, dass Relevanz bzw. Irrelevanz eines gefundenen Dokuments konkret von dem aktuellen eigenen Wissenstand eines Anwenders zu einem bestimmten Thema abhängt.

Bereits diese wenigen Überlegungen machen klar, dass es zwar Maßzahlen gibt die versuchen die Qualität einer Suchmaschine objektiv zu beschreiben, aber eine Vielzahl von subjektiven Faktoren der Anwender zu berücksichtigen sind. Das bedeutet für den Entwurf einer Website, dass eine Website aufgrund ihrer inhaltlichen Ausgestaltung nicht alle Personen erreichen kann, die Interesse an dem Thema einer Website haben. Eine Website kann deshalb auch nur hinlänglich einer vom Content-Anbieter definierten Zielgruppe technisch optimal entworfen werden, die mittels einer gedanklich antizipierten Suchmethodik und vermuteten Suchworten versucht, Wissenstand und Erwartung der Zielgruppe abzuschätzen.

Links

Information Retrieval-Precision und Recall
- [www.uni-duisburg.de/FB3/CL/ses/docs/ir.html]

Introduction Course Outline Introduction to Information Retrieval
- [http://ir.iit.edu/~dagr/cs529/files/handouts/01Introduction-6per.PDF]

Introduction to Information Retrieval Evaluation
- [www.sims.berkeley.edu/courses/is202/f98/Lecture14/]

Information Retrieval
- [www.issco.unige.ch/ewg95/node214.html]

Introduction in Information Retrieval
- [www.dcs.gla.ac.uk/Keith/Chapter.1/Ch.1.html]

4.3 Statistische Gewichtungsmodelle

Das traditionelle Information Retrieval setzt schon sehr lange statistische Gewichtungsmodelle zur Bestimmung der Relevanz eines Textdokumentes ein. Sie basieren im Allgemeinen auf der Häufigkeit des Vorkommens eines Begriffs oder eines Parameters im Dokument. Da eine inhaltliche Erschließung von Textdokumenten überwiegend auf der Identifikation von repräsentativen Deskriptoren beruht, beziehen sich die statistischen Gewichtungsmodelle zur Diskriminierung von Dokumenten, in vielen Fällen auf der Häufigkeit des Vorkommens eines Begriffs im Textdokument. Neben bibliothekarischen Information Retrieval Systemen setzten die bekannten Suchmaschinen neben anderen Bewertungsverfahren statistische Gewichtungsmodelle zur Relevanzbewertung ein. Auch wenn beispielsweise Google dem PageRank-Verfahren erhebliche Dominanz bei der Relevanzbewertung zuordnet, kommen dennoch statistische Gewichtungsmodelle ergänzend zum Einsatz.

4.3.1 Das Vektorraummodell

Gegenwärtig basieren verschiedene Retrieval-Algorithmen der Suchmaschinen auf dem *Vektorraummodell*. Es ist ein einfaches und benutzerfreundliches Modell, das unmittelbar auf neue Datenbestände angewendet werden kann und in Abhängigkeit der gewählten Retrievalfunktion eine relativ gute Retrievalqualität bietet.

Beim Vektorraummodell wird jedes Dokument durch einen Vektor von n-Deskriptoren repräsentiert. D.h. für jedes Dokument existiert *ein* Vektor, dessen Vektorenraum durch n-Schlüsselwörter des betreffenden Dokuments gebildet wird. Konkret bedeutet das, dass jedes gefundene Schlüsselwort eines Dokumentes im Vektor *eine* Dimension bildet und der Vektor eines Dokuments somit n-dimensional ist. Werden beispielsweise zwanzig Keywords für ein Dokument bestimmt, besitzt der Vektor des betreffenden Dokuments zwanzig Dimensionen (n = 20).

Eine Suchanfrage wird ihrerseits als m-dimensionaler Vektor dargestellt. In Analogie zum Vektor eines Dokuments bestimmt sich der Vektorraum einer Suchanfrage aus der Anzahl der Suchworte. Besteht eine Suche aus vier Suchworten, hat der Suchvektor vier Dimensionen (m = 4).

Während beim simplen Booleschen-Modell, das überwiegend bei Tabellen orientierten Datenbanksystemen zum Einsatz kommt, lediglich binär überprüft wird, ob ein Begriff in einem Datensatz vorkommt oder nicht, ist es Ziel von vektorbasierten Retrieval-Systemen, über Gewichtungsverfahren Dokumente in Bezug auf ihre Ähnlichkeit zur Suchanfrage zu identifizieren und in eine gewichtete Rangfolge zu bringen. Das Vektorraummodell evaluiert aus diesem Grund den Grad der Ähnlichkeit der Dokumentenvektoren in Bezug auf Suchanfragevektoren als Korrelation zwischen dem Vektor der Suchanfrage und dem Vektor eines Dokuments. Es existieren zwei grundsätzliche Ansätze des Vektorraummodells.

Das binäre Vektorraummodell

Im *binären Vektorraummodell* wird lediglich die Existenz eines Begriffs im Dokument binär mit *1* dargestellt sofern der Begriff vorkommt bzw. mit *0* wenn er nicht vorkommt. Diese binäre Abbildung des reinen Auftretens eines Keywords in einem Dokument ermöglicht jedoch keine Differenzierung von Dokumenten hinlänglich ihrer *Ähnlichkeit* zueinander bzw. eine Berechnung der Ähnlichkeit hinlänglich einer Suchanfrage.

Das gewichtete Vektorraummodell

Im *gewichteten Vektorraummodell,* das nachfolgend detaillierter besprochen wird, werden Gewichtungsmodelle eingesetzt die einem Begriff einen bestimmten Wert in Hinblick auf seine Relevanz zuordnet.

Folgende Gegenüberstellung macht den Unterschied zwischen gewichteten und ungewichteten Modellen deutlich.

Schlüsselwort		Computer	Prozessor	Netzkarte	
Ungewichteter Vektor	{	1	0	1	}
Gewichteter Vektor	{	2.3	3.5	1.6	}

Abb. 4.1. Vergleich binärer Vektor – gewichteter Vektor

Der Ansatz des gewichteten Vektorraummodells, nämlich ein Dokument durch seine Keywords in Form eines gewichteten Vektors darzustellen, eröffnet eine einfache Methode, Dokumente und deren Gewichtung physikalisch abzubilden sowie mathematisch zu verarbeiten. Jeder Deskriptor kann als *eine* Dimension im Vektor dargestellt werden. Ein Dokument mit n-Deskriptoren wird somit über einen n-dimensionalen Vektor dargestellt. Im obigen Beispiel verfügt der Vektor über drei Dimensionen, die durch die Schlüsselwörter „Computer", „Prozessor" und „Netzwerkkarte" bestimmt werden. Wie beschrieben, erfolgt eine automatisierte Identifikation von Schlüsselwörtern durch den Einsatz eines Keyword-Relevanzfilter. Alle Keywords die der Filter als relevant für ein Dokument erachtet, werden im invertierten Dateisystem berücksichtigt. Das Dokument wird im System als n-dimensionaler Vektor abgebildet. Die Anzahl der gefundenen Schlüsselwörter bestimmen dabei die Anzahl der Dimensionen eines Dokumentenvektor.

Die *Länge* eines Vektors spiegelt den Wert im gewichteten Vektorraummodell wider, der einem Schlüsselwort zugerechnet wird. Einem Deskriptor kann neben Null ein positiver oder auch ein negativer Wert zugeordnet werden. Betrachten wir obiges Beispiel, bei dem das Dokument mit n = 3 und den Deskriptorengewichten {t1 = 2,3; t2 = 3,5; t3 = 1,6} abgebildet wird, ergibt sich nachfolgend dargestellter dreidimensionaler Vektor.

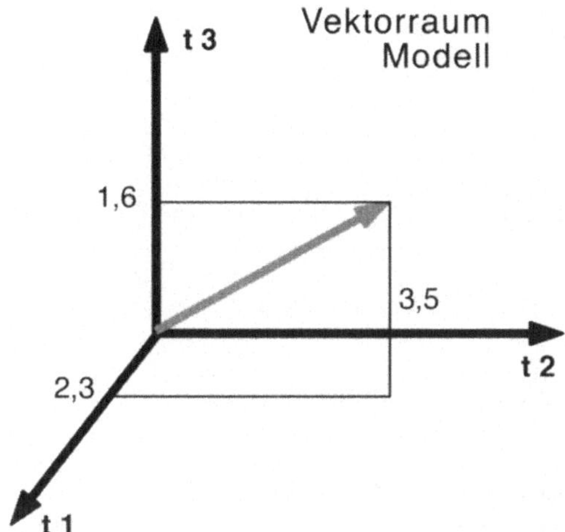

Abb. 4.2. Vektorrepräsentation im Vektorraummodell

Zur Berechnung der Ähnlichkei*t* von Anfrage und Dokument wird die Anfrage ebenfalls als Vektor mit einem vorbestimmten Wert definiert. Um ein Dokument als relevant auszuweisen, wird nun nicht mehr auf einer völligen Übereinstimmung zwischen Anfrage- und Dokumentenvektor bestanden (wie es im binären Booleschen-Modell erforderlich ist), sondern es wird festgelegt, dass der Nachweis eines Dokuments von dem *Ähnlichkeitswert* zwischen der *Suchanfrage* und dem *Dokument* abhängt. Die Ähnlichkeit wird zwischen einem bestimmten Dokumentenvektor und einem Suchanfragevektor als Funktion, in Abhängigkeit von z.B. der Anzahl der übereinstimmenden Suchbegriffe, bestimmt. Hierzu werden von den Suchmaschinen unterschiedliche Retrieval-Funktionen eingesetzt.

Nahezu alle Suchmaschinen im Internet basieren auf dem gewichteten Vektorraummodell zur Berechnung von Deskriptorengewichten und der Relevanz von Dokumenten. Insbesondere seine Einfachheit und Schnelligkeit beim Retrieval sind für seine weite Verbreitung ursächlich. Das Vektorraummodell macht jedoch keine Vorgaben wie die Dokumentenbeschreibung, Gewichtung und Ähnlichkeitsberechnung zu erfolgen hat. Es bildet sowohl ein Dokument als auch eine Suchanfrage lediglich als mathematischen Wert ab.

Mittlerweile existieren viele Gewichtungsmodelle und Kombinationsformen zur Berechnung der Dokumentenrelevanz, die wiederum auf der Berücksichtigung unterschiedlichster Parameter beruhen. Aus dieser Vielfalt werden nachfolgend die wichtigsten Gewichtungsmodelle beschrieben. Es ist zu beachten, dass die einzelnen Gewichtungsmodelle die Grundlage zur Optimierung von Websites darstellen.

Links

Das Vektorraummodell
- [www.bui.fh-hamburg.de/pers/ulrike.spree/vektor/vektor5.htm]

Das Vektorraummodell als Alternative zum Booleschen Modell
- [www-db.informatik.uni-tuebingen.de/~becker/ir/kap5a-ein.ps]

Das Vektorraummodell
- [www.ifi.unizh.ch/CL/Glossar/Vektorraummodell.html]

Vector Space Model (VSM)
- [www2002.org/CDROM/refereed/643/node5.html]

Information Retrieval Models
- [www.cs.rpi.edu/~sibel/mmdb/lectures/ir_models.pdf]

4.3.2 Die relative Worthäufigkeit (TF-Algorithmus)

Der *Term Frequency Algorithmus (TF)*, auch *Algorithmus der Worthäufigkeit* genannt, beruht auf der Erkenntnis, dass es für den Verfasser beim Erstellen eines Textes grundsätzlich leichter ist, immer den gleichen Begriff für ein und den selben Sachverhalt zu verwenden, als ständig wechselnde Begriffe. Neben dieser Erkenntnis, die auch als *Zipf'sches Gesetz* bzw. als *Gesetz des geringsten Widerstandes* bekannt ist, ist anzumerken, dass für bestimmte Worte schlicht weg keine Synonyme verwendet werden können, da keine existieren.

Wird beispielsweise auf einer Website ein spezieller *Grappa* zum Verkauf angeboten, so gibt es für den *Grappa di Tignanello* aus dem Hause *Antinori* keine Synonyme. Das Produkt kann nur entsprechend seiner Bezeichnung im Text erscheinen und vom Verfasser identisch wiederholt werden.

Aus der Erkenntnis des Zipf'schen Gesetz lässt sich ableiten, dass mit *steigender Häufigkeit* eines Wortes in einem Text seine Bedeutung für den Inhalt an Relevanz zunimmt. Die einfachste Form einen Wert mittels Term Frequency Algorithmus (TF) zu bestimmen, ist die Summe der Häufigkeit eines auftretenden Keywords im Text. Erscheint z.B. ein Wort zwanzig mal im Text wäre entsprechend dieser Kalkulation der TF-Wert = 20.

Diese einfache Berechnungsform führt jedoch dazu, dass bei langen Texten in den ein Begriff nur deshalb häufiger vorkommt weil der Text länger ist, einen höheren Wert zugewiesen bekommt als kürze Dokumente. Zur Vermeidung einer Gewichtung mittels *absoluten Werten* wird die Worthäufigkeit ins Verhältnis zu allen im Dokument vorkommenden Worten gesetzt. Hierdurch wird vermieden, dass ein Dokument nur deshalb bezüglich eines bestimmten Wortes als relevanter bewertet wird als ein anderes, weil die *absolute Worthäufigkeit* höher ist. Viel aussagekräftiger ist folglich die *relative Worthäufigkeit*, da sie eine Bewertung hinlänglich der Wichtigkeit eines bestimmten Wortes zu dem im Text behandelten Thema ermöglicht.

Es lässt sich somit festhalten, dass die relative Worthäufigkeit eines Wortes Auswirkungen auf die Gewichtung eines Dokumentes hat. Der Worttyp der von Suchmaschinen als Keyword bestimmt wird, ist immer ein Substantiv. Nur durch Substantive kann eine Bestimmung über Inhalte und Themen eines Textdokuments erfolgen. Die relative Worthäufigkeit bezieht sich folglich auf die relative Häufigkeit von Substantiven im Text eines Dokuments.

Links

Term Frequency Considerations
- [http://dent.ii.fmph.uniba.sk/~kravcik/IR/AutoIndx/SngTrmIT/ TrmFrqCn.html]

Concept of Term Frequency
- [www.dcs.gla.ac.uk/~iain/keith/data/pages/25.htm]

How does the search engine work?
- [www.magportal.com/help/user/search.html]

Information Retrieval and Search
- [www.cs.sfu.ca/~cameron/Teaching/D-Lib/IR.html]

How Search Engines Work
- [www.monash.com/spidap4.html]

Information retrieval models
- [www.cs.rpi.edu/~sibel/mmdb/lectures/ir_models.pdf]

Result Merging in Distributed Indexing
- [www.w3.org/Search/9605-Indexing-Workshop/Papers/ Schuetze@Xerox.html]

4.3.3 Die inverse Dokumentenhäufigkeit (ITF-Algorithmus)

Bei der Bestimmung relevanter Dokumente hat ein Keyword zwei wesentliche Aufgaben. Zum einen muss es ein Dokument *inhaltlich* repräsentieren, d.h. das Schlüsselwort muss Aufschluss über den Inhalt eines Textes bzw. das Dokumententhema geben. Zum anderen muss es tauglich sein, ein Dokument gegenüber *anderen* Dokumenten im Datenbestand zu diskriminieren. Anders ausgedrückt, ein Keyword muss es ermöglichen Unterschiede zwischen verschiedenen Dokumenten sichtbar zu machen, um hierdurch bei der Informationssuche die relevanten von den nicht relevanten Dokumenten im Datenbestand unterscheiden zu können. Diese Anforderung an ein Schlüsselwort entspricht der Precision-Funktion von Deskriptoren. So kann ein Deskriptor wie beispielsweise „Computer" aufgrund seiner relativen Worthäufigkeit in einem bestimmten Dokument durchaus als geeigneter Deskriptor für das *betreffende Dokument* gelten, da er in Bezug auf andere vorkommende Worte den Inhalt des Textes am genauesten repräsentiert.

Kommt jedoch der Begriff „Computer" in der Gesamtheit aller erfassten Dokumente und somit im gesamten Datenbestand sehr häufig vor, eignet er sich nicht die einzelnen Dokumente *zueinander* zu unterscheiden. Dies führt bei der Deskriptorengewichtung zu der Überlegung, Schlüsselworte auch in Bezug auf ihre Unterscheidungsfähigkeit zu den einzelnen Dokumenten zu bewerten. Dabei wächst die Bedeutung eines Begriffs mit der Häufigkeit innerhalb eines Dokuments, ist jedoch umgekehrt proportional zur Gesamtzahl der Dokumente in denen er vorkommt. Dieses Konzept das durch den Inverse Document Frequency Algorithmus (ITF) bzw. die inverse Dokumentenhäufigkeit ausgedrückt wird, bewertet ein Schlüsselwort folglich um so höher, je seltener es in anderen Dokumenten vorkommt, bzw. umso niedriger, je häufiger es in anderen Dokumenten auftritt.

Um den IDF-Inverse Document Frequency Algorithmus in einem sich dynamisch anpassenden System wie dem der Suchmaschinen zu implementieren, wird in der *Word List* die Häufigkeit eines jeden Begriffs gespeichert. Der Faktor der inversen Dokumentenhäufigkeit IDF kann dann zum Zeitpunkt des Dokumenten-Retrieval (Erfassung und Analyse) errechnet werden. Die hierzu erforderlichen Informationen können sehr einfach über die betreffende invertierte Datei kalkuliert werden, in Ergänzung zu einer Variablen die immer dynamisch die Gesamtanzahl aller Dokumente berechnet.

Links

Tf Idf Ranking
- [http://phpwiki.sourceforge.net/phpwiki/TfIdfRanking]

Extracting Document Representations
- [http://agents.www.media.mit.edu/groups/agents/publications/newt-thesis/subsection 2_6_2 _1.html]

CSM06 Information Retrieval
- [www.computing.surrey.ac.uk/personal/pg/A.Salway/csm06/CSM06%20LECTURE%204.ppt]

Ranking Algorithmus
- [www.csie.ncu.edu.tw/~chia/Course/IR/IR1999/QueryOperation.ppt]

4.3.4 Bedeutung der Lage eines Keywords

Gewichtungsverfahren die die *Lage eines Keywords* im Dokument berücksichtigen basieren auf der Überlegung, dass ein Verfasser ein für den Inhalt sehr wichtiges Schlüsselwort eher am Dokumentenanfang als am Ende eines Texts positioniert. Es kann bei Verfahren, die die Position eines Keywords im Text zur Dokumentengewichtung berücksichtigen, zwischen zwei Methoden unterschieden werden. Gewichtungsverfahren die sich auf die *absolute Position* eines Keywords im Dokument beziehen sowie einem Verfahren, das die *Nähe von Schlüsselwörtern zueinander* berücksichtigt. Letzteres Verfahren wird auch *Proximity-Verfahren* genannt.

Zur Bestimmung der Position eines Wortes setzen die Information Retrieval Systeme besondere Parser ein, die genau bestimmen an welcher Stelle sich ein Wort im Dokument befindet. Hierdurch ist es möglich eine Differenzierung der Gewichtung, bezogen auf die konkrete Position eines Wortes, vorzunehmen.

Betrachten wir die Struktur von HTML-Dokumenten so kann sie grob in einen *Dokumentenkopf* und einen *Dokumentenkörper* unterschieden werden. Innerhalb des Dokumentenkopfs befindet sich der Dokumententitel sowie Metaangaben über das Dokument, die in Formen von Meta-Tags dargestellt werden. Eine besondere Bedeutung kommt den Informationen innerhalb des Dokumentenkopfs zu. Information Retrieval Systeme bewerten den Inhalt des Dokumententitels besonders hoch, da davon auszugehen ist, dass der Verfasser eines Textes den Titel dazu verwendet, um den Inhalt möglichst prägnant zu beschreiben. Bei vielen Suchmaschinen erhalten Worte die sich im Dokumentenkopf befinden mit die höchste Gewichtung. Verfeinert kann dieses Verfahren durch eine differenzierte Berücksichtigung der genauen Position eines Wortes im Titel werden. Dabei wird dem ersten Wort im Titel ein höheres Gewicht zugeordnet als dem zweiten Wort, und das zweite Wort wird wiederum höher bewertet als das dritte Wort. Entsprechend ihrer Position können also Begriffe eine unterschiedlich starke Gewichtung erfahren.

Der zweite interessante Bereich innerhalb des Dokumentenkopfs sind für die Suchmaschinen die Angaben innerhalb der Meta-Tags. Über spezielle HTML-Parser werden die einzelnen Meta-Tags exakt erkannt und deren Inhalt entsprechend verarbeitet und bewertet. Analysiert man genau welche Meta-Tags bei der Dokumentenanalyse relevant sind, verbleiben aus der Vielzahl aller möglichen Meta-Tags lediglich das Meta-Tag DESCRIPTION und das Meta-Tag KEYWORDS, die von der Suchmaschine zur Gewichtung berücksichtigt werden. Schlüsselwörter, die in einem der beiden Meta-Tags vorkommen, erhalten Suchmaschinen individuell eine höhere Gewichtung, als ein Keyword das im Dokumentenkörper erscheint. Die Stärke der Gewichtung die ein Keyword erfährt das sich in einem der beiden Meta-Tags befindet, ist jedoch von Suchmaschine zu Suchmaschine unterschiedlich.

Im Dokumentenkörper befindet sich der eigentliche Text eines HTML-Dokuments und stellt für die Erfassung und Auswertung eines Themas den wichtigsten Bereich dar. Bei Systemen die eine differenzierte Gewichtung von Worten in Abhängigkeit ihrer Position im Text vornehmen, wird jedes einzelne Wort exakt mit seiner

Position innerhalb des Textes erfasst. Dabei wird jedes Wort mit genauer Positionsangabe im invertierten Dateisystem abgespeichert. Grundsätzlich gilt bei dieser Methode, je weiter am Dokumentenanfang ein Keyword vorkommt, desto höher ist die Bewertung. Zur Vereinfachung der Bewertungssystematik werden hierfür teilweise Klassen gebildet. Im Zuge der Klassenbildung erhalten beispielsweise Keywords, die sich innerhalb der ersten 50 Worte befinden eine höhere Bewertung, als Schlüsselworte, die sich innerhalb der Sektion von 51 bis 100 Worten befinden. Je nach eingesetzter Systematik kann nur eine begrenzte Anzahl von Sektionen indexiert werden oder auch eine vollständige Erfassung des gesamten Dokuments erfolgen.

Das Hypermedia ermöglicht Keywords auch außerhalb des eigentlichen HTML-Dokuments zu positionieren. Betrachten wir die Struktur und Aufbau der Adresse eines Dokuments im WWW so wird deutlich, dass ein Schlüsselwort auch innerhalb des URL als *Domain-Name*, als *Verzeichnisname* oder auch als *Dokumentenname* vorkommen kann. Ein Beispiel verdeutlicht dies. Möchte man das Keyword „Ferienwohnungen" in einem URL positionieren so ergibt sich unter Ausnutzung aller Möglichkeiten folgender URL:

www.ferienwohnungen.de/ferienwohnungen/ferienwohnungen.html

Bis zum technischen Relaunch Mitte 2002 gewichtete Fireball Schlüsselwörter, die sich innerhalb des URL befanden, besonders stark. Eine Analyse des URL ermöglicht sehr einfach festzustellen, ob ein Schlüsselwort als Domainname, als Verzeichnisname oder als Dokumentenname eingesetzt ist. Je nach Methodik kann eine differenzierte Gewichtung in Abhängigkeit der Lage des Keywords in dem URL erfolgen.

Das Proximity-Verfahren kommt bei Suchanfragen zum Einsatz, die aus mindestens zwei Suchworten bestehen. Die Grundüberlegung auf der das Verfahren beruht ist die Einschätzung, dass zwei Worte, die in einem Text näher zueinander vorkommen, einen Text inhaltlich eher repräsentieren als Worte, die weiter voneinander entfernt sind. Diese Einschätzung basiert auf empirischen Untersuchungen die zeigten, dass ein Verfasser Worte die in einem thematischen Zusammenhang stehen eher nahe beieinander im Text aufführt, als weiter voneinander entfernt. In der konkreten Umsetzung führt dies dazu, dass Suchmaschinen Dokumente differenziert bewerten, wenn Schlüsselwörter die in Kombination gesucht werden, in den jeweiligen Dokumenten unterschiedlich weit von einander entfernt erscheinen.

4.4 Hypermedia basierte Gewichtungsmodelle

Durch die Möglichkeiten des Hypertext im Internet sind zu den bisherigen Gewichtungsverfahren des klassischen Information Retrieval von Textdokumenten neue Techniken hinzu gekommen. Die Systematik des Hypermedia als eine weltweite gegenseitige Verflechtung von Dokumenten mittels Hyperlinks sowie die Möglichkeiten des Anwendungsprotokolls HTTP, führten zu zwei innovativen Methoden.

Die Gründer und Entwickler der Suchmaschine Google *Sergey Brin* und *Larry Page* entwickelten das hoch effiziente *PageRank-Verfahren*, das bei der Relevanzbewertung von Dokumenten explizit die Hyperlink-Verweise von Dokumenten zueinander analysiert und die *Anzahl* und *Qualität* der Hyperlink-Verweise als relevantes Gewichtungskriterium einsetzt. Im Zuge der technischen Entwicklung begannen auch andere Suchmaschinen ein ähnliches Verfahren einzusetzen das allgemein als *Link Popularity* bezeichnet wird. Es findet neben Google mittlerweile auch bei den Suchmaschinen Altavista, Inktomi, Alltheweb und Lycos in Kombination mit anderen Gewichtungsmethoden Anwendung. Verständlicherweise arbeitet jeder eingesetzte Link Popularity-Algorithmus etwas anders und bewirkt in Verbindung mit weiteren Gewichtungsverfahren unterschiedliche Auswirkungen auf das Ranking eines Dokuments.

Neben dem Link Popularity-Verfahren stellt die *Click Popularity-Technik* die zweite wesentliche Hypermedia basierte Innovation für das Information Retrieval dar. Das 1998 von *Gary Culiss* und *Mike Cassidy* entwickelte Verfahren ist ein Gewichtungsverfahren, das bei der Relevanzberechnung von Dokumenten die *Häufigkeit* berücksichtigt, die ein Dokument von Nutzern über die Suchergebnisliste aufgerufen wird und wie lange er darauf verweilt (*Verweildauer*). Es wurde erstmals mit der Suchmaschine DirectHit.com eingesetzt, die jedoch mittlerweile nicht mehr als eigenständige Suchmaschine existiert. Das Click Popularity-Verfahren wurde in den letzten Jahren von verschiedenen Suchmaschinen wie MSN, Lycos, Hotbot und Fireball als auch von Webkatalogen wie Yahoo eingesetzt. Im Gegensatz zur Link Popularity konnte es sich jedoch nie wirklich durchsetzen. Da es aber immer wieder bei verschiedenen Suchmaschinen zum Einsatz kommt, soll es nachfolgend auch erläutert werden.

Obwohl beide Verfahren, gleichwohl wie die Modelle des Vektorraums, statistische Häufigkeitswerte als Maß einsetzen, stellen sie dennoch eine eigene Klasse dar. Vektorraummodelle beziehen sich ausschließlich auf ein Dokument oder eine Sammlung von Dokumenten, bei denen die Dokumente als zweidimensionales Konstrukt definiert werden können. Durch die Einbeziehung des gesamten Hypermedia sind Dokumente im Internet nun als dreidimensionales, interdependentes Konstrukt zu sehen, das eine neue Dimension für das Information Retrieval eröffnet. Es ist wichtig zu beachten, dass die verschiedenen Verfahren nicht exklusiv, sondern in Kombinationen mit anderen Gewichtungsverfahren eingesetzt werden.

4.4.1 PageRank von Google

Aufgrund seiner erheblichen Bedeutung für das Ranking bei verschiedenen Suchmaschinen soll die Funktionsweise des *Link Popularity & Analysis-Verfahren* ausführlich dargestellt werden. Da diese Methodik erstmals mit der Entwicklung von Google eingeführt wurde und es dort nach wie vor einer der zentralen Gewichtungsmethoden darstellt, wird nachfolgend beispielhaft das PageRank-Verfahren von Google beschrieben. Die gegenwärtigen Link Popularity & Analysis-Verfahren anderer Suchmaschinen basieren prinzipiell auf ähnlichen Methoden.

Gegenwärtig setzen Link Popularity & Analysis-Verfahren neben Google u.a. auch Altavista, Lycos, Alltheweb sowie Fireball ein. Während am Anfang der Einführung der Technik die Link Popularity überwiegend in Form der Addierung von ausgehenden Hyperlink Verweisen auf eine andere Web Site realisiert wurde, hat mittlerweile die *Qualität* von Link-Verweisen erheblich an Wichtigkeit und Bewertungsstärke gewonnen.

Der theoretische Ansatz des PageRank-Verfahrens beruht auf den Überlegungen, dass ähnlich wie bei wissenschaftlichen Veröffentlichungen, diejenigen Texte für ein Thema am relevantesten sind, die von anderen Autoren häufig zitiert werden. In der Fortführung dieses theoretischen Ansatzes verlässt sich Google auf die demokratische Struktur des Hypermedia mit seiner Hyperlink-Struktur. Google setzt Dokumentenverweise als sein relevantestes Kriterium der Gewichtung, unter Berücksichtigung der *Anzahl* und *Qualität* von verweisenden Hyperlinks ein. Da die Anzahl an Hyperlink-Verweisen durch Content-Anbieter relativ einfach beeinflusst werden kann, basiert der qualitative Ansatz auf einer Bewertung der verweisenden Seite und kann weniger einfach manipuliert werden.

PageRank ist also eine Methode zur Kalkulation der Relevanz eines Dokuments auf Basis der *Anzahl* und *Qualität* von Link-Verweisen anderer Dokumente und drückt sich als Ergebnis in einem numerischen Wert aus. Je höher der Wert und somit der PageRank ist, desto wichtiger ist ein Dokument. Das PageRank-Verfahren wird zur Diskriminierung der Dokumente in Kombination mit dem Einsatz anderer Verfahren, wie beispielsweise dem Term Frequency Algorithmus oder der differenzierten Bewertung der Position von Schlüsselwörtern, angewendet. Es stellt jedoch bei Google die dominierende Methode zur Bestimmung der Bedeutung eines Dokuments dar.

Verkürzt dargestellt wird beim PageRank-Verfahren ein Dokument in vier Schritten gefunden und bewertet. Die Vorgehensweise kann wie folgt dargestellt werden:

1. Finde alle Dokumente die das Suchwort als Deskriptor beinhalten.
2. Wende Keyword spezifische Verfahren wie z.B. TF oder ITF an und berechne einen initialen Wert für alle Dokumente.
3. Berechne den Wert aller ausgehenden Verweise eines Dokuments.
4. Berechne den PageRank-Wert für jedes Dokument und führe den iterativen Berechnungsprozess n-mal aus.

Zur Berechnung des PageRank setzt Google auf die Anzahl und Qualität der verweisenden Hyperlinks eines Dokuments, wobei die Links als Empfehlung *für* ein Dokument interpretiert werden. Bei Google bleibt jedoch der semantische Inhalt eines verweisenden Links bei der Bewertung unberücksichtigt. D.h. ob ein Link einen sinnvollen Textinhalt in Bezug auf die verweisende Seite aufweist oder nicht, ist bei Google laut Eigenauskunft unerheblich.

Wenn eine Seite A mit einem Link auf eine Seite B verweist (nachfolgend als *eingehender Verweis* für B bezeichnet), bedeutet dies i.S. der Methodik von Page-

Rank, dass die Seite A die Seite B für wichtig erachtet. Der Seite B wird aufgrund eines *eingehenden Verweises* ein Wert zugeschrieben, der den PageRank Wert von B erhöht.

Google berücksichtigt aber auch die Anzahl der Verweise, die von einem Dokument auf andere Dokumente zeigen. Verfügt die Seite B über ausgehende Verweise auf die Dokumente C und D, so wird der Wert von B auf C und D anteilig aufgeteilt. Wie sich nachfolgend noch zeigt, differenziert PageRank seine Kalkulation zusätzlich noch qualitativ nach der Herkunft der eingehenden Verweise.

Wenn eine Seite eine Vielzahl von eingehenden Verweisen hat, wird hierdurch grundsätzlich Ihre Wichtigkeit über das PageRank-Verfahren gesteigert, was sich durch eine erhöhte Gewichtung ausdrückt und zu einer verbesserten Relevanz führt. Verweisen hingegen keine oder zu wenige Seiten auf ein Dokument kann dies zur Folge haben, dass die Seite von Google als irrelevant erachtet und gegebenenfalls wieder aus dem Index gelöscht wird. Die Erfassung der vielfältigen Link-Strukturen aller indexierten Dokumente zueinander wird durch den Einsatz einer URL-Datenbank realisiert. Über eine spezielle URL-Analyse kann dabei die gesamte Link-Struktur erkannt und ausgewertet werden. Hierdurch wird eindeutig erkennbar, welche Dokumente auf andere Dokumente verweisen. Mittels einer ausgefeilten Analyse der Link-Strukturen werden auch Zirkelbezüge von Link-Verweisen identifiziert und bei der Berechnung des PageRank nicht berücksichtigt. Gleichfalls werden Verweise, die von Dokumenten unterhalb der gleichen Domain zueinander erfolgen, von Google bei der Berechnung nicht berücksichtigt.

Die Methodik des PageRank-Verfahren kann sehr einfach an Hand des 1997 veröffentlichten PageRank-Algorithmus näher erklärt werden. Es ist jedoch anzumerken, dass der heute eingesetzte Algorithmus an die fortschreitende Entwicklung im WWW angepasst wurde. Der PageRank Algorithmus wurde von seinen Erfindern *Brian* und *Page* wie folgt definiert:

PageRank

$$\mathbf{PR(A)} \quad = (1\text{-}d) + d(\mathbf{PR(T1)/C(T1)} + ...\mathbf{PR(Tn)/C(Tn)}) \tag{4.3}$$

PR(A) = der PageRank Wert von A berechnet aus allen eingehenden Verweisen.
A = das Dokument für den der PageRank Wert ermittelt wird.
d = ein Dämpfungsfaktor zwischen 0 und 1 (oftmals ~ 0,85).
PR(T1) = der PageRank Wert des Dokuments T1 das auf A verweist.
C(T1) = die Gesamtanzahl aller ausgehenden Verweise von T1.

PR(Tn)/C(Tn) bedeutet, dass der Verweiswert für jede Seite die auf **A** zeigt, aus dem PageRank der Seite **n**, unter Berücksichtigung der Anzahl aller ausgehenden Verweise von **Tn** berechnet wird. Durch die Formel wird deutlich, dass es sich um eine iterative Berechnung des Wertes **PR(A)** handelt, da zur Berechnung des PageRank für Dokument **A** zuerst alle PageRank-Werte **PR(n)** derjenigen Dokumente erforderlich sind, die auf **A** verweisen. Das bedeutet konkret, dass ein neu indexiertes Dokument faktisch zunächst keinen PageRank-Wert besitzt. Um dieses Dilemma zu umgehen, wird einem neu erfassten Dokument ein initialer Wert zugeordnet. Dieser Wert kann sich aus der Berechnung der Gewichtung ergeben, die auf dem Term Frequency Algorithmus oder einer differenzierten Bewertung der Position von Schlüsselwörtern beruht. Verfügt ein Dokument hingegen über einen Verweis von einer Website die Google für besonders wichtig erachtet, wie z.B. Yahoo oder den Katalog des Open Directory Projects, erfolgt sofort eine wesentlich höhere anfängliche PageRank-Bewertung des Dokuments. Der Dämpfungsfaktor **d** stellt innerhalb des Algorithmus eine Individualisierungsvariable dar und reflektiert den Faktor, den eine Seite einer anderen Seite von dem eigenen Wert zuweisen kann. Sie dient zur Feineinstellung der Berechnungsmethode und bedeutet, dass eine Seite einer anderen Seite durch einen ausgehenden Verweis nicht ihren eigenen vollen Wert zuweisen kann.

Das iterative Verfahren der PageRank-Berechnung kann schematisch an einem Beispiel mit den vier Dokumenten A, B, C, D verdeutlicht werden, die unterschiedlich aufeinander verweisen. Zum Start wird der Einfachheit halber jedem Dokument ein Wert von 1 zugewiesen. Dieser Wert kann durch ergänzende Gewichtungsverfahren wie z.B. durch die Berücksichtigung von Worthäufigkeiten berechnet werden. Die Pfeile stellen die Richtung der ausgehenden Verweise dar.

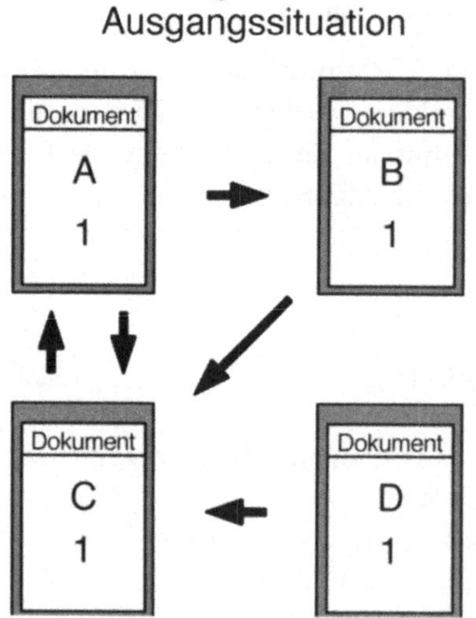

Abb. 4.3. Dokumentengewichtung bei Page Rank-Ausgangssituation

Zuerst wenden wir den Dämpfungsfaktor d mit einem Wert von 0,85 an. Der Dämpfungsfaktor impliziert, dass ein Verweis auf eine andere Seite dieser nicht den gleich hohen Wert zuweisen kann, den die verweisende Seite selbst besitzt.

Kalkulation PageRank-Wert Seite A

Beginnen wir mit der Kalkulation bei Seite A. Der um den Dämpfungswert berei-nigte Wert für Verweise von A ist $d * PR(TA) = 1 * 0,85 = 0,85$. Da zwei ausgehende Verweise von A weggehen, ist $d\ (PR(TA)/C(TA)) = 0,85 / 2 = 0,425$; d.h. am Ende des iterativen Prozesses werden der Seite B und C zu ihrem bisherigen Wert der Wert 0,425 zugewiesen.

Kalkulation PageRank-Wert Seite B

Seite B hat nur einen ausgehenden Verweis, weshalb der Seite C der Wert 1 x 0,85 = 0,85 am Ende des iterativen Prozesses zugewiesen wird.

Kalkulation PageRank-Wert Seite C und D

Da Seite C auch nur einen ausgehenden Verweis auf A besitzt, ist der Wert des Verweises auf A gleichfalls 0,85. Der gleiche Wert ergibt sich für den Verweis Seite D auf C.

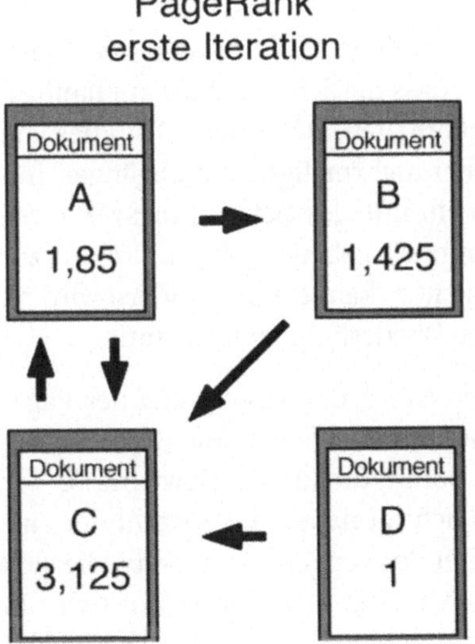

Abb. 4.4. Dokumentengewichtung PageRank – erste Kalkulation

Wendet man die Berechnung in einem ersten (n = 1) iterativen Prozess an, erge-ben sich die oben dargestellten Dokumentenwerte (Abb. 4.4). Der Kern der Page-Rank-Theorie ist jedoch, dass besser verlinkte Dokumente auch einen höheren Wert zugewiesen bekommen was dadurch realisiert wird, dass der iterative Prozess mindestens ein zweites Mal ausgeführt wird. Die erneute Anwendung des obigen Verfahrens führt zu veränderten PageRank-Werten:

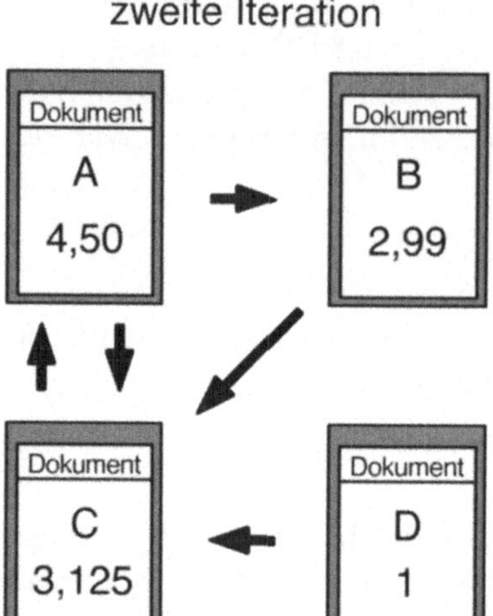

Abb. 4.5. Dokumentengewichtung PageRank – zweite Kalkulation

Der besseren Übersichtlichkeit werden bei der zweiten Iteration nur zwei Dezimalstellen abgebildet. Das Ergebnis zeigt deutlich, dass die Seiten auf die am häufigsten verwiesen wird, den höchsten PageRank Wert erhalten. Dokument D auf das von keinem Dokument verwiesen wird, weist auch bei mehrmaligen Durchgängen immer nur den Wert aus, den es anfänglich durch ein initiales Gewichtungsverfahren erhalten hat. Die genaue Anzahl wie oft der oben beschriebene iterative Prozess zur Bestimmung des PageRank ausgeführt wird, ist nicht bekannt. Von Insidern wird jedoch eine Wiederholungshäufigkeit von 20 bis 100 Wiederholungen genannt.

Neben der Anzahl von eingehenden Verweisen ist für die Berechnung des Page-Rank der Wert der jeweilig verweisenden Seite besonders relevant, da dieser die Berechnungsbasis für den Verweis darstellt und somit direkt die Gewichtung der empfangenden Seite beeinflusst. Google berücksichtigt neben der Anzahl der eingehenden Verweise insbesondere auch die Qualität der verweisenden Seite, die sich letztendlich durch ihre Wertigkeit ausdrückt. Die Qualität einer Seite kann sich z.B. durch ihre besondere Bedeutung im Web oder durch eine thematische Ähnlichkeit zum Verweis ausdrücken. Besondere qualitative Bedeutung für Google haben in diesem Zusammenhang intellektuell bewertete Webkataloge wie z.B. Yahoo oder der Katalog des Open Directory Project, die manuell einen besonders hohen Page-Rank-Wert zugeordnet bekommen haben. Identifiziert Google beispielsweise einen Verweis von Yahoo auf ein Dokument, wird diesem Verweis ad hoc ein wesentlich höherer Wert zugeschrieben, als einem Verweis von einer anderen Seite. Positiv für die Höhe des PageRank wirken sich auch Verweise von thematisch ähnlichen Seiten aus. Erhält ein Dokument einen Verweis von einer Seite die ein ähnliches Thema zum Inhalt hat, wird dieser Verweis höher bewertet, als ein Verweis einer zwar von der PageRank-Wertigkeit gleichen, aber inhaltlich unterschiedlichen Seite. Eine Berechnung der Ähnlichkeit zwischen den einzelnen Dokumenten wird z.B. durch den Einsatz von Cluster-Verfahren erreicht.

Links

The Anatomy of a Large-Scale Hypertextual Web Search Engine
• [www7.scu.edu.au/programme/fullpapers/1921/com1921.htm]

Erklärungen zu PageRank
• [www.google.de/intl/de/why_use.html]

PageRank, HITS and a Unified Framework for Link Analysis.
• [www.nersc.gov/research/SCG/cding/papers_ps/sigpage6b.ps]

Link Analysis: Hubs and Authorities on the World Wide Web
• [www.nersc.gov/research/SCG/cding/papers_ps/hits3.ps]

Google Introduces Date Range Search
• [http://searchenginewatch.com/searchday/01/sd0716-realsearch.html]

Autom. Resource Compilation by Analyzing Hyperlink Structure
and associated text
• [http://decweb.ethz.ch/WWW7/1898/com1898.htm]

Improved Algorithms for Topic Distillation in a Hyperlinked Environment.
• [ftp://ftp.digital.com/pub/DEC/SRC/publications/monika/sigir98.pdf]

Stochastic Approach for Link-Structure Analysis (SALSA) and the TKC Effect
• [www9.org/w9cdrom/175/175.html]

When Experts Agree: Using Non-Affiliated Experts to Rank Popular Topics
• [www10.org/cdrom/papers/474/]

Notes on Kleinberg's Algorithm and PageRank
• [www.eecs.harvard.edu/~michaelm/E126/klein.pdf]

Efficient Computation of PageRank
• [http://net.cs.pku.edu.cn/~webg/refpaper/papers/taher-efficient.pdf]

PageRank Explained
• [www.ececs.uc.edu/~annexste/Courses/cs690/PageRank.pdf]

PageRank von Google
• [www.suchmaschinentricks.de/ranking/link_popularity.php3]

4.4.2 Systematik der Click Popularity

Die Technologie der *Click Popularity* wurde erstmals mit der 1998 entwickelten Suchmaschine DirectHit.com eingesetzt. Das Konzept der Click Popularity beruht auf der Überlegung, dass diejenigen Seiten die von Nutzern entsprechend einer bestimmten Suche aus der Suchergebnisliste heraus häufiger angeklickt werden, relevanter sein müssen, als solche Verweise der Ergebnisliste, die von den Anwendern seltener aufgerufen werden.

Beim Relevanzverfahren der Click Popularity werden Dokumente entsprechend den dargestellten Indexierungsmethoden in den Datenbestand aufgenommen und jedem Keyword ein Wert mittels der bekannten Gewichtungsmodelle zugeordnet. Bei neu indexierten Dokumenten ist dieser Wert jedoch im Allgemeinen niemals so hoch, dass er im Ranking zu einer der vordersten Positionen führt.

Eine Verbesserung der Rangposition wird durch die Anzahl der von Anwendern ausgeführten Klicks auf den URL des Verweises erreicht. Hierzu werden alle Klicks die auf einen Verweis der Suchergebnisliste vorgenommen werden gezählt, in einer Datenbank gespeichert und dem betreffenden URL zugeordnet. Die Berechnung des Gewichtungswerts basiert folglich auf der Häufigkeit der Klicks. Das Click Popularity-Maß ist somit ein Wert, der sich über die Anzahl aller erfolgten Klicks auf einen Verweis berechnet.

Der Wert der Click Popularity stellt keinen absoluten Wert dar. Das bedeutet, dass die Anzahl der erfolgten Klicks ins Verhältnis zur Dauer des Dokuments im Datenbestand gesetzt wird. Dadurch wird vermieden, dass Dokumente, die bereits schon lange im Datenbestand geführt werden, einen sehr hohen absoluten Wert erreichen, den neue Dokumente aufgrund ihrer kurzen Zugehörigkeit zum Bestand nur schwer einholen können.

Mit der Anzahl der erfolgten Klicks werden gleichzeitig alle IP-Adressen der ausführenden Clients registriert. Durch die Speicherung der IP-Adresse soll verhindert werden, dass das Ranking künstlich durch den Eigentümer einer Webseite mittels oftmaligem Klicken oder eingesetzten automatisierten Verfahren beeinflusst wird. Um diese potentielle Manipulationsmethode auszuschließen, werden weiter Klicks von gleichen Netzadressen innerhalb einer kurzen Zeitspanne nur einmal gezählt.

Ergänzend können die Suchmaschinen auch *Cookies* einsetzten, die beim ersten Besuch der Suchmaschine auf den Rechner des Users geladen werden. Ein Cookie ist eine kleine Textdatei, die vom Server an den Client übertragen wird, um den Client beim nächsten Besuch eindeutig identifizieren zu können. Sofern das Cookie vom Nutzer nicht abgelehnt wird, kann hierdurch zukünftig eine Erkennung des Rechners und damit verbunden, Manipulationsversuche durch einen Content-Anbieter erkannt werden.

Bis Mitte des Jahres 2002 setzte Fireball die Click Popularity als zusätzliche Gewichtungsmethode ein. Mit Anklicken eines Verweis wurde ein Zählbefehl an die URL-Datenbank in Form von

http://count.fireball.de/.../URL

übermittelt. Nachfolgende Abbildung macht dies deutlich.

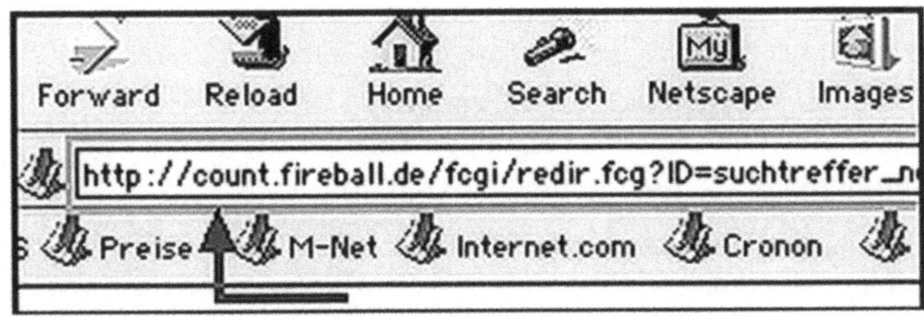

Abb. 4.6. Klickzählung bei Fireball.de – Stand 1.2.2002

Die auf der Fast Technology beruhende Suchmaschine Alltheweb setzt die Click Popularity hingegen weiter ein (Stand 11/2002).

Abb. 4.7. Klickzählung bei Alltheweb.com – Stand 1.11.2002

Da verschiedene andere Suchmaschinen und Portale wie beispielsweise Lycos, Tiscali oder das Portal von T-Online auf der Technologie von Fast beruhen, ist es durchaus möglich, dass die Click Popularity zukünftig auch dort zum Einsatz kommt. Wird bei Alltheweb ein Verweis aufgerufen, erfolgt ein Zählbefehl unter Angabe des URL an die Datenbank. Obige Abbildung zeigt dies sehr deutlich.

Die technische Realisierung der Click Popularity erfordert eine Erweiterung der Systematik des Information Retrieval Systems um eine URL basierte Datenbank, die die Klickhäufigkeit permanent erfasst und ad hoc als Wert verfügbar macht.

Das große Problem für Content-Anbieter beim Verfahren der Click Popularity ist dessen nur sehr schwierige Beeinflussung zur Verbesserung der Rangposition. Da automatisierte Verfahren zur Erhöhung der Klickrate weitestgehend von der Suchmaschine unterbunden werden können, bleibt als einzige Möglichkeit die Bildung eines optimalen Dokumententitels und einer treffenden Meta-Tag DESCRIPTION-Angabe. Diese beiden Dokumenten bezogenen Informationen erscheinen in der Suchergebnisliste und dienen dazu, eine Zielgruppe möglichst geschickt anzusprechen. Gelingt dies, erfolgen verstärkt Klicks auf den Verweis und die Bewertung der betreffenden Seite steigt, was konsequenterweise eine Verbesserung der Rangposition mit sich bringt.

Links

Improve Search Engine Ranking with Click Popularity
- [www.apromotionguide.com/click_popularity.html]

The Ins and Outs of Click Popularity and Stickiness
- [www.searchengines.com/directhit.html]

Click Popularity
- [www.metamend.com/click-popularity.html]

Click Populartity vs. Link Popularity
- [www.searchenginetutorial.com/link-popularity.html]

Improving Click Through
- [www.searchengineethics.com/clickthrough.htm]

Link and Click Popularity
- [www.thewritemarket.com/archives/2-4.htm]

Fast Search Technology
- [www.fastsearch.com]

4.5 Cluster-Verfahren

Eine von den bisher dargestellten Gewichtungsmodellen unterschiedliche Methode
zur Bewertung eines Dokuments, ist die Klassifikation von Massendaten mittels
Cluster-Verfahren. Cluster-Verfahren haben zum Ziel, aus einer Gesamtheit von
Dokumenten Gruppen von Dokumenten zu bilden, die *zueinander ähnlich* sind. Also eine Ähnlichkeitsberechnung vorzunehmen, die zunächst nicht auf einer Suchanfrage beruht, sondern auf den Inhalten und bestimmten Parametern der einzelnen Dokumente zueinander.

Über verschiedene Verfahren der Cluster-Bildung wird, ausgehend von vordefinierten oder sich automatisch selbst generierenden Vorgaben der einzelnen Gruppen, alle Dokumente überprüft, inwieweit sie mit den Definitionen eines bestimmten
Clusters übereinstimmen. Die Zuordnung eines Dokuments zu einem Cluster erfolgt
u.a. über Berechnungsmethoden die auf statistischen Gewichtungsverfahren beruhen. Die Ergebnisse der Berechnungen von Ähnlichkeiten der einzelnen Dokumente
zueinander, bzw. ihre Zugehörigkeit zu bestimmten Clustern, wird im Zuge der Indexierung vorgenommen und im invertierten Dateisystem mit einem numerischen
Vermerk auf den jeweiligen Cluster berücksichtigt. Die Klassifikation kann dazu
dienen, nicht nur Dokumente bei einer Suche zu berücksichtigen die einer konkreten
Suchanfrage optimal entsprechen, sondern auch solche Dokumente Element eines
Suchergebnisses werden zu lassen, die eine hohe Ähnlichkeit zu den Dokumenten
aufweisen, die als relevant zur Suchanfrage bestimmt wurden.

Google ist einer der wenigen Suchmaschinen die ein Cluster-Verfahren einsetzen. Über die Funktion *Ähnliche Seiten* können aus der Suchergebnisliste weitere Dokumente ausgewählt werden, die eine Ähnlichkeit zu einem bestimmten Dokument aus der Suchergebnisliste besitzen. Nachfolgende Abbildung einer Suchergebnisliste von Google zeigt die Auswahloption „Ähnliche Seiten".

Abb. 4.8. Cluster-Suche bei Google

Klickt man das Link *Ähnliche Seiten* an erscheinen alle Dokumente, die aufgrund des von Google eingesetzten Cluster Verfahrens zu dem betreffenden Verweis als ähnlich definiert wurden. Google basiert seine Objekt bezogenen Cluster-Verfahren auf *verweisende Hyperlinks*. Das verweisende Dokument als auch die ausgewählten Dokumente sind dabei Elemente des gleichen Clusters. Dokumente gehören nicht exklusiv einem einzigen Cluster an, sondern können gleichzeitig unterschiedlichen Gruppen zugeordnet sein. Das auf Verweisen beruhende Cluster-Verfahren von Google ist jedoch nicht sehr effizient, da es eine Gruppenbildung ausschließlich auf verweisende Hyperlinks basiert. Hierdurch werden alle Dokumente Element eines Clusters, wenn sie einen Verweis auf ein Dokument richten oder von einem Dokument erhalten. Eine thematische Differenzierung der Verweise wird nicht vorgenommen. Ziel einer Cluster-Bildung ist es jedoch Dokumente *inhaltlich* zu gruppieren, um hierdurch eine Verbesserung der Precision zu erreichen. Mit einer reinen Verweis-bezogenen Gruppenbildung ist dies nicht zu erreichen

Neben Google setzt auch Teoma, eine sehr gute und präzise Suchmaschine aus den USA, Objekt bezogene Cluster ein. Über das Link *Related Pages* werden all diejenigen Dokumente angezeigt, die bezogen auf das betreffende Dokument eine hohe Ähnlichkeit besitzen. Im Gegensatz zu Google basiert die Cluster-Bildung nicht auf Basis einer Link-Struktur, sondern erfolgt durch die Berechnung von Ähnlichkeitswerten, die auf den Inhalten bzw. den Keywords sowie deren Position im Dokument beruhen. Nachfolgende Abbildung der Suchergebnisliste von Teoma zeigt die Auswahloption „Related Pages".

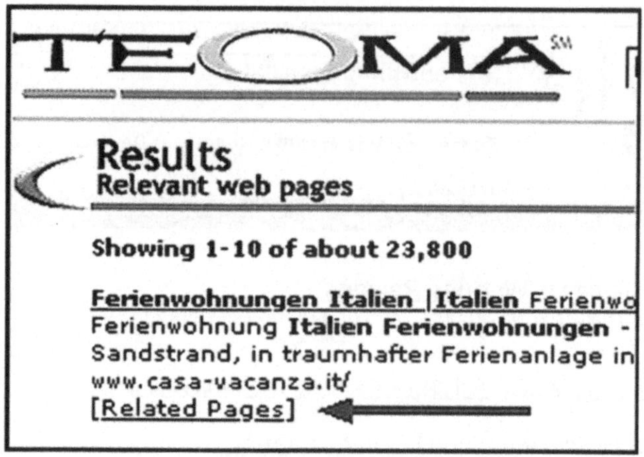

Abb. 4.9. Cluster-Suche bei Teoma

Cluster-Modelle lassen sich in *Word Cluster* zur Erzeugung von automatisierten *Thesauri* und in *Objekt-Cluster* zur Erzeugung von *Dokumenten-Clustern* unterteilen.

Ein Thesaurus stellt eine geordnete Zusammenstellung von Begriffen mit ihren natürlichsprachigen Beziehungen dar. Ziel ist es, durch eine terminologische Kontrolle eine Reduktion von Mehrdeutigkeiten und Unschärfen der Sprache zu erreichen. Durch Gruppenbildung und Äquivalenzrelationen werden automatisiert Synonymgruppen gebildet. Ein Thesaurus bestimmt also einerseits welche Begriffe vor der Speicherung eines Dokuments zur Inhaltsbeschreibung vergeben werden und andererseits, welche Begriffe bei der Suche nach relevanten Dokumenten benutzt werden sollen. Wird beispielsweise ein Word Cluster für den Begriff „Haus" gebildet, muss der betreffende Cluster alle Begriffe beinhalten, die ein Synonym zu dem Begriff „Haus" darstellen. Aber auch Worte ausweisen, die eine hohe thematische Ähnlichkeit zu dem Begriff besitzen. Der Cluster „Haus" kann beispielsweise folgende Worte beinhalten:

[Cluster: Haus]

- Wohnhaus
- Einfamilienhaus
- Mehrfamilienhaus
- Reihenhaus
- Bürohaus

Während der Word Cluster in Form eines Thesauri bei der Indexierung der Information Retrieval Systeme nicht zum Einsatz kommt, findet er gelegentlich Verwendung bei der automatisierten Bildung von Webkatalogen. Mit dem Dokumenten-Cluster der u.a. von Google eingesetzt wird, soll hingegen eine Struktur von ähnlichen Dokumenten aufgebaut werden, mit der Zielsetzung auch Dokumente zu finden, die ähnlich zueinander aber nicht *direkt* ähnlich zur Suchanfrage sind. Durch die Auswahl eines bestimmten Dokuments aus der Suchergebnisliste werden Dokumente geliefert, die ähnlicher zu dem betreffenden Dokument als zu der initialen Suchanfrage sind.

Bei automatisierter Cluster-Bildung wird an Hand bestimmter Parameter eine Ausgangskonfiguration von groben Clustern gebildet, die dann schrittweise verfeinert wird. Dieses Verfahren eignet sich sehr gut zum Einfügen von neuen oder unbekannten Objekten in eine bereits bestehende Cluster-Struktur. Bei Dokumenten-Clustern kann als kleinste Einheit ein einzelnes Dokument eingesetzt werden, das den Ausgangspunkt des Clusters darstellt. Ist keine Struktur als Startpunkt eines Verfahrens vorhanden, werden einfach verschiedene Objekteigenschaften benutzt um eine Startkonfiguration bestimmen zu können. Besondere Beachtung finden die nachfolgend genannten Parameter:

- Begriffe innerhalb des Title-Tags,
- Begriffe innerhalb des URL,
- TLD-Domainsuffix innerhalb des URL,
- Begriffe innerhalb des DESCRIPTION-Tags,
- Begriffe innerhalb des KEYWORDS-Tags,
- Anzahl der Begriffe im Dokument,
- Hyperlink-Verweise von / auf Dokumente.

Im Zuge der Cluster-Bildung werden dann aus einer kleinen Teilmenge von Dokumenten sogenannte Kern-Cluster gebildet. Diese dienen dazu, eine Ähnlichkeitsberechnung mit anderen Dokumenten auszuführen. Die bei der Bildung von Kern-Clustern nicht berücksichtigten Dokumente werden dann schrittweise in diese Cluster-Struktur überführt.

Liegt eine Ausgangskonfiguration vor, werden in einem zweiten Schritt Cluster-Repräsentanten für die bestehenden Cluster berechnet. Die Gruppierung der einzelnen Objekte wird dann wiederum mit Hilfe von Ähnlichkeitskoeffizienten zwischen den einzelnen Objekten und Cluster-Zentroiden (Mittelpunkte) durchgeführt. Die weitere Verfeinerung der groben Ausgangsstruktur wird mit folgenden Schritten erreicht:

(1) Vergleiche jedes Dokument mit allen Cluster-Zentroiden und berechne für alle Cluster einen Ähnlichkeitskoeffizienten.

(2) Bestimme für jedes Dokument das Cluster mit dem maximalen Ähnlichkeitskoeffizienten und integriere das Dokument in das entsprechende Cluster. Berücksichtige den Schwellwert zur Aufnahme in den Cluster. Wenn Überlappungen bei den Clustern gewünscht sind, weise ein Dokument mehreren Clustern zu.

(3) Berechne alle Cluster-Zentroiden nach der Dokumentenzuweisung neu und beginne bei Schritt eins.

(4) Beende das Verfahren nach Durchlauf einer n-Anzahl an Wiederholungen.

Neben den oben beschriebenen inhaltsbezogenen Dokumenten-Clustern können unterschiedliche Cluster parallel bzw. ergänzend entwickelt werden, die Dokumente nach weiteren Kriterien zu Gruppen bzw. Metagruppen zusammenfassen. Oftmals orientieren sich diese Cluster an nur einem oder wenigen statistischen Parametern, die zusätzlich differenzierte Cluster-Bildungen ermöglichen. So stellt z.B. die Einschränkung der Suche auf einen bestimmten Top Level Domain-Bereich bei Suchmaschinen eine häufig verwendete Cluster-Suche dar, die über eine einfache binäre Matrix realisiert wird.

Links

Google-Cluster
- [www.google.de/intl/de/help/refinesearch.html]

Automatic Classification
- [www.dcs.gla.ac.uk/~iain/keith/data/pages/36.htm]

Cluster-based retrieval
- [www.dcs.gla.ac.uk/~iain/keith/data/pages/103.htm]

Search Strategies
- [www.dcs.gla.ac.uk/Keith/Chapter.5/Ch.5.html]

Automatic Classification
- [www.dcs.gla.ac.uk/Keith/Chapter.3/Ch.3.html]

Subject Classification and Indexing
- [www.ctr.columbia.edu/~jrsmith/html/pubs/webseek/node3.html]

5 Suchprozess und Suchformen

Suchanfragen werden über den Query Processor der Suchmaschine ausgeführt, der für den Anwender die Schnittstelle zum Datenbestand der Suchmaschine bildet. Aufgabe des Query Processors ist es, die vom IR-System gefundenen Dokumente an Hand der Gewichtungsinformationen mittels einer Retrieval-Funktion in eine Reihenfolge zu bringen. Die Reihenfolge entspricht der Relevanz der jeweiligen Dokumente zur Suchanfrage. Der Algorithmus (Retrieval-Funktion) des Query Processors, die Gewichtungsmodelle sowie die Datenstrukturen sind folglich nicht unabhängig von einander, sondern stehen in funktionalem Zusammenhang.

Zur Vornahme von Suchanfragen stellen die Suchmaschinen den Anwendern verschiedene Möglichkeiten zur Verfügung, Suchanfragen nicht nur über einen einzelnen Suchbegriff sondern auch über Wortkombinationen oder auch den Ausschluss von Begriffen auszuführen. Suchanfragen können dabei mittels verschiedener Parameter eingegrenzt werden. Eine Eingrenzung des Suchraums kann sich auf bestimmte Bereiche des Dokuments wie z.B. den Titel oder die Meta-Tags erstrecken. Je nach Suchmaschine besteht weiter die Möglichkeit Suchbegriffe nicht nur im Dokument selbst zu suchen, sondern sie auch in der Domain oder im URL zu identifizieren. Ergänzend besteht die Systematik, Suchanfragen nur auf eine bestimmte Domain, einen ausgewählten Host oder einen Top Level Domain-Bereich auszuführen.

Die Kenntnis welche Suchmethoden einem Anwender zur Verfügung stehen und welche Formen der Suchraumeingrenzung bzw. Verfeinerung von Suchergebnissen möglich sind, ist bei der inhaltlichen Entwicklung von Websites von großem Vorteil. Da Anwender immer kompetenter Suchanfragen stellen und sie die zur Verfügung stehenden Methoden zur Verbesserung von Suchergebnissen zielstrebig einsetzen, müssen sie in Hinblick auf die Website Optimierung berücksichtigt werden. Eine wichtige Rolle spielt in diesem Zusammenhang auch die Zusammensetzung der Suchergebnisliste und die Informationen die zur Darstellung von Verweisen eingesetzt werden.

5.1 Der Query Processor – Suchtool der Suchmaschine

An diesem Punkt ist es zum besseren Verständnis der Funktion eines Query Processors sinnvoll, noch einmal kurz die beiden Systemkomponenten *Webrobot-System* und *Information Retrieval System* zu betrachten. Das Webrobot-System ist für die Beschaffung der Daten aus dem Internet zuständig. Es durchsucht das Web nach neuen Ressourcen und verwaltet einen bestehenden Datenbestand. Das Information Retrieval System soll auf Basis der gefundenen Textdateien durchsuchbare Datenstrukturen anlegen sowie Parameter bestimmen, die für eine Relevanzbewertung von Dokumenten verwendet werden können.

Der Query Processor stellt die Suchkomponente einer Suchmaschine dar. Streng genommen ist der Query Processor die *eigentliche Suchmaschine* des Gesamtsystems, also die Komponente, die Daten in einem Datenbestand sucht und als sortiertes Ergebnis in Form einer Ergebnisliste liefert. Dem allgemeinen Sprachgebrauch folgend, soll jedoch die Gesamtheit aller drei Systemkomponenten als Suchmaschine und die eigentliche Suchkomponente als Query Processor bezeichnet werden.

Man könnte der Meinung sein, eine Betrachtung der Funktionsweisen des Query Processors ist in Hinblick auf die Optimierung von Websites nicht von Bedeutung. Es genüge, nur die Parameter und Methoden zu identifizieren, die das Information Retrieval System einsetzt, um die Gewichtung eines Dokuments vorzunehmen. Eine solche Überlegung ist jedoch falsch.

Wie dargestellt, bestimmt das IR-System, welche Gewichtungswerte aufgrund festgelegter Methoden den Dokumenten bzw. den Keywords zugeordnet werden. Dabei können Gewichte die z.B. auf Basis der Lage von Keywords im Dokument, der Worthäufigkeit oder auch der Link Popularity bestimmt werden, dem Dokument zugeschrieben werden. Die kalkulierten Gewichtungswerte können separat gespeichert oder zu einem einzigen Wert aggregiert sein. In jedem Fall besteht immer eine Relation zwischen einem als Schlüsselwort definierten Substantiv und seinen methodisch unterschiedlich gewonnenen Gewichtungswerten.

Die Aufgabe eines Query Processor ist verkürzt dargestellt, all jene Dokumente im Datenbestand aufzufinden, die einer Suchanfrage bis zu einem gewissen Ähnlichkeitsgrad entsprechen. Da ein wesentliches Merkmal der Suchmaschinen eine Differenzierung der Dokumente nach ihrer Relevanz ist, muss der Query Processor eine Sortierung der Suchergebnisse entsprechend ihrer Ähnlichkeit zur Suchanfrage vornehmen.

Um eine Rangordnung bzw. Ranking vornehmen zu können, ist eine Retrievalfunktion erforderlich, die eine Unterscheidung der Dokumente an Hand der vom IR-System gelieferten Dokumentengewichte vornimmt. Die Bildung einer Rangordnung aller gefundenen Dokumente zu einer Suchanfrage wird dabei durch den Query Processor und nicht durch das IR-System vorgenommen. In dem der Query Processor die verschiedenen Gewichte der einzelnen Dokumente über einen individuellen Retrieval-Algorithmus zu einem Wert berechnet, entsteht ein Gewicht für jedes Dokument, das die Ähnlichkeit zu einer Suchanfrage ausdrückt.

Es sind hierbei zwei wesentliche Sachverhalte zu verdeutlichen. Erstens, der Suchalgorithmus des Query Processor und die Gewichtungsmodelle des IR-Systems stehen in einem logischen und funktionalen Zusammenhang. Das Information Retrieval System einer Suchmaschine bestimmt lediglich die Gewichte zu den einzelnen Schlüsselwörtern, die auf unterschiedlichen Gewichtungsmodellen beruhen können. Die *Retrieval Funktion* des Query Processor setzt diese Gewichtungsinformationen ein, um einen Relevanzwert je Dokument, bezogen auf eine Suchanfrage, kalkulieren zu können. Eine Relevanzkalkulation wird also durch den Query Processor vorgenommen, während die Werte zur Berechnung durch das IR-System erzeugt werden.

Der zweite relevante Sachverhalt ist die Tatsache, dass die Relevanz eines Dokuments immer von den gewählten Suchworten sowie allen Dokumenten im Datenbestand abhängt. Die Relevanz eines Dokuments variiert in Abhängigkeit der bei einer Suche verwendeten Suchworte. Da für jeden Deskriptor grundsätzlich ein unterschiedlicher Wert berechnet wird und ein Dokument über alle seine Deskriptoren auffindbar ist, hängt die Rangposition von dem betreffenden Wert des Deskriptoren ab über den das Dokument gefunden wird. Ein Dokument kann also zu einigen Suchworten eine sehr hohe Relevanz besitzen, während es zu anderen Suchworten nur eine sehr geringe Ähnlichkeit aufweist. Ein absoluter, allgemeingültiger Wert für alle Deskriptoren eines Dokuments existiert nicht.

Desweiteren hängt die Rangposition von allen anderen Dokumenten ab, da ja bewusst die Relevanzwerte aller in Frage kommenden Dokumente verglichen werden, um eine Rangordnung gemäß ihrer *Ähnlichkeit* zur Suche bestimmen zu können. Kommen also neue Dokumente hinzu oder werden Dokumente aus dem Datenbestand gelöscht, die über gleiche Deskriptoren beschrieben werden, beeinflusst das die Rangposition eines Dokuments.

Der Vorgang einer Suchanfrage an eine Suchmaschine kann verkürzt an einem Beispiel für die zwei Suchworte „Ferienwohnungen" und „Italien" dargestellt werden. Über das Sucheingabefeld der Suchmaschine wird durch Eingabe der Worte „Ferienwohnungen" und „Italien" die Suchanfrage gestartet. Der Query Processor *übersetzt* die beiden Worte in ein Format, das vom IR-System interpretiert werden kann. Das bedeutet zum Beispiel dass aus

- Ferienwohnungen -> ferienwohnungen

und aus

- Italien -> italien

wird, wenn im Datenbestand nicht zwischen Groß- und Kleinschreibung unterschieden wird. Sofern Word Stemming bei der Indexierung ausgeführt wurde, erfolgt eine Umwandlung auf den Wortstamm, was bei

- ferienwohnung**en** zu ferienwohnung

führen könnte.

Wurde kein Word Stemming eingesetzt wird der Index des IR-Systems sequentiell nach *ferienwohnungen* und *italien* durchsucht. Über die invertierten Dateien von *ferienwohnungen* und *italien* werden alle Dokumente gefunden, die eines der beiden Worte beinhalten. Sofern die Suche mit dem Suchoperator AND gestartet wurde, werden aus beiden Listen nur die Dokumente ausgewählt, die auch beide Worte beinhalten. Dies erfolgt durch einfachen Vergleich der DocID.

Als Ergebnis der Suche erzeugt der Query Processor eine Liste, die neben den gefundenen Dokumenten alle Gewichtungsinformationen beinhaltet. Zur Berechnung eines Relevanzwerts wird von jedem Dokument der Gewichtungswert für *ferienwohnungen* und für *italien* zu einem Relevanzwert aggregiert. An Hand des für *beide* Schlüsselworte kombinierten Gewichts erfolgt eine Sortierung entsprechend der Höhe des Relevanzwerts. Je höher der aggregierte Wert, desto weiter am Anfang erscheint ein Dokumentenverweis in der Suchergebnisliste. Das Dokument mit dem höchsten Wert erscheint auf Platz eins.

5.2. Suchoperatoren der Suchmaschinen

Zur Verfeinerung von Suchanfragen bieten die Suchmaschinen die Möglichkeit an, durch den Einsatz von Suchoperatoren ein möglichst präzises Suchergebnis zu erreichen. In der Regel ist es aufgrund der enormen Anzahl von Dokumenten im Datenbestand der Suchmaschinen nicht mehr möglich, relevante Suchergebnisse durch die Eingabe nur eines Suchwortes zu erzielen. So werden Suchen mittlerweile immer häufiger durch die Kombination von mehreren Suchworten und / oder den Ausschluss von ungeeigneten Begriffen ausgeführt.

Für eine optimale Positionierung von Schlüsselwörtern in einem Textdokument ist es erforderlich zu verstehen, *wie* Anwender suchen; d.h. welche Suchmethodiken bieten ihnen die Suchmaschinen und wie werden sie konkret eingesetzt. Eine interessante Beobachtungsmöglichkeit bietet in diesem Zusammenhang Fireball mit seiner *Live Suche* Funktion. Hier ist es in Echtzeit möglich, exakt nachzuvollziehen *was* und *wie* gesucht wird.

Eine weitere sehr wichtige Methode Kenntnisse über das Suchverhalten zu gewinnen bietet die Auswertung von Log-Protokollen der Webserver. In den Log-Dateien werden genau diejenigen Suchworte festgehalten, über die eine Website bei den Suchmaschinen gefunden wird.

Die nachfolgende Aufstellung ermöglicht einen generellen Überblick über die von Suchmaschinen zugelassenen Operatoren. Nicht jede Suchmaschine ermöglicht jedoch den Einsatz aller Sucheingrenzungen. Die technischen Anleitungen der Suchmaschinen geben i.d.R. detailliert Auskunft, welche Operatoren eingesetzt werden können.

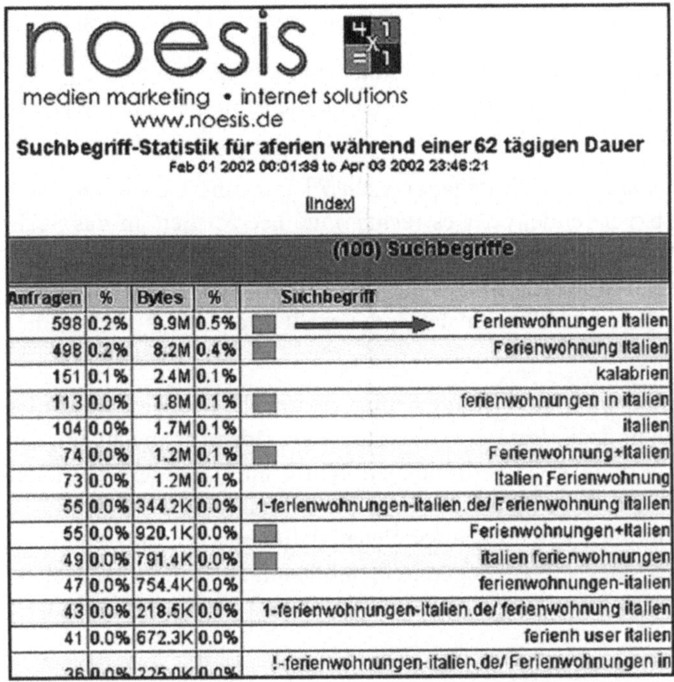

Anfragen	%	Bytes	%	Suchbegriff
598	0.2%	9.9M	0.5%	Ferienwohnungen Italien
498	0.2%	8.2M	0.4%	Ferienwohnung Italien
151	0.1%	2.4M	0.1%	kalabrien
113	0.0%	1.8M	0.1%	ferienwohnungen in italien
104	0.0%	1.7M	0.1%	italien
74	0.0%	1.2M	0.1%	Ferienwohnung+Italien
73	0.0%	1.2M	0.1%	Italien Ferienwohnung
55	0.0%	344.2K	0.0%	1-ferienwohnungen-italien.de/ Ferienwohnung italien
55	0.0%	920.1K	0.0%	Ferienwohnungen+Italien
49	0.0%	791.4K	0.0%	italien ferienwohnungen
47	0.0%	754.4K	0.0%	ferienwohnungen-italien
43	0.0%	218.5K	0.0%	1-ferienwohnungen-italien.de/ ferienwohnung italien
41	0.0%	672.3K	0.0%	ferienh user italien
36	0.0%	225.0K	0.0%	!-ferienwohnungen-italien.de/ Ferienwohnungen in

Abb. 5.1. Erfassung von Booleschen Suchanfragen durch Serverprotokollierung

Bei deren Verwendung ist zu beachten, dass zwischen Operatoren und Suchwort kein Leerzeichen stehen soll. Alternativ können für die Operatoren auch Symbole eingesetzt werden, die ohne Abstand vor dem Suchbegriff stehen müssen. Wird mehr als ein Suchwort ohne Angabe eines Operators oder Symbol in die Suchmaske eingegeben, definiert der Query Processor den anzuwendenden Operatoren selbst. Für ein vorkommendes Leerzeichen zwischen zwei Suchbegriffen verwenden beispielsweise Lycos, Fireball, Google und Altavista automatisch den AND-Operator. Werden also beispielsweise die beiden Suchworte „Autoreifen" und „Volkswagen" ohne den AND-Operator oder ein Pluszeichen eingegeben, wird der AND-Operator automatisch hinzugefügt. Die Suchanfrage lautet dann Suchworte „Autoreifen" AND „Volkswagen". Bei Verwendung des AND-Operators werden nur Dokumente Teil des Suchergebnisses wenn sie *alle* Worte beinhalten.

Die Bedeutung der Operatoren im einzelnen:

AND (+)	Das Wort muss im Suchergebnis enthalten sein.
OR	Mindestens eines der Suchwörter muss im Ergebnis erscheinen.
NOT (-)	Das Wort darf nicht im Suchergebnis enthalten sein.
ADJ	Findet Wörter die direkt nebeneinander stehen.
NEAR	Die Suchbegriffe sind max. 10 – 25 Worte voneinander entfernt.

FAR	Im Dokument stehen die Suchbegriffe mindestens einmal im Abstand voneinander, der 25 Wörter (oder mehr) umfasst.
(...)	Mit Klammerausdrücken können Operatoren zusammengefasst werden, die zuerst abgearbeitet werden müssen z.B. (A OR B) AND (C NEAR D)
*	Wildcard – das Platzhalterzeichen kann innerhalb eines Suchworts verwendet oder es rechts ohne Leerzeichen an das Suchwort angehängt werden. Das Teilwort links vom Platzhalterzeichen muß jedoch mindestens drei Zeichen lang sein.
"..."	Definiert eine Phrasensuche, die exakt in der Form vorkommen muss.

Zwei Suchoperatoren die in ihrer Wirkung häufig irrtümlich gleichgesetzt werden ist der *AND-Operator* und die *Phrasensuche*. Der AND-Operator macht nur zur Bedingung, dass die mittels AND verbundenen Worte im Dokument enthalten sein müssen, unabhängig ihrer konkreten Lage oder Reihenfolge. Bei der Phrasensuche, die durch Setzen von Anführungszeichen definiert wird, müssen hingegen alle Worte in genau der vorgegebenen Reihenfolge im Dokument vollständig erscheinen.

Die Suchformulierung

- Autoreifen **AND** Volkswagen bzw. Autoreifen **+** Volkswagen

und

- "Autoreifen Volkswagen"

führen zu einem unterschiedlichen Suchergebnis.

Diese Unterscheidung ist für einen Content-Anbieter immer dann von Bedeutung, wenn zwei oder mehr Worte aufgrund ihrer semantischen Bedeutung in einer bestimmten Reihenfolge verwendet werden. Ein Anwender wird in solch einem Fall die Phrasensuche einsetzen was dazu führt, dass nur diejenigen Dokumente Teil des Suchergebnisses werden, die die betreffenden Suchworte in genau der vorgegebenen Reihenfolge beinhalten.

Links

Fireball Life-Suche
- [www.fireball.de/fcgi/voyeur.fcg?action=voyeur-queries]

5.3 Expertensuche bei den Suchmaschinen

Für sehr viele Personen ist die Verwendung der Symbolik der Booleschen-Suchoperatoren ungewohnt, weshalb die Suchmaschinen zur vereinfachten Sucheingrenzung eine sogenannte *Expertensuche* einsetzen. Über ein Eingabeformular kann eine Sucheingrenzung mittels vordefinierter Systematiken ausgeführt werden. Jede Suchmaschine verfügt mittlerweile über ein solches Verfahren, das jedoch von Suchmaschine zu Suchmaschine unterschiedliche Suchanfragen an die Datenbasis zulässt.

Eine genaue Analyse der möglichen Suchformen ist außerordentlich wichtig, da hierdurch deutlich wird, welche Parameter eine Suchmaschine erfasst und welche Methoden beim Retrieval von Dokumenten zum Einsatz kommen können. Ermöglicht beispielsweise eine Suchmaschine die Suche eines Keywords innerhalb des URL bedeutet das, dass der URL Teil der Indexierung ist und möglicherweise auch bei der Gewichtung von Deskriptoren verwendet wird.

Die Bestimmung möglicher Indexierungsparameter und -methoden kann sehr gut an Hand der Expertensuche von Alltheweb dargestellt werden. Alltheweb bietet zur Zeit die umfangreichste Detailsuche und ermöglicht sehr gut eine detaillierte und beispielhafte Auswertung. Suchanfragen können durch Eingrenzung der Suchworte als auch durch die Berücksichtigung von Parametern wie den Domain-Namen, die IP-Adresse oder die Dokumentengröße verfeinert werden. Die beiden nachfolgenden Abbildungen zeigen die verschiedenen Suchkriterien beispielhaft.

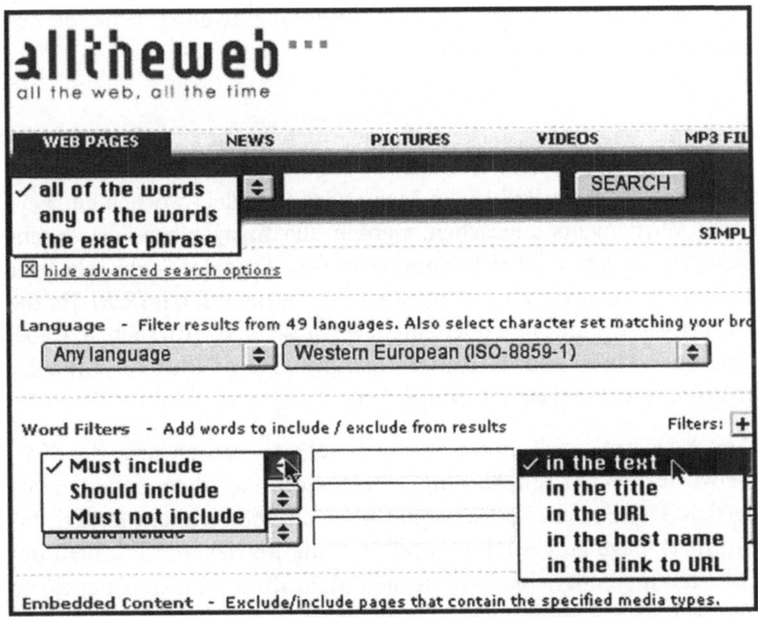

Abb. 5.2. Expertensuche bei Alltheweb.com – Teil 1, Stand 1.11.2002

Boolesche Operatoren

Über die Auswahl [all of the Words] kann eine Suchanfrage an den Datenbestand gerichtet werden der zur Bedingung macht, dass *alle Worte* [all of the words], *eines der Worte* [any of the words] oder *alle Worte in exakter Reihenfolge* [the exact phrase] der angegebenen Suchworte im Dokument vorkommen müssen. Dies entspricht den Booleschen Operatoren AND, OR sowie der Phrasensuche mittels Anführungszeichen.

Sprachfilter

Der Sprachfilter, hier mit [Any Language] gekennzeichnet, ermöglicht eine Eingrenzung der Suche auf eine der 49 angebotenen Sprachen bzw. die Berücksichtigung aller Sprachen. Durch die Option der Sprachauswahl wird deutlich, dass Alltheweb bei der Indexierung eine Sprachanalyse vornimmt und Dokumente entsprechend der identifizierten Sprache einem entsprechenden Index zuordnet. Ein Dokument kann folglich nur in den jeweiligen Index aufgenommen werden, wenn die Sprache des Index und die Sprache des Inhalts eines Dokuments übereinstimmen.

Zeichensatzsystem

Über die Bestimmung des [Character Set], also des Zeichensatzes das vom Client interpretiert werden kann, wird die Suchauswahl auf Dokumente eingeschränkt, die einem bestimmten Zeichensatz entsprechen. Mit der Erstellung von HTML-Dokumenten wird festgelegt, auf Grund welcher Systematik Schriftzeichen und Sonderzeichen in HTML dargestellt werden. Bei der Dokumentenanalyse erfolgt eine Bestimmung des Schriftsatzes und damit verbunden eine entsprechende Zuordnung des Dokuments im Datenbestand.

Wortfilter

Der Wortfilter [Word Filters] bezieht sich auf die *Lage* eines Keywords im Dokument bzw. in dem URL. Über ein Pull Down-Menü wird festgelegt wo sich ein Keyword befinden soll. Wird nichts angegeben, werden alle Auswahlbereiche durchsucht. Eine Sucheingrenzung bezieht sich hingegen auf die Lage der Schlüsselwörter und kann sie im *Text* [in the text], im *Dokumententitel* [in the title], im *URL* [in the URL], im *Domain-Namen* [in the host] oder einem verweisenden URL suchen. Dabei kann der *AND-Operator* [Must include], der *OR-Operator* [Should include] sowie der *NOT-Operator* [Must not include] eingesetzt werden.

Die Möglichkeit Keywords nach ihrer konkreten Lage zu suchen zeigt deutlich, dass die Schlüsselwörter bei der Indexierung differenziert nach ihrer genauen Position erfasst werden. Das System verfügt somit über die Möglichkeit, Deskriptoren entsprechend ihrer Lage zu gewichten und über die Retrievalfunktion zu bewerten. Durch Einstellungsmöglichkeiten die sich nicht direkt auf die Suchworte beziehen, können weitere Sucheingrenzung erfolgen. Alltheweb nutzt hierbei nahezu alle Möglichkeiten, die das Hypermedia ermöglicht.

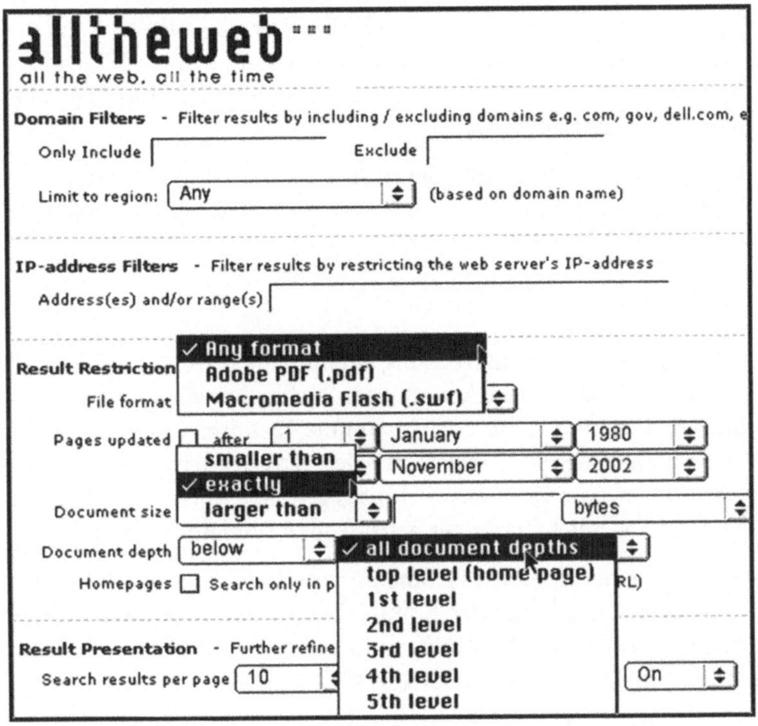

Abb. 5.3. Expertensuche bei Alltheweb.com – Teil 2, Stand 1.11.2002

Domainfilter

Der Domainfilter ermöglicht bei der Suche verschiedene Top Level Domain (TLD) Bereiche explizit auszuschließen [Exclude] bzw. nur ganz bestimmte Top Level Domain Bereiche in die Suche einzubeziehen [Only Include]. Über diese Funktion kann eine Suche auf Top Level Domain-Bereiche wie z.B. deutsche Domains mit .DE-Suffix oder schweizer Domains mit .CH-Suffix eingegrenzt, bzw. die entsprechenden TLD-Bereiche von der Suche ausgeschlossen werden. Eine Eingrenzung auf einen TLD-Bereich bedeutet jedoch keine Eingrenzung auf eine bestimmte Sprache oder Bestimmung eines geographischen Standorts von Content-Anbietern.

Gibt man nicht nur ein TLD-Suffix sondern eine vollständige Domain an, wie z.B. firma.de, werden nur die Dokumente bei der Suche berücksichtigt oder ausgeschlossen, die zu der betreffenden Domain gehören. Über die Funktion [Limit to Region] können alle Länder-Domains eines bestimmten Kontinents von der Suche ausgeschlossen werden. Die gewählte Abgrenzung der Kontinente stimmt jedoch nicht mit den üblichen geographischen Definitionen überein. Noch ist ersichtlich welche Länder-Domains jedem einzelnen Kontinent zugeordnet sind. Auch bei dieser Auswahloption gilt, dass die Definition bestimmter Länder-Domains mittels Zugehörigkeit zu einem bestimmten Kontinent keinen Aufschluss über die Sprache des Inhalts oder des Standorts eines Webservers bzw. den Ort des Geschäftsbetriebs eines Content-Anbieters ermöglicht. So kann beispielsweise ein in Deutschland ansässiges Unternehmen in Italien eine IT-Domain beantragen, diese über einen Server mit Standort USA anbinden und den Inhalt der Dokumente in Französisch publizieren.

Die Auswahloption zeigt jedoch sehr deutlich, dass alle URL's von Alltheweb nach Kontinenten, nach Top Level Domain-Bereichen sowie nach Domain-Namen verwaltet werden und durchsuchbar sind.

IP-Filter

Der IP-Filter ermöglicht eine Sucheingrenzung auf nur eine IP-Adresse. Die Suche über IP-Adressen ist nicht zu vergleichen mit der Suche über einen Domain-Namen. Bei der Sucheinschränkung auf eine bestimmte IP-Adresse erfolgt die Einbeziehung *aller Domains* eines Webservers mit der betreffenden IP-Adresse. Bei der Sucheingrenzung auf eine Domain wird hingegen eine Suche ausschließlich auf die Dokumente angewendet, die zu der betreffenden Domain gehören.

Ein Webserver kann eine Vielzahl an Domains verwalten, die alle über die gleiche IP-Adresse erreichbar sind. Mit der Einführung der Protokollversion HTTP 1.1 wurde es möglich, auf einem Hostrechner mehrere Domains gleichzeitig zu hosten. Während in den Anfangsjahren des WWW

eine Domain = ein Hostrechner = eine IP-Adresse

entsprach, wurde aufgrund der immer knapper werdenden IP-Adressen das HTTP-Protokoll um die Möglichkeit des *Virtual Hosting* erweitert. Virtual Hosting ermöglicht auf einem Hostrechner viele Domains unter einer IP-Adresse zu verwalten. Das führt dazu, dass alle Domains eines Hostrechners die gleiche IP-Adresse besitzen.

Die Tatsache, dass Suchmaschinen Domains nach IP-Adressen verwalten, ist in zweifacher Hinsicht relevant. Zum einen kann eine Crawl-Systematik der Webrobots eingesetzt werden, URL's gezielt nach IP-Adressen zu besucht. Dies kann eine Optimierung von Systemressourcen bewirken. Viel wichtiger ist jedoch, dass die URL's über ihre IP-Adresse erkannt und aus dem Datenbestand ausgeschlossen werden können. Verstößt ein Content-Anbieter z.B. bei NorthernLight gegen die Nutzungsbedingungen, werden alle URL's mit der gleichen IP-Adresse im Datenbestand gelöscht.

Dateiformat

Anfänglich war das HTML-Dateiformat das einzige Textdateiformat das von Suchmaschinen indexiert wurde. Mittlerweile erkennen die Suchmaschinen die Erfordernis auch andere Dateiformate wie PDF, MS-Word, RTF und Excel-Dateien zur Aufnahme in den Datenbestand zuzulassen.

Die Grundeinstellungen der Suchoptionen beziehen sich jedoch gegenwärtig immer auf HTML-Dokumente. Optional können je nach Suchmaschine weitere Dateiformate auf das Vorhandensein der Suchworte durchsucht werden. Die Auswahloption gibt Aufschluss darüber, welche Dateiformate vom System verarbeitet werden.

Erstellungs- und Änderungsdatum

Mit der Funktion [Pages Update] werden Dokumente unter Berücksichtigung des Erstellungsdatums oder Änderungsdatums bzw. Erstellungszeitraums oder Änderungszeitraums bei einer Suche ausgewählt. Ist das Erstellungsdatum eines Dokuments innerhalb des voreingestellten Zeitraums, wird es in die Suche mit einbezogen.

Neben der Verbesserung der Precision einer Suchanfrage ermöglicht die Berücksichtigung des Erstellungsdatums ein Verfahren, die Änderungsfrequenz für jedes einzelne Dokument zu errechnen. Folgt man dem gedanklichen Ansatz der Betreiber von Suchmaschinen, dass Aktualität die Präzision von Suchergebnissen verbessert wird deutlich, dass Information Retrieval Systeme die Änderungshäufigkeit von Dokumenten als Gewichtungskriterium einsetzen.

Dokumentengröße

Die Option [Document Size] ermöglicht eine Suche nur auf Dokumente einer bestimmten Dateigröße anzuwenden. Nach wie vor stellen relativ langsame Übertragungsgeschwindigkeiten für Nutzer ein Problem dar. Die Bestimmung einer Dokumentengröße ermöglicht für Anwender Dokumente zu finden, die sich an ihren technischen Gegebenheiten orientieren.

Richtet ein Content-Anbieter sein Informationsangebot an eine Zielgruppe bei der zu erwarten ist, dass Übertragungsgeschwindigkeiten ein relevantes Kriterium der Sucheingrenzung darstellen können, ist dies bei der Erstellung der Dateien entsprechend zu berücksichtigen.

Dokumententiefe

Die Berücksichtigung der Dokumententiefe eines Dokuments bei der Suche bietet als einzige Suchmaschine Alltheweb an. Mit der Dokumententiefe ist die Tiefe eines Dokuments im Rootverzeichnis gemeint. Sie ist für jeden sehr einfach durch die Anzahl der Verzeichnisse im URL erkennbar. Verzeichnisnamen im URL stehen immer zwischen zwei Schrägstrichen.

Die Bedeutung einer Sucheingrenzung auf eine maximale Verzeichnistiefe eines Dokuments erschließt sich einem nicht auf Anhieb. Empirische Untersuchen im Jahre 1997 haben ergeben, dass eine Korrelation von Verzeichnistiefe und Änderungshäufigkeit besteht. Es wurde festgestellt, dass je tiefer ein Dokument im Root liegt, desto seltener wird es geändert.

Suchmaschinen die aktuellen Dokumenten bzw. Dokumenten mit hoher Änderungsfrequenz eine höhere Bewertung zuordnen, machen sich diese Erkenntnis zu Nutze und klassifizieren URL's entsprechend ihrer Verzeichnistiefe. Dabei erfolgt eine differenzierte Gewichtung in Abhängigkeit der Tiefe im Verzeichnis. Die stärkste Gewichtung erhalten alle Dokumente der ersten Hierarchieebene; je tiefer Dokumente im Verzeichnis liegen, desto schwächer fällt tendenziell die Gewichtung aus.

Links

Alltheweb-Advanced Serach
- [www.alltheweb.com/advanced]

Altavista-erweiterte Websuche
- [http://de.altavista.com/web/adv]

Fireball-Profisuche
- [www.fireball.de/index.csp?mode=profi]

Google Erweiterte Suche
- [www.google.de/advanced_search?hl=de]

Teoma-Search Tips
- [http://sp.teoma.com/docs/teoma/about/searchtips.html]

Lycos-Profisuche
- [www.lycos.de/search/options.html]

NorthernLight
- [www.northernlight.com]

5.4 Ergebnislisten der Suchmaschinen

Das Ergebnis eines Retrieval-Prozesses bzw. einer Suchanfrage bei den Suchmaschinen wird in einer sortierten Suchergebnisliste dargestellt. Die Ergebnisliste ist sowohl für den Anwender als auch für einen Content-Anbieter in Hinblick auf Darstellung, Informationsangebot und Rangbildung von erheblicher Bedeutung. Da ein Anwender erfahrungsgemäß bevorzugt das Informationsangebot auswählt, das im Rang möglichst weit vorne und durch seine Beschreibung am ehesten seinen Vorstellungen entspricht, ist es relevant *welche* Informationen eines Dokuments *wie* in der Ergebnisliste angezeigt werden, um somit die Dokumente entsprechend aufzubereiten. Auch wenn Suchergebnisse oftmals mehrere Hundert Seiten an Suchergebnissen liefern, werden von den Anwendern im Allgemeinen nur die ersten drei bis fünf Seiten einer Suche berücksichtigt. Wird innerhalb dieser ersten Seiten kein zufriedenstellendes Suchergebnis gefunden, erfolgt eine erneute, veränderte Suchanfrage oder es wird zu einer anderen Suchmaschine gewechselt.

In der Suchergebnisliste werden alle Dokumente aufgeführt, die einer Suchanfrage in Hinblick auf Ähnlichkeit entsprechen. Bei einer Suchwortanfrage die nur ein Suchwort beinhaltet oder bei Suchanfragen mit mehreren Suchworten die mittels Boolescher Operatoren verknüpft sind, erfolgt eine Sortierung bzw. Rangbildung in der Ergebnisliste entsprechend der jeweiligen Ähnlichkeitswerte. Eine alphabetische Sortierung oder eine Sortierung nach dem Erstellungsdatum eines Dokuments erfolgt aufgrund der definierten Voreinstellungen nicht. Im Suchmodus *Expertensuche* besteht hingegen für den Anwender von Altavista die Möglichkeit, die Sortierung bzw. Rangbildung seinen Vorstellungen anzupassen. So kann eine Sortierung an Hand der im Dokument vorkommenden Suchworte bestimmt werden.

Die einzelnen Suchmaschinen setzen wie beschrieben, individuelle Gewichtungsalgorithmen bei der Indexsuche ein, um die Dokumente gemäß ihrer Ähnlichkeit zur Suchanfrage zu diskriminieren. Basierend auf den einzelnen Gewichtungsverfahren und Retrievalfunktionen wird für jedes Dokument ein Relevanzwert berechnet und alle gefundenen Dokumente in absteigender Reihenfolge sortiert. Dadurch steht das Dokument mit dem *höchsten* Relevanzwert an erster Stelle der Liste und das Dokument mit dem *geringsten Wert* am Ende der Liste.

Als interessante Information für die Bewertung eines Begriffs in Hinblick auf seine Eignung als Keyword, ist die Angabe der Anzahl aller gefundenen Dokumente zu einem Suchwort. Der Suchergebnisliste vorangestellt erfolgt eine Angabe über die Anzahl aller Dokumente die ein betreffendes Suchwort beinhalten. Diese Funktion wird von nahezu allen Suchmaschinen unterstützt und funktioniert systemtechnisch durch die Addition aller Dokumente für die ein bestimmter Begriff als Deskriptor gespeichert ist. Die Summe wird entweder in der betreffenden invertierten Datei oder im Index gespeichert.

Die Darstellung der Ergebnisanzeige und die Generierung der hierzu erforderlichen Daten ist von Suchmaschine zu Suchmaschine leicht unterschiedlich. Bei allen Suchmaschinen findet man jedoch mindestens eine Überschrift sowie eine Beschreibung zu den gefundenen Dokumenten. Eine differenzierte Betrachtung der Suchergebnislisten bei den wichtigsten Suchmaschinen erscheint im Hinblick auf ein allgemeines Verständnis für sinnvoll.

5.4.1 Suchergebnisliste von Fireball.de

Die Suchergebnisliste bei Fireball kann in drei wesentliche Bereiche unterteilt werden. Im ersten Teil der Suchergebnisliste erscheint eine Auflistung von Verweisen, die auf einer Payed Listing Basis [1] positioniert sind. Sie sind als Partner Links bzw. als Sponsored Links deutlich gekennzeichnet. Auf die unterschiedlichen Formen von Payed Listing wird in diesem Buch noch detailliert eingegangen. Im Anschluss an diesen Bereich erscheinen die eigentlichen Suchergebnisse aus dem Index von Fireball. Die Sortierung erfolgt nach Relevanzkriterien, die Darstellung der Verweise ist vereinheitlicht.

Als Überschrift verwendet Fireball grundsätzlich den Titel eines HTML-Dokuments [2], also den Inhalt der im HTML-Code im TITLE-Tag aufgeführt wird. Unabhängig von der tatsächlichen Titellänge werden circa 100 Zeichen dargestellt. Die Überschrift ist mit dem URL des betreffenden Dokuments verlinkt. Als weiterführender Beschreibungstext [3] wird der Inhalt des Meta-Tag DESCRIPTION mit circa 300 Zeichen angezeigt. Enthält das entsprechende Meta-Tag keine Informationen werden die ersten 300 Zeichen des Dokumententextes als Beschreibung verwendet. Als weitere Information erscheint das Datum [4] der letzten Aktualisierung. Dieses Datum beschreibt nicht den Zeitpunkt der Veränderung des Dokuments, sondern das Datum des letzten Besuchs durch das Webrobot-System.

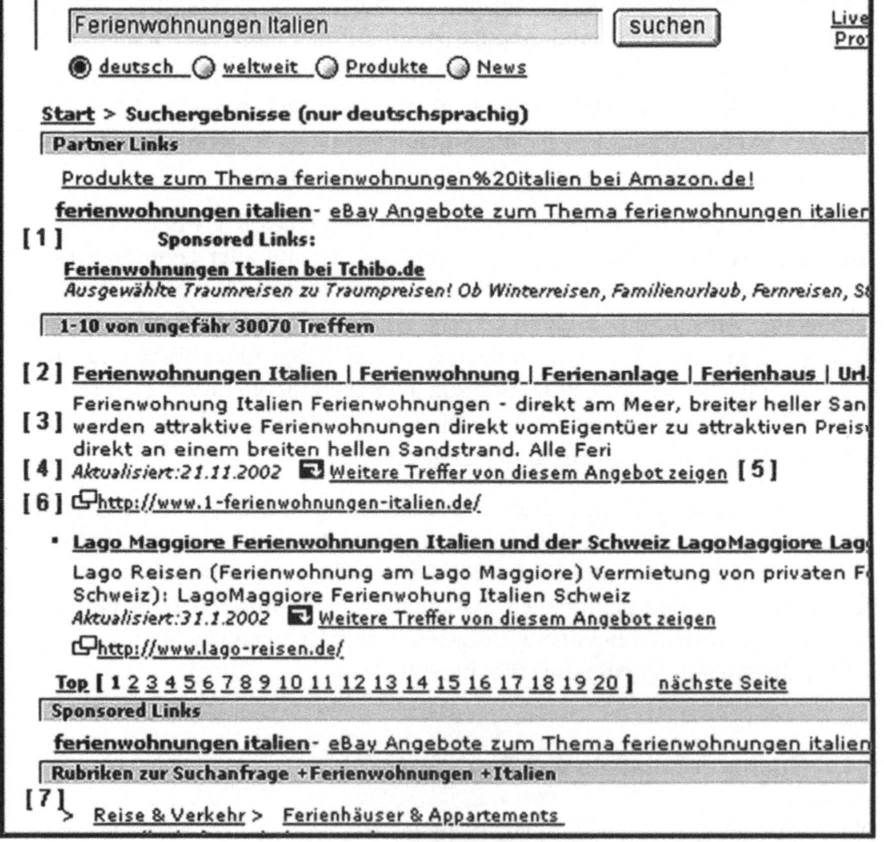

Abb. 5.4. Suchergebnisliste Fireball.de – verkürzte Darstellung

Seit Fireball nicht mehr jedes Dokument einzeln in der Suchergebnisliste aufführt, sondern alle Dokumente unter einer Domain [6] zusammenfasst, können diese unter *Weitere Treffer* [5] angezeigt werden. Aufgrund dieser Systematik wird die Indexseite zu der wichtigsten Seite einer Website, da sie den Rang bestimmt.

Nach der Auflistung von zehn Verweisen aus dem Index werden weitere Sponsored Links sowie Verweise vom *Fireball Web-Katalog* [7] angezeigt.

5.4.2 Suchergebnisliste von Lycos.de

Die Struktur der Suchergebnisliste ist seit Einführung der Technologie von FAST der von Fireball sehr ähnlich. FAST stellt für Lycos sowie für verschiedene andere Portale den Datenbestand und die Suchtechnologie (s. Kap. 9.2). Den Suchergebnissen aus dem Index sind Sponsored Links [1] sowie Verweise aus dem Lycos Netzwerk [2] vorangestellt. In beiden Fällen handelt es sich um Payed Listing Verweise.

Die ersten drei Verweise der Suchergebnisliste [3] kommen aus dem Webkatalog von Lycos und haben dort eine manuelle Bewertung und Gewichtung erfahren. Sie sind jedoch nicht als Verweise aus dem Katalog kenntlich gemacht.

Als Überschrift für Dokumentenverweise [4] verwendet Lycos den jeweiligen Dokumententitel der HTML-Datei, der mit dem URL der betreffenden Seite verlinkt ist. Der Titel eines Dokuments wird mit einer Länge von 80 Zeichen übernommen. Obwohl Lycos laut eigener Auskunft den Meta-Tags bei der Berechnung der Relevanz keine Bedeutung beimisst, wird der Beschreibungstext vom Meta-Tag DESCRIPTION [5] mit einer Länge von maximal 180 Zeichen übernommen. Neben der Abbildung der DESCRIPTION-Angaben stellt Lycos noch einen oder mehrere Textblöcke aus dem Dokumentenkörper dar, in denen sich die Suchworte befinden. Diese zusätzliche Angabe wird ähnlich wie bei Google mittels *Text-Streaming-Verfahren* erzeugt. Zu einem Verweis werden also die Inhalte des DESCRIPTION-Tags und ein oder mehrere Textblöcke aus dem Dokumentenkörper abgebildet, die die gesuchten Suchbegriffe beinhalten.

Der betreffende URL des Dokuments [6] wird nach der Seitenbeschreibung aufgeführt. Hier zeigt sich, dass im Gegensatz zu Fireball die einzelnen Dokumente einer Website bei der Suche Berücksichtigung finden und nicht nur die Indexseite.

Über *weitere Treffer* gelangt man zu allen anderen indexierten Dokumenten, die einer Domain zugeordnet sind. Am Ende der zehn Verweise führenden Ergebnisliste erscheinen weitere Verweise [7] als Sponsored Links sowie Verweise zu thematisch verwandten Bereichen aus dem Lycos-Katalog.

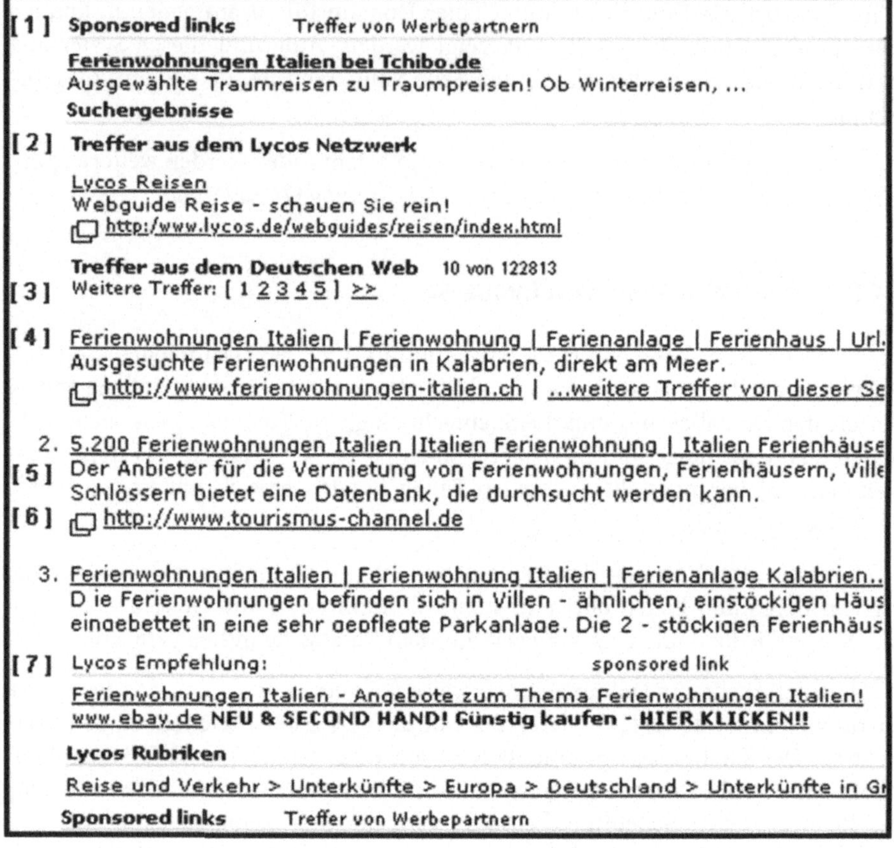

Abb. 5.5. Suchergebnisliste Lycos.de – verkürzte Darstellung

5.4.3 Suchergebnisliste von Altavista.de

Den Suchergebnissen vorangestellt sind bei Altavista Verweise des *AltaVista Prisma*
[1] sowie Sponsored Links [2]. Die Einführung des *AltaVista Prisma* Dienstes ist ein
neuer Service, der zu einer Verbesserung der Suchergebnisse und Benutzerkomfort
führen soll. Altavista bereitet seinen Datenbestand für *AltaVista Prisma* nach bestimmten Themen bezogenen Clustern auf. D.h. Dokumente die inhaltlich in einem
thematischen Zusammenhang stehen, werden in einem Cluster geführt. Die erforderliche Methodik wurde bereits in Kapitel 4.5 erläutert. Erfolgt eine Suchanfrage
wird über *AltaVista Prisma* der thematisch zutreffende Cluster mit seinen verschiedenen Sub-Clustern angezeigt. Altavista verfügt über verschiedene Möglichkeiten,
die Angaben der Suchergebnisliste entsprechend den Bedürfnissen des Anwender
einzustellen. Über *Einstellungen* kann eine Personalisierung erfolgen.

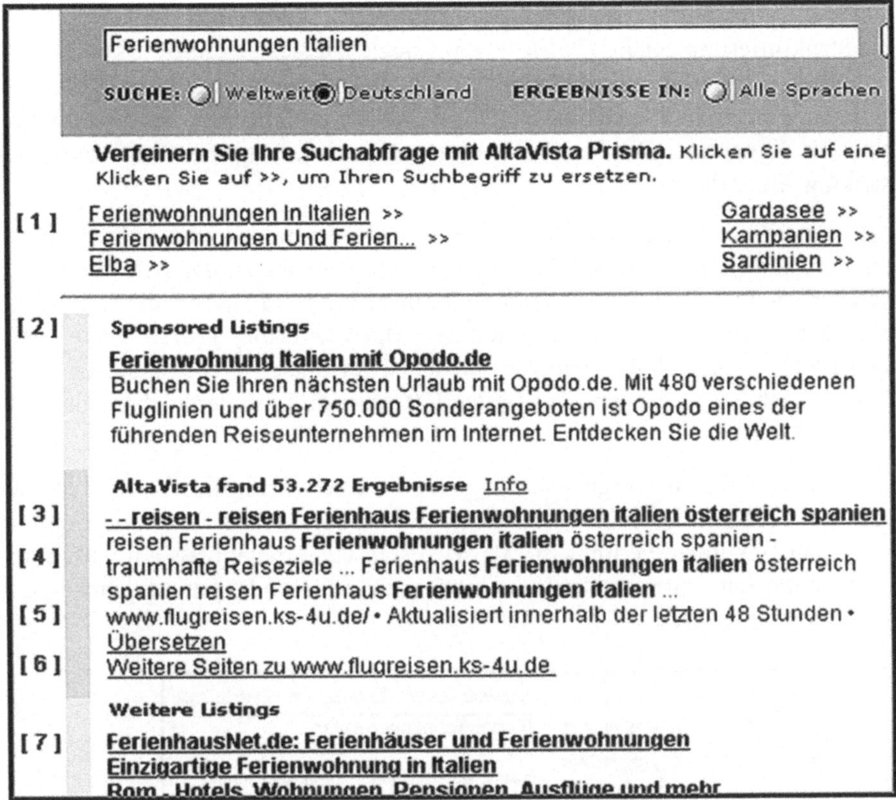

Abb. 5.6. Suchergebnisliste Altavista.de – verkürzte Darstellung

Als ersten Verweis bildet auch Altavista per Systemeinstellung die Überschrift des jeweiligen HTML-Dokuments ab [3]. Die Titelangaben werden mit einer Länge von circa 100 Zeichen übernommen. Dem Dokumententitel folgt die Beschreibung, die eine Länge von circa 190 bis 200 Zeichen [4] aufweisen kann und aus dem Meta-Tag DESCRIPTION des betreffenden Dokuments unverändert übernommen wird. Sind die Angaben nicht ausreichend lang, werden die ersten Begriffe aus dem Dokumentenkörper fortführend verwendet. Der URL verweist auf das als relevant definierte Dokument [5] was bedeutet, dass bei Altavista eine Dokumenten spezifische Relevanzermittlung erfolgt. Mit der Funktion *Weitere Seiten* können alle indexierten Dokumente einer Domain aufgerufen werden [6]. Das Link *Übersetzung* ermöglicht eine betreffende Seite durch *Babel Fish* übersetzen zu lassen.

Über die Personalisierung der Einstellungen werden die in der Ergebnisliste aufgeführten Informationen angepasst. Hierdurch können die *Seitensprache*, die *Beschreibung*, der *URL-Verweis*, die *Seitengröße* sowie die Funktion *Übersetzen* als auch *Verwandte Seiten* bei der Darstellung hinzu genommen oder ausgeschlossen werden. Am Ende einer jeden Suchergebnisliste erfolgt eine weitere Auflistung unterschiedlicher Payed Listing-Verweise.

5.4.4 Suchergebnisliste von Google.de

Die Strukturierung der *Ergebnisliste* von Google hat sich seit Mitte Oktober 2000 verändert. Als erste Verweise [1] in der Liste erscheinen farblich hervorgehobene und als Sponsor-Link gekennzeichnete Payed Listing-Einträge. Da dieser Rangplatz im Sinne einer Werbeplazierung gebucht wird, rangiert er außerhalb des Ranking-Algorithmus.

Im Anschluss daran listet Google den relevantesten Eintrag zu den Suchworten aus dem *Google-Katalog* auf [2]. Dieser ist im allgemeinen deutlich durch eine Kategorien- und Verzeichnisangabe gekennzeichnet. Da Google die Ergebnisse einer Indexanfrage mit Einträgen aus dem Open Directory Project-Verzeichnis, dem Katalog von Yahoo sowie verschiedenen regionalen Webkatalogen mischt, können auch auf niedrigeren Positionen Katalogeinträge in der Suchergebnisliste gefunden werden.

Wichtigster Teil der Ergebnisanzeige ist die Überschrift, die mit circa 60 Zeichen der TITLE-Angabe der betreffenden HTML-Seite entnommen und mit dem jeweiligen Dokument verlinkt ist [3]. Wird statt eines Seitentitels ein URL angezeigt, ist die Seite entweder im Index noch nicht erfasst oder hat schlichtweg keinen Dokumententitel.

Abb. 5.7. Suchergebnisliste Google.de – verkürzte Darstellung

Im Gegensatz zu Fireball, Lycos oder auch Altavista wird die Beschreibung grundsätzlich nicht aus den Meta-Tags, sondern aus dem Textblock generiert der die gesuchten Begriffe beinhaltet [4]. Da Google die genaue Position eines jeden Deskriptor speichert, kann sich der gesuchte Begriff überall im Dokument befinden. Die Beschreibung wird dann durch die Identifikation einer bestimmten Anzahl von Worten vor und nach dem Begriff gebildet.

Google speichert alle Dokumente datennormalisiert im Volltext ab, wodurch die Funktion *Im Archiv suchen* möglich ist [5]. Ist ein URL im Web nicht mehr erreichbar, kann der betreffende Dokumenteninhalt vom lokalen Speicher des Google-Server aufgerufen werden. Über die Funktion *Ähnliche Seiten* (related) werden Dokumente angezeigt, die dem gleichen Cluster wie die betreffende Seite angehören [6]. Es werden jedoch nicht zu jeder Webseite ähnliche Seiten gefunden, da nicht zu jeder Seite ein Cluster existiert. Als ergänzende Information erfolgt eine Angabe über die Größe eines Dokuments in Kilobyte. Der separat aufgeführte URL bezieht sich immer auf das konkrete Dokument und nicht wie bei Fireball auf die Startseite einer Website.

Neben dem Sponsored Link [1] das der Suchergebnisliste vorangestellt ist, stellen die am rechten Rand der Ergebnisliste erscheinenden und farblich hervorgehobenen Verweise [7] die zweite Neuerung bei Google dar. Über ein spezielles Payed Listing-Programm können dort zu bestimmten Suchworten Positionen gekauft werden.

6 On the Page Methoden der Optimierung

Unter *On the Page Methoden* versteht man allgemein hin Methoden und Verfahren, die zur Verbesserung der Relevanz auf die einzelnen Dokumente angewendet werden. Ziel ist es dabei, Dokumente auf bestimmte Schlüsselwörter so zu optimieren, dass sie bei Suchanfragen eine möglichst hohe Relevanzbewertung in Hinblick auf bestimmte Suchworte erhalten. Die Relevanz eines Dokuments hängt dabei wesentlich von der Bewertung der vorkommenden Begriffe im Dokument bzw. den Methoden der Suchmaschinen zur Gewichtung von Keywords ab.

Möchte man ein Dokument bei den Suchmaschinen möglichst hoch positionieren, ist es erforderlich sich mehrere wesentliche Sachverhalte zu vergegenwärtigen. Ein Dokument kann im Allgemeinen immer nur zu einigen wenigen Suchbegriffen eine gute Rangposition erzielen. Weiter ist es nicht ausreichend von den verschiedenen Möglichkeiten nur eine oder zwei Methoden einzusetzen. Vielmehr ist es erforderlich, weitestgehend alle *On the Page Faktoren* sowie *Off the Page Faktoren* konsequent anzuwenden und diese über einen längeren Zeitraum einzuhalten.

Die Optimierung von Dokumenten ist keine kurzfristig wirkende Maßnahme! Sie wirkt weder sofort noch sind Maßnahmen, die einmal vorgenommen werden, für immer ausreichend. Nur langfristig angelegte Strategien sichern eine gute Position über einen länger anhaltenden Zeitraum. Eine einmal erreichte Rangposition unterliegt der permanenten Neubewertung durch die jeweilige Suchmaschine. Da die Suchmaschinen immer wieder ihre Bewertungsmethoden und Algorithmen verändern, sind auch die eingesetzten Maßnahmen und Parameter den Veränderungen entsprechend anzupassen.

Keine Suchmaschine gleicht der anderen. Jede Suchmaschine setzt die in diesem Buch dargestellten Verfahren zur Gewichtung und Relevanzbewertung etwas anders ein. Denn die unterschiedliche Qualität der Suchergebnisse basiert ja zu einem großen Teil auf einem individuellen Mix der verschiedenen Bewertungsmethoden. Es existiert folglich nicht *eine* allgemeingültige Strategie der Seitenoptimierung für alle Suchmaschinen, sondern es muss ein individualisiertes Methodenkonzept für jede einzelne Suchmaschine erarbeitet, iterativ angewendet und überprüft werden.

Die nachfolgend dargestellten Einflussfaktoren stellen dabei ein Spektrum der möglichen einzusetzenden Methoden dar, die fallweise zu individualisieren sind. Eine annähernd gleichwertige Rangposition bei allen Suchmaschinen erreicht man folglich nur, wenn es gelingt alle Faktoren sukzessive auf die einzelnen Suchmaschinen anzupassen.

Eine erreichte Rangposition bei den Suchmaschinen kann nicht *absolut* bezogen auf ihre Stelle in der Suchergebnisliste bewertet werden. Sondern sie ist unter der Berücksichtigung der Gesamtanzahl aller relevanten Dokumente eines Datenbestandes zu sehen, die die jeweiligen Suchworte beinhalten. Die Relevanz eines Dokuments zu einer Suchanfrage und somit seine Rangposition wird durch einen mathematisch berechneten Wert ausgedrückt, weshalb die Position immer in Hinblick auf die Anzahl der insgesamt vorkommenden Dokumente im Datenbestand zu bewerten ist. Ein Dokument das beispielsweise auf Seite eins, Platz neun einer Suchergebnisliste von insgesamt 100 möglichen Dokumenten erscheint, hat in der Regel einen niedrigeren mathematischen Relevanzwert als ein Dokument auf Seite zwei, Platz 12 von 10.000 in Frage kommenden Dokumenten. Bei der Bewertung der erzielten Ergebnisse einer Optimierung von Dokumenten ist immer die Rangposition in Bezug auf die Anzahl der Dokumente zu sehen, die die betreffenden Suchworte beinhalten.

6.1 Priorität der Website Optimierung und Erfordernis eines Konzepts

Eine langjährige Beobachtung zeigt, dass in nahezu 90 % aller Versuche, eine Website bei Suchmaschinen optimal zu positionieren, die erforderlichen Methoden falsch angewendet werden. Zum einen erfolgt die eigentliche Website-Entwicklung *systematisch* falsch und zum anderen werden die zur Verfügung stehenden Methoden ungenau oder unzureichend eingesetzt. Der gewünschte Erfolgt bleibt entsprechend aus.

Ein Content-Anbieter hat in der Regel eine präzise Vorstellung was für Inhalte sein Webauftritt enthalten und welche Zielgruppen erreicht werden sollen. Zur Umsetzung wird oftmals eine Design-Agentur beauftragt, die ein möglichst gefälliges Webdesign zu erstellen hat. In der Regel werden aus Kostengründen dazu Texte aus vorhandenen Werbematerialien, wie Prospekten oder Image Foldern unverändert übernommen. Die Designgestaltung orientiert sich primär an den visuellen Vorstellungen des Content-Anbieters und weniger an den technischen Erfordernissen der Suchmaschinen. Zum Einsatz kommen in vielen Fällen möglichst alle aktuellen sowie für Außenstehende beeindruckende Programmierweiterungen wie beispielsweise *DHTML* oder *Flash-Design*.

Wenn dann eine Website fertiggestellt ist, wird sie bei den Suchmaschinen angemeldet und es wird ein hohes Ranking erwartet. Doch ein hohes Ranking bleibt i.d.R. aufgrund unzureichender und genauer Anwendung der Optimierungsverfahren aus. Unter den oftmals unzähligen sowie unsinnigen Suchworten die innerhalb der Meta-Tags aufgeführt werden und über die eine Content-

Anbieter gefunden werden möchte, rangiert die Website bei den Suchmaschinen so weit hinten, dass sie zu bestimmten Suchworten nicht einmal vom Content-Anbieter selbst gefunden wird. Das hat zur Folge, dass der erwünschte Marketingerfolg ausbleibt.

Die Schlussfolgerungen der Verantwortlichen, die in den vergangenen Jahren dann immer wieder getroffen wurden, geben dem Medium und nicht den unzureichend angewendeten Optimierungsmethoden die Schuld:

„... das Internet ist für uns und unsere Kunden nicht das geeignete Medium ..."

oder

„... die Möglichkeiten des Internets werden von vielen überschätzt ..."

aber auch

„... wir haben es ja schon vorher gewusst, es kostet nur Geld und bringt nichts ...".

Ein Misserfolg von Websites im Internet liegt in annähernd allen Fällen in einer falschen Umsetzung eines Webprojektes begründet. Mittlerweile ist es für nahezu alle Produkte und Dienstleistungen möglich, die geeigneten Zielgruppen im Internet zu erreichen und alle Produkte und Dienstleistungen erfolgreich im WWW zu vermarkten. Vermarkten bedeutet dabei nicht immer primär *Verkauf* über das Internet, sondern ist in sehr vielen Fällen auch *Pre Sales*, *Marken Marketing*, Verbesserung der *Customer Relationship*, u.v.a.. Das Spektrum der möglichen Marketingziele ist sehr breit und von Unternehmen zu Unternehmen sehr unterschiedlich. Es hat sich in den letzen Jahren deutlich gezeigt, dass das WWW nur für sehr wenige Branchen und Produkte bzw. deren Zielgruppen *nicht* als sinnvolles Marketing Medium einzusetzen ist.

Grundvoraussetzung für den Erfolg einer jeden Website ist jedoch, dass sie schnell und zu bestimmten Suchworten auffindbar ist. Erst wenn ein Webauftritt von einer Zielgruppe möglichst schnell und intuitiv gefunden wird, können die vorbereiteten Marketingmaßnahmen wirken.

Sofern also ein Webauftritt nicht mittels bezahlter Werbemaßnahmen wie beispielsweise Bannerwerbung auf Suchmaschinen oder Kauf einer Rangposition über Payed Listing promotet werden soll, bleibt in Bezug auf die Suchmaschinen, nur eine Optimierung der Website zur Verbesserung der Rangposition bei Suchanfragen. Dies ist jedoch nur zu erreichen, wenn eine Website auf die technischen Anforderungen der Suchmaschinen von Anfang an ausgerichtet wird. Bei sehr vielen Konzepten zur Entwicklung einer Website werden zahlreiche andere Aspekte berücksichtigt, jedoch nur selten die technischen Erfordernisse, die zur Verbesserung der Rangposition bei Suchmaschinen dienen.

Möchte ein Content-Anbieter folglich Marketing über die Suchmaschinen mit dem Ziel betreiben, möglichst schnell, intuitiv und zielgerichtet von seiner Zielgruppe gefunden zu werden, muss *am Anfang* des Entwurfs einer Website ein eindeutiges *technisches* und *inhaltliches* Konzept stehen, das auf den *Anforderungen der Suchmaschinen* basiert. Konsequenterweise bedeutet das, dass sich die Gestaltung der *Inhalte*, die *Kreation des Designs* sowie die *programmiertechnische Umsetzung* an den Systematiken der Suchmaschinen orientieren müssen.

Die in diesem Buch beschriebenen Funktionsweisen der Suchmaschinen bestimmen folglich das Konzept eines Webauftritts sehr weitreichend. Nur wenn alle Methoden zur Optimierung fehlerfrei umgesetzt werden, kann man eine der vorderen Rangpositionen erzielen. Abweichungen von den Anforderungen führen sehr schnell zu einer geringeren Relevanzbewertung und damit verbunden zu einer schlechteren Rangposition.

Merke

- Suchmaschinen eignen sich hervorragend um Online Marketing auszuführen.
- Voraussetzung ist, dass eine Website über bestimmte Suchworte leicht gefunden wird.
- Jede Website kann auf die Erfordernisse der Suchmaschinen so optimiert werden, dass sie von der betreffenden Zielgruppe schnell gefunden wird.
- Der häufigste Fehler bei der Website Erstellung ist, dass die Voraussetzungen zur Optimierung unzureichend und fehlerhaft umgesetzt werden.
- Möchte man bei den Suchmaschinen bevorzugt gefunden werden, müssen die Erfordernisse der Suchmaschinen im Mittelpunkt eines Pflichtenhefts stehen.
- Webdesign und Inhalte müssen sich an den Erfordernissen der „On the Page Methoden" und „Off The Page Methoden" orientieren.

6.2 Wahl des Dokumententyps

Suchmaschinen basieren auf der Systematik von Information Retrieval Systemen. Das wesentliche Merkmal von IR-Systemen ist, dass sie Textdokumente analysieren, die Texte erfassen und dabei inhaltlich zu bewerten versuchen. Es ist also festzuhalten, dass Suchmaschinen *Textdokumente* verarbeiten und als durchsuchbares Informationsangebot zur Verfügung stellen. Dabei bilden HTML-Dokumente traditionell den am häufigsten verwendeten Dokumententyp.

Grundsätzlich sind IR-Systeme durchaus in der Lage, nahezu alle bekannten Textdateiformate zu indexieren. In Hinblick auf das WWW und der Zielsetzung einen möglichst genau definierten Dokumententyp effizient zu erfassen, ermöglichen die Suchmaschinen jedoch nur eine sehr eingeschränkte Auswahl an Textdateitypen zu indexieren. Entspricht ein Dokument nicht einem definierten Dokumententyp, wird es auch nicht indexiert.

Mittlerweile erweitern die Suchmaschinen jedoch ihr Spektrum an indexierbaren Textdokumenten auf PDF-Dateien (Google, Altavista, FAST), auf Postscript-Dateien, MS-Word-Dateien, MS-Excel-Dateien, MS-Power Point-Dateien sowie Rich Text File-Dokumente, die jedoch nur von Google erfasst und indexiert werden. Ein Novum stellt die Indexierung von Macromedia Flash-Dateien im Sinne des Information Retrieval dar. D.h. textliche Inhalte sowie Hyperlinks können innerhalb von Flash-Dateien erkannt, nach den Prinzipien der Textanalyse erfasst und bewertet werden. Vorreiter dieser Technologie ist FAST, dessen Technologie und Datenbestand u.a. von Alltheweb, Lycos, T-Online sowie auch von Tiscali eingesetzt wird.

Neben Textdokumenten können die Datenbestände der Suchmaschinen auch nach Bilddateien, Audio-Files und Video-Dateien sowie Java Applets, Java Scripts und VB Scripts durchsucht werden. Für die Erfassung dieser Dateitypen setzen jedoch die Suchmaschinen im Vergleich zur Indexierung von Textdateien abweichende Verfahren ein, die nicht Gegenstand der nachfolgenden Betrachtung sind. Zur Optimierung von Websites stehen nach im Fortverlauf HTML-Dateien im Mittelpunkt der anzuwendenden Methoden.

Am Anfang der Konzeption zur Erstellung einer Website steht als wichtige Entscheidung die Frage, in welcher programmiertechnischen Form ein HTML-Dokument erstellt werden soll. HTML-Dokumente können entweder als *statische* oder als *dynamische* HTML-Dokumente erzeugt werden.

Statische HTML-Dokumente sind die ursprüngliche Form der Erstellung eines Hypertext-Dokuments im Internet. Bei ihnen stellen der Programmiercode und der textliche Inhalt eine Einheit in Form eines Dokuments. Der Text ist dabei fest in HTML-Tags eingebunden und eine Änderung des Textes bedingt einen Eingriff in die Programmierung.

Durch den hohen Bedarf an *Shop Systemen* und *Redaktionssystemen* wurde die Systematik von dynamischen HTML-Dokumenten entwickelt. Kennzeichen von dynamischen HTML-Seiten ist, dass ihr Inhalt nicht fester Teil des Programmiercodes ist. Der Text wird aus einer Datenbank ausgelesen und innerhalb einer vordefinierten Ausgabeseite dargestellt. Dies Ausgabeseite bettet den Text so in HTML ein, dass ein dynamisch erzeugtes HTML-Dokument unproblematisch durch einen HTML-Client interpretiert wird.

Durch die Entwicklung von Datenbank basierten Shop Systemen und Content Management Systemen war es erstmals möglich, Inhalte sehr schnell und sehr umfangreich zu erstellen, ohne im einzelnen HTML-Dokumente programmieren zu müssen. Die Geschwindigkeit der Erstellung von Informationen im Internet wird durch Content Management Systeme erheblich erhöht.

Der große Nachteil für Datenbank basierte Websites ist, dass Suchmaschinen dynamisch erzeugte Dokumente nicht oder nur unter bestimmten Voraussetzungen indexieren. Die Gefahr die für ein Webrobot-System bei Datenbank basierten Websites besteht ist, dass durch die Erfassung eines URL das Datenbank-system dem Robot automatisiert eine Vielzahl an weiteren URL's übergibt, die nicht erwünscht sind oder dass die Menge der übertragenen URL's das Webro-bot-System erheblich beeinträchtigen.

Datenbank basierte Websites beinhalten im URL oftmals Sonderzeichen wie &, %, + oder $. Ein URL hat dann beispielsweise die Form

http://www.firma.de/cgi-bin/getpage.cgi?name=sitemap

Erkennt ein Webrobot-System im Zuge der URL-Analyse eines der Sonderzei-chen oder ein CGI-Verzeichnis (/cgi-bin/) wird der URL gelöscht und das Do-kument nicht in den Datenbestand aufgenommen.

Dynamisch erzeugte Dokumente können jedoch mittels bestimmten Anpas-sungen dennoch indexiert werden. Wichtig ist, dass keines der Sonderzeichen im URL erscheint. Die Content Management Systeme oder Web Shops müssen folglich so konfiguriert werden, dass sie mit dem URL kein Sonderzeichen über-tragen. Suffixe die auf dynamisch erzeugte Dokumente hinweisen wie z.B. *.asp* oder *.php* bleiben von den Suchmaschinen unberücksichtigt und haben mit Ausnahme von *.cgi* im allgemeinen keinen negativen Einfluss auf eine Indexie-rung.

Zur Elimination von Fragezeichen bzw. Sonderzeichen bei Datenbank basier-ten Dokumenten eignen sich verschiedene Software Lösungen, die Sonderzei-chen umwandeln oder unterdrücken (s. Links am Ende des Kapitels). Erschei-nen keine Sonderzeichen mehr im URL, werden auch Datenbank basierte Inhalte indexiert.

Bei Altavista befinden sich dennoch gelegentlich URL's mit Sonderzeichen im Datenbestand. Eine Indexierung von URL's mit Sonderzeichen ist bei Altavista nur möglich, wenn Sie mittels *Express Inclusion Service* zur Indexierung überge-ben werden. *Express Inclusion Service* ist ein gesonderter Dienst der URL's ver-waltet und im Hinblick auf die Indexierung und Reindexierung differenziert be-handelt. Diejenigen URL's die über den *Express Inclusion Service* indexiert sind, werden vom regulären URL-Bestand getrennt geführt und ermöglichen Altavista somit eine exakte Kontrolle über die jeweiligen URL's.

Ähnliche Verfahren existieren auch bei Lycos oder Inktomi in Hinblick auf dynamische Webseiten. Erfolgt eine bezahlte Indexierung i.S. einer *Express Inc-lusion* werden bei Lycos sowie bei Inktomi URL's mit Sonderzeichen erfasst. Google hingegen berücksichtigt URL's mit Sonderzeichen i.d.R. immer nur dann, wenn eine Vielzahl an Hyperlink-Verweisen auf den betreffenden URL oder die Domain gerichtet sind.

Merke

- Suchmaschinen lehnen im Allgemeinen dynamisch erzeugte Dokumente mit Sonderzeichen im URL ab.
- Es wird empfohlen, dass bei dynamischen HTML-Seiten die Sonderzeichen im URL durch Servererweiterungen unterdrückt werden, um somit eine Indexierung zu ermöglichen.
- Dynamischen Seiten können alternativ statische Dokumente vorgeschaltet werden, die auf die dynamische Seiten verweisen.
- Altavista, Inktomi und Lycos bieten gegen Bezahlung die Indexierung von URL's mit Sonderzeichen an.
- Bei Google kann die Aufnahme durch eine Vielzahl von Verweisen auf einen dynamischen URL erfolgen.
- Der zuverlässigste Weg um indexiert zu werden, stellen statische HTML-Dokumente dar.

Links

Google Technical Guidelines
- [www.google.com/webmasters/guidelines.html]

Google Indexierungseinschränkungen
- [www.google.com/webmasters/2.html]

Google dynamische Seiten
- [www.google.com/webmasters/facts.html]

Lycos dynamische Seiten
- [www.lycos.de/help/popup/text.html?id=149&product=5]

Lycos bezahlte Aufnahme dynamischer Seiten
- [https://secure.lycos.de/countries/de/index.php]

Altavista Indexierungseinschränkung
- [http://addurl.altavista.com/help/search/faq_web#12]

Altavista Aufnahmeservice für dynamische Dokumente
- [http://addurl.altavista.com/search/express_incl]

Infospider Express Inclusion
- [www.infospider.com/av/app/signup]

XQASP ASP Active Server Pages
- [www.xde.net]

ASPSpiderBait ASP-Active Server Pages
- [www.webanalyst.com.au/Products/ASPSpiderBait.htm]

PortalPageFilter -ASP-Active Server Pages
- [www.alphasierrapapa.com/products/portalpagefilter/]

Apache.org-Apache Web Server
- [http://httpd.apache.org/docs/mod/mod_rewrite.html]

Macromedia-Cold Fusion
- [www.macromedia.com/support/coldfusion/tutorial_index.html]

PHP- Alistapart.com
- [www.alistapart.com/stories/succeed/]

Webmasterworld
- [www.webmasterworld.com/forum34/263.htm]

6.3 Framesets

Eine weitere Programmieroption sowohl für statische als auch dynamische Websites stellen *Framesets* dar. Ein Frameset wird aus mindestens zwei HTML-Seiten gebildet, bei dem eine HTML-Seite als Rahmen (Master-Seite) eine weitere Seite (Content-Seite) beinhaltet. Der Aufbau der Master-Seite weicht von der Struktur einer regulären HTML-Seite ab. Eine Master-Seite hat einen Kopfbereich (gekennzeichnet durch die Head-Tags) und anstelle eines Dokumentenkörpers (gekennzeichnet durch die Body-Tags) einen Frameset-Bereich (gekennzeichnet durch die Frameset-Tags) der mindestens eine weitere Seite beinhaltet.

Mittels Frameset werden oftmals zentrale Navigationsführungen oder graphische Elemente angelegt, die einmal in den Client geladen, über alle weiteren Seiten hinweg unverändert bleiben. Von der Navigationsseite aus, die oftmals das Frame darstellt, werden andere HTML-Dokumente über Links angesprochen und in den Rahmen geladen. Diese Dokumente können statisch oder dynamisch erzeugt sein.

Wie Suchmaschinen mit Framesets umgehen wird sehr kontrovers in den verschiedenen Foren und Medien diskutiert. Die Meinungen und Erfahrungen reichen von sehr guten Möglichkeiten der Indexierung bis zu einer sehr schlechten Indexierbarkeit von Framesets. Befürworter von Framesets finden sich dabei überwiegend aus dem Bereich der semiprofessionellen HTML-Programmierer, während zurückhaltende Meinungen eher aus dem Bereich der erfahrenen Webmaster und Programmierer zu vernehmen sind.

Es ist bei diesen kontroversen Diskussionen erforderlich die Indexierbarkeit differenziert zu betrachten. Grundsätzlich ist es möglich Framesets bei den Suchmaschinen anzumelden und auch im Datenbestand aufgenommen zu bekommen. So können alle bedeutenden Suchmaschinen wie Google, Altavista, Fireball und

FAST basierte Suchmaschinen ein Frameset erfassen. In sehr vielen Fällen wird jedoch nur die Master-Seite mit der dazugehörigen Index-Seite erfasst und ausgewertet. In den seltensten Fällen erfolgt hingegen eine Weiterverfolgung der Links sowie die Erfassung aller Dokumente einer Frameset basierten Website.

Ein sehr gutes Beispiel für eine gelungene Indexierung ist der Webauftritt der Firma Hanwag GmbH [www.hanwag.de], eine Frameset Website eines Herstellers für Bergschuhe. Die Website ist bei allen relevanten Suchmaschinen optimal promotet und unter dem Suchbegriff „Bergschuhe" auf den vorderen Positionen zu finden (Google, Altavista, Fireball, Lycos, Alltheweb). Obwohl diese Website zum Teil auf Position eins zu finden ist, sind dennoch keine weiteren Inhaltsseiten des Framesets indexiert worden.

Betrachtet man den Aufbau eines Framesets, so erkennt man sehr deutlich, dass ein Master-Dokument eigentlich keinen auswertbaren Inhalt für Suchmaschinen enthält. Der Inhalt befindet sich immer in den Content-Seiten, die jedoch innerhalb des Frame abgebildet werden.

In vielen Fällen erstellen Content-Anbieter Framesets ohne der Master-Seite einen Dokumententitel oder inhaltliche Angaben im Head-Bereich hinzufügen, die im Zuge einer Dokumentenanalyse ausgewertet werden können. Der Frame ist aber genau das Dokument, welches den Suchmaschinen zur Indexierung übergeben wird. Werden hingegen dem Frame-Dokument alle Head-Informationen mitgegeben, erfolgen in sehr vielen Fällen aus Unkenntnis keine weiteren Angaben mehr innerhalb der Head-Bereiche der einzelnen Content-Dokumente.

Die sehr gute Position von www.hanwag.de konnte u.a. deshalb erreicht werden, da sowohl die Master-Seite als auch die dazugehörige Content-Seite über vollständige Head-Informationen verfügen und beide Dokumente einen kurzen Beschreibungstext besitzen. D.h. sowohl für die Master-Seite als auch für die Content-Seite wurde ein Titel bestimmt sowie die Meta-Tags KEYWORDS und DESCRIPTION, wie nachfolgend beschrieben, optimiert. Fehlen die Head-Informationen stellt beispielsweise Altavista in Ermangelung ausreichender Informationen den Domain-Namen als Beschreibung in der Suchergebnisliste dar. Ein Beispiel an Hand der Website www.kempinski-airport.de verdeutlicht das. Die betreffende Website verfügt über ein Frameset das zwar einen Titel besitzt, aber keine DESCRIPTION-Angabe. Zur Darstellung der Seitenbeschreibung die i.d.R. durch das DESCRIPTION-Tag erfolgt, wird von Altavista in dessen Ermangelung der Domain-Name verwendet.

Eine redundante Angabe der Head-Informationen ist auch deshalb erforderlich, da es bei den einzelnen Suchmaschinen Unterschiede bei der Indexierung des Frames sowie der im Rahmen dargestellten inneren HTML-Dokumente gibt. Während Altavista und Fireball primär das Frame-Dokument indexieren und die inneren Dokumente inhaltlich nicht berücksichtigen, erfassen Alltheweb, Lycos und Google den betreffenden Inhalt der im Frame abgebildeten Content-Seite.

munich münchen hotel hotels Hotel
munich münchen hotel hotels Munich's münchen's ... 9f7
Frame-Startseite: Hotel Server münchen in Deutsch / Englisch auf
unserem munich hotels info-server bieten wir eine komfortable suche ...
www.deutschland-hotel.de/muc/sucha.asp • Aktualisiert innerhalb der
letzten 48 Stunden • Übersetzen

Kempinski Hotel Airport München
www.kempinski-airport.de/ •
Weitere Seiten zu www.kempinski-airport.de

Munich Hotels: Forum Hotel München
Munich, the cosmopolitan city with a heart, offers visitors the best in culture,
business ... Forum Hotel München Deutsch English Reservierungen -
Reservations Forum Hotel München München, die ...
forum-munich.interconti.com/ • Aktualisiert innerhalb der letzten 48 Stunden •
Übersetzen
Weitere Seiten zu forum-munich.interconti.com

Abb. 6.1. Darstellung von Framesets ohne DESCRIPTION-Tag bei Altavista

Der Einsatz des NOFRAMES-Tags das immer dann zum Einsatz kommen soll, wenn ein Client keine Frames unterstützt, ist keine ausreichende Lösung, da die einzelnen Suchmaschinen ja bis zu einem gewissen Grad Framesets lesen können. Auch der oftmals empfohlene Einsatz von JavaScript führt nicht immer dazu, dass über ein Frameset alle Inhaltsseiten unproblematisch von den Suchmaschinen indexiert werden können.

Merke

- Der Einsatz von Framesets erschwert die vollständige Erfassung aller Dokumente.
- Kommt eine Frameset zum Einsatz sollen die Frame-Seite, als auch alle Content-Seiten über eigene Head-Informationen verfügen.
- Die inneren Dokumente eines Frames werden regulär nicht umfassend indexiert.
- Zuverlässig indexieren nur Google, Inktomi und FAST basierte Suchmaschinen Framesets.
- Content-Seiten sollten auch ohne Master-Seite einzeln angemeldet werden, um deren Erfassung sicher zu stellen.
- Über eine zentrale Navigationsseite (Site Map) sollten alle Content-Seiten direkt verlinkt sein.
- Am sichersten erreicht man ein Indexierung von Dokumenten als Nicht-Frameset-Seiten.
- Alternativ kann eine Indexierung mittels der Express Inclusion Programme der Suchmaschinen erreicht werden (s. Kap. 9.4).

Links

W3W.org-Introduction to Frames
- [www.w3.org/TR/REC-html40/present/frames.html]

HTML- Compendium
- [www.htmlcompendium.org/]

Google Indexierungseinschränkungen
- [www.google.com/webmasters/2.html]

Altavista-Indexierungseinschränkung
- [http://addurl.altavista.com/help/search/faq_web#12]

Search Engines And Frames
- [www.searchenginewatch.com/webmasters/frames.html]

Altavista-Aufnahmeservice für Frame Dokumente
- [http://addurl.altavista.com/search/express_incl]

6.4 Keywords und Keyword-Strategie

Die Information Retrieval Systeme der Suchmaschinen erfassen Textdokumente inhaltlich, indem sie repräsentative Substantive identifizieren, die als Schlüsselwörter ein Dokument beschreiben. Das bedeutet für ein Textdokument, dass es nur dann Teil eines Suchergebnisses wird, wenn es das gesuchte Wort als Begriff beinhaltet. Google drückt dies auf seinen Support-Seiten sehr deutlich aus:

„... Google zeigt nur Seiten an, die Ihren Suchbegriff enthalten. Im Gegensatz zu anderen Suchmaschinen liefert Google nur Suchergebnisse, die alle Ihre Suchbegriffe entweder im Text der Seite oder in den Links, die auf die Seite verweisen, enthalten ...“ [www.google.de].

Die wichtigste Aufgabe die ein Content-Anbieter zu lösen hat, ist die Wahl von geeigneten Schlüsselwörtern. Sie sollen den Inhalt eines Dokuments optimal repräsentieren und gleichzeitig in entsprechender Wortwahl von Anwendern auch so gesucht werden. Im Internet befinden sich zahlreiche Datenbanken, die angeblich die *richtigen Schlüsselwörter* für einen Webauftritt gegen Gebühr finden. Solche Angebote sind unseriös und generieren keine verwendbaren Ergebnisse.

Das Finden von sinnvollen Suchworten ist keine Aufgabe für eine Datenbank sondern ein kognitiver Prozess. Wichtig für die Bestimmung von geeigneten Keywords ist eine genaue Kenntnis der angebotenen Produkte und Dienstleistungen, der fokusierten Zielgruppe sowie spezifischer Fachausdrücke, ihrer Synonyme als auch ihrer umgangssprachlichen Bezeichnungen. Die wichtigste Frage die gestellt werden muss, lautet:

„... welche Begriffe verwenden potentielle Kunden, wenn sie mein Produkt oder meine Dienstleistung suchen ...?"

Zur Beantwortung dieser Frage ist es sehr wichtig zu bedenken, dass insbesondere Synonyme oder auch Begriffe die in der Umgangssprache verwendet werden ebenso Berücksichtigung finden, wie mögliche Fachausdrücke. Der größten Einschränkung der sehr viele Content-Anbieter bei der Auswahl ihrer Keywords unterliegen ist, dass sie selbst zu sehr in *fachlich spezifischen Definitionen* ihrer Produkte und Dienstleistungen denken, die jedoch gegebenenfalls mit dieser Wortwahl so vom Anwender nicht gesucht werden.

Es ist zu empfehlen, eine Liste aller möglichen Schlüsselwörter zu erstellen, die aus Fachbegriffen, Synonymen und umgangssprachlich verwendeten Begriffen besteht. Aus langjähriger Erfahrung zeigt sich, dass sich dabei in den seltensten Fällen *Firmennamen* als Schlüsselwörter eignen. Als sehr geeignet haben sich hingegen *Gattungsbegriffe* bzw. Begriffe die *Produktkategorien* beschreiben bewiesen. Konkrete *Produktbezeichnungen* bzw. *Artikelbezeichnungen* sind nur dann ein geeignetes Keyword, wenn sie bei der Zielgruppe einen hinreichenden Bekanntheitsgrad besitzen.

Zu beachten bei der Wahl von Keywords ist auch die „inverse Dokumentenhäufigkeit" (inverse Document Frequency IDF). Die Aufgabe eines Deskriptors ist nicht nur ein Thema inhaltlich wieder zugeben, sondern auch ein Dokument gegenüber anderen Dokumenten zu diskriminieren. Dies ist immer dann der Fall, wenn ein Keyword im Datenbestand eher selten vorkommt. Je besser ein Schlüsselwort seiner Diskriminierungsfunktion nachkommt, desto höher ist sein Relevanzwert für ein Dokument. So ist beispielsweise das Wort „Computer" in einem Datenbestand von Dokumenten die das Thema „Computer" behandeln ein ungeeigneter Begriff, um Dokumente zueinander zu unterscheiden.

Um bei einer Suchmaschine festzustellen, in wie vielen Dokumenten ein Begriff als Keyword vorkommt, ist lediglich mit dem betreffenden Wort eine einfache Suchanfrage zu stellen. Die großen Suchmaschinen zeigen in der Ergebnisliste an, in wie vielen Dokumenten das Suchwort verwendet wird. Kommt ein Keyword im Datenbestand sehr häufig vor und stehen alternative Begriffe zur Beschreibung eines Themas zur Verfügung, sind diese auf die Häufigkeit im Datenbestand hin zu prüfen. Sofern alternative Worte in gleicher Häufigkeit vom Anwender verwendet werden, sollten immer diejenigen als Schlüsselwörter gewählt werden, die im Datenbestand in geringerer Menge vorkommen.

Zur endgültigen Bestimmung von geeigneten Keywords sollten alle gefunden Worte abschließend unter dem Aspekt betrachtet und ausgewählt werden, welche Wortwahl *die Mehrheit der Personen einer Zielgruppe* wohl einsetzen würde, um ein betreffendes Produkt oder Dienstleistung im Internet zu suchen. Ein einmal festgelegtes Keyword-Spektrum sollte im zeitlichen Verlauf einer permanenten kritischen Überprüfung unterliegen. Über die Auswertung der Webserver Log Files kann eindeutig nachvollzogen werden, ob eine Website auch tatsächlich unter den für sie ausgewählten Schlüsselwörtern gefunden wird. Aber auch unter welchen Begriffen sie verstärkt oder überhaupt nicht gefunden wird.

In sehr vielen Fällen suchen Anwender mittels Kombinationen von Suchwörtern, um ihre Suchanfragen genauer einzugrenzen. Die Suchmaschinen bieten unterschiedliche Optionen an, Suchworte zu kombinieren bzw. Suchwörter bei Suchanfragen auszuschließen (s. Kap. 5). Sucht jemand beispielsweise ein „Hotel" in „Berlin" so wird die Suchanfrage ziemlich sicher mit den Begriffen

Hotel + Berlin bzw. **Berlin + Hotel**

formuliert. Muss das Hotel für den Anwender noch weitere Voraussetzungen erfüllen, wie z.B. über einen Wellness-Bereich verfügen oder an einen Golfplatz angegliedert sein, wird die Suche ziemlich wahrscheinlich

Hotel + Berlin + Wellness bzw. **Hotel + Berlin + Golfplatz**

lauten. Aufgabe der Bestimmung geeigneter Suchworte muss es also sein, Wortkombinationen so zu bestimmen, die das Produkt- und Dienstleistungsspektrum aus dem Blickwinkel von Anwendern beschreiben.

In einigen Fällen kann es für den Erfolg einer Website sogar sinnvoll sein, Schlüsselwörter bewusst orthographisch falsch zu schreiben. Obwohl alle Suchmaschinen über Wörterbücher verfügen, werden i.d.R. dennoch falsch geschriebene Wörter in genau der Form indexiert, wie sie verfasst werden. Als einzige Suchmaschine bietet Google bei der *Suchanfrage* eine automatisierte Korrektur eines falsch geschriebenen Wortes an. Unabhängig davon indexiert Google jedoch alle fehlerhaften Wörter und liefert sie auch als Suchergebnis, sofern die angebotene Korrekturoption bei der Suche nicht wahrgenommen wird. Das bewusste Falschschreiben von Begriffen kann immer dann von Vorteil sein, wenn erfahrungsgemäß eine ausreichend große Anzahl von Personen bestimmte Begriffe falsch schreibt. Die Ursache der Falschschreibung kann auf Unkenntnis oder auch aufgrund von schwer zu tippenden Tastaturkombinationen beruhen. Beinhaltet eine Seite den falsch geschriebenen Suchbegriff, wird sie Teil des Suchergebnis. Möchte man diese Strategie einsetzen, ist es sinnvoll konkret ein separates Dokument zu entwickeln, das den falsch geschriebenen Begriff mengenmäßig verstärkt aufweist.

Ein wichtiges Erfolgskriterium ist die *Anzahl von verschiedenen* Keywords auf die ein Dokument hin optimiert wird. Sehr viele Content-Anbieter begehen den Fehler, ein Dokument für möglichst viele Suchworte auffindbar zu gestalten. Es ist zwar richtig, dass Dokumente aufgrund der Vorkommnis von Begriffen im Dokument Teil einer Suchanfrage werden. Aber Kern aller TF-Rankingmethoden ist, dass ein Dokument immer dann im Ranking weit vorne liegt, wenn ein Dokument *ein Thema* oder *einige wenige Themen* zum Schwerpunkt hat und diese durch einige wenige ausgesuchte Suchworte abgebildet werden. Eine genaue Anzahl für wie viele Schlüsselwörter ein Dokument optimiert werden soll, kann nicht mit Exaktheit festgelegt werden. Erfahrungsgemäß sind circa drei bis fünf Keywords verstärkt je Dokument einzusetzen, um eine Steigerung der Gewichtung für diese Begriffe zu erreichen.

Ein klassischer Fehler ist den Titel, die Meta-Tags als auch den Dokumentenkörper mit unzähligen Begriffen zu füllen, in der Hoffnung möglichst viele Besuche aufgrund der unterschiedlichen Suchbegriffe zu erzielen. Das Gegenteil ist der Fall, denn das IR-System ordnet in diesem Fall keinem der betreffenden Schlüsselwörter einen ausreichend hohen Gewichtungswert zu, da ja kein Begriff das Dokument tatsächlich dominierend repräsentiert. Ein so aufgebautes Dokument wird zwar über viele Suchbegriffe Teil von Suchergebnissen, aber es wird zu keinem Suchwort ein akzeptables Ranking erzielen können.

Ein Dokument erreicht tendenziell immer dann eine gute Position, wenn es insgesamt auf nur einige wenige Keywords hin optimiert ist. Es wird zwar dann nur Teil einiger weniger Variationen von Suchanfragen, aber dafür erreicht es eine wesentlich höhere Rangposition und erzielt somit insgesamt eine erheblich höhere Anzahl an Besuchen.

Merke

- Die Wahl der Keywords hat direkten Einfluss auf den Erfolg einer Website.
- Schlüsselwörter sollten sich an der Ausdrucksweise der Personen einer Zielgruppe orientieren.
- Synonyme, Fachbegriffe und die Umgangssprache sind zu berücksichtigen.
- Das Spektrum von Worten muss auch zu erwartende Wortkombinationen von Suchbegriffen berücksichtigen.
- Falsch geschriebene Begriffe sind immer dann bewusst einzusetzen, wenn Worte auch im Alltag öfters falsch geschrieben werden.
- Eine Seite ist immer nur auf einige wenige Suchbegriffe hin zu optimieren.

6.5 Groß- und Kleinschreibung, Pluralform und Sonderzeichen

Im Zusammenhang mit der Auswahl geeigneter Schlüsselwörter sind weiterführend von hoher Bedeutung, wie die Suchmaschinen die *Groß- und Kleinschreibung,* die *Singular-und Pluralformen* von Worten sowie *grammatikalische Sonderzeichen* bei der Indexierung und Suchanfrage handhaben. Entsprechend der

Behandlung durch die Suchmaschinen müssen sich die Schlüsselwörter in der betreffenden Form auch im Dokument befinden.

Der ersten Frage der wir uns zuwenden ist, wie die Suchmaschinen Groß- und Kleinschreibung von Worten umsetzen. Bei der Suche als auch bei der Erstellung von Texten gibt es im Prinzip vier mögliche Unterscheidungsformen für ein Wort:

- Tagungshotel
- tagungshotel
- TAGUNGSHOTEL
- TagUngsHotel

Grundsätzlich können alle vier Schreibweisen bei Suchanfragen vorkommen, auch wenn die Schreibweise [4] eher aus Tippfehlern resultiert. Analysen von den Suchmaschinen haben ergeben, dass Suchanfragen überwiegend in der Form [2] gestellt werden.

Da die einzelnen Suchmaschinen individuelle Indexierungsverfahren einsetzen ist es sinnvoll, die konkrete Handhabung der Schreibweisen durch Anwendung selbst zu überprüfen. Möchte man wissen wie eine Suchmaschine auf die unterschiedlichen Schreibweisen reagiert, reicht es aus, ein Suchwort in den unterschiedlichen Formen einzugeben und die Suchergebnisse miteinander zu vergleichen.

Eine Überprüfung bei Altavista, Google, Lycos und Alltheweb ergab, dass von allen vier Suchmaschinen *keine Unterscheidung* bei der Schreibweise vorgenommen wird. D.h. alle vier Schreibweisen führen zu dem gleichen Suchergebnis; eine differenzierte Indexierung der Keywords in Hinblick auf Groß- und Kleinschreibung erfolgt nicht. Der Index wird bei diesen Suchmaschinen in Kleinschreibung geführt und Suchanfragen mit Großbuchstaben werden umgewandelt.

Fireball unterscheidet hingegen explizit die jeweilige Schreibweise. Jede der vier angegebenen Schreibweisen erzeugt ein anderes Suchergebnis. Das bedeutet, dass Fireball die Schreibweise eines Wortes in Hinblick auf Groß- und Kleinschreibung *Buchstaben getreu* beachtet und Wörter in exakter Schreibweise indexiert.

Eine weitere wichtige Frage für die Bestimmung von geeigneten Keywords ist die Unterscheidung der Singularform und Pluralformen durch die Suchmaschinen. D.h. setzen die Suchmaschinen Word-Stemming ein oder nicht. Die Optionen der Suchmethoden zeigen, dass jemand der beispielsweise ein „Hotel" in „Berlin" sucht, mindestens zwei Möglichkeiten von Schreibweisen hat:

Hotels + Berlin oder **Hotel + Berlin**

Sofern die Suchmaschinen in Singularform und Pluralform von Keywords unterscheiden, wird ein Dokument immer nur dann Teil des Suchergebnisses beider Suchanfrage, wenn es auch beide Schreibweisen beinhaltet.

Ein Überprüfung bei den wichtigsten Suchmaschinen ergab, dass sowohl Google, Altavista als auch Fireball sowie Lycos und Alltheweb, Suchanfragen differenziert nach Singularform und Pluralform beantworten. Ein Word-Stemming zur Transformation der Pluralform auf die Singularform wird im Deutschen nicht vorgenommen. Worte werden von den genannten Suchmaschinen in der jeweiligen Pluralform bzw. Singularform indexiert. Soll folglich ein Dokument über ein Keyword sowohl in der Pluralform als auch in der Singularform auffindbar sein, müssen beide Schreibweisen berücksichtigt werden.

Da Word-Stemming sehr effizient in der englischen Sprache angewendet werden kann, wurden auch die US-Versionen von Google und Alltheweb untersucht, inwieweit dort Word-Stemming zum Einsatz kommt. In beiden Fällen wurde festgestellt, dass Suchanfragen mit Worten in der Singularform zu einem anderen Suchergebnis führen, als Suchen in der betreffenden Pluralform. Es kann also festgehalten werden, dass auch bei den betrachteten US-Versionen der Suchmaschinen Worte differenziert nach Singularform und Pluralform indexiert und gesucht werden können.

Interessant ist auch der *Einfluss der Länge* eines Wortes auf die Indexierbarkeit. Entsprechend der Möglichkeit die die deutsche Grammatik eröffnet, neue Substantive durch Hinzufügen von Substantiven theoretisch unendlich lang werden zu lassen, besteht bei den Suchmaschinen keine erkennbare Längenbegrenzung für Schlüsselwörter. Begriffe müssen jedoch eine Mindestanzahl an Zeichen aufweisen, wenn sie als Keyword erfasst werden sollen. Bei verschiedenen Suchmaschinen ist die Mindestlänge für ein Keyword drei Zeichen. Besteht es nicht aus mindestens drei Zeichen, wird es von verschiedenen Suchmaschinen auch nicht als Keyword im Index erfasst. Alle bedeutenden Suchmaschinen indexieren hingegen auch Buchstabenweise, d.h. dass auch Ausdrücke aus nur einem oder zwei Zeichen erfasst werden und somit indexierbar sind.

Abschließend soll noch kurz betrachtet werden, wie Suchmaschinen mit den Zeichen der Interpunktion (Bindestrich, Unterstrich, Klammer, Anführungsstriche) umgehen, wenn diese Teil eines Begriffes sind. D.h. welche Unterscheidungen werden vorgenommen, wenn ein Begriff Zeichen der Interpunktion beinhaltet. Sind zum Beispiel SP/70, SP_70, SP-70 drei identische oder unterschiedliche Begriffe? Bei der Indexierung eliminieren Suchmaschinen Zeichen der Interpunktion, die sich in Begriffen befinden. Eine Zeichenfolge wie SP/70, SP_70 bzw. SP-70 sind für Suchmaschinen alle gleich bedeutend und werden als SP 70 erfasst. Durch die Darstellung mittels Leerzeichen wird jedoch aus ursprünglich *einem* Begriff nun *zwei* Begriffe bzw. mehrere Begriffe, die jedoch gemäß der Indexierungssystematik der Suchmaschinen nahe beieinander stehen.

Merke

- Eine Unterscheidung in Groß- und Kleinschreibung ist nicht erforderlich.
- Schlüsselwörter werden im Datenbestand immer in Kleinschreibung geführt.
- Nur Fireball differenziert exakt nach der Schreibweise.
- Schlüsselwörter werden hingegen differenziert nach ihrer Singular- und Pluralform gespeichert.
- Werden Begriffe in beiden Schreibweisen gesucht, müssen sie im Dokument entsprechend vorkommen.
- Die Länge eines Keywords hat keinen Einfluss auf dessen Indexierbarkeit.
- Grammatikalische Zeichen der Interpunktion werden bei der Datennormalisierung entfernt und separieren Worte die mit ihnen verbunden sind.

Links

Search Engines And Capitalization
[http://searchenginewatch.com/webmasters/capitalization.html]

6.6 Der Dokumententitel

Der Dokumententitel ist der Text der im Head-Bereich eines Dokuments zwischen den TITLE-Tags steht. Er ist die einzige Meta-Information innerhalb des Head-Bereichs, die im sichtbaren Bereich des Browser erscheint. Der Dokumententitel

<title>**Toskana Ferienwohnungen Toskana Ferienwohnung**</title>

erscheint im Kopf eines HTML-Browsers wie nachfolgend gezeigt.

Abb. 6.2. Darstellung des Title-Tags im Browser

Der Dokumententitel ist für ein Dokument in vielfältiger Weise von *außerordentlicher Bedeutung*. Er wird im Kopf des Browsers angezeigt und ist so als Überschrift eines Dokument für den Betrachter immer sichtbar. Entscheidet sich ein

Abb. 6.3. Darstellung eines Titels in der Favoritenliste

Anwender einen URL in den Favoriten seines Browsers zu speichern, erscheint der Dokumententitel als Kurzinformation in der Favoritenliste (s. oben). Ist ein Titel aussagekräftig und selbsterklärend wird ein Anwender sehr viel wahrscheinlicher das dazugehörige Dokument erneut im Web aufsuchen, als wenn ein Titel nichtssagend ist.

Ein ähnliche Funktion besitzt der Titel im Zusammenhang mit der Darstellung eines Verweises in der Suchergebnisliste. Im allgemeinen wird der Dokumententitel in der Ergebnisliste als Verweis und Kurzreferenz für ein Dokument verwendet. Für einen Klick auf das Dokument ist es deshalb außerordentlich wichtig, dass der Titel aussagekräftig ist, denn nur so wird ein Anwender ausreichend motiviert sein, einen Verweis anzuklicken.

In Hinblick auf den Einfluss auf das Ranking hat der Dokumententitel in zweifacher Weise eine sehr erhebliche Auswirkung. Betrachtet man sich die Systematik der Click Popularity so wird deutlich, dass über einen aussagefähigen Dokumententitel der Relevanzwert gesteigert werden kann. Der Titel stellt bei diesem Gewichtungsmodell sogar die einzige Möglichkeit überhaupt dar, einen Einfluss auf die Bewertung eines Dokuments zu verbessern. Die Click Popularity als Gewichtungsverfahren beruht auf der Häufigkeit der ausgeführten Klicks. Ist ein Dokumententitel ansprechend, sind Anwender eher geneigt die betreffende Seite aufzurufen, was zu einer Steigerung der Klickhäufigkeit und damit verbunden, zu einer Erhöhung der Relevanzbewertung führt. Ist ein Titel hingegen nichtssagend, wird ein Dokument seltener angeklickt, was zu einer Abwertung des betreffenden Dokuments führt.

Neben der Click Popularity stellt der Dokumententitel besonders für die statistischen Gewichtungsmodelle einen wichtigen Parameter im Dokument dar. So ordnen alle Suchmaschinen den Keywords die sich im Dokumententitel befinden, eine hohe Bedeutung und somit eine verstärkte Gewichtung zu.

Im Zuge der Darstellung wie Suchmaschinen ihre Datenstrukturen entwickeln wurde aufgezeigt, dass bei der Dokumentenanalyse exakt festgehalten wird, an welcher Stelle ein Keyword erscheint und wie oft ein Keyword im Dokument vorkommt. Mittels spezieller Parser ist es dabei sehr einfach möglich festzustellen, ob ein Keyword im Titel, in einem Meta-Tag oder im Dokumentenkörper erscheint. Darüber hinaus kann exakt identifiziert werden, an welcher Stelle ein Begriff in dem betreffenden Bereich vorkommt. Hierdurch wird eine differenzierte Bewertung für die Relevanz eines Dokuments in Abhängigkeit des Titels ermöglicht.

Der Titel eines Dokuments wird von den IR-Systemen als eine aussagekräftige Überschrift betrachtet, die in kurzer und prägnanter Form den *Inhalt* eines Dokuments beschreibt. Aus diesem Grund weisen die IR-Systeme den einzelnen Begriffen innerhalb der TITLE-Tags eine wesentlich höhere Gewichtung und Relevanz zu, als beispielsweise einem Begriff am Ende eines Dokuments.

Der Titel hat also eine sehr hohe Bedeutung für die Relevanzbewertung eines Dokuments und muss sehr sorgfältig bestimmt werden. Wichtig ist es, genau diejenigen Keywords im Titel aufzuführen, die den Inhalt am besten beschreiben. Da Suchmaschinen Substantive indexieren und Bindewörter eliminieren, soll der Titel am besten ausschließlich aus Substantiven bestehen.

Einige Beispiele, wie ein Titel *nicht sein soll,* verdeutlicht Gesagtes. Falsche Titeltexte in Hinblick auf die Optimierung der Rangposition sind in jedem Fall:

- „... Herzlich willkommen auf unserer Homepage ...“
- „... Firma Maier, Engelbertstrasse 3, 80732 München ...“
- „... Seit 1963 existiert unser Unternehmen ...“
- „... Wir verkaufen nur an Unternehmen des Reifenfachhandel ...“
- „... Wir verkaufen schöne und aktuelle Mode ...“
- „... Starke Marken Website – kleine Preise ...“
- „... Bei uns erhalten Sie immer den besten Preis ...“
- „... Machen Sie Urlaub – wir erledigen den Rest ...“
- „... Wir vermieten Fremdenzimmer ...“
- „... Zahnarztpraxis Dr. Loreni ...“

Keiner der obigen Titel lässt eine automatisierte inhaltliche Bewertung des Dokuments zu. Die Titel mögen gegebenenfalls für einen Content-Anbieter sinnvoll sein, sind aber in keinem Fall geeignet; eine gute Rangposition bei den Suchmaschinen zu erzielen. Gute Titel bestehen am besten ausschließlich aus Substantiven die so gewählt sind, dass sie möglichst diejenigen Suchworte beinhalten, die ein Anwender bei einer Suche verwendet, um entsprechende Produkte oder Dienstleistungen zu finden. Nachfolgende zwei Beispiele verdeutlichen das.

Ein Tagungshotel das in Berlin ansässig ist, sollte seinen Titel wie folgt gestalten:

<title>**Hotel Berlin Tagungshotel Hotelname**</title>

Warum? Geht man von der Praxis aus, wie ein Hotel im Regelfall gesucht wird, so ist der Begriff „Hotel“ sowie die Stadt, in der sich das „Hotel“ befindet, relevant. Niemand sucht nur den Begriff Hotel ohne Ortsangabe. Das Wort „Tagungshotel“

definiert den Typ des Hotels näher. Da es sehr gut möglich ist, dass ein Anwender der ein „Tagungshotel" sucht nicht „Hotel" und „Berlin" als Suche startet, sondern den Hoteltyp näher spezifiziert, ist der Hoteltyp ergänzend aufzuführen. Der Hotelname ist streng genommen nicht wirklich wichtig, da in den seltensten Fällen der Firmenname gesucht wird, sofern er nicht einen hohen Bekanntheitsgrad aufweist.

Ein zweites Beispiel soll die Bildung eines richtigen Titels weiter verdeutlichen. Ein Anbieter von Büroflächen in der Stadt Hamburg der über eine intuitive Suche gefunden werden möchte, sollte seinen Dokumententitel aus all den Substantiven bilden, die von Anwendern verwendet werden können, um Büroflächen in Hamburg zu finden. Ein geeigneter Titel könnte hier wie folgt lauten:

<title>

Bürofläche Gewerbefläche Büroimmobilie Gewerbeimmobilie Hamburg

</title>

Die Berücksichtigung des Namens des Anbieters im Titel ist in Hinblick auf den Erfolg einer intuitiven Suche nur dann von Relevanz, wenn er einen so hohen Bekanntheitsgrad besitzt, dass man konkret nach ihm sucht. Sofern ein Markenname oder ein Firmenname jedoch sehr bekannt ist, gibt ein Anwender diesen eher direkt als Domain ein.

Die Verwendung von Firmennamen, Straßennamen o.ä. sind im allgemeinen Verschwendung wertvollen Platzes im Dokumententitel. Bekannterweise erfassen die Suchmaschinen nur eine sehr begrenzte Anzahl an Zeichen bzw. Worten eines Titels. Je nach Suchmaschine stehen lediglich 80 bis 200 Zeichen zur Verfügung, weshalb die zur Verfügung stehende Menge an Zeichen ausschließlich dazu verwendet werden soll, um Begriffe aufzuführen, die als Suchworte Relevanz besitzen.

Sofern zu erwarten ist, dass ein Begriff vermehrt auch in der Pluralform gesucht wird, ist es sinnvoll ihn sowohl in der Singularform als auch in der Pluralform aufzuführen. Eine unterschiedliche Schreibweise in Bezug auf Groß- und Kleinschreibung ist nur bei Fireball erforderlich.

Beachtung finden sollte hingegen die Entfernung der Begriffe zueinander. Verschiedene Suchmaschinen setzen ein Proximity-Verfahren ein, das Dokumenten eine höhere Gewichtung in Abhängigkeit der Entfernung von Suchworten gibt.

Beispiel

Stellen wir uns zwei völlig identische Dokumente vor (Dokument 1 und Dokument 2), die sich lediglich durch ihre Dokumententitel unterscheiden:

- Titel von Dokument 1

<title>

Hamburg Bürofläche Gewerbefläche Büroimmobilie Gewerbeimmobilie

</title>

- Titel von Dokument 2

<title>
Bürofläche Gewerbefläche Büroimmobilie Gewerbeimmobilie **Hamburg**
</title>

Wird eine Suchanfrage mit Hamburg + Bürofläche vorgenommen, erhält das Dokument 1 ein höheres Gewicht und somit einen höheren Rang als Dokument 2, da die Suchbegriffe bei Dokument 2 weiter auseinander liegen. Lautet hingegen die Suchanfrage Gewerbeimmobilie + Hamburg erhält Dokument 2 eine bessere Bewertung und Ranking.

Selbstverständlich ist es nicht vorhersehbar welche konkreten Suchvarianten ausgeführt werden. Die Kenntnis der Systematik und der Einfluss von Proximity-Verfahren soll bei der Titelbildung dazu führen, dass wenn zwei oder mehr Begriffe häufig in Kombination gesucht werden, diese im Titel möglichst nebeneinander erscheinen.

Weiter ist die Reihenfolge der Schlüsselwörter im Titel zu beachten. Die Frage ob eine absolute Position eines Begriffs im Titel Einfluss auf das Ranking hat, wird in den verschiedenen Online Foren kontrovers diskutiert. Es existieren Suchmaschinen, die keine Unterscheidung bei der Gewichtung, bezogen auf die konkrete Position im Titel, machen. Auf der anderen Seite gibt es aber auch Suchmaschinen, die dem ersten Wort im Titel mehr Bedeutung beimessen als dem zweiten oder dem dritten. Da eine Sortierung der Schlüsselwörter nach Reihenfolge in keinem Fall schadet, jedoch die Relevanzbewertung positiv beeinflussen kann, ist die Bildung einer Reihenfolge nach Wichtigkeit zu empfehlen.

Ein Titel muss einen Bezug zum Text im Dokument haben! Erscheint ein Begriff nur im Titel und nicht mehr im Text des Dokuments, hat er für die IR-Systeme keinen Bezug zum Inhalt eines Dokuments. Durch eine genaue Bestimmung der Lage von Begriffen im Dokument kann sehr einfach erkannt werden, ob ein Wort nur im Titel oder auch im Text vorkommt. Ein Wort aus dem Dokumententitel muss im Text selbst noch einmal vorkommen, um eine höhere Relevanz für das Dokument zu besitzen. Diesem Beurteilungsverfahren liegt die Beobachtung zugrunde, dass ein Autor für einen Text eine Überschrift so wählt, dass sie das Thema eines Textes wiedergibt. Kommt keines der verwendeten Wörter der Überschrift im Text noch mal vor, hat der Text keinen Bezug zum Titel. Das Resultat kann eine geringere Gewichtung der Begriffe sein oder auch im Extremfall dazu führen, dass ein Begriff oder das gesamte Dokument nicht indexiert wird.

In diesem Zusammenhang ist es erforderlich, Seiten individuell Dokumententitel zu bilden. Da jede Seite eines Webauftritts einen unterschiedlichen Inhalt besitzt, sollte der Titel auf den jeweiligen Inhalt abgestimmt sein. Bildet man nur einen einzigen, globalen Titel für alle Seiten einer Website, vergibt man eine der stärksten Gewichtungsmethoden zur Verbesserung der Relevanz einzelner Dokumente. Es sind immer Titel zu erstellen, die sich konkret auf den Inhalt der jeweiligen Seite beziehen.

Merke

- Der Titel ist der wichtigste Bereich für Keywords eines HTML-Dokuments.
- Ein Titel soll aussagekräftig sein und das Thema repräsentieren.
- Es sollten nur Substantive verwendet werden, die den Inhalt beschreiben.
- Die Beachtung von Groß- und Kleinschreibung ist nicht ausschlaggebend.
- Die Pluralform ist zu berücksichtigen, wenn Suchworte auch im Plural gesucht werden.
- Die Wortwahl und Suchmethode der Anwender ist zu berücksichtigen.
- Der Titel ermöglicht nur eine begrenzte Zeichenanzahl von circa 80 bis 200 Zeichen.
- Wortkombinationen sind möglichst nahe beieinander aufzuführen.
- Die Keywords sind in Reihenfolge ihrer Wichtigkeit zu sortieren.
- Titel werden am besten individuell für jede einzelne Seite bestimmt.

Links

Google Webmaster Guidelines
- [www.google.com/webmasters/guidelines.html]

Altavista Meta-Informationen
- [http://addurl.altavista.com/help/search/faq_web#9]

Altavista Keywords und ihr Vorkommen
- [http://addurl.altavista.com/help/search/faq_web#13]

Altavista Erfassung des Titel-Tags
- [http://addurl.altavista.com/help/search/faq_web#18]

Webpage Title for High Search Engine Rankings
- [www.searchengineworld.com/design/title.htm]

Titel Check Online
- [www.topsubmit.de/scripts/tools/sedo.de]

Keyword Density Analyzer
- [www.searchengineworld.com/cgi-bin/kwda.cgi]

6.7 Die Bedeutung der Meta-Tags

Meta-Tags stellen Informationen über ein Dokument zur Verfügung, d.h. sie bieten komprimierte Informationen über Informationen. Sie dienen grundsätzlich dazu, Textdokumente an Hand von bestimmten Angaben besser verwalten und bewerten zu können.

Der Ursprung von Meta-Informationen sind bibliothekarische Text-Retrieval-Systeme. Zur besseren Verwaltung und Auffindbarkeit von Textdokumenten werden dort in zentral verwalteten Datenbeständen, Dokumente von geschulten Mitarbeitern vor der Aufnahme in den Datenbestand manuell überprüft und mit passenden Meta-Informationen versehen. Diese Meta-Informationen beinhalten oftmals Angaben über den Autor, Erstellungsdatum sowie Schlüsselwörter zur Zuordnung eines Dokuments zu bestimmten Themen. Aufgrund der Bestimmung der Meta-Informationen durch qualifizierte, objektive Personen besitzen diese Meta-Angaben eine hohe Glaubwürdigkeit und Aussagekraft.

Altavista und Infoseek waren die ersten automatisierten Suchmaschinen, die 1996 diese Form der Verwaltung von Dokumenten für das WWW übernommen haben und die Angaben der Meta-Tags berücksichtigten. Die Kommerzialisierung des WWW und damit verbunden der Versuch, von Content-Anbietern möglichst viele Besucher auf eine Website zu bringen, führte jedoch sehr schnell zu einem Missbrauch der Verwaltungsinformationen. Es wurden in sehr vielen Fällen Angaben im Dokumententitel sowie den Meta-Tags gemacht, die wenig mit dem Inhalt eines Dokuments zu tun hatten und überwiegend nur dazu dienen sollten, die Besuchszahlen zu steigern. Noch heute erkennt man bei der Auswertung von Meta-Tags, dass verschiedene Content-Anbieter versuchen die Meta-Tags zu missbrauchen, in dem Angaben gemacht werden, die nicht mit dem Inhalt des Dokuments korrespondieren.

Ziel der Suchmaschinen ist es möglichst präzise Suchergebnisse zu liefern, bei denen der Inhalt eines Dokuments der Suchanfrage entspricht. Die Reaktion der Suchmaschinen auf den Meta-Tag Missbrauch und damit verbunden einer Verschlechterung der Qualität von Suchergebnissen, erfolgte sehr schnell. Während anfänglich die Meta-Angaben noch ausgewertet wurden um Inhalt und Relevanz eines Dokuments bestimmen zu können, berücksichtigt Lycos bereits seit 1998 und Altavista seit Mitte 2002 das Meta-Tag KEYWORDS nicht mehr zur Bewertung des Inhalts bzw. der Relevanz. Neuere Suchmaschinen wie Google oder FAST beachteten noch nie das KEYWORDS-Meta Tag. Von den bedeutenden Suchmaschinen wertet dieses Meta-Tag nur noch Inktomi aus.

Das DESCRIPTION Meta-Tag wird zur Zeit noch von Altavista, Fireball, FAST bzw. Lycos und Teoma beachtet. Das Meta-Tag ROBOTS beachten hingegen alle bekannten Suchmaschinen. Nachfolgende Tabelle gibt einen Überblick, welche Meta-Angaben von den bedeutenden Suchmaschinen gegenwärtig beachtet werden.

Tabelle 6.1. Suchmaschinen und Meta-Tags

DESCRIPTION	KEYWORDS	ROBOTS
Altavista	Inktomi	Altavista
Fireball		Fireball
FAST		FAST
Lycos		Lycos
Teoma		Teoma
		Inktomi

Andere Meta-Tags sind für die genannten Suchmaschinen in keiner Weise relevant und werden folglich im Zuge der Indexierung auch nicht beachtet. Andere Meta-Tags als die oben dargestellten haben somit keinen Einfluss auf die Gewichtung oder die Verwaltungssystematik der Webrobots.

Bezüglich der Meta-Tags DESCRIPTION und KEYWORDS ist zu unterscheiden, ob deren Inhalte bei der Indexierung in irgendeiner Form berücksichtigt oder ob sie zur Relevanzbewertung eingesetzt werden.

Bedeutung für ein HTML-Dokument hat das Meta-Tag DESCRIPTION in zweifacher Weise. Zum einen wird der Inhalt in der Suchergebnisliste über das Tag abgebildet (s. Kap. 5.4) und zum anderen bewerten Suchmaschinen Keywords, die im Meta-Tag DESCRIPTION vorkommen, eher relevant, als die Schlüsselwörter des Meta-Tag KEYWORDS. Die Auffassung, dass das Meta-Tag KEYWORDS noch einen starken Einfluss auf die Gewichtung hat, ist in jedem Fall falsch.

Trotz der eingeschränkten Bedeutung der Meta-Tags soll zumindest auf die Angaben etwas ausführlicher eingegangen werden, die noch Beachtung finden. Anders als bei der W3C Definition für HTML-Tags besteht keine normative Syntax für Meta-Tags. So schreibt der aktuelle HTML-Standard auch keine konkrete Metaangaben mehr vor, sondern definiert lediglich den grundsätzlichen Aufbau einer Metaangabe. Das bedeutet, dass Meta-Tags entsprechend den eigenen Vorstellungen oder den Erfordernissen von Suchmaschinen gebildet werden können. So war es beispielsweise für Fireball bis Mitte 2002 möglich, im Head-Bereich spezifische Meta-Tags einzusetzen, die von Fireball zur verbesserten Kategorisierung von Dokumenten verwendet wurden.

Das Integrieren von Meta-Tags im Dokumentenkopf ist grundsätzlich keine erforderliche Voraussetzung, um ein gültiges HTML-Dokument zu erzeugen. Allgemein haben Meta-Tags gemäß W3C in HTML-Dokumenten folgende Syntax:

<META NAME="Feldbezeichner" **CONTENT**="Feldinhalt"**>**

Alle Angaben hinter den IST-Gleichzeichen müssen in Anführungszeichen stehen.

Die beiden Metainformationen die zur erweiterten *inhaltlichen Erschließung* von Suchmaschinen berücksichtigt werden können, sind das Meta-Tag DESCRIPTION und KEYWORDS.

<META NAME="DESCRIPTION" CONTENT="Beschreibungstext">

In traditionellen Retrievalsystemen mit eindeutigen Dokumentenstrukturen steht am Anfang eines Dokuments eine Beschreibung, die den Inhalt kurz zusammenfasst. Dieses Exzerpt dient i.d.R. dazu, in Suchergebnislisten eine kurze Information über den Inhalt eines Dokuments zu geben. Die selbe Funktion übernimmt in HTML-Dokumenten das Meta-Tag DESCRIPTION, jedoch mit der Abweichung, dass der Administrator einer Suchmaschine keinen Einfluss auf die Art und Form der Nutzung des Meta-Tags hat.

Wie in Kapitel 5.4 dargestellt, verwenden die Suchmaschinen (mit Ausnahme von Google) das Meta-Tag DESCRIPTION als Vorabinformation zu einer Seite in ihrer Suchergebnisliste. Die inhaltliche Ausgestaltung dieses Tags ist aus zwei Gründen relevant. Zum einen kann es zu einer Erhöhung der *Klickrate* führen, zum anderen hat es bei einigen Suchmaschinen direkten Einfluss auf die Gewichtung eines Dokuments.

Betrachtet man eine Suchergebnisliste von Suchmaschinen so stellt man fest, dass ein Informationssuchender gewöhnlich nur den Dokumententitel und die Kurzbeschreibung als Information zu einem Dokument angeboten bekommt. Diese beiden kurzen Informationen müssen dazu dienen, einen Anwender zu aktivieren den Verweis anzuklicken. Hieraus wird deutlich, dass sowohl der Dokumententitel als auch die Kurzbeschreibung inhaltlich so gestaltet sein müssen, dass sie den Erwartungen eines Suchers, unter der Maßgabe von bestimmten Suchworten, möglichst optimal entsprechen. Wird kein Meta-Tag DESCRIPTION eingesetzt, erfassen die IR-Systeme in der Regel die ersten 200 Zeichen des Dokumententextes. Ist das DESCRIPTION-Tag nicht ausreichend lang, werden bei Lycos, Altavista und Fireball die ersten im Dokumentenkörper vorkommenden Textinhalte zur Fortsetzung des Beschreibung verwendet, bis die erforderliche Zeichenanzahl erfüllt ist. Neben einer möglichen positiven Beeinflussung der Gewichtung, kann das DESCRIPTION-Tag also gezielt zur Bestimmung des Textes der Suchergebnisliste eingesetzt werden.

Berücksichtigt man dabei die Anforderungen von Retrievalsystemen hinlänglich der Parameter die ein Ranking beeinflussen, ist die Bildung des DESCRIPTION-Tags ein nicht immer ganz leichter kognitiver Prozess. Eine allgemeine Vorgabe wie eine inhaltliche Kurzangabe erfolgen soll, gibt es nicht. Es sollte jedoch in jedem Fall versucht werden, das jeweilige Seitenthema in Verbindung mit dem Dokumententitel und der verfolgten Keyword-Strategie *Seiten individuell* so konsistent wie möglich zu formulieren. Wird dies erreicht, steigt die Anzahl von Verweisen auf das betreffende Dokument, was sich empirisch nachweisen lässt.

Eine aktivierende Formulierung der Kurzbeschreibung hat mit der Einführung der Click Popularity-Technologie auch direkt Einfluss auf das Ranking. Wie in Kapitel 4.4.2 dargestellt, setzen verschiedene Suchmaschinen die Click Popularity ein, um über die Anzahl der erfolgten Klicks auf einen Dokumentenverweis, das potentielle Interesse von Informationssuchenden für ein bestimmtes Dokument zu erfassen. Die Anzahl von Klicks wird in einer Datenbank bei dem URL gespeichert und zur Kalkulation eines Relevanzwerts durch die Retrievalfunktion berücksichtigt. Ist eine Kurzbeschreibung und ein Dokumententitel nicht an den Erwartungen von Informationssuchenden ausgerichtet, wird das Dokument nicht angeklickt, was mittelfristig zu einer Verschlechterung der Rangposition führt.

Neben der Click Popularity hat die Positionierung von Keywords im Meta-Tag DESCRIPTION direkten Einfluss auf die Dokumentengewichtung. Aufgrund der oftmals missbräuchlichen Verwendung des Meta-Tags KEYWORDS werden Angaben in diesem Meta-Tag kaum oder sogar gar nicht mehr berücksichtigt. Stattdessen erfolgt eine höhere Bewertung von Schlüsselwörtern die sich im Meta-Tag DESCRIPTION befinden. D.h. Schlüsselwörter die in der Beschreibung vorkommen, verbessern die Relevanzbewertung.

Dieser Sachverhalt zeigt sich konkret bei einer Analyse der Suchergebnislisten von Altavista, Fireball, FAST, Lycos und Teoma. Unter den Dokumenten die innerhalb der ersten dreißig Treffer zu finden sind, beinhaltet in nahezu allen Fällen das DESCRIPTION-Tag das betreffende Suchwort.

<META NAME="KEYWORDS" CONTENT="Schlüsselwörter">

Das Meta-Tag KEYWORDS ist wie bereits erwähnt nicht mehr wirklich relevant. Nur noch sehr wenige Suchmaschinen berücksichtigen es. Möchte man dieses Meta-Tag dennoch einsetzen, sind zumindest nachfolgende Regeln zu beachten.

Der oftmals unternommene Versuch über ein *Keyword-Stuffing* eine bessere Gewichtung zu erreichen, funktioniert nur in den seltensten Fällen. Keyword-Stuffing ist das häufige Wiederholen eines oder einiger weniger Suchworte, mit dem Ziel den Term Frequency-Algorithmus (s. Kap. 4.3.2) positiv zu beeinflussen.

Beispiel

<META NAME="KEYWORDS" CONTENT="Hotel, Hamburg, Hotel, Hamburg , Hotel, Hamburg , Hotel, Hamburg , Hotel, Hamburg , Hotel, Hamburg , Hotel, Hamburg , Hotel, Hamburg , Hotel, Hamburg , Hotel, Hamburg ">

Diejenigen Suchmaschinen die das Meta-Tag noch zur Gewichtung berücksichtigen erkennen den unlauteren Versuch und erfassen die Keywords gewöhnlich nur einmal.

Ein sinnvoller Inhalt wäre hingegen:

<META NAME="KEYWORDS" CONTENT="Hotel, Hamburg, Tagungshotel, Wellnesshotel, Businesshotel">

sofern das betreffende Hotel die jeweiligen Leistungsbereiche auch tatsächlich anbietet.

Wichtig ist in jedem Fall Schlüsselwörter so zu wählen, dass sie einen inhaltlichen Bezug zum Dokumententext haben, diesen repräsentieren und im Text selbst noch einmal vorkommen. Im Zuge einer genauen Dokumentenanalyse und der damit verbundenen Bestimmung der Wortposition sowie Worthäufigkeit lässt sich feststellen, ob ein Begriff nur im Head-Bereich vorkommt oder auch im Text selbst verwendet wird. Stehen also Keywords und Dokumenteninhalt in keinem inhaltlichen Bezug, kann dies als Spam-Versuch gedeutet werden.

Das führt in logischer Konsequenz dazu, dass Schlüsselwörter nicht global einheitlich für eine Website gebildet werden sollten, sondern wie auch der Dokumententitel differenziert und seitenspezifisch.

Eine weitere sinnvolle Anforderung an Keywords ist, dass sie entsprechend ihrer Wichtigkeit sortiert sind. Gleichfalls sollen Schlüsselwörter die in einem inhaltlichen Bezug zueinander stehen oder u.U. von Usern in bestimmten Kombinationsformen gesucht werden, unter Berücksichtigung des Proximity-Verfahrens direkt beieinander stehen.

Möchte man bei relativ vielen, aber unterschiedlichen Suchanfragen Teil des Ergebnisses sein, berücksichtigt man ein breiteres aber immer themenspezifisches Spektrum an Keywords. Soll ein Dokument hingegen über nur sehr wenige, aber dafür sehr präzise Begriffe gefunden werden, konzentriert man sich auf einige wenige Keywords. Die erste Strategie führt grundsätzlich zu einer schlechteren Rangfolge, unter Teilnahme an einer größeren Anzahl von Suchanfragen. Die zweite Strategie führt hingegen zu einer erheblich besseren Rangposition bei Suchanfragen, jedoch nur über wenige Suchworte.

Das Meta-Tag KEYWORDS wird von den einzelnen Suchmaschinen mit einer Zeichenlänge zwischen circa 200 Zeichen bis circa 1.000 Zeichen berücksichtigt. Die einzelnen Keywords können mittels Komma oder Leerzeichen getrennt erscheinen. Betrachtet man die Methoden der Textanalyse ist die Trennung mit Komma die zuverlässigere Darstellungsweise.

Zu berücksichtigen sind in jedem Fall die unterschiedlichen Schreibweisen eines Deskriptor in Bezug auf die Singular- und Pluralform sowie gegebenenfalls die Groß- und Kleinschreibung (s. Kap. 6.5).

Während die beiden oben bezeichneten Meta-Tags aufgrund ihres Bezugs zum Inhalt in System individueller Weise Einfluss auf das Ranking haben können, dient das ROBOTS-Tag dazu, Dokumente *seitenweise* von der Indexierung auszuschließen. Eine Differenzierung nach verschiedenen Webrobots ist dabei nicht möglich. Der Einsatz einer Robots.txt-Datei hat hingegen die Aufgabe, eine Indexierung Dokumenten- und Webrobot orientiert vorzunehmen.

```
<META NAME="ROBOTS" CONTENT="INDEX">
<META NAME="ROBOTS" CONTENT="FOLLOW">
```

Beide vorgenannten Meta-Tags stehen in einem ergänzenden Zusammenhang und dienen überwiegend dazu, ROBOTS *seitenweise* von der Indexierung auszuschließen. Eine Aufforderung zur Indexierung wird im Gegensatz zum Ausschluss nicht immer beachtet, da die Gatherer teilweise eigene Systematiken einsetzen um zu entscheiden, welche Dokumente indexiert werden sollen. Der Vollständigkeit halber soll jedoch auch darauf eingegangen werden.

Mit

```
<META NAME="ROBOTS" CONTENT="INDEX">
```

fordert man einen Gatherer auf, Inhalte aus der betreffenden HTML-Datei vollständig zu laden und in seinen Datenbestand aufzunehmen. Eine gegenteilige Wirkung, also ein Verbot der Indexierung einer Seite erreicht man mit

```
<META NAME="ROBOTS" CONTENT="NOINDEX">.
```

Eine Weiterverfolgung von Links auf andere Seiten initiiert man mit

```
<META NAME="ROBOTS" CONTENT="FOLLOW">.
```

Mit diesem Befehl erlaubt man einem Robot ausdrücklich, Inhalte aus einer HTML-Datei sowie aus verlinkten Dokumenten zu besuchen und an sein System zu übermitteln. Möchte man eine Weiterverfolgung von Links ausschließen, so ist das

```
<META NAME="ROBOTS" CONTENT="NOFOLLOW">
```

Meta-Tag einzusetzen.

Da im Allgemeinen die Suchmaschinen Indexierungsanweisungen beachten und sie gemeinsam mit dem URL speichern, sind differenzierte Anweisungen je Dokument sinnvoll, um somit Dokumente individuell von Suchmaschinen indexieren oder nicht indexieren zu lassen. Möchte man einer Suchmaschine signalisieren ein bestimmtes Dokument zu indexieren, ist das erste Meta-Tag erforderlich. Sollen auch die Seiten indexiert werden auf die mittels Link verwiesen wird, ist der zweite Meta-Tag-Befehl ergänzend erforderlich.

Ist eine Website mittels *Frames* aufgebaut, dann ist auf der Seite auf der die Frames definiert sind, das „CONTENT" der letzten Zeile von „FOLLOW" in „NOFOLLOW" zu ändern. Der richtige Metabefehl für einen Frame lautet folglich:

```
<META NAME="ROBOTS" CONTENT="INDEX">
<META NAME="ROBOTS" CONTENT="NOFOLLOW">
```

Die ROBOTS-Tags definieren wie gezeigt ausschließlich Anweisungen bezüglich der jeweiligen Seite, ohne eine Differenzierung nach einem Robot vorzunehmen. Im Gegensatz hierzu bestimmt eine Robots.txt-Datei zentral und gesamtheitlich Indexierungsanweisungen für einen Host sowie für alle auf einem Host befindlichen Dokumente. Im Gegensatz zum ROBOTS-Tag können dadurch Indexierungsanweisungen differenziert für die einzelnen Gatherer erfolgen.

Abschließend sei betont, dass die Suchmaschinen im Allgemeinen alle anderen Meta-Tags wie beispielsweise das LANGUAGE-Tag, das DATE-Tag oder auch das REVISIT-AFTER-Tag nicht beachten.

Merke

- Nur noch wenige Suchmaschinen beachten Meta-Tags umfassend.
- Das Meta-Tag DESCRIPTION dient zur Beschreibung des Inhalts einer Seite in der Ergebnisliste.
- Das Meta-Tag DESCRIPTION hat bei der Click Popularity indirekt Auswirkungen auf die Gewichtung.
- Wichtige Schlüsselwörter sollen im Meta-Tag DESCRIPTION erscheinen.
- Die Beschreibung im Meta-Tag DESCRIPTION soll kurz und prägnant den Inhalt je Seite individuell wiedergeben.
- Keywords, die im Meta-Tag DESCRIPTION vorkommen, beeinflussen die Gewichtung positiv.
- Das Meta-Tag KEYWORDS wird von den großen Suchmaschinen zur Relevanzbewertung kaum noch beachtet.
- Das Meta-Tag ROBOTS erteilt Seiten individuell Anweisungen, Dokumente zu indexieren oder nicht.
- Andere Meta-Tags als oben dargestellte haben für die Suchmaschinen keine Bedeutung.

Links

Google Bildung der Beschreibung
- [www.google.com/webmasters/3.html#A4]

Google Webmaster Guidelines
- [www.google.com/webmasters/guidelines.html]

Altavista Keywords und ihr Vorkommen
- [http://addurl.altavista.com/help/search/faq_web#13]

Altavista DESCRIPTION Meta-Tag
- [http://addurl.altavista.com/help/search/faq_web#19]

How to build good Meta Tags
- [www.searchengineworld.com/design/metatags.htm]

Meta Tag-Check Online
- [www.topsubmit.de/scripts/tools/sedo.de]

Meta-Tag Generator
- [www.webmaster-toolkit.com/meta-tag-generator.shtml]

Keyword Density Analyzer
- [www.searchengineworld.com/cgi-bin/kwda.cgi]

Document Analyzer
- [www.ranks.nl/tools/spider.html]

6.8 Einfluss von Keyword-Dichte

Geht man von dem Normalfall aus, dass ein HTML-Dokument mit dem Ziel erstellt wird, ein bestimmtes Thema im Web zu publizieren, stellt der Dokumentenkörper für Retrievalsysteme einen sehr wichtigen Bereich zur Bestimmung des Themas und zur Generierung von Deskriptoren dar. Der Aufbau und die inhaltliche Ausgestaltung des Dokumentenkörpers sollte sich an den Erfordernissen einer semantisch sinnvollen Formulierung von Texten orientieren. Zur Verbesserung der Relevanzbewertung sind jedoch dabei die statistischen Gewichtungsmodelle zu berücksichtigen, die eine Bewertung von Dokumenten, bezüglich der vorkommenden Schlüsselwörter, positiv beeinflussen.

Dokumente werden durch im Text vorkommende Substantive inhaltlich erschlossen. D.h. ein Suchwort muss in einem Dokument in einer verstärkten Häufigkeit erscheinen, damit das Dokument über das betreffende Suchwort gefunden wird. Das *Vorhandensein* von Begriffen im Dokument sowie dessen *Häufigkeit* ist für die Bewertung und Indexierung eines Dokuments ausschlaggebend.

Ruft man sich die Funktionsweisen von Retrievalsystemen in Erinnerung wird deutlich, dass der textliche Inhalt von Dokumenten die Basis der Dokumentenanalyse und Bewertung darstellen. Die Systematik von Retrievalsystemen beruht darauf, Textdokumente durch die Gewinnung von repräsentativen Deskriptoren inhaltlich zu erfassen. Über Gewichtungsverfahren werden Dokumente hinlänglich ihrer Relevanz zu einer Suchanfrage aus einem Datenbestand ausgewählt, um sie dann in einer absteigenden Reihenfolge als Suchergebnis zu sortieren.

Bei der Bestimmung der Relevanz ist der Term Frequency-Algorithmus ein oft verwendetes und probates Verfahren (s. Kap. 4.3.2). Dabei werden Dokumente an Hand der *Häufigkeit* bewertet, in der bestimmte Begriffe im Dokument vorkommen. Grundüberlegung stellt das *Zipf'sche Gesetz* dar das besagt, dass es einfacher ist, bestimmte ein Thema beschreibende Worte zu wiederholen, als ständig nach neuen zu suchen. Das bedeutet grundsätzlich, *dass je häufi-*

ger ein bestimmter Begriff im Dokument vorkommt, desto stärker ist seine Relevanz hinlänglich einer Suchanfrage, die den betreffenden Begriff beinhaltet.

Da ein absoluter Wert über die Häufigkeit eines Begriffs wenig aussagt, wird die absolute Häufigkeit ins Verhältnis zur Gesamtanzahl aller vorkommenden Worte gesetzt, was die *Dichte* (Density) eines Deskriptor bestimmt. Bei der Berechnung der Keyword-Dichte werden i.d.R. nur Substantive berücksichtigt, da andere Wortarten als Dokumenten-Deskriptoren nicht geeignet sind. Zu beachten ist, dass sich weder Begriffe die sehr häufig, als auch sehr selten im Text vorkommen, als Deskriptoren eignen. Im Zuge der automatisierten Gewinnung von Deskriptoren werden im Allgemeinen diejenigen Begriffe als geeignete Schlüsselwörter betrachtet, die in mittlerer Häufigkeit im Text erscheinen (s. Kap. 3.2.7).

In der praktischen Anwendung bedeutet das, dass wenn man ein Dokument hinlänglich eines bestimmten Themas optimieren möchte, es erforderlich ist, das betreffende Keyword im Text so häufig wie möglich wiederholend aufzuführen, ohne dabei einen sinnlosen Text zu erzeugen. Eine erhebliche Übertreibung der Wiederholung eines bestimmten Begriffs führt hingegen dazu, dass der Begriff bei der Gewinnung von Deskriptoren nicht berücksichtigt wird oder die maßlose Wiederholung als bewusstes Mittel zur Beeinflussung der Gewichtung (Keyword-Stuffing) interpretiert wird. Das Resultat von Keyword-Stuffing ist i.d.R. dass der betreffende Begriff bzw. das gesamte Dokument bei der Indexierung nicht berücksichtigt wird.

Ein genauer Wert in welcher prozentualen Häufigkeit ein Keyword im Dokument erscheinen darf ist nicht allgemeingültig festgelegt, da jedes IR-System eigene Kriterien aufstellt. Als optimaler Wert für die Keyword-Dichte wird jedoch allgemein ein Prozentsatz von maximal 15 Prozent erachtet.

Eng verbunden mit der Keyword-Dichte ist die *thematische Konsistenz* eines Dokuments. Verfolgt man das Ziel eine hohe Keyword-Dichte zu erzielen, was zu einer hohen Relevanzbewertung für ein Keyword führt, sollte ein Dokument nur *ein Thema* erörtern. In einem Text dürfen nicht mehrere unterschiedliche Themen mit unzähligen Schlüsselwörtern behandelt werden, da dies eine Abschwächung der Keyword-Dichte zur Folge hat. Das führt konsequent zu der Strategie, ein Textdokument auf nur ein oder einige wenige Begriffe hin zu optimieren, um hierdurch eine möglichst hohe Keyword-Dichte zu erzielen.

Merke

- Textdokumente werden über ihre Schlüsselwörter bewertet.
- Ein Dokument soll nur auf einige wenige Keywords hin optimiert werden.
- Ein Keyword soll im Text möglichst häufig wiederholt werden.
- Die relative Worthäufigkeit eines Keywords sollte maximal 15 Prozent betragen.
- Ein Dokument soll *ein Thema* behandeln, sonst sinkt die Keyword-Dichte.

> **Links**
>
> Altavista-Keyword-Dichte
> - [http://addurl.altavista.com/help/search/faq_web#10]
>
> Keyword-Denisty-Calculator
> - [www.kso.co.uk/cgi-bin/checksubmit.cgi?lan=de]
>
> Webpage Analyser
> - [www.webmaster-toolkit.com/web-page-analyser.shtml]
>
> Keyword-Density Calculator
> - [www.webmaster-toolkit.com/keyword-analysis-tool.shtml]
>
> Keyword Density Analyzer
> - [www.searchengineworld.com/cgi-bin/kwda.cgi]

6.9 Lage von Keywords

Neben der Keyword-Dichte ist, als weiterer Einflussfaktor auf die Gewichtung von Deskriptoren, die *Lage* von Keywords innerhalb eines Dokuments Ausschlag gebend. Die Lage eines Keywords beeinflusst die Relevanz eines Wortes hinlänglich seiner *absoluten Lage* im Dokument, als auch in Bezug zu anderen Keywords. Google und Altavista erklären beispielsweise explizit diesen Einfluss auf die Bewertung:

„... Google berücksichtigt den Ort Ihres Suchwortes auf der Seite. Aber Googles Suchergebnisse enthalten nicht nur alle Ihre Begriffe, sondern Google analysiert ebenfalls die Nähe dieser Begriffe zueinander auf einer Seite ..."

und Altavista

„... On the contrary, AltaVista indexes every word on every page, and every word (and the order in which they appear) is important ..."

Retrieval-Systeme erfassen Begriffe nicht unabhängig ihrer exakten Lage im Dokument, sondern analysieren detailliert deren Position im Dokument. Die genaue Erkennung der Lage von Worten innerhalb eines HTML-Dokuments wird bei der Textanalyse z.B. über einen speziellen Operator, den *ADJ Adjacency Operator,* realisiert. Die genaue Lage wird gemeinsam mit dem Deskriptor im invertierten Dateisystem gespeichert. Die exakte Stelle eines Keywords im Dokument kann somit für eine differenzierte Berechnung des Relevanzwerts herangezogen werden.

Die Berücksichtigung der Position eines Schlüsselworts liegt die Überlegung zu Grunde, dass ein Autor wichtige Begriffe für das Verständnis eines Textes tendenziell eher am Anfang als am Ende eines Textes aufführt. Eine unterschiedliche Bewertung von Begriffen, in Abhängigkeit ihrer Lage im Dokument, wird von allen bedeutenden Suchmaschinen vorgenommen. Das bedeutet, dass bei sonst völlig identischen Dokumenten dasjenige Dokument besser bewertet wird, das ein Suchwort am Textanfang beinhaltet, im Vergleich zu einem Dokument, das ein Suchwort in der Mitte oder am Ende des Textes aufführt.

Besondere Bedeutung weisen die Suchmaschinen Begriffen zu, die am Textanfang, innerhalb der ersten 200 Zeichen dargestellt werden. Wichtige Keywords sind folglich in jedem Fall immer hier zu positionieren! Werden mit den ersten 200 Zeichen bedeutungslose Inhalte wie beispielsweise „...*willkommen auf unserer Website*...“ aufgeführt, verschenkt man eine wichtige Möglichkeit, eine bessere Relevanzbewertung zu erzielen.

Eine Gefahr stellen in diesem Zusammenhang der Einsatz von Tabellen dar. Tabellen dienen allgemein dazu, Text und Grafik innerhalb eines HTML-Dokuments visuell gefällig zu positionieren.

Eine Besonderheit der Tabellen ist es, dass Feldinhalte, obwohl in der *sichtbaren Darstellung* scheinbar nahe beieinander liegend, im Quellcode hingegen weit entfernt von einander sein können. Dies beruht auf der Logik des Aufbaus einer Tabelle, die zuerst alle horizontalen Felder einer Reihe darstellt und dann in Folge die Felder der weiteren Reihen. So erscheint „Text 5“ im Browser direkt unterhalb von „Text 1“. Im Quellcode hingegen, erscheinen zwischen „Text 1“ und „Text 5“ die Felder von „Text 2“ bis „Text 4“.

| Text 1 | Text 2 | Text 3 | Text 4 |
| Text 5 | Text 6 | Text 7 | Text 8 |

Abb. 6.4. Lage von Text in einer HTML-Tabelle

Der Quellcode zur obiger Tabelle verdeutlicht dies:

```
<TABLE BORDER=1>
  <TR>
  <TD>
<P> Text 1
  </TD>
  <TD>
<P> Text 2
  </TD>
  <TD>
<P> Text 3
  </TD>
  <TD>
<P> Text 4
  </TD>
```

```
</TR>
<TR>
<TD>
<P> Text 5
</TD>
<TD>
<P> Text 6
</TD>
<TD>
<P> Text 7
</TD>
<TD>
<P> Text 8
</TD>
</TR>
</TABLE>
```

Setzt man also Tabellen zur Positionierung von Text ein ist darauf zu achten, dass wichtige Keywords im Quellcode am Anfang, d.h. in der ersten Reihe der Tabelle erscheinen.

Neben der *absoluten Lage* eines Keywords im Text, ist seine *relative Lage* zu einem anderen Keyword immer dann relevant, wenn eine Suchanfrage aus mehreren Suchbegriffen besteht. Das bereits beschriebene Proximity-Verfahren wird von allen bedeutenden Suchmaschinen eingesetzt, um bei Wortkombinationen eine differenzierte Gewichtung, in Abhängigkeit ihrer Entfernung zueinander, vornehmen zu können. Ist zu erwarten, dass Schlüsselwörter in kombinierter Form gesucht werden, sind sie möglichst unmittelbar beieinander im Text aufzuführen. Dadurch erzielt man den höchst möglichen Proximity-Wert und verstärkt die Gewichtung des Dokuments bei einer entsprechenden Suche.

Dokumente die alle Suchbegriffe im Dokument beinhalten und diese in hoher Dichte sowie in möglichst kleiner Distanz zueinander führen, werden durch die Retrievalfunktion wesentlich besser bewertet, als Dokumente die diese Anforderung nur teilweise oder nicht erfüllen.

Abschließend soll noch angemerkt werden, dass Dokumente in Hinblick auf ihre Länge nicht unbegrenzt erfasst und ausgewertet werden. Suchmaschinen analysieren die Inhalte von Textdokumenten nur bis zu einer bestimmten Länge. Genaue Angaben werden nicht gemacht, aber von Google ist bekannt, dass von einem Dokument maximal 100 KB erfasst werden.

Merke

- Die Lage von Keywords ist für die Gewichtung ausschlaggebend.
- Je weiter am Anfang ein Keyword erscheint, desto höher ist i.d.R. sein Gewicht.
- Am wichtigsten sind die ersten 200 Zeichen.
- Keywords sind in Tabellen so zu positionieren, dass sie in der ersten Zeile der Tabelle vorkommen.
- Bei kombinierter Wortsuche ist die Entfernung der Suchworte wichtig.
- Je näher zwei Suchwörter beieinander stehen, desto höher ist ihr gemeinsames Gewicht.
- Wörter, die grundsätzlich in kombinierter Form gesucht werden, sind immer zusammen aufzuführen.
- Repräsentieren zwei oder mehrere Wörter ein Thema gemeinsam am genauesten, sind sie so häufig wie möglich in kombinierter Form aufzuführen.
- Dokumente werden bezogen auf ihre Länge, nicht unbegrenzt ausgewertet.

Links

Altavista Keyword-Lage
- [http://addurl.altavista.com/help/search/faq_web#10]

Altavista Keywords und ihr Vorkommen
- [http://addurl.altavista.com/help/search/faq_web#13]

Web Page Backward Compatibility Viewer
- [www.delorie.com/web/wpbcv.html]

Keyword Density & Prominence Checker
- [www.ranks.nl/tools/spider.html]

6.10 Keywords in ALT-Tags und Kommentaren

Eine wenig beachtete Möglichkeit der Positionierung von Keywords sind die *ALT-Tags*. Aufgabe von ALT-Tags ist es ein Bild inhaltlich zu beschreiben. Geht man mit der Maus über eine eingebettete Bilddatei erscheint der im ALT-Tag vermerkte Text. Diese Systematik wurde schon sehr früh eingeführt, um Anwendern die HTML-Dokumente ohne Bildanzeige lesen wollen, einen inhaltlichen Hinweis auf das nicht angezeigte Bild zu geben. Im HTML-Code sieht das wie folgt aus

```
<IMG SRC="bilddatei.gif" ALT="Hier steht der Bildtext">
```

Im Zuge der Nichtbeachtung des Meta-Tag KEYWORDS durch Suchmaschinen werden verfeinerte Methoden eingesetzt, um ein Dokument inhaltlich erschließen zu können. Dazu dient auch das ALT-Tag, da angenommen wird, dass die gemachten Angaben das betreffende Bild beschreiben. Der Text innerhalb der ALT-Tags wird bei der Erschließung des Inhalts von Dokumenten sowohl von Altavista, Google als auch von Fireball und Teoma beachtet.

Es ist zwar nicht zu erwarten, dass den Begriffen innerhalb des ALT-Tags eine überaus starke Gewichtung zugewiesen wird, aber es ist in jedem Fall sinnvoll auch hier Schlüsselwörter zu positionieren. Diese sollen jedoch mit den anderen im Text verwendeten Begriffen übereinstimmen. Auch hier gilt der Grundsatz ALT-Tags nicht mit Schlüsselwörtern zu überladen, da dies sonst als Keyword-Stuffing interpretiert wird und negative Folgen nach sich ziehen kann. Gleichfalls sollte auch nicht jedes ALT-Tag auf der Seite die gleichen Schlüsselwörter in der selben Reihenfolge beinhalten.

Eine weitere selten beachtete Form Keywords außerhalb des sichtbaren Textes den Suchmaschinen anzubieten, ist in *Kommentaren*. Kommentare haben allgemein die Syntax

<! - - Hier steht der Kommentar - ->

und dienen Programmieren Informationen zum nachfolgenden Programmiercode zu geben. Inhalte die in der oben bezeichneten Syntax im Quellcode erscheinen, können vom IR-System bei der Textanalyse erkannt werden; eine Darstellung im Browser erfolgt jedoch nicht. Welche Suchmaschinen den Inhalt von Kommentaren zur Relevanzbewertung auswerten und in welcher Stärke er berücksichtigt wird, ist viel diskutiert. Sicher ist aber, dass es einer Relevanzbewertung zumindest nicht abträglich ist, wenn Schlüsselwörter in normalem Umfang in Kommentaren erscheinen.

Eine Positionierung von Keywords in Kommentaren ist hingegen speziell dann zu empfehlen, wenn ein HTML-Dokument keinen Text besitzt, wie das beispielsweise bei eingebetteten Flash-Dateien der Fall sein kann. Durch die Verwendung von Text in Kommentaren wird den Suchmaschinen dadurch ein Mindesttext übergeben, den sie zur Darstellung der Seitenbeschreibung verwenden können, sofern sie die betreffende Datei indexieren.

Merke

- Der Inhalt von ALT-Tags wird hinlänglich der aufgeführten Begriffe analysiert.
- Bekannterweise berücksichtigen AltaVista, Google, Fireball und Teoma im ALT-Tag vorkommende Begriffe bei ihren Gewichtungsmethoden.
- Keywords sollen im ALT-Tag in Maßen eingesetzt werden.
- Kommentare werden grundsätzlich von Suchmaschinen erkannt.

- Positionierung von Keywords in Kommentaren kann in maßvollem Umfang erfolgen.
- Einige Suchmaschinen stellen den Text von Kommentaren in der Suchergebnisliste dar, wenn kein anderer Text im Dokument gefunden wird.

Links

Altavista Keywords und ihr Vorkommen
- [http://addurl.altavista.com/help/search/faq_web#13]

ALT-Tag Checker
- [www.ranks.nl/tools/spider.html]

6.11 Textauszeichnung, Textgröße und Überschriften

Die Methodik der *Hervorhebung von Begriffen* in Texten, als auch die *Bildung von Überschriften*, wird bei der Erstellung eines Textes verwendet, um wichtige Begriffe herauszustreichen bzw. Texte mittels Überschriften inhaltlich zu strukturieren. Betrachtet man ein natürlichsprachiges Textdokument stellt man fest, dass Autoren in vielen Fällen ein Thema in mehrere Absätze gliedern und den jeweiligen Absätzen Überschriften voranstellen. Diese Überschriften sind oftmals so formuliert, dass sie ein oder mehrere relevante Begriffe beinhalten, die den nachfolgenden Absatz inhaltlich beschreiben bzw. zusammenfassen. Weiter werden wichtige Begriffe, die von besonderer Bedeutung sind, im Text selbst hervorgehoben.

Diese Vorgehensweise bei der Erstellung von Texten berücksichtigen verschiedene Suchmaschinen, um Begriffe eines Textes differenziert, hinlänglich ihrer Relevanz im Text zu bewerten:

*"... Google's search engine also analyzes page content. However, instead of simply scanning for page-based text (which can be manipulated by site publishers through meta-tags), Google's technology analyzes the full content of a page and factors in **fonts, subdivisions** and the precise location of each word ..."*

Verschiedene Suchmaschinen wie beispielsweise Google oder Altavista differenzieren die Wichtigkeit von Schlüsselwörtern innerhalb eines Textes in Abhängigkeit der verwendeten *Schriftgröße*, der eingesetzten *Textauszeichnung* sowie ihrer Verwendung als *Überschrift*. Überschriften werden im HTML-Code über die Tags <H1> bis <H6> definiert. Die Bedeutung einer Überschrift wird dabei über das jeweilige Tag bestimmt, wobei <H1> die höchste und <H6> die niedrigste Bedeutung als Überschrift besitzen. Bei einer differenzierten Bewertung eines Schlüsselwortes erfährt ein Keyword die höchste Gewichtung innerhalb des Dokumentenkörpers, wenn es als Überschrift dargestellt wird. Besonders berücksichtigt werden jedoch im Allgemeinen nur Begriffe, die innerhalb des <H1>-Tags gefunden werden.

Eine weitere Differenzierung kann mittels Analyse der Tags erfolgen, die eine Hervorhebung von Text durch die eingesetzte Textauszeichnung ermöglichen. In Hinblick auf die Textanalyse durch Retrievalsysteme sind nachfolgende Tags als relevant zu bezeichnen:

<b>....</b>	bewirkt fett formatierten Text.
<i>....</i>	bewirkt kursiv formatierten Text.
<u>....</u>	bewirkt unterstrichenen Text.
<big>....</big>	bewirkt größer formatierten Text.
^{....}	bewirkt hochgestellten Text.
<strong>....</strong>	bewirkt fetten, hervorgehobenen Text.

Schlüsselwörter die mittels dieser Tags abgebildet sind, werden von verschiedenen IR-Systemen stärker gewichtet, als ein Keyword ohne Textauszeichnung.

Google war einer der ersten Suchmaschinen, die Angaben zu einer unterschiedlichen Gewichtung von Text in Abhängigkeit ihrer Font Size (Buchstabengröße) gemacht haben. Hierzu wird die im Text überwiegend verwendete Zeichengröße bestimmt und Begriffe, die kleiner oder größer dargestellt werden, schwächer bzw. stärker bewertet. Diesem Verfahren liegt die Überlegung zu Grunde, dass ein Autor eher wichtige Wörter größer und unwichtigere Angaben eher kleiner darstellt. Zum Einsatz kommt ein Verfahren, dass die verwendeten Zeichengrößen nicht absolut, sondern relativ zu einander bewertet. Dabei werden beispielsweise Begriffe, die mit dem FONT SIZE-Tag größer dargestellt werden, höher bewertet als die Texte, die keine Angabe zur Font Size besitzen.

Der Einsatz von Tags zur Textauszeichnung sowie die Darstellung von Überschriften über das <H>-Tag verunstaltet jedoch in sehr vielen Fällen visuell ansprechende Designs, weshalb sie nur ungern verwendet werden. Ein Ausweg ist die Bestimmung der konkreten Darstellungsform der Textauszeichnung sowie der Überschriften durch *CSS-Cascading Style Sheats*. Über CSS kann bestimmt werden, *wie*, in welcher *Größe* und *Farbe* Texte die von bestimmten Tags eingeschlossen sind, im Browser erscheinen. Es lässt sich also bestimmen, dass der Inhalt eines <H1>-Tags, der im Browser im Normalfall überaus groß dargestellt wird, in einer bestimmten Schriftgröße, z.B. 12 Pixel bzw. 12 Punkt erscheint. Da Suchmaschinen Angaben der Textauszeichnung über CSS noch nicht interpretieren können, ermöglichen Cascading Style Sheats den Einsatz von Überschriften-Tags und Textauszeichnung, bei eindeutiger Kontrolle der Darstellungsform im Browser.

Merke

- Suchmaschinen unterscheiden die Wichtigkeit von Begriffen auch an Hand der verschiedenen Möglichkeiten der Textauszeichnung.
- Wichtige Keywords sind am Dokumentenanfang mit <H1>-Tags aufzuführen.
- Texte sollten in Absätzen mit dazugehörigen Überschriften in <H>-Tags strukturiert werden.
- Es ist zu empfehlen, Keywords innerhalb der Texte durch Textauszeichnung hervorzuheben.

Links

Textauszeichnung-Checker
- [www.ranks.nl/tools/spider.html]

6.12 Link-Strukturen und Verzeichnistiefe

Die Qualität und Genauigkeit (Precision) von Suchergebnissen hängt neben der Fähigkeit Dokumente inhaltlich präzise bewerten zu können, insbesondere auch vom Umfang des Datenbestandes (Recall) und der Aktualität der gespeicherten Daten ab. Ist ein Datenbestand sehr klein, so wird zur Beantwortung einer Suchanfrage nur ein minimaler Ausschnitt des gesamten WWW berücksichtigt. Ist er nicht aktuell, werden Suchanfragen auf Basis von veralteten Informationen beantwortet (s. Kap. 4.2).

Suchmaschinen haben also ein berechtigtes Interesse möglichst alle Dokumente einer Website zu erfassen, sie zu bewerten und zu indexieren. Um dies unproblematisch ausführen zu können, muss eine Linkstruktur erstellt werden, über die es möglich ist alle Dokumente effizient erfassen zu können.

Zwei wesentliche Fehler erfolgen in diesem Zusammenhang immer wieder. Zum einen werden die einzelnen Dokumente nicht immer so untereinander verlinkt, dass durch die Weiterverfolgung der Links alle Seiten erreichbar sind. Sehr häufig werden bei großen Webauftritten im Fortverlauf neue Dokumente hinzugefügt, die keinen Verweis von einer anderen Seite erhalten. Dies führt dazu, dass die betreffende Seite nicht indexiert werden kann.

Das zweite Problem ist, dass Link-Verweise ausschließlich über JavaScript-Menüs oder über referenzierte Bilddateien erfolgen. Beide Systematiken erschweren eine Erfassung von Dokumenten. Grundsätzlich haben die Webrobot-

Clients Schwierigkeiten JavaScript auswerten. Das führt dazu, dass Hyperlinks die in JavaScript-Menüs erscheinen nicht erfasst und somit auch die betreffenden Dokumente nicht indexiert werden können.

Ein ähnliches Problem ergibt sich bei *referenzierten Bilddateien* und *Image Maps*. Im Zuge einer immer anspruchsvolleren Designgestaltung werden weniger Textlinks, dafür aber zunehmend Grafik orientierte Menüs eingesetzt. Suchmaschinen ziehen jedoch Textlinks vor, da grundsätzlich die Gefahr besteht, mittels Grafik-Referenzierung *blinde Links* zu setzen, die im negativen Fall nur dazu dienen, Suchmaschinen eine bestimmte Seite zur Indexierung zu übergeben.

Auf der anderen Seite setzen die Suchmaschinen verstärkt Verfahren zur Hyperlink-Analyse ein, um die Qualität eines Link-Verweis besser bewerten zu können. Wie noch in Kapitel 7.4 dargestellt wird, erfolgt eine inhaltliche Auswertung der Texte innerhalb von Hyperlinks, um den Inhalt der Seite, auf die verwiesen wird, besser bewerten zu können.

Die dargestellten Probleme zeigen, dass Suchmaschinen zwar wenn möglich alle Hyperlinks erfassen und weiterverfolgen, jedoch Einschränkungen existieren die dazu führen, dass im Regelfall nicht alle Dokumente vollständig erfasst werden. Aus diesem Grund empfiehlt es sich eine zentrale Navigationsseite anzulegen, die auf alle Dokumente einen Verweis richtet und die Text in den Hyperlinks beinhalten, der den Inhalt des betreffenden Dokuments wiedergibt. In der Regel ist es ausreichend bei den Suchmaschinen nur diese eine Seite anzumelden, da hierüber alle Dokumente vollständig erfasst werden können. Diese Seite ist im Fortverlauf konsequent aktuell zu halten, da sie von den Suchmaschinen nach der Ersterfassung bevorzugt aufgesucht wird.

Im Rahmen der Bewertung der Dokumente einer Website nehmen verschiedene Suchmaschinen eine Analyse der Link-Strukturen vor, um somit festzustellen, welche Dokumente die wichtigsten aus der Gesamtmenge aller erfassten Seiten sind. Dabei werden diejenigen Seiten als besonders relevant erachtet, auf die mengenmäßig die meisten internen Verweise erfolgen. Interne Verweise sind Hyperlinks, die unterhalb der eigenen Domain erfolgen. Wichtige Seiten für die Positionierung bei Suchmaschinen sollten folglich möglichst viele interne Verweise besitzen.

Suchmaschinen bevorzugen weiter Dokumente, die möglichst weit oben im Root-Verzeichnis liegen. Schon sehr früh wurde in empirischen Untersuchungen erkannt, dass ein Zusammenhang von Aktualität bzw. Änderungshäufigkeit einer Seite zur Tiefe im Verzeichnis existiert. Dabei wurde festgestellt, dass je *tiefer* sich Dokumente im Verzeichnis befinden, desto *älter* sind sie und umso *weniger häufig* werden sie aktualisiert. Die Indexseite ist im allgemeinen diejenige Seite, die am häufigsten einer Aktualisierung durch den Content-Anbieter unterliegt, weshalb ihr besondere Bedeutung beigemessen wird. Die Korrelation von *Verzeichnistiefe* und *Aktualität* führt bei den Suchmaschinen zu drei wichtigen Verfahrensweisen.

Dokumente werden in Abhängigkeit ihrer Lage im Verzeichnis als unterschiedlich relevant betrachtet und die Inhalte bzw. die Schlüsselwörter entsprechend unterschiedlich stark gewichtet. Keywords die sich auf der Indexseite bzw. in Dokumenten auf der obersten Ebene im Root befinden, erfahren eine höhere Bewertung, als Begriffe, die in einem Dokument erscheinen, das sieben oder acht Verzeichnisebenen tiefer liegt. Hieraus ergibt sich, dass Dokumente mit wichtigen Themen bzw. Suchbegriffen möglichst auf den oberen Verzeichnisebenen angesiedelt werden; am besten gleich unterhalb der Root.

Die Verzeichnistiefe hat aber auch Auswirkungen auf die *Häufigkeit* der Wiederbesuchsfrequenz. Wenn Dokumente selten geändert werden, ist es auch nicht erforderlich, diese im gleichen Rhythmus zu überprüfen wie Dokumente mit hoher Änderungshäufigkeit. Zur Optimierung der Systemressourcen erfolgt bei der Erfassung eines URL eine Klassifizierung entsprechend seiner Verzeichnistiefe. Dokumente werden dann entsprechend seiner Klassenzugehörigkeit überprüft, wobei gilt, dass Dokumente in immer weiter auseinander liegenden Abständen wiederbesucht werden, je tiefer sie im Verzeichnis liegen. Inhaltliche Änderungen an tief liegenden Dokumenten werden dann gegebenenfalls erst nach sechs oder zwölf Monaten von den Webrobots erkannt.

Die Erkenntnis der Abhängigkeit von Verzeichnistiefe und Bedeutung eines Dokuments innerhalb einer Website führt bei einigen Suchmaschinen dazu, dass von ihnen überhaupt nur bis zu einer bestimmten Verzeichnistiefe HTML-Seiten erfasst werden. Liegen Dokumente tiefer im Verzeichnis als es die Systemeinstellungen zulassen, werden sie bei der Indexierung überhaupt nicht erfasst. FAST, Google und Inktomi werden als *Deep Crawl-Suchmaschinen* bezeichnet, da sie Dokumente besonders umfangreich und tief im Root erfassen. FAST erfasst mindestens bis zu einer Tiefe von 10 Verzeichnisebenen. AltaVista, Fireball und Teoma hingegen erfassen nur Dokumente, die weniger tief im Verzeichnis angesiedelt sind.

Merke

- Websites müssen über Link-Strukturen verfügen, die es ausgehend von einer zentralen Seite ermöglichen, alle Dokumente zu indexieren.
- Als zentrale Seite eignet sich am optimalsten die Index- bzw. Startseite einer Website.
- Alternativ kann eine zentrale Navigationsseite mit Hyperlinks auf alle Dokumente gebildet werden.
- Zur Anmeldung einer Website genügt es dann dieses zentrale Dokument anzumelden; die Suchmaschinen folgen i.d.R. alle Links.
- Hyperlink-Verweise sind am besten als Textverweise anzulegen.
- Der Text in den Hyperlinks soll einen thematischen Bezug zur Seite besitzen auf die verwiesen wird.
- Auf wichtige Seiten sind intern möglichst viele Verweise zu richten.

- Je tiefer Dokumente im Verzeichnis liegen desto geringer werden sie gewichtet.
- Je tiefer Dokumente im Verzeichnis liegen desto seltener werden sie reindexiert.
- Wichtige Seiten sind am besten auf der obersten Ebene anzulegen.

Links

Google Indexierungsumfang
- [www.google.com/webmasters/faq.html#submitmultiple]

Google interne Link-Strukturen
- [www.google.com/webmasters/2.html#A1]

Altavista Tiefe der Indexierung
- [http://addurl.altavista.com/help/search/faq_web#14]

FAST Technologie Verzeichnistiefe
- [www.alltheweb.com/help/faqs/advanced.html#8]

6.13 Sprachen und Länderindexe

Nahezu alle Suchmaschinen erfassen die Dokumente getrennt nach der Sprache in der sie verfasst sind. Durch eine separate Speicherung von Dokumenten nach Sprachen erhöht sich die Effizienz einer Suche, da nicht ein globaler Index mit Keywords in allen Sprachen angesprochen, sondern immer nur ein sprachspezifischer Index durchsucht wird. Verständlicherweise erhöht sich neben der Effizienz auch die Genauigkeit einer Suche, da Doppeldeutigkeiten bei Worten unterschiedlicher Sprachen ausgeschlossen sind.

Je nach Suchmaschine werden zur Suche als Grundeinstellung eine bestimmte Sprache und somit ein spezifischer Sprachindex vordefiniert. Weiter wird in vielen Fällen die Sprache Englisch als optionaler Index mit angeboten. Alternativ kann auch eine Suche über alle Sprachen, d.h. über alle Indexe hin erfolgen. Suchmaschinen wie Google oder FAST ermöglichen weiter über eine Expertensuche die Suchanfrage konkret auf verschiedene Sprachen und somit auf die dazugehörigen Indexe einzugrenzen. Altavista ordnet darüber hinaus alle URL's an Hand der TLD, die ein bestimmtes Land bezeichnen, dem betreffenden Länderindex zu. Verfügt Altavista in einem Land über einen eigenen Webauftritt, ist die betreffende Sprache als auch die TLD's bei der Suche voreingestellt. Suchanfragen werden dann an den jeweiligen Sprachindex gerichtet.

„... AltaVista has country indices for the following domains: .au (Australia), .at (Austria), .be (Belgium), .br (Brazil), .ca (Canada), .ch (Switzerland), .de (Germany), .dk (Denmark), .es (Spain), .fi (Finland), .fr (France), .ie (Ireland), .in (India), .it (Italy), .kr (Korea), .nl (Netherlands), .no (Norway), .nz (New Zealand). .pt (Portugal), .se (Sweden), .uk (United Kingdom), and .us (United States). If your URL has a country domain for which AltaVista has a separate index, the URL is added automatically to that country index as well. All other URLs are automatically added to AltaVista's US index ...". [www.altavista.com]

Indexe werden nach Sprachen getrennt geführt was bedeutet, dass ein Dokument immer in der Sprache verfasst sein muss, in dessen Datenbestand es aufgenommen werden soll. Der Einsatz von Meta-Tags wie

meta http-equiv="Content-Language" content="fr"

oder

<meta name="Content-Language" content="fr">

eignen sich zur Manipulation von IR-Systemen nicht, da sie bei der Indexierung nicht beachtet werden.

Wie in Kapitel 3.2.5 dargestellt, setzen die Suchmaschinen spezielle Verfahren zur Erkennung der jeweiligen Dokumentensprache ein. In diesem Zusammenhang ist sehr wichtig, dass unterschiedliche Sprachen in einem Dokument nicht gemischt werden, da die IR-Systeme sonst Schwierigkeiten haben ein Dokument einem bestimmten Index zuzuordnen. Es ist folglich für die Aufnahme in den Datenbestand eindeutig nachteilig, wenn auf einer Seite Texte in mehreren Sprachen gleichzeitig erscheinen. Diese Form der Textgestaltung mag für eine internationale Leser- oder Zielgruppe zwar einen begrüßenswerten Service darstellen, Suchmaschinen indexieren jedoch solche Dokumente nicht.

Möchte ein Content-Anbieter eine Website, die Inhalte in mehreren Sprachen anbietet, bei den Suchmaschinen indexieren lassen, müssen folglich die einzelnen Dokumente sprachlich getrennt erstellt sein. Mehrere Sprachen dürfen nicht auf einer Seite in einem annähernd gleichen Verhältnis auftreten.

Eng mit der Erkennung einer Sprache ist die Darstellung des Zeichensatzes im HTML-Code verbunden. Ein Zeichensatz stellt im Grunde das Alphabet einer Sprache dar und befindet sich z.B. auf der Tastatur. Bekannterweise verfügen die einzelnen Sprachen über eine Vielzahl an Sonderzeichen bzw. Buchstaben, die über den 7-Bit ASCII Code hinausgehen. Damit die Buchstaben und Sonderzeichen einer Sprache in HTML dargestellt und von den Suchmaschinen erkannt werden können, müssen sie auf Basis der Zeichen des 7-Bit ASCII-Code kodiert werden.

Die ursprünglichste Form der Darstellung von Sonderzeichen basiert auf der Maskierung der jeweiligen Zeichen in ASCII-Format. Ein Sonderzeichen wird hierbei innerhalb des HTML-Codes mittels ASCII-Zeichen dargestellt und aufgrund der HTML-Konventionen umgewandelt. So werden beispielsweise deutsche Umlaute wie folgt mittels ASCII-Zeichenmaskierung im HTML-Code dargestellt:

ä entspricht ä
ö entspricht ö
ü entspricht ü

Für sehr viele Sonderzeichen verschiedener Sprachen ist eine eindeutige Darstellungsform definiert worden, um somit die jeweiligen Zeichen in HTML-Dokumenten abbilden zu können.

Seit Einführung von HTML 4.0 ist es möglich, Zeichen mittels einer maximal 4 Byte langen Zahl darzustellen. Die für HTML 4.0 verwendete Standardisierung ist das *Unicode System*, in dem die Zeichen oder Elemente aller bekannten Schriftkulturen und Zeichensysteme auf Basis des *International Standard ISO/IEC 10646* festgehalten werden und in dem darüber hinaus ein Set von Eigenschaften definiert wird. In der aktuellen Version 3.1 sind zur Zeit von den insgesamt 65.536 möglichen Zeichen bereits 49.194 Zeichen definiert. In dem für das HTML relevanten Definition UTF-8 werden die Zeichen, die nicht durch den ASCII-Zeichensatz dargestellt werden, mittels ASCII Code-Zeichen oder in hexadezimalem Code dargestellt. Beispiel:

ü   <!-- Buchstabe "ü" dezimal -->
ü   <!-- Buchstabe "ü" hexadezimal -->

Über die Darstellung der Sonderzeichen mittels Unicode ist es somit ab HTML 4.0 Standard möglich, schriftspezifische Zeichen in HTML-Dokumenten so darzustellen, dass sie von den verschiedenen Clientanwendungen eindeutig in Hinblick auf die betreffende Sprache identifiziert werden können. Ebenso ist es ab der Einführung von HTML 4.0 möglich, durch Metaangabe mittels

<meta http-equiv="CONTENT-Type" CONTENT="text/html; charset="Zeichensatz">

einen bestimmten Zeichensatz als HTTP-Befehl zu definieren, sodass eine Maskierung von Sonderzeichen nicht mehr erforderlich ist. Voraussetzung ist, dass der Client über den betreffenden Schriftsatz verfügt.

Für den europäischen Sprachraum hat *die European Computer Manufacturer's Association* (ECMA) die iso-8859-x Familie entwickelt. Es handelt sich um ein Set von standardisierten Zeichensätzen für alphabetische Schriften. Sechs der iso-8859-Zeichensätze beziehen sich auf Schriften, die im Kern auf der lateinischen Schrift basieren. Diese Zeichensätze haben daher noch die Beinamen *Latin-1* bis *Latin-6* und werden mit iso-8859-1 bis iso-8859-6 definiert. Mit dem ISO 8859-1 Zeichensatz, der der Einfachheit halber oft als Latin-1 oder Latein-1 bezeichnet wird, können fast alle westeuropäischen Sprachen dargestellt werden.

Möchte man folglich sprachspezifische Schrift- und Sonderzeichen in einem HTML-Dokument einsetzen, die über den ASCII-Zeichensatz hinausgehen und von Retrievalsystemen erkannt werden sollen, müssen die Schrift- und Sonderzeichen im HTML-Dokument entweder maskiert bzw. als Unicodes dargestellt werden.

Alternativ können sie auch ab HTML 4.0 entsprechend der *IANA Character Sets* Definitionen durch den entsprechenden HTML-Befehl definiert und für das gesamte HTML-Dokument vererbt werden. Dies setzt aber voraus, dass das Webrobot-System diese Form der Darstellung von Zeichensätzen unterstützt. Die Erkennung von Sonderzeichen ist also Voraussetzung, dass die Suchmaschinen die Wörter richtig interpretieren. Während die bedeutenden Suchmaschinen im allgemeinen alle drei Methoden der Zeichensatzerkennung beherrschen, unterstützen kleinere Suchmaschinen noch nicht alle Darstellungsformen.

Von der differenzierten Indexierung nach Sprachen sind *Länderindexe* zu unterscheiden. Im Zuge der Verfeinerung von Suchergebnissen bieten verschiedene Suchmaschinen wie beispielsweise Altavista, mit Auftritten in anderen Ländern die Option an, Suchanfragen nur an Dokumente zu richten, die einer bestimmten Top Level Domain wie beispielsweise .AT (Österreich) oder .CH (Schweiz) angehören. Eine ähnliche Suchoption kann auch bei Lycos, Google und Fireball über die Expertensuche wahrgenommen werden. Hintergrund ist eine angestrebte Regionalisierung die es einem Anwender ermöglicht, Suchergebnisse auf Anbieter einer bestimmten Top Level Domain zu begrenzen. Diese Art der Einschränkung bedeutet jedoch nicht, dass der betreffende Anbieter auch tatsächlich aus dem Land der Top Level Domain kommt, bzw. der Inhalt eines betreffenden Dokuments in der für die betreffende Top Level Domain typischen Sprache verfasst ist.

Möchte man zumindest sicherstellen, dass die Sprache in der das Dokument verfasst ist mit der Top Level Domain übereinstimmt (z.B. .DE und Deutsch oder .IT und Italienisch), ist bei der Expertensuche neben der Angabe der gewünschten Top Level Domain auch die entsprechende Sprache als weiterer Parameter einer Expertensuche zu bestimmen.

Auf den ersten Blick mag der Ansatz eine TLD-basierten Suche überflüssig erscheinen. Sehr viele Anwender assoziieren jedoch nach wie vor Anbieter, die unter einer bestimmten TLD publizieren als in dem betreffenden Land ansässig. Die Nutzung von landesspezifischen Domains ist folglich immer dann ein Vorteil, wenn zu erwarten ist, dass Zielgruppen aufgrund von einem speziellen Informationsverhalten Angebote von Anbietern suchen, die einem bestimmten Land zuzuordnen sind. Diese Einschränkung bezieht sich natürlich tatsächlich lediglich auf den Top Level Domain-Bereich eines Landes und nicht auf eine Definition im geographischen Sinn.

Zu erwähnen ist in jedem Fall die Entwicklung von regional begrenzt agierenden Suchmaschinen und Portalen, die eine Aufnahme konkret von der Top

Level Domain abhängig machen. So ist eine Aufnahme in den Datenbestand bei der Schweizer Suchmaschine *Search* oder bei *Austria WWW* in Österreich nur möglich, wenn eine Domain aus dem betreffenden Top Level-Bereich stammt.

Merke

- Suchmaschinen verwalten Dokumente getrennt nach Sprachen.
- Meta-Angaben zur Dokumentensprache werden nicht beachtet.
- Voraussetzung für die Aufnahme in einen Index ist, dass ein Dokument in der betreffenden Sprache verfasst ist.
- Bei der Erstellung von Texten sind die Sonderzeichen einer Sprache in HTML so darzustellen, dass sie von den IR-Systemen eindeutig erkannt werden.
- Suchmaschinen führen die URL's auch in Top Level Domain Clustern, was Suchanfragen über Top Level Domains ermöglicht.
- Die Verwendung von verschiedenen Top Level Domains ist immer dann zu empfehlen, wenn Zielgruppen mit einer TLD einen bestimmten regionalen Markt assoziieren.
- Möchte eine Aufnahme in regionale Suchmaschinen erfolgen, ist in einigen Fällen die betreffende TLD Voraussetzung für die Aufnahme.

Links

Austria WWW
- [www. austria-www.at]

Search
- [www.search.ch]

6.14 Valides HTML

Der HTML-Code ist der wichtigste Programmierteil eines HTML-Dokuments. Suchmaschinen interpretieren das HTML, trennen den Textinhalt vom Programmiercode und werten Inhalte in Abhängigkeit der Tags aus, in denen sie vorkommen. Die IR-Systeme nehmen dabei eine differenzierte Bewertung von Inhalten in Abhängigkeit der Tags vor, von denen sie eingeschlossen sind. So werden beispielsweise Inhalte von TITLE-Tags anders bewertet wie der Text innerhalb von Meta-Tags oder den Tags der Textauszeichnung.

Wie allgemein bekannt ist, sind Browser gegen fehlerhaften HTML-Code weitgehend unempfindlich. In vielen Fällen werden Fehler in der Programmierung ignoriert oder sogar korrigiert. Wie sensibel hingegen die Suchmaschinen auf unsauberen HTML-Code reagieren ist nicht im Detail geklärt. In den meisten Fällen führt ein nicht völlig korrekt programmiertes HTML-Dokument zu Gunsten der Content-Anbieter nicht zum Ausschluss aus dem Datenbestand. Überraschender Weise beachten selbst die verschiedenen Suchmaschinen bei der Programmierung ihrer eigenen Seiten die offiziellen W3C-HTML Standards nur unzulänglich. So verfügt beispielsweise weder Google noch Fireball als auch Altavista über die vorgeschriebene *DTD Document Type Definition* Angabe auf ihrer Startseite. Lediglich Alltheweb und Lycos führen diese erforderliche Angabe im HEAD-Tag.

Bei unsauberem HTML-Code besteht jedoch durchaus die Gefahr, dass Texte und Keywords nicht in der vom Verfasser gewünschten Form interpretiert und entsprechend erfasst werden. Unklar ist, welche Fehler von den IR-Systemen der Suchmaschinen toleriert und welche zu einer Ablehnung des enthaltenen Textes führen. Aus der Vielfalt der möglichen Fehlerquellen sollen beispielhaft zwei herausgegriffen werden.

Ein häufig gemachter Fehler ist das unvollständige Schließen von Tags.

Beispiel

- <p Keyword1 Keyword 2 Keyword 3

Im obigen Beispiel ist das P-Tag nicht geschlossen was ziemlich wahrscheinlich dazu führt, dass die betreffenden Keywords nicht als Text erkannt, sondern als Objekte des P-Tags interpretiert werden. Die Schlüsselwörter werden deshalb ziemlich wahrscheinlich nicht indexiert.

Ein zweiter sehr häufig gemachter Fehler sind fehlerhafte Hyperlinks.

Beispiel

- <A HREF="http//www.noesis.de">Text</A>
- <A HREF=http://www.noesis.de Text</A>
- <A HREF=http://www.noesis.de//marketing.html"> Text<A>

Alle dargestellten Hyperlinks sind fehlerhaft. Die Vielfalt möglicher Fehler ist speziell bei Hyperlinks sehr umfangreich. In vielen Fällen erfolgen diese Fehler nicht aus Unkenntnis sondern aus Unachtsamkeit. Das Resultat ist, dass der betreffende URL nicht erfasst und das dazugehörige Dokument auch nicht indexiert wird.

Von vielen nicht beachtet, stellt auch der HTML-Code von WYSIWYG-Editoren oftmals ein Risiko dar, Schwierigkeiten bei der Indexierung und der Gewichtung zu bekommen. Der Trend zu properitären HTML-Tags wird bevorzugt von Unternehmen wie *Microsoft* gepflegt. In vielen Fällen ermöglichen diese HTML-Tags zwar eine Erweiterung der Darstellungsmöglichkeiten und zwar insbesondere immer dann, wenn die betreffenden Dokumente auch mit dem Browser des gleichen Unternehmens betrachtet werden. Die Mehrzahl der Suchmaschinen orientieren sich hingegen ausschließlich an den offiziellen W3C.org HTML- und XML-Standards, was zu Problemen bei der Interpretation von nicht offiziellen Tags und dem hierin eingeschlossenen Text führt.

Es empfiehlt sich also HTML-Dokumente in sauberem HTML-Code zu erstellen, der den Vorgaben des W3C-World Wide Web Consortium entspricht. Zur Vermeidung von Fehlern, als auch zur Überprüfung von nicht offiziellen Tags, sollte der erstellte Quellcode valutiert werden. Hierzu eignet sich der online verfügbare HTML-Validator von W3C sehr gut.

Merke

- Fehler im HTML-Code können beim Indexieren zur Nichtbeachtung von Texten eines Dokuments führen.
- Am optimalsten werden fehlerfreie Dokumente in W3C-Standard erfasst.
- Bei erheblichen Programmierfehlern werden Dokumente vom System gelöscht.
- Bei proprietären HTML-Tags besteht die Gefahr, dass diese von den Suchmaschinen nicht erkannt werden.

Links

W3C HTML Standards
- [www.w3c.org]

Extensible Markup Language (XML)
- [www.w3.org/XML/]

W3C HTML-Validator
- [http://validator.w3.org/]

W3C CSS Validation Service
- [http://jigsaw.w3.org/css-validator/]

Webmaster Tools-Hyperlink Checker
- [www.webmaster-toolkit.com/link-checker.shtml]

Webmaster Tools-Hyperlink Checker
- [www.webmaster-toolkit.com/search-engine-simulator.shtml]

Frontpage Code Cleaner
- [www.webmaster-toolkit.com/frontpage-code-cleaner.shtml]

Dreamweaver Code Cleaner
- [www.webmaster-toolkit.com/dreamweaver-code-cleaner.shtml]

HTML Validator
- [www.searchengineworld.com/validator/]

Webpage Size Checker
- [www.searchengineworld.com/cgi-bin/page_size.cgi]

Textauszeichnung-Checker
- [www.ranks.nl/tools/spider.html]

HTML-Cleaner
- [www.delorie.com/web/purify.html]

6.15 Vermeidbare Fehler

In relativ vielen Fällen werden bei der Seitenerstellung Fehler gemacht, die dazu führen, dass Seiten schlichtweg nicht indexiert oder nur teilweise erfasst und ausgewertet werden können. Dies unterscheidet sich von Methoden des Spam. Bei Spam handelt es sich, wie nachfolgend noch genauer dargestellt, um Methoden die eingesetzt werden um das Ranking unerlaubt zu manipulieren. Spam führt in sehr viel Fällen dazu, dass Seiten aus dem Datenbestand eliminiert werden.

In den verschiedenen vorangegangenen Kapiteln wurde bereits auf Sachverhalte hingewiesen, die sich negativ auf die Indexierung auswirken können. Nachfolgend sollen nur noch diejenigen Einschränkungen benannt werden, auf die bisher noch nicht eingegangen wurde.

Dateiformate

Durch die bisherigen Darstellungen ist deutlich geworden, dass die Suchmaschinen nur ganz bestimmte Dateiformate im Sinne einer Textanalyse auswerten können. Dominierendes Dateiformat sind HTML-Dokumente. Verschiedentlich lassen jedoch die IR-Systeme auch andere Dateitypen zu. Es können also nur diejenigen Dateitypen im Datenbestand der Suchmaschinen gefunden werden, die zugelassen sind. Nachfolgende Tabelle zeigt, welche textbasierten Dateitypen neben HTML von den großen Suchmaschinen indexiert werden.

Tabelle 6.2. Zulässige Textdateiformate bei Suchmaschinen

Google	Altavista	Fireball	FAST
PDF	PDF	PDF	PDF
Post Script			MS Word
MS Excel			Flash
Power Point			
MS Word			
RTF			

Flash und Macromedia

Mit der Einführung von Flash durch Macromedia entstand ein völlig neues Spektrum an Designmöglichkeiten im Internet. Flash fand sehr schnell große Verbreitung und wurde in vielen Fällen zur Darstellung von Navigationsstrukturen oder auch zur Produktpräsentation eingesetzt. Teilweise basieren mittlerweile Websites vollständig nur noch auf Flash. Der große Nachteil von Flash basierten Websites ist jedoch, dass sie inhaltlich von den Suchmaschinen nicht erfasst werden können. D.h. alle Inhalte der Flash-Dateien werden nicht ausgewertet, was dazu führt, dass auch kein Ranking der Website möglich ist.

Soll eine Flash-basierte Website bei den Suchmaschinen ein Ranking erfahren, muss eine alternative HTML-Website entwickelt und indexiert werden. Sofern nur Menüs bzw. Navigationsstrukturen über Flash abgebildet sind, müssen erweiternd noch Menüstrukturen integriert werden, die auf HTML basieren. Ansonsten ist keine Weiterverfolgung der Links und damit verbunden eine Erfassung der anderen Dokumente möglich.

Eine Ausnahme bildet hiervon FAST, die in Zusammenarbeit mit Macromedia als erste die Möglichkeit entwickelt hat, Texte in Flash-Dateien zu interpretieren und im Sinne des Information Retrieval auszuwerten. Weiter können auch alle vorhandenen Hyperlinks von FAST erfasst und verfolgt werden.

Es ist somit erstmals möglich, Flash-Dateien bei Fast basierten Suchmaschinen (s. Kap. 9.4) indexieren zu können und ein Ranking zu erzielen. Wichtig ist hierbei zu beachten, dass die betreffenden Flash-Dateien auch tatsächlich Text beinhalten der erfasst werden kann. Denn bei der Analyse von Flash-Dateien erfolgt systemintern eine Umwandlung in ein Textformat, sodass die üblichen Textanalyseverfahren angewendet werden können. Im weitesten Sinne bedeutet das, dass viele Optimierungsempfehlungen die für Textdokumente gemacht worden sind, auch auf die inhaltliche und textliche Gestaltung von Flash-Dateien übertragen werden können.

JavaScript und DHTML

JavaScript ist eine Script-Sprache die in HTML-Dokumente eingebettet ist und erst im Browser des Anwenders ausgeführt wird. Obwohl JavaScript die Funktionalität einer Website erheblich erweitern kann ist, dessen Einsatz aufgrund von zwei Aspekten eher restriktiv vorzunehmen.

Empirische Untersuchungen haben ergeben, dass etwa die Hälfte aller Nutzer JavaScript in den Browser-Einstellungen deaktiviert haben, da in sehr vielen Fällen Programmabstürze auf fehlerhafte Scripts zurückzuführen sind. Weiter bestehen nach wie vor Sicherheitsbedürfnisse, die dazu führen, dass JavaScript von Anwendern auch aus diesem Grunde deaktiviert wird.

Ein weiterer sehr wichtiger Grund auf den Einsatz von JavaScript zu verzichten ist, dass Suchmaschinen Schwierigkeiten haben Inhalte und Hyperlinks innerhalb von JavaScript auszuwerten. Auch wenn einige Suchmaschinen mittlerweile dazu übergegangen sind, zumindest textliche Inhalte in JavaScript zu erfassen, werden Hyperlinks nicht weiter verfolgt.

Cookies und Log In

Ein *Cookie* ist ein kleine Textdatei die vom Server an den Client übertragen und dort gespeichert wird. Grundsätzlich dient sie dazu, den Client beim nochmaligen Besuch einer Website identifizieren zu können. Suchmaschinen akzeptieren jedoch keine Cookies. Das bedeutet in der Praxis, dass Websites, die an die Übertragung eines Dokuments die Akzeptanz eines Cookies binden, nicht indexiert werden.

Ähnlich verhält es sich mit Dokumenten die einen *Log In* erfordern. Die Systematik eines Log In-Verfahrens beruht auf der Erfordernis eine Kennung zu übertragen, bevor weitere Dokumente an den Client geliefert werden. Suchmaschinen können jedoch keinen Log In vornehmen, da ihnen die hierzu erforderlichen Informationen fehlen. Dokumente, die einen Log In erfordern, werden folglich von den Suchmaschinen nicht indexiert.

Stoppworte und Black Lists

Eine Systematik der Suchmaschinen sich vor unerwünschten Inhalten zu schützen, ist der Einsatz von Stoppwort-Listen und Black Lists. In den jeweiligen Listen sind all diejenigen Begriffe aufgeführt, die nicht im Index einer Suchmaschine erscheinen dürfen. Im Zuge der Dokumentenanalyse werden die einzelnen Dokumente auf unerlaubte Begriffe untersucht. Je nach Begriff und eingesetztem Verfahren führt die Verwendung von gesperrten Worten entweder dazu, dass das betreffende Wort im Index nicht erfasst wird oder dass das gesamte Dokument nicht in den Datenbestand aufgenommen wird.

Die Listen der gesperrten Begriffe beinhalten im allgemeinen Worte die gegen die Nutzungsbedingungen der Suchmaschinen oder gesetzliche Vorschriften verstoßen, bzw. pornographische Inhalte beschreiben, die von der betreffenden Suchmaschine nicht erwünscht sind.

Fehlerhaft konfigurierte Robots.txt-Datei

Ein wichtiges Instrumentarium, wie ein Contentanbieter das Crawlen bestimmter Dokumente ausschließen kann, erfolgt durch entsprechende Angaben im Dokument oder durch den Einsatz einer Robots.txt-Datei. Neben einer dokumentenspezifischen Angabe mittels

<META NAME="ROBOTS" CONTENT= "NOINDEX">

kann ein Ausschluss auch über eine Robots.txt-Datei erfolgen. Sie ist eine Textdatei mit Robot spezifischen und Dokumenten individuellen Indexierungsangaben. D.h. es können je Webrobot ganz individuelle Angaben gemacht werden, welche Dateien bzw. Verzeichnisse indexiert werden dürfen und welche nicht. Die Webcrawler suchen bei der Indexierung im Allgemeinen unverzüglich nach der Robots.txt-Datei und beachten die hierin aufgeführten Ausschlussanweisungen. Drei Fehler die oftmals von Content-Anbietern gemacht werden sind:

(1) Fehlerhafte Indexierungsangaben, die zum Ausschluß aller Dateien eines Verzeichnisses [2] führen, bzw. die falschen Dateien exkludieren [3], [4] oder fälschlicherweise das Indexierungsverbot für genau die Robots definieren, denen man eigentlich eine Indexierung ermöglichen will [5]. Gleichfalls wird gelegentlich aus Versehen die gesamte Website von der Indexierung exkludiert, was dazu führt, dass kein Dokument erfasst wird [6].

(2) Keine Robots.txt-Datei angelegt wird, was von einigen Robots als Spam-Versuch gewertet wird.

(3) Die Robots.txt-Datei nur für einen Port definiert wird. Crawler arbeiten Port orientiert und unterscheiden beispielsweise zwischen HTTP [7.1] und HTTPS [7.2]. Kann ein Server über beide Protokolle angesprochen werden, muss definiert werden, für welches Protokoll die Anweisungen gelten.

Im Gegensatz zur Meta-Tag Angabe können die Ausschlussinformationen mittels Robots.txt-Datei für einen gesamten Host, differenziert nach Suchmaschine und Einzeldokument erfolgen. Möchte man Ausschlussanweisungen für einen ganzen Host zentral vergeben, muss eine Robots.txt-Datei auf der obersten Rootebene angelegt sein.

Eine Crawl-Anweisung die nach den verschiedenen Robots differenziert, funktioniert über die Erkennung der Clientidentifikation im HTTP-Header. Verbunden mit einer entsprechenden Angabe des User-Agent und einem individuellen Ausschluss von Dokumenten, können Client spezifisch Ausschlussanweisungen nach Robots bei der Indexierung erteilt werden.

Beispiele für Angaben in der Robots.txt-Datei

Kommentaren wird das # Zeichen vorangestellt.

robots.txt file für den Host www.domainname.com

[1] User-Agent: *
Disallow:
alle Robots dürfen alle Dateien indexieren, da keine Disallow Anweisung vorliegt.

[2] User-Agent: *
Disallow: /forms
Disallow: /logs
alle Clients dürfen alles indexieren, außer die Inhalte von /forms und /logs.

[3] User-Agent: *
Disallow: /*.html$
alle Clients dürfen alle Dateien indexieren, außer HTML-Dateien.

[4] User-Agent: *
Disallow: /*.gif$
alle Clients dürfen alle Dateien indexieren, außer Bilddateien mit dem Suffix GIF.

[5] User-Agent: Googlebot
Disallow: /
Google darf keine einzige Datei indexieren, da eine Disallow „ / " Anweisung vorliegt.

[6] User-Agent: *
Disallow: /
kein Robot darf irgendeine Datei indexieren, da für alle Robots „* " eine Disallow „ / " Anweisung vorliegt.

[7.1] User-Agent: *
Allow: /

[7.2 User-Agent: *
Disallow: /
Allow: /*.html$
erlaubt das Indexieren aller Dateien über HTTP, aber nur HTML Dateien über HTTPS.

Abb. 6.5. Beispiel einer Robots.txt-Datei

Die Beachtung der Angaben der Robots.txt-Datei obliegt jedoch jedem Robotsystem individuell. Erkennt ein Gatherer eine Robots.txt-Datei, analysiert er diese und übergibt die darin enthaltenen Informationen gemeinsam mit dem URL zur Speicherung an die URL-Datenbank. Auf diese Weise verfügt das Robotsystem über zusätzliche Informationen zu einem URL, was es ihm ermöglicht, Systemressourcen unter Beachtung der betreffenden Ausschlussanweisungen zu optimieren.

Merke

- Es können nur die Dateitypen indexiert werden, die vom System zugelassen sind.
- Flash-Dateien können nur von FAST-Suchmaschinen analysiert werden.
- Wichtige Dokumente, für die ein hohes Ranking angestrebt wird, sollten weitestgehend ohne JavaScript bzw. DHTML erstellt sein.
- Links in JavaScript werden von vielen Suchmaschinen nicht weiter verfolgt.
- Ist die Annahme eines Cookies oder ein Log In Voraussetzung, werden Seiten nicht indexiert.
- Beinhaltet ein Dokument Begriffe die auf Ausschlusslisten geführt werden, erfolgt keine Aufnahme in den Datenbestand.

Links

Macromedia
- [www.macromedia.com]

Robots Text Files
- [www.global-positioning.com/robots_text_file/index.html]

The Web Robots
- [http://info.webcrawler.com/mak/projects/robots/active/html/type.html]

The Standard for Robot Exclusion
- [www.robotstxt.org/wc/norobots.html]

Google-Robots.txt Verhalten
- [www.google.com/webmasters/1.html]

Robots.txt-Validator
- [www.searchengineworld.com/cgi-bin/robotcheck.cgi]

A Standard for Robot Exclusion
- [www.searchengineworld.com/robots/norobots.htm]

Tips and Tricks
- [www.searchengineworld.com/tips/index.htm]

7 Off the Page Methoden der Optimierung

Bei den *Off The Page-Methoden* handelt es sich um die Beachtung von Verfahren sowie technische Parameter, die sich nicht direkt auf den Inhalt oder den Aufbau eines Dokuments beziehen. Im Mittelpunkt der Betrachtung stehen die Systematiken des Hypermedia. Also die Möglichkeiten zur Beeinflussung der Gewichtung, die sich durch die gegenseitige Vernetzung der HTML-Dokumente im Internet, als auch durch die Parameter und Protokollinformationen des Anwendungsprotokolls HTTP ergeben.

Eine Optimierung dieser Faktoren ist deshalb möglich und empfehlenswert, da sie von den Suchmaschinen eingesetzt werden, um weitergehende Informationen zur Bewertung der Relevanz zu erschließen.

7.1 Domain-Name und Bezeichnung der Verzeichnisse

Eine bisher relativ wenig beachtete Möglichkeit Keywords den Suchmaschinen zur Indexierung zu übergeben, ist das Verwenden von Schlüsselwörtern in der Domain sowie als Bezeichnung der Verzeichnisse. Betrachten wir den Aufbau eines URL unter dem Gesichtspunkt von *Begriffen*, so besteht er aus einem *Domain-Namen*, der *Bezeichnung der Verzeichnisse* und einem *Dokumentennamen*. Der gesamte URL-String kann somit verwendet werden, um Keywords in der Domain bzw. im gesamten URL zu positionieren. Erfolgt dies konsistent zum Dokumententitel und Dokumenteninhalt, kann hierdurch eine Verbesserung der Gewichtung der betreffenden Begriffe erzielt werden.

Besonders hoch wird bei einigen Suchmaschinen der Begriff gewertet, der den Domain-Namen bildet. Dieses Verfahren verfolgte beispielsweise Fireball bis zur Implementierung seines neuen Algorithmus Anfang April 2002. Aber auch die ausgefeilten Bewertungsmethoden von Google berücksichtigen gegenwärtig Begriffe, die sich im URL befinden:

„... *Recently, search engines started to use keywords in the URL as a part of their ranking formula. One of the search engines that uses it is Google*" ... "*Asides from Google, Inktomi uses keywords in the URL as a part of their algorithm as well ...*"

Es zeigt sich also, dass der URL sehr gut eingesetzt werden kann, nicht nur um Keywords an die Suchmaschine zu kommunizieren, sondern auch eine höhere

Bewertung der im URL enthaltenen Keywords zu erreichen. Betrachtet man einen URL, so kann er entsprechend seiner Struktur

Domain-Name | Verzeichnisname | Dokumentenname

mit Keywords versehen werden.

Der wichtigste, aber auch zugleich für viele Content-Anbieter kritischste Bereich ist die Bestimmung des Domain-Namen. Verständlicherweise möchte ein Content-Anbieter seinen Firmennamen als Domain abbilden, um somit an Hand seiner Firmierung intuitiv gefunden zu werden. Diesem gerechtfertigten Interesse, als auch der Erfordernis Keywords im Domain-Namen aufzuführen, kann durch die Verwendung mehrerer Domain-Namen entsprochen werden. Die Systematiken der Nameserver ermöglichen es, einer einzigen Website bzw. einem bestimmten Dokument mehrere Domain-Namen zuzuordnen. Das bedeutet, dass eine Website unter mehreren unterschiedlichen Domain-Namen im Internet erreichbar ist.

Durch den Einsatz mehrerer Domain-Namen ist es möglich, beispielsweise eine Domain mit dem Firmennamen an Kunden zu kommunizieren, während der Domain-Name mit den Keywords zur Indexierung verwendet wird. Ein Beispiel für einen Hersteller von Netzwerkschränken verdeutlicht das.

Beispiel

- Firmen-Domain:
  (1) www.firma.de

- Domain für die Suchmaschinen:
  (2) www.netzwerkschrank.de
  (3) www.netzwerkschrank.com
  (4) www.firma-netzwerkschrank.de

Die Website ist über alle vier Domains erreichbar, wenn die entsprechenden Einträge auf dem Server vorgenommen werden. Die Domain (1) ist für Kunden gedacht, die das Unternehmen intuitiv durch Eingabe des Firmennamen suchen. Die Domains (2) bis (4) werden den Suchmaschinen zur Indexierung übergeben. Da oftmals ein Produktbegriff (2) schon vergeben ist, stellen die Optionen (3) und (4) gleichwertige Alternativen dar.

Auch wenn ein Keyword im Verzeichnisnamen oder die Verwendung eines Keywords als Dokumentenname schwächer als ein Domain-Name bewertet wird, sollte das Keyword dennoch dort positioniert werden. Bezogen auf obiges Beispiel schreibt sich der URL dann wie folgt:

  (2) www.netzwerkschrank.de/netzwerkschrank/netzwerkschrank.html
  (3) www.netzwerkschrank.com/netzwerkschrank/netzwerkschrank.html
  (4) www.firma-netzwerkschrank.de/netzwerkschrank/netzwerkschrank.html

Der in Beispiel (4) vorkommende Bindestrich wird im Zuge der Datennormalisierung eliminiert, wodurch der Domain-Name in die zwei Worte, *firma* und *netzwerkschrank* zerlegt wird.

Merke

- Keywords im URL werden von einigen Suchmaschinen positiv zur Gewichtung berücksichtigt.
- Wichtige Keywords sollten in der Domain beinhaltet sein.
- Keywords im Verzeichnis als auch im Dokumentennamen haben schwächeren Einfluss.
- Begriffe die in dem URL eingesetzt werden, sollten auch im Dokumententitel und im Text vorkommen.

Links

Domain Name Search Tool
- [www.whois.sc/]

DENIC TLD-Vergabestelle Deutschland
- [www.denic.de]

Switch TLD-Vergabestelle für Schweiz und Lichtenstein
- [www.switch.ch]

NIC.at TLD-Vergabestelle für Österreich
- [www.nic.at]

Networksolutions TLD-Partner für US-Domains
- [www.networksolutions.com]

The Internet Assigned Numbers Authority
- [www.iana.org/]

Generic Top Level Domain Memorandum
- [www.gtld-mou.org/]

7.2 Aktualität und Änderungsfrequenz

Suchmaschinen bevorzugen aktuelle Informationen. Für wen ist beispielsweise ein Informationsangebot über Chiptechnologie aus dem Jahre 1996 noch interessant? Sind Dokumente die sich selten oder nie ändern aktuell? Wohl kaum. Die Aktualität von Informationen hat wesentlichen Einfluss auf die Qualität von

Abb. 7.1. Datumsangabe der Indexierung bei Altavista – verkürzte Darstellung

Suchergebnissen. Aus diesem Grund werden Dokumente, die einer häufigen Änderung unterliegen und die aktuelle Inhalte beinhalten, höher bewertet als Dokumente, die alt sind und vom Content-Anbieter selten aktualisiert werden.

Mit der Einführung seiner verbesserten Technologie (November 2002) zeigt beispielsweise Altavista bei den Suchergebnissen an, wenn Dokumente innerhalb der letzten 48 Stunden durch die Robots indexiert und dabei Veränderungen festgestellt wurden. Dieser Hinweis bedeutet, dass das Dokument und sein Inhalt aktualisiert wurde, also erst kürzlich erfasst, ausgewertet und bezogen auf die Rangposition neu gewichtet wurde.

Auch Fireball, dessen Suchtechnologie auf der von Altavista beruht, zeigt dem Anwender das Datum der Indexierung bzw. des letzten Wiederbesuchs an.

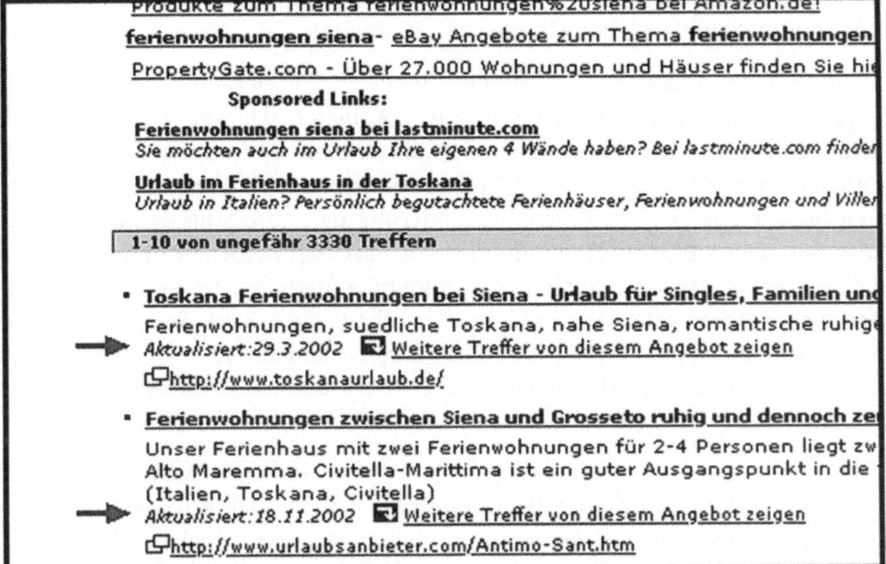

Abb. 7.2. Datumsangabe der Indexierung bei Fireball – verkürzte Darstellung

Crawler können sehr einfach das Erstellungs- bzw. Änderungsdatum (Last-Modified-Date) eines Dokuments feststellen. Im Response-Header des HTTP-Protokolls wird das Datum der Erstellung eines Dokuments bzw. seiner Veränderung übertragen (s. Kap. 2.2). Über einen speziellen HTTP-Befehl (if-modified-since) können Crawler bestimmen, dass Dokumente nur dann übertragen werden, wenn sie nach einem bestimmten Datum verändert wurden.

Das Erstellungs- und Änderungsdatum wird als Dateiinformation durch das jeweilige Betriebssystem erzeugt und zwar immer dann, wenn ein Dokument erstellt bzw. verändert wird. Die Auswertung der Dateiinformation ermöglicht Suchmaschinen folglich sehr einfach, Kenntnis über das Erstellungs- und das Änderungsdatum zu gewinnen.

Zur Berechnung der Änderungsfrequenz eines Dokuments werden diese Informationen gemeinsam mit dem URL in einer Datenbank erfasst. Über die Häufigkeit und die zeitlichen Abstände von Änderungen wird ein entsprechender Wert der Änderungsfrequenz berechnet.

Auf Basis dieser Systematik wird beispielsweise bei zwei ansonsten gleich relevanten Dokumenten dasjenige höher bewertet, das aufgrund seines Datums aktueller ist, bzw. eine höhere Änderungshäufigkeit aufweist.

Einen großen Nachteil den Content Management Systeme bzw. dynamisch erzeugte Websites besitzen ist, dass kein Last-Modified-Date an den Client übertragen wird. Die Ursache liegt in dem Umstand begründet, dass dynamisch erzeugte Inhalte in einer Template-Datei dargestellt werden, die *kein* Last-Modified-Date übermittelt. Somit kann für dynamisch erzeugte Inhalte, auf Basis des Dateiänderungsdatum, keine Änderungsfrequenz bestimmt werden.

Die Berücksichtigung der Änderungsfrequenz von Dokumenten als Gewichtungsverfahren bedeutet für einen Content-Anbieter, dass ein Dokument nicht unendlich lange unverändert bleiben darf. Es sollte im optimalsten Fall im Rhythmus der Besuchsfrequenz der Webrobots aktualisiert werden. Eine Aktualisierung bedeutet jedoch nicht, eine Veränderung des Änderungsdatums lediglich aufgrund eines simplen *Öffnen* und *Sichern Vorgangs* herbei zu führen, sondern auch die Vornahme einer inhaltlichen Änderung auszuführen. Bei der Erfassung wird für jedes Dokument u.a. auf Basis des Inhalts eine Check-Summe errechnet, die es ermöglicht inhaltliche Veränderung zu erkennen. Jede Änderung des Inhalts bewirkt dabei eine Veränderung der Check-Summe. Nur wenn die Check-Summe verändert ist, gilt das Dokument als inhaltlich aktualisiert.

Eng verbunden mit der Änderungsfrequenz eines Dokuments ist der Rhythmus in dem ein Dokument von den Webrobots erneut aufgesucht wird. Bei verschiedenen Systemen werden Dokumente an Hand ihrer Tiefe im Verzeichnis klassifiziert. Je tiefer sich ein Dokument im Verzeichnis befindet, desto weniger häufig wird es erfahrungsgemäß von einem Content-Anbieter aktualisiert. Empirische Studien haben dies hinreichend nachgewiesen. Warum sollten also Suchmaschinen Dokumente, die selten geändert werden, häufig aufsuchen? Vorhandene Systemressourcen können besser dazu eingesetzt werden, neue Dokumente im Web zu erfassen und Dokumente mit hoher Änderungsfrequenz verstärkt zu besuchen.

Die Einteilung von Dokumenten in unterschiedliche *Crawl-Rhythmen* dient also dem effizienten Einsatz vorhandener Systemressourcen. Der Nachteil für Dokumente, die eine schlechte Klassifikation erfahren haben, ist, dass ihre Keywords eine geringere Gewichtung bekommen können und Änderungen an ihnen erheblich später von den Robots erkannt werden. Ist also ein Dokument aufgrund seiner Tiefe im Verzeichnis in einem schlechten Cluster, kann ein Aufstieg in einen vorteilhafteren Crawl-Cluster nur über die Änderungsfrequenz des Dokuments erfolgen.

Merke

- Aktuelle Dokumente sind für Suchmaschinen interessanter als veraltete Informationen.
- Eine hohe Änderungsfrequenz beeinflusst die Besuchshäufigkeit von Webrobots positiv.
- Dadurch werden Änderungen an Dokumenten zeitnaher erkannt und können positiv auf die Gewichtung eines Dokuments wirken.
- Wichtige Dokumente sind entsprechend den Besuchsrhythmen der Webrobots zu aktualisieren.
- Dynamisch erzeugte HTML-Seiten weisen kein Änderungsdatum aus. Eine Änderungsfrequenz kann für sie nicht berechnet werden.

Links

Google Technical Guidelines
- [www.google.com/webmasters/guidelines.html]

7.3 Serververfügbarkeit, URL-Anzahl und IP-Sperrung

Der technischen Qualität und Verfügbarkeit von Servern im Internet wird von sehr vielen Content-Anbietern in Hinblick auf das Ranking zu wenig Beachtung geschenkt. Hosting-Preise müssen günstig sein, alles andere ist in vielen Fällen von untergeordneter Bedeutung. Weit gefehlt! Drei wesentliche Einflussfaktoren können die Aufnahme und den langfristigen Erhalt von URL's im Datenbestand der Suchmaschinen gefährden:

Serververfügbarkeit	→	unterbrechungsfreie Verfügbarkeit des Servers,
Domain-Anzahl	→	Anzahl der auf einem Server gehosteten Domains,
IP- Sperrung	→	Ausschluss aller virtuellen Hosts eines Servers.

Das Problem bei den vorbenannten Punkten ist, dass ein Content-Anbieter auf alle drei Faktoren nur sehr wenig Einfluss oder auch Einsicht hat, sofern er den Serverbetrieb nicht selbst wahrnimmt. In sehr vielen Fällen ist es aufgrund des Umfangs einer Website und der zu erwartenden Besuchszahlen aber nicht zu empfehlen, einen eigenen Server zu betreiben. Sinnvoller ist es, sich einen zuverlässigen und technisch kompetenten Internet Provider zu suchen und bei der Auswahl durch eine genaue Analyse technischer Spezifikationen negative Folgen für das Ranking weitestgehend auszuschließen.

Eine Serververfügbarkeit ohne Unterbrechungen ist eine wesentliche Anforderung an das Hosting. Eine Website muss im WWW konstant und mit kurzer Response-Zeit verfügbar sein. Bei der erstmaligen Erfassung bzw. bei erneuten Besuchen durch die Crawler werden an den Server HTTP-Requests gerichtet. Diese Requests müssen innerhalb einer vom System der Webrobots definierten Zeit beantwortet werden. Antwortet der Server aufgrund Überlastung oder aufgrund von Bandbreitenproblem des Netzwerks nicht, bricht das Webrobotsystem seine URL-Requests ab.

Da eine gelegentliche Server-Nichtverfügbarkeit durchaus vorkommen kann, wiederholt der Gatherer einen nicht erfolgreich abgeschlossenen Request zu einem späteren Zeitpunkt. Werden hingegen vom Webrobot-System wiederholt Schwierigkeiten beim Crawlen festgestellt, kann dies im Extremfall zu einer Löschung des betreffenden URL oder sogar aller URL's des betreffenden Hosts nach sich ziehen. Da alle URL's gemeinsam mit der IP-Adresse des Hostrechners im System der Suchmaschinen gespeichert sind, kann eine rasche Identifikation und Elimination aller URL's eines Host-Rechners erfolgen.

Die Gefahr von häufigen Störfällen ist im allgemeinen bei Billig-Providern sowie bei sehr kleinen Providern mit geringem technischen Know How eher zu erwarten, als bei großen Providern. Da jedoch oftmals die großen Provider auch Billig-Providern sind, die möglichst viele virtuelle Host auf nur wenigen Rechner hosten, ist zu empfehlen, die Serververfügbarkeit und Response-Zeit zu den Hauptzeiten selbst zu überprüfen. Betrachtet man das Surf-Verhalten in Deutschland, so liegen die Spitzenzeiten überwiegend zwischen 8.30 und 10.30 Uhr, zwischen 12:00 und 13:30 Uhr sowie abends ab circa 17:00 bis 21:00 Uhr. Nahezu alle Webserver-Log-Programme ermöglichen eine entsprechende Analyse. Ist ein Server zu den Spitzenzeiten permanent gut erreichbar, besteht keine Gefahr in Hinblick auf Probleme mit den Webrobot-Systemen.

Ein weiteres Kriterium, das beachtet werden muss, ist, dass Suchmaschinen die maximal zulässige Anzahl von URL's unterhalb einer Domain als auch je IP-Adresse beschränken können. Diese Maßnahme ist in Hinblick auf die Systemeffizienz eine Art Selbstschutz der Suchmaschinen. Von diesem Mechanismus sind in der Regel überwiegend Dokumente betroffen, die bei Massen-Providern unter der Domain des Provider gehostet werden. D.h. ein Content-Anbieter hat keinen eigenen virtuellen Host mit eigenem Domain-Namen, sondern bekommt ein Verzeichnis zugewiesen, in dem er sein Webangebot vorhält. Der URL hat im Allgemeinen die Form:

www.**massenprovider.de/verzeichnis/**hostingkunde/angebot.html

Der Gefahr einer URL-Beschränkung unterliegen nicht nur Massenprovider sondern grundsätzlich alle Hosts, auf denen eine sehr große Anzahl von Dokumenten unterhalb einer Domain liegen. Davon können sowohl Server von großen Firmen betroffen sein, als auch die Hostrechner von großen Institutionen, wie beispielsweise Universitäten oder Behörden.

Der Faktor auf den man wohl am wenigsten Einfluss hat, wenn man keinen eigenen Server betreibt, ist das Fehlverhalten von anderen Content-Anbietern, die ihre virtuellen Host auf dem gleichen Hostrechner betreiben. Zum besseren Verständnis des Zusammenhangs von Hostrechner, IP-Adresse und virtuellem Host soll kurz auf die Systematik des *virtual Hosting* eingegangen werden.

Als eine Maßnahme gegen die immer knapper werdenden IP-Adressen wurde mit der HTTP-Protokoll Version 1.1 die Möglichkeit des Virtual Hosting eingeführt. Virtual Hosting bedeutet kurz gesagt, dass es möglich ist auf einem physischen Hostrechner gleichzeitig mehrere virtuelle Hosts und somit mehrere Domains mit jeweils einem unterschiedlichen Inhalt zu betreiben. Hierdurch wird einem virtuellen Host und seiner Domain keine eigene IP-Adresse mehr zugewiesen, sondern nur der physische Server (Host-Rechner) selbst besitzt eine IP-Adresse.

In den Anfängen des WWW entsprach hingegen einem physischen Hostrechner auch eine Domain, die durch eine IP-Adresse bestimmt war. Beim virtuellen Hosting werden hingegen die Domains über die Serversoftware aufgelöst. Das bedeutet, dass eine Vielzahl von Domains die gleiche IP-Adresse besitzen können.

HTTP-Requests für Domains des gleichen Hostrechners beinhalten folglich immer die gleiche IP-Adresse. Eine Unterscheidung welcher virtuelle Host den Response liefern soll, erfolgt durch die Übermittlung der Domain im Request-Header des HTTP-Protokolls (s. Kap. 2.2)

Virtual Hosting birgt die Gefahr, dass einzelne virtuelle Hosts die Sperrung der gesamten IP-Adresse und somit aller virtueller Hosts eines Servers bei Suchmaschinen verursachen können. Erkennt eine Suchmaschine ein Verhalten das *erheblich* gegen die Richtlinien der betreffenden Suchmaschine verstößt, kann sie die gesamte IP-Adresse dauerhaft sperren. Fehlverhalten anderer Content-Anbieter können beispielsweise erhebliche Spam-Versuche sein oder nicht zulässige Angebote wie *pornographische Websites* sowie Inhalte die *gegen gesetzliche Bestimmungen* verstoßen. Da mittlerweile viele Suchmaschinen kommerzielle Websites mit pornographischem Inhalt nur noch gegen Bezahlung aufnehmen, reagieren sie bei Versuchen die Nutzungsbedingungen zu unterlaufen schneller und direkter.

Die gemeinsame Speicherung der URL's mit ihren IP-Adressen ermöglicht den Suchmaschinen bei Bedarf, alle oder bestimmte URL's eines Servers ohne großen Aufwand auf einmal zu löschen. Dies kann erfolgen, wenn der Server länger nicht verfügbar ist, die Obergrenze für URL's je IP-Adresse überschritten wird oder wenn ganz erhebliche Verstöße gegen die Nutzungsbedingungen festgestellt werden.

Merke

- Technische Parameter der Server beeinflussen den Erhalt von URL's.
- Server müssen immer online sein, sonst besteht Gefahr der URL-Elimination.
- Suchmaschinen legen eine maximal zulässige Anzahl an Domains je IP-Adresse fest. Wird sie überschritten, erfolgt keine Aufnahme weiterer URL's.
- Erhebliche Verstöße gegen die Nutzungsbedingung führen zur Sperrung der IP-Adresse.

Link

Google-Ursachen der Ablehnung der Indexierung
- [www.google.com/webmasters/2.html#B3]

Lycos-Serververfügbarkeit
- [https://secure.lycos.de/countries/de/faq/PriceView.php?view_page=faq12.htm]

Fireball-Aufnahmerichtlinien
- [http://rubriken.fireball.de/paidlinks/katalogrichtlinien.html]

Internetseer-Server Check
- [http://secure.internetseer.com/webwatch/services.asp]

Ping Online Tool
- [www.webmaster-toolkit.com/ping.shtml]

Domain Name Server Abfrage-DNS-Query Tool
- [www.webmaster-toolkit.com/dig.shtml]

Netzwerk- Check
- [www.muc.de/services/staubericht.pl]

Scan-Plus Traceroute
- [http://traceroute.blackbird.gb.ulm.scan-plus.net/]

Verzeichnis der Webserver Homepages
- [www.netcraft.com/Survey/servers.html]

Server Diagnostic Tools Download
- [http://cws.internet.com/32diag.html]

Server Detection Tool
- [www.securitystorm.net/products/tools/serverscan/index.asp]

Download Network Tools
- [www.passtheshareware.com/c-intrnt.htm]

7.4 Link Popularity und Link Analyse

Das vermutlich am schwersten zu beeinflussende Gewichtungsverfahren ist die *Link Popularity*. Dieses ursprünglich von Google entwickelte Verfahren, das dort Page Rank-Verfahren genannt wird, hat in ähnlicher Form als Link Popularity-Verfahren Verbreitung gefunden hat. Es wird mittlerweile von allen bedeutenden Suchmaschinen in unterschiedlicher Form und Bedeutung für das Ranking eingesetzt. Es basiert wie in Kapital 4.4.1 an Hand des PageRank-Verfahren dargestellt, grundsätzlich auf der *Menge* und *Qualität* von Hyperlink-Verweisen, die ein Dokument von anderen erhält. Die Link Popularity ist gegen Spam-Versuche weitestgehend resistent, weshalb es neben Google auch bei Altavista, Fireball sowie verschiedenen auf der FAST-Technologie basierenden Suchmaschinen eingesetzt wird.

Die Wirkung und die Erfordernis von Link Popularity darf jedoch auch nicht überschätzt werden, da es bei allen Suchmaschinen als *eines von mehreren* Gewichtungsverfahren verwendet wird. Nur Google setzt es als dominierende Bewertungsmethodik ein. Doch selbst bei Google erzielen Dokumente mit relativ wenigen Link-Verweisen und somit einem geringen PageRank gelegentlich ein besseres Ranking, als Dokumente mit einer hohen Anzahl an Verweisen. Wie noch nachfolgend dargestellt wird, ist neben der *Verweisanzahl* jedoch mittlerweile die *Qualität* der Verweise überwiegend Ausschlag gebend.

Möchte man unkompliziert den PageRank ermitteln den Google den einzelnen Dokumenten zuweist, kann man sich hierfür das Google Toolbar installieren. Ruft man eine Website auf, wird der ermittelte PageRank als entsprechend großer Balken dargestellt.

Abb. 7.3. Google Toolbar mit PageRank Information – verkürzte Darstellung

Der einzige Weg zur Verbesserung des eigenen Wertes der Link Popularity geht über ausreichend viele und qualitativ hochwertige Verweise von anderen Websites. D.h. ohne die Mithilfe von anderen Content-Anbietern kann kein Link Popularity Wert erzielt werden. Doch wie kann das erreicht werden?

In vielen Fällen kennt ein Content-Anbieter andere Informationsanbieter im Web wie beispielsweise befreundete Unternehmen, Firmenverzeichnisse, Verzeichnisse von Industrie- und Handelskammern sowie Themen bezogene Foren oder Portale. Richten diese Websites einen Link auf die Website eines Content-Anbieters, lässt sich hierdurch die Link Popularity quantitativ verbessern.

Als weitere Maßnahme zur Entwicklung der Link Popularity wird empfohlen, bei allen Suchmaschinen eine Suchanfrage auf Basis der wichtigsten Keywords für eine Seite zu starten. Diejenigen Seiten die auf den ersten zwanzig Positionen erscheinen, zählen sicherlich zu den relevantesten Suchergebnissen. Nun ist herauszufinden von welchen anderen Websites diese hoch bewerteten Dokumente ihrerseits einen Link-Verweis erhalten haben, um dann die gleichen verweisenden Websites per Mail anzuschreiben, mit der Bitte auch einen Link auf die eigene Website zu richten. In einigen Fällen lassen sich somit Themen bezogene Content-Anbieter finden, die bereitwillig einen Link-Verweis vornehmen, weil die betreffende Website inhaltlich einen Verweis wert ist. In anderen Fällen erhält man keine Rückantwort, erntet Ablehnung oder muss gegebenenfalls für Verweise bezahlen.

Die verschiedenen Suchmaschinen bieten Befehle an, um festzustellen welche Dokumente auf ein bestimmtes Dokument verweisen. Sie können direkt in das Suchfeld eingegeben werden.

Altavista und Fireball

- +link:domain.de/seite.html -url:domain.de

Der erste Teil der Anfrage zählt alle Links, der zweite Teil schließt alle Ergebnisse aus, die innerhalb der eigenen Website verweisen.

Google

- link:www.domain.de/seite.html

Der Befehl zeigt alle Dokumente die auf das betreffende Dokument verweisen.

FAST Technologie

- Bei Suchmaschinen die auf der FAST Technologie basieren wie z.B. Lycos, Alltheweb, T-Online oder Tiscali können URL-Verweise über die *Advanced Search* gefunden werden. Hierzu muss der vollständige URL als Suchbegriff eingegeben werden und als Option *must include ..... in the text* bestimmt werden. Damit wird der URL im Textbereich der Dokumente gesucht.

Die Grundidee der Gründer von Google ist die Annahme, dass Dokumente mit *interessantem Inhalt* von ähnlichen oder thematisch gleichen Dokumenten bereitwillig einen Verweis erhalten. Somit ist in jedem Fall der sicherste Weg externe Verweise zu bekommen, ein qualitativ hochwertiger Inhalt. Realistischer Weise muss man zugeben, dass diese, auf dem Zitierverhalten in der akademischen Literatur basierende Grundüberlegung, an dem Verhalten und Mechanismen des kommerziellen Webs etwas vorbei geht. Dennoch lässt sich in vielen Fällen bei ausreichendem Engagement eine wirkungsvolle Link Popularity Bewertung durch Verweise von anderen Websites erzielen.

In Kenntnis der Funktionsweise der Link Popularity werden von verschiedenen Content-Anbietern zahlreiche Websites unter anderen Domain-Namen und IP-Adressen ausschließlich zu dem Zweck entwickelt, um über sie Verweise auf die zu promotende Website zu richten. Betrachtet man die Funktionsweise von PageRank jedoch genauer stellt man fest, dass diese selbst erstellten Websites nur eine sehr geringe Wirkung erzielen können, da ihnen i.d.R. selbst Verweise aus dem Web fehlen, die zu ihrer Gewichtung führen und entsprechend weitergegeben werden können.

Der Versuch sich *gegenseitig* zu verlinken, interpretiert Google als Zirkelbezug und wertet ihn nicht. Ein Zirkelbezug entsteht immer dann, wenn ein Dokument das einen Verweis von einem anderen Dokument erhalten hat, seinerseits wieder auf das verweisende Dokument direkt oder indirekt verlinkt. Google erkennt auch über mehrere Dokumente hinweg Zirkelbezüge und wertet keine Weitergabe von PageRank-Gewichten. Nachfolgende Abbildung verdeutlicht an einem einfachen Beispiel einen Zirkelbezug.

Aufgrund der Tatsache, dass letztendlich das Dokument D wieder auf Dokument A verweist, entsteht ein Zirkelbezug der zur Folge hat, dass *kein* Dokument einen PageRank-Wert erhält.

Ein entscheidender Faktor der verschiedenen, von den Suchmaschinen eingesetzten Link Popularity Verfahren, ist die *Qualität* der Verweise.

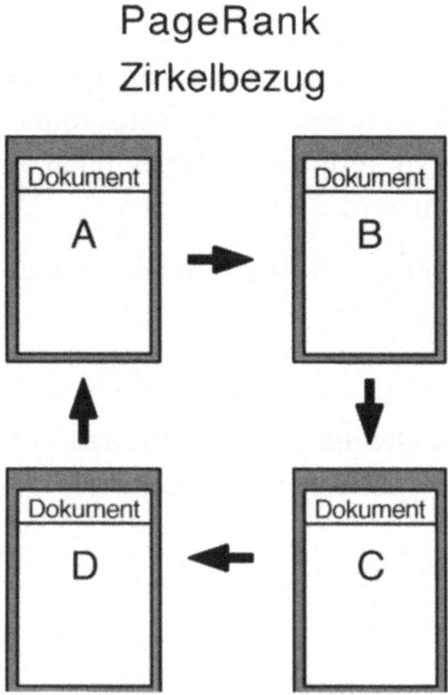

Abb. 7.4. Zirkelbezug bei Link Popularity

Das PageRank-Verfahren beruht auf der Systematik, dass nicht die Anzahl der insgesamt erfolgten Verweise für die Berechnung des PageRank dominierend ist, sondern dass die Bedeutung bzw. die einzelne Gewichtung einer verweisenden Seite wesentlich den Wert bestimmt, der von ihr ausgeht. Betrachtet man die Funktionsweise des PageRank genauer, wird dies durch die Systematik der Page-Rank-Berechnung auch deutlich (s. Kap. 4.4.1). Ein Dokument, das selbst einen hohen PageRank Wert hat, gibt auch einen entsprechend höheren Wert weiter. Aus diesem Grund ist es hilfreicher, einige wenige Verweise von hoch bewerteten Websites zu erwirken, als viele Verweise von unbedeutenden Dokumenten. Mittels des Google-Toolbars lässt sich wie dargestellt, der jeweilige PageRank-Wert eines Dokuments sehr einfach ablesen.

Besondere Bedeutung für Google haben Verweise, die von *Yahoo* oder dem Katalog des *Open Directory Project* stammen. Ist ein Dokument im Verzeichnis einer der beiden Webkataloge erfasst, weist Google dem betreffenden Dokument ad hoc einen relativ hohen PageRank-Wert zu.

Ein weiter verfeinertes Verfahren der Link Popularity wird durch eine *Link-Analyse* erreicht. Da die reine Berechnung der Anzahl der Verweise von einem Dokument zum anderen einfach zu manipulieren ist und zum anderen wenig über das Thema einer bestimmten Website aussagt, werden Link-Analyse Verfahren zur Bewertung der Wertigkeit eines ausgehenden Hyperlinks eingesetzt. Ziel der Link-Analyse ist es, zum einen qualitativ höherwertige Verweise von irrelevanten Links unterscheiden zu können und zum anderen, durch die Verweise selbst Rückschlüsse auf den Inhalt bzw. das Thema einer Website zu erlangen.

In diesem Zusammenhang gewinnen die Begriffe eine Bedeutung, die den klickbaren Text des Hyperlink bilden. Findet sich im Hyperlink ein Keyword das Bezug zum Inhalt der Seite hat auf die es verweist, wird einem solchen Verweis ein höherer Wert zugewiesen. Ein thematischer Zusammenhang wird immer dann unterstellt, wenn der im Hyperlink-Verweis vorkommende Begriff auch als Keyword im Dokument erscheint, auf das verwiesen wird.

Wird beispielsweise auf ein „Wellness Hotel" verwiesen ist ein idealer Hyperlink

<A HREF="domain.de">**Wellness Hotel**</A>

sofern die Keywords „Wellness" und „Hotel" im Dokument als Keywords vorkommen. In den Bewertungskriterien der Link-Analyse ist verständlicherweise

ein Hyperlink wie

<A HREF="domain.de"> **hier klicken** </A>

kein wertiger Verweis.

Ein weiterer Ansatz der Link-Analyse zur qualitativen Bewertung von Hyperlinks beruht auf der Zugehörigkeit von Dokumenten zum gleichen Cluster. Verweist ein Dokument auf ein anderes Dokument und beide Dokumente sind Teil des gleichen Themen-Clusters, wird der betreffende Verweis höher bewertet. Es besteht also eine thematische Nähe, die die Bewertung positiv beeinflusst.

Nicht verschwiegen werden soll die grundsätzliche Problematik des Konzepts der Link Popularity. Derzeit erzielt insbesondere Google damit hervorragende Suchergebnisse. Dies liegt daran, dass der Großteil der Links bisher tatsächlich als eine Art Empfehlung gesetzt wurde. Neue Websites können anfänglich nur durch die kombinierte Verwendung weiterer Gewichtungsmethoden, wie beispielsweise dem Term Frequency Algorithmus oder einer differenzierten Gewichtung von Keywords in Abhängigkeit ihrer Lage, unabhängig von der Link Popularity eine relativ gute Platzierungen bei Google erhalten. Die Benutzung der Link Popularity als dominierendes Element im Ranking-Algorithmus führt jedoch mittelfristig zu einer Bevorzugung bereits bekannter Websites. Und benachteiligt hochwertige, aber weniger bekannte Webauftritte. Diesem Problem begegnen mittlerweile sowohl Google als auch andere Suchmaschinen mit einer reduzierten Dominanz dieses Verfahrens und setzen weiterhin auch auf die statistischen Methoden zur Gewichtung von Schlüsselwörtern.

Merke

- Link Popularity wird von allen bedeutenden Suchmaschinen eingesetzt.
- Externe Hyperlink-Verweise erhöhen speziell bei Google die Relevanz eines Dokuments.
- Ziel muss es sein, möglichst hochwertige Verweise zu erhalten.
- Selbst erstellte Verweisstrukturen erweisen sich in vielen Fällen als wirkungslos.
- Besonders wichtig sind Einträge bei Yahoo und dem Katalog des Open Directory Project.
- Der Einsatz von Link-Analyse Verfahren erfordert Textlinks mit entsprechenden Keywords.
- Verweise von thematisch gleichen oder ähnlichen Dokumenten verstärken den Wert eines Verweises.

Links

Google Ursachen der Ablehnung der Indexierung
- [www.google.com/webmasters/2.html#B3]

Google veränderbarer PageRank
- [www.google.com/webmasters/4.html#A2]

Google PageRank
- [www.google.com/technology/index.html]

Link Popularity Tricks
- [www.suchmaschinentricks.de/ranking/link_popularity.php3]

Google Webkatalog-Partner
- [www.google.com/webmasters/1.html#B2]

Searchenginewatch Link Popularity
- [http://searchenginewatch.com/webmasters/popularity.html]

Google Toolbar
- [http://toolbar.google.com]

Open Directory Project-Webkatalog
- [http://dmoz.org/]

Link Popularity Checker
- [www.webmaster-toolkit.com/link-popularity-checker.shtml]

Link Popularity Checker
- [www.topsubmit.de/scripts/tools/sedo.de/#02]

Link Popularity-Checker
- [www.ranks.nl/tools/spider.html]

7.5 Click Popularity und Dokumententitel

Neben der Link Popularity ist die *Click Popularity* das zweite Gewichtungsmodell, das sich die Möglichkeiten des Hypermedia zur Bestimmung der Relevanz eines Dokuments zu eigen macht. Auch bei diesem Verfahren ist eine Optimierung von Parametern zur Beeinflussung der Gewichtung schwierig. Die Click Popularity beruht ähnlich der Link Popularity auf der Beurteilung des Inhalts eines Dokuments durch Dritte. Während sich bei der Link Popularity die positive Beurteilung eines anderen Content-Anbieters über ein Dokument durch einen Verweis auf das betreffende Dokument ausdrückt, basiert die Click Popularity auf der Beurteilung der Anwender mittels Klick. Gegenwärtig wird die Click Popularity von Yahoo, FAST und gelegentlich auch von Google eingesetzt.

Betrachten wir kurz das Such- und Auswahlverhalten bei Suchmaschinen. Ein Anwender startet eine Suche durch Eingabe einer oder mehrerer Suchworte und erhält das Suchergebnis als gegliederte Liste, i.d.R. zehn Verweise je Seite. Die Suchmaschinen bieten im Normalfall als Vorabinformation zu einer Seite den Titel eines Dokuments sowie den Inhalt des Meta-Tag DESCRIPTION an. Ein Anwender muss also auf Basis dieser beiden Angaben entscheiden, ob er einen Verweis anklickt oder nicht. Aus diesem Grund sind die Inhalte des Dokumententitels sowie die Formulierung des Beschreibungstextes im DESCRIPTION-Tag für die Aktivierung eines Anwenders von höchster Bedeutung.

Die einzige Möglichkeit eine Verbesserung der Gewichtungswerte der Click Popularity zu erzielen, geht über die Angaben im TITLE-Tag und im DESCRIPTION-Tag. Diese müssen so formuliert werden, dass die wichtigsten Informationen über ein Dokument innerhalb der zulässigen Textlänge (s. Kap. 5.4) der beiden Tags ausreichend informativ und motivierend sind.

Es ist zu berücksichtigen, dass die Click Popularity von allen Suchmaschinen die sie einsetzen, nicht als exklusives oder sehr dominantes Gewichtungsverfahren berücksichtigt wird. Es ist folglich wichtig, neben der Click Popularity alle anderen Methoden anzuwenden, die zu einer Verbesserung der Bewertung eines Dokumentes führen. Insbesondere auch deshalb, da auch bei der Click Popularity im Zuge der Indexierung zunächst ein Initialwert für jedes Keyword berechnet wird, wodurch sich die Position eines Dokuments anfänglich *unabhängig* von der Click Popularity bestimmt.

Der Versuch einer Verbesserung der Click Popularity durch permanentes anklicken des Verweises der eigenen Website vom heimischen Rechner aus, wird von den Suchmaschinen erkannt. Zur Vermeidung einer Manipulation in dieser Weise werden bei jedem Klick der auf einen Verweis vorgenommen wird, die IP-Adresse des Clients erfasst. Erfolgen mehrfach Klicks von der gleichen IP-Adresse innerhalb eines kurzen Zeitraums, werden die Klicks nur einmal gezählt.

Einen Ausweg aus der Manipulationserkennung bietet der Einsatz von Proxy-Rechnern, die die IP-Adresse des Client-Programms maskieren, sodass sie von der Suchmaschine nicht erkannt wird. Werden dann über einen solchen Proxy-Rechner Klicks auf den betreffenden Verweis vorgenommen, wird jeder Klick gezählt. Gleiches gilt für automatisierte Verfahren, die permanent einen bestimmten Verweis aus der Ergebnisliste aufrufen.Wichtig ist jedoch zu beachten, dass verschiedene Suchmaschinen beim Besuch Cookies übertragen, die eine Erkennung des Rechners ermöglichen. Möchte man also die Click Popularity beeinflussen ist es erforderlich zuerst das Cookie zu löschen, da ansonsten trotz Einsatz eines Proxy-Rechners der ausführende Client-Rechner erkannt wird.

Merke

- Click Popularity ist relativ schwer zu manipulieren.
- Eine positive Beeinflussung führt grundsätzlich nur über gut verfasste TITLE- und DESCRIPTION-Angaben.
- Ein Manipulationsversuch durch anklicken der eigenen Seite vom eigenen Rechner aus wird durch Erfassung der IP-Adresse bzw. Identifikation eines Cookies erkannt und nicht gewertet.
- Ein Ausweg stellt der Einsatz von Proxy-Rechnern dar, die die IP-Adresse des Clients maskieren.

Links

Public Proxy-Rechner
- [http://www.cpc-net.org/postnuke/modules.php?op=modload&name=Tools&file=proxies]

Lycos-Cookies
- [http://login.lycos.de/membership/signup/popups/secure-data.html#7]

Local Proxy Server zur Client-Maskierung
- [www.junkbusters.com/ht/en/ijbfaq.html]

8 Spam – unzulässige Maßnahmen

Die Methoden zur Optimierung von Dokumenten hinlänglich ihrer Relevanzbewertung und Maßnahmen die von Suchmaschinen als Spam definiert werden, stehen in enger wechselseitiger Beziehung. Spam sind alle Maßnahmen eines Content-Anbieters, die nur deshalb eingesetzt werden, um die Gewichtung eines Dokuments zu erhöhen. Das bedeutet, dass Suchmaschinen alle Methoden und Verfahren grundsätzlich als Spam definieren, die nur deshalb zum Einsatz kommen, um gezielt die Relevanzbewertung und damit verbunden die Rangposition eines Dokuments unerlaubt zu verbessern.

Im Umkehrschluss bedeutet das aber auch, dass jegliche Art des Einsatzes aller technischen Verfahren von *On the Page Faktoren* und *Off the Page Faktoren* nicht als unerlaubte Maßnahmen betrachtet werden, solange sie nur deshalb eingesetzt werden, um die Verfügbarkeit von Websites im Internet sicherzustellen oder um ein Textdokument inhaltlich und technisch für eine optimale Nutzung aufzubereiten.

In jedem Fall ist die Grenze zwischen dem vollständigen Ausschöpfen aller akzeptierten Methoden sowie deren Übertreibung, die als Spam gewertet werden, nicht immer eindeutig definierbar. Auch deshalb, da jede Suchmaschine etwas andere Kriterien und Obergrenzen für Spam festlegt, sowie unterschiedlich effiziente Spam-Erkennungsverfahren besitzt. So ist es durch aus möglich, dass Methoden die bei einer Suchmaschine bereits als Spam gewertet werden, bei einer Suchmaschine durchaus akzeptiert oder technisch nicht erkannt werden.

Unterschiedlich sind auch die *Strafmaßnahmen* der einzelnen Suchmaschinen was die jeweiligen Spam-Versuche anbelangt. Sie reichen von Nichtbeachtung der betreffenden Keywords über Deklassifikation einer Seite, bis im Extremfall zum völligen Ausschluss einer Seite bzw. der Domain oder sogar der gesamten IP-Adresse.

Die Kriterien die als Spam gewertet werden sind von Website-Entwicklern unbedingt zu beachten, um nicht Gefahr zu laufen, eine Deklassifikation oder einen Ausschluss einer Seite zu riskieren. Da die Grenzen in vielen Fällen fließend sind, muss in Abhängigkeit der jeweiligen Seiten und Suchmaschinen immer ein *Herantasten* an das maximal mögliche Limit erfolgen. Nachfolgend werden die wichtigsten Kriterien dargestellt, die von den Suchmaschinen grundsätzlich als Spam-Versuch angesehen werden. Sofern es sinnvolle Möglichkeiten gibt die Analyseverfahren der Suchmaschinen zu umgehen, werden diese benannt.

Es soll jedoch angemerkt sein, dass sich die Spam-Detection-Verfahren der Suchmaschinen laufend fortentwickeln und es oftmals nur eine Frage der Zeit ist, bis Spam erkannt und geahndet wird.

Neben den verschiedenen technischen Verfahren die zur Spam-Erkennung eingesetzt werden, setzen die Suchmaschinen auch auf die aktive Mithilfe von Anwendern. Wenn ein User der Meinung ist, dass eine von ihm aufgerufen Seite gegen die Spam-Regeln einer Suchmaschine verstößt, kann er den betreffenden URL melden. Dieser wird dann manuell überprüft.

Links

Spam Regeln FAST
- [www.alltheweb.com/info/about/spam_policy.html]

Spam Regeln Altavista
- [http://addurl.altavista.com/addurl/new#rls]

Spam Regeln Fireball
- [http://rubriken.fireball.de/Suchen/nutzungsordnung.csp]

Spam Regeln Google
- [www.google.com/webmasters/guidelines.html]

Spam Regeln Lycos Europe
- [www.lycos.de/search/anmeldung/infos.popup.html?show=spam]

Spam Regeln Inktomi
- [http://inktomi.com/products/web_search/guidelines.html]

Spam Definitionen PositionTech
- [www.positiontech.com/guidelines.htm]

Spam Report Altavista
- [http://de.altavista.com/help/search/report]

Altavista Spam Detection
- [http://addurl.altavista.com/help/search/faq_web#11]

Spam Report Alltheweb
- [www.alltheweb.com/info/contact/spam.html]

Spam Report Google
- [www.google.com/contact/spamreport.html]

Spam Report Google
- [http://www.tripod.lycos.de/support/abuse/]

Spamming-Methoden werden bestraft
- [www.wwpa.com/ErfolgImWeb/spamming.htm]

Suchmaschinen Spamming
- [www.1a-topranking.de/suchmaschinen_spamming.html]

The Classification of Search Engine Spam
- [www.ebrandmanagement.com/whitepapers/spam-classification/]

8.1 Keyword Stuffing

Ein häufig eingesetztes und einfach umzusetzendes Verfahren ist *das übermäßige Wiederholung von Schlüsselwörtern* im Dokument. Diese Methode bezieht sich auf die Beeinflussung des Term Frequency Algorithmus, der Dokumente in Abhängigkeit der relativen Worthäufigkeit von Keywords bewertet.

Betrachtet man ein Dokument, so können Keywords im Head-Bereich als auch im Dokumentenkörper positioniert werden. In vielen Fällen werden beim Keyword Stuffing das TITLE-Tag, sowie die Meta-Tags DESCRIPTION und KEYWORDS ausschließlich mit einem oder einigen wenigen Keywords vollgestopft. So werden von vielen Suchmaschinen nachfolgend gebildete Tags als Spam gewertet:

- <TITLE>Netzwerkschrank, Netzwerkschrank, Netzwerkschrank</TITLE>
- <META name="DESCRIPTION" content=" Netzwerkschrank, Netzwerkschrank, Netzwerkschrank, Netzwerkschrank, Netzwerkschrank, Netzwerkschrank, Netzwerkschrank, Netzwerkschrank, Netzwerkschrank, Netzwerkschrank,">
- <META name="KEYWORDS" content="Netzwerkschrank, Netzwerkschrank, Netzwerkschrank, Netzwerkschrank, Netzwerkschrank, Netzwerkschrank, Netzwerkschrank, Netzwerkschrank, Netzwerkschrank, Netzwerkschrank, Netzwerkschrank, Netzwerkschrank, Netzwerkschrank ">

Innerhalb des Dokumentenkörpers wird eine übertriebene Ausnutzung des ALT-Tags gleichfalls als Spam-Versuch gewertet. Eine raffinierte Spam-Methode ist dabei, sehr viele nur 1 x 1 Pixel große GIF-Dateien in Hintergrundfarbe im regulären Text zu integrieren und dabei das ALT-Tag einer jeden Bilddatei mit vielen Keywords zu versehen. Der Vorteil dieser Methode ist, dass im Browser die nur sehr kleinen GIF-Dateien nicht auffallen, aber den Suchmaschinen unzählige Keywords durch die Angaben innerhalb der ALT-Tags übermittelt werden.

Gelegentlich sieht man auch noch Textdokumente, deren Texte vollständig nur aus einem oder einigen wenigen Suchbegriffen bestehen. Ziel dieser Systematik soll es sein, durch eine sehr hohe Worthäufigkeit einen hohen TF-Wert zu erreichen und damit verbunden, ein hohes Ranking. Diese Methode bringt jedoch nur noch bei sehr wenigen Suchmaschinen den erwünschten Erfolg. Bei der Textanalyse wird konkret das Verhältnis von Nicht-Substantiven zu Substantiven berücksichtigt, um hierdurch automatisiert bestimmen zu können, ob Texte aufgrund ihrer Satzstruktur einen semantischen Sinn ergeben können. Inhalte die nur aus Substantiven bestehen, können keinen Sinn ergeben, was dazu führt, dass das betreffende Dokument als Spam gewertet wird.

Das Gegenteil von Keyword-Stuffing ist die Verwendung von nur einem einzigen Wort innerhalb eines Dokuments. Betrachtet man die Methodik der relativen Keyword Dichte entspräche dies einem Wert von 100%. Es kann jedoch nicht im Sinne von Suchmaschinen sein, die präzise Suchergebnisse anstreben, einem Dokument mit nur einem einzigen Begriff ein hohes Ranking zuzuweisen. Ein einzelnes Keyword hat keine inhaltliche Bedeutung und wird demzufolge von den Suchmaschinen trotz seiner rechnerischen 100%-igen Keyword Dichte nicht besonderes hoch bewertet. Altavista weist mehrfach selbst auf seinen Webmaster-Seiten darauf hin, dass

„... ausreichend lange und semantisch sinnvolle Texte Grundvoraussetzung für ein gutes Ranking sind ...".

Ob ein Text überhaupt sinnvolle Inhalte beinhalten kann, wird im Zuge der Dokumentenanalyse ermittelt, indem die Anzahl der Worte bestimmt und die Verteilung der verschiedenen Wortarten zueinander ins Verhältnis gesetzt wird.

Die Obergrenze für eine erlaubte relative Keyword-Dichte wird von den Suchmaschinen nicht exakt definiert. Während eine Keyword-Dichte von 100% im Dokumententitel sowie im KEYWORD-Tag durchaus zulässig sein kann, sollte die Keyword-Dichte im Dokumentenkörper eine Obergrenze von 10% bis maximal 15% nicht überschreiten. Gelegentlich sind auch 20% zulässig

Merke

- Keyword Stuffing wird als Spam-Versuch gewertet.
- Keyword Stuffing ist die übertriebene Verwendung von Keywords im Head- und Body-Bereich eines Dokuments.
- Eine hohe Anzahl von Bildern mit ALT-Tags, die in übertriebener Häufigkeit das gleiche Keyword beinhalten, wird gleichfalls als Spam gewertet.
- Eine relative Keyword-Dichte von maximal 15% sollte als Obergrenze beachtet werden.

Links

Alltheweb Spam Regeln
- [www.alltheweb.com/info/about/spam_policy.html]

Altavista Spam-Regeln
- [http://addurl.altavista.com/addurl/new]

Altavista Keyword-Stuffing
- [http://addurl.altavista.com/help/search/faq_web#10]

Spam Regeln Lycos Keyword Stuffing
- [www.lycos.de/search/anmeldung/infos.popup.html?show=spam]

Altavista Spam Detection
- [http://addurl.altavista.com/help/search/faq_web#11]

Google Spam Regeln
- [www.google.com/webmasters/guidelines.html]

Fireball Spam Regeln
- [http://rubriken.fireball.de/Suchen/nutzungsordnung.csp]

Inktomi Keyword Stuffing
- [http://inktomi.com/products/web_search/spampolicyfaq.html]

Spam Definitionen PositionTech
- [www.positiontech.com/guidelines.htm]

Keyword Density Checker
- [www.ranks.nl/tools/spider.html]

8.2 Blindtexte und Schriftgröße

Ähnlich wie das Keyword Stuffing in Tags wird das übermäßige Füllen von Keywords in Dokumenten gesehen, die für den regulären Betrachter nicht oder nur sehr schwer erkennbar sind. Deshalb werten Suchmaschinen *Blindtexte* und Texte in *extrem kleiner Schriftgröße* gleichfalls als Spam.

Blindtexte erzeugt man, indem die Textfarbe in der gleichen Farbe wie der Hintergrund gewählt wird. Dadurch erscheint der Text im HTML-Code, kann von den Suchmaschinen interpretiert werden und hat somit Einfluss auf die Worthäufigkeit. Ein Anwender erkennt den Text jedoch nicht. Die Erkennung dieses Spam-Versuchs erfolgt technisch durch Auswertung der Textfarbe und Vergleich mit der Farbdefinition der Hintergrundfarbe im BODY-Tag. Als Spam wird dabei auch gewertet, wenn der Unterschied zwischen Textfarbe und Hintergrundfarbe nur sehr unerheblich ist.

Text der im Verhältnis zu anderen Textpassagen erheblich kleiner ist, wird sehr häufig auch als Spam interpretiert. Im Zuge der Textanalyse werden die HTML-Tags sowie Angaben, die die Schriftgröße bestimmen, ausgewertet. Wichtig ist zu wissen, dass nicht die absolute Größe wichtig ist. Ausschlaggebend ist der relative Größenunterschied zwischen den mengenmäßig dominierenden Textpassagen und den seltener vorkommenden, kleiner angelegten Textstellen.

Beide Spam-Verfahren dienen grundsätzlich nur dazu, eine Vielzahl von Schlüsselwörtern im Dokumentenkörper so zu positionieren, dass sie zwar von den Suchmaschinen bei der Dokumentenanalyse erfasst, aber nicht vom User im Text erkannt werden. Manipulationsversuche dieser Art führen als Spam-Versuch in vielen Fällen zum Ausschluss aus dem Datenbestand.

Eine Möglichkeit die Analyseverfahren der Retrieval Systeme zu täuschen, ist der Einsatz von *Cascading Style Sheats* (CSS). Gegenwärtig können die Suchmaschinen Angaben die mittels CSS zur Textauszeichnung übermittelt werden, nur eingeschränkt identifizieren. Es ist also möglich durch den Einsatz von CSS Textformatierungen und Farbangaben vorzunehmen, die von den Suchmaschinen nicht als Spam erkannt werden. Aber dazu führen, dass Texte bei Browsern, die CSS unterstützen, nicht im sichtbaren Bereich dargestellt werden, oder es möglich ist, Text und Hintergrund in gleicher Farbe zu wählen.

Verkleinerung der Schriftgröße des <H>-Tags

Mit <H>-Tags werden besonders wichtige Überschriften definiert, die von den Suchmaschinen höher bewertet werden. Aus Design-Gründen ist es jedoch oft sinnvoll, diese nicht in ihrer Originalgröße im Browser erscheinen zu lassen. Der Vorteil dieser Methode ist, dass wichtige Keywords mittels <H>-Tags hervorgehoben werden können, ohne sie visuell vom regulären Text zu unterscheiden. Um die tatsächliche Größendarstellung zu beeinflussen muss dies im *Style Sheat* definiert werden (CSS-Angabe) und die betreffende *CSS-Klasse* im Tag (Tag-Angabe) bestimmt werden. Mittels nachfolgenden CSS-Angaben beeinflusst man die sichtbare Darstellung von <H>-Tag definierten Überschriften.

Beispiel

CSS-Angabe

- H1.type { font-size: 30% ; font-weight: normal; font-style: normal }

Tag-Angabe

- <H1 class="type">Keywords erscheinen nur in 30% der regulären Größe</H1>

Analog kann auch ein Text durch die Font Size-Angabe mittels Bestimmung der Pixel-Größe kleiner dargestellt werden.

CSS-Angabe

- H1.type { font-size: 4 px ; font-weight: normal; font-style: normal }

Tag-Angabe

- <H1 class="type">Keywords erscheinen in der Größe von 4 Pixel</H1>

Texte unsichtbar gestalten

Um Keywords im Text so zu positionieren, dass sie zwar von den Suchmaschinen, aber nicht vom Leser im Browser erkannt werden, muss eine entsprechende Farbdefinition mittels CSS erfolgen. Im *Style Sheat* wird dazu die Textfarbe in gleicher Farbe (CSS-Angabe) wie die Hintergrundfarbe des Dokumentenkörpers (Body-Angabe) definiert und die betreffende *CSS-Klasse* im Tag (Tag-Angabe) bestimmt.

Beispiel

Body-Angabe

- <BODY BGCOLOR="white" TEXT="red ">

CSS-Angabe

- .adjust { color: white }

Tag-Angabe

- <P class="adjust"> Text erscheint in Weiß und ist somit nicht erkennbar</P>

Eine weitere Möglichkeit einen Text unsichtbar zu machen besteht darin, ihn so zu verstecken, dass er von einem Anwender im WWW-Browser nicht gesehen wird, aber trotzdem vorhanden ist. Da die erste dargestellte Methode zwar gut wirkt, aber von einigen Suchmaschinen mittlerweile erkannt wird, eignet sich die Textpositionierung in Layern besser. Texte werden dabei in Layern so positioniert, dass sie außerhalb des sichtbaren Bereichs liegen. Durch diese Methode erfassen die Suchmaschinen die Inhalte der Seiten vollständig. Ein Anwender sieht den Text aber nicht, da er sich außerhalb des sichtbaren Bereichs des Browser befindet. Beispiel:

CSS-Angabe

- .position { position: absolute; width:180px; height:75px; z-index:3; left: -220px; top: -95px; visibility: visible }

Tag-Angabe

- <DIV class="position">Keywords sind außerhalb des sichtbaren Bereichs</DIV>

Bei der Anwendung dieser Methode muss bei der Umsetzung darauf geachtet werden, dass die Positionsangaben *left* and *top* so bestimmt werden, dass der Text auch tatsächlich nicht im Browser erscheint.

Merke

- Blindtexte und sehr kleine Texte werden als Spam-Versuch gewertet.
- Ein Ausweg stellt die Textauszeichnung mittels Cascading Style Sheats dar.
- Texte können auch mittels Layern versteckt werden.
- Bei der Verwendung von Blindtexten, sehr kleinen Texten und versteckten Texten sollte aber die Obergrenze für die maximale relative Keyword-Dichte beachtet werden.

Links

HTML CSS DHTML Tutorium
- [http://its.truman.edu/webservices/tutorials/html.stm]

Altavista Spam-Regeln
- [http://addurl.altavista.com/addurl/new]

Altavista-Spam Detection
- [http://addurl.altavista.com/help/search/faq_web#11]

Spam Regeln Google
- [www.google.com/webmasters/guidelines.html]

Inktomi Spam-Guide
- [http://inktomi.com/products/web_search/guidelines.html]

Spam Definitionen-PositionTech
- [www.positiontech.com/guidelines.htm]

CSS-Identifikator
- [www.ranks.nl/tools/spider.html]

8.3 Meta-Informationen ohne inhaltlichen Bezug

Die Wichtigkeit von Keywords im Head-Bereich, insbesondere im Dokumententitel wurde umfassend dargestellt. Ein Dokumententitel soll den Inhalt und das Thema eines Dokuments mittels prägnanter Schlüsselwörter beschreiben. Ergänzende und erweiternde Informationen können sich im DESCRIPTION-Tag und gegebenenfalls im KEYWORD-Tag befinden. Die Head-Informationen und der Dokumententext sollen in einem thematischen Zusammenhang stehen.

Dies bedeutet bei konsequenter Umsetzung, dass die im Titel bzw. in den Meta-Tags genannten Keywords auch im Dokumententext selbst in ausreichender Menge vorkommen müssen. Ansonsten ist anzunehmen, dass zwischen Head-Information und Text kein inhaltlicher Zusammenhang besteht.

Im Rahmen der Dokumentenanalyse wird zu jedem Keyword dessen exakte Lage im Dokument festgehalten. Dies ermöglicht eine Analyse darüber, ob Schlüsselwörter die im Head-Bereich vorkommen auch im Dokumentenkörper verwendet werden. Erscheinen Schlüsselwörter ausschließlich im Head-Bereich und finden sie keine Verwendung innerhalb des Dokumentenkörpers, kann dies von verschiedenen Suchmaschinen als Spam-Versuch interpretiert werden.

Betrachtet man die realen Gegebenheiten stellt man sehr wohl fest, dass eine Vielzahl von Content-Anbieter nicht darauf achten, dass der Dokumententitel oder die Meta-Tags einer jeden Seite konsistent mit dem jeweiligen Inhalt korrespondieren. Ein Ausschluss einer solchen Seite aus dem Datenbestand wäre als Vergeltungsmaßnahme ein zu starkes Mittel. Aus diesem Grund bewerten die Suchmaschinen Keywords die zwar im Head-Bereich aber nicht mehr im Dokumentenkörper vorkommen niedriger. Dokumente, die die Schlüsselwörter sowohl im Head-Bereich als auch im Dokumentenkörper in ausreichender Anzahl führen, werden hingegen besser bewertet.

Merke

- Head-Informationen sollen individuell zu jeder einzelnen Seite bestimmt werden.
- Insbesondere Schlüsselwörter die im Titel vorkommen sollten auch im Text selbst erscheinen.

Links

Spam Definitionen-PositionTech
- [www.positiontech.com/guidelines.htm]

Keyword-Checker
- [www.ranks.nl/tools/spider.html]

8.4 Doorway Pages

Doorway Pages sind HTML –Dokumente die im allgemeinen nur zu dem Zweck entwickelt werden, um die betreffende Seite optimal bei den Suchmaschinen zu indexieren. Dabei handelt es sich i.d.R. nicht um ein HTML-Dokument das Teil des regulären Webauftritts ist, sondern um eine Seite, die konkret für einen oder einige wenige Begriffe hin optimiert wurde. Dabei werden die jeweiligen Relevanz-Kriterien der Suchmaschinen detailliert und intensiv berücksichtigt. Über eine Doorway Page erreicht man das eigentliche Dokument entweder mittels einem Redirect-Befehl oder durch einen klickbaren Hyperlink.

Im Allgemeinen sind Doorway Pages auf nur einige wenige Suchbegriffe optimiert und es werden dazu alle bisher dargestellten Methoden individuell auf jede einzelne Suchmaschine hin optimiert. Erinnert man sich an die Definition was Spam ist, nämlich

„... alle Maßnahmen die ausschließlich dazu dienen das Ranking bei den Suchmaschinen zu beeinflussen ...",

kann man *Doorway Pages* eindeutig als Spam definieren. So sehen es auch die Suchmaschinen und setzten im Rahmen der Textanalyse verschiedene Verfahren ein, die dazu dienen *Doorway Pages* weitestgehend zu identifizieren.

Anfänglich waren Doorway Pages von den Suchmaschinen akzeptiert (z.B. als vorgeschaltete Seite zu einem Frameset). Die maßlose Übertreibung vieler Content-Anbieter führte jedoch schon 1997 zu Gegenmaßnahmen. Eine der ersten Suchmaschinen die Doorway Pages identifizierte und aus dem Datenbestand löschte war Altavista. Das Erkennen von Doorway Pages führt mittlerweile bei einigen Suchmaschinen nicht nur zur Löschung der betreffenden Doorway Page, sondern auch zur Elimination der Seite auf die verwiesen wird.

In vielen Fällen ist der Aufwand zur Entwicklung einer guten Doorway Page gleich hoch, wie die Optimierung der betreffenden Seite auf die verwiesen wird. Es ist also in sehr vielen Fällen sinnvoller, die Optimierungsanstrengungen gleich auf die eigentliche Seite anzuwenden. Wenn man also dennoch eine Doorway Page erstellen möchte, sind lediglich alle bisher dargestellten Optimierungsmethoden für circa drei Keywords je Seite auszuführen. Der erhebliche Nachteil von Doorway Pages ist jedoch, dass nur selten ein Wert für Link Popularity zu erzielen ist, denn wer verlinkt schon auf eine Doorway Page?

Eng verbunden mit der Systematik von Doorway Pages ist das automatische Weiterleiten auf eine andere Seite. D.h. in dem Moment in dem eine Doorway Page aufgerufen wird, erfolgt sofort eine automatische Weiterleitung auf diejenige Seite, die eigentlich für den Anwender gedacht ist. Damit erreicht man, dass zwar alle Angaben innerhalb der Doorway Page beim Indexieren an die Suchmaschine übertragen werden, ein Anwender bekommt jedoch die Doorway Page nicht zu Gesicht. Ein Redirect kann entweder über das Meta-Tag

```
<meta http-equiv="refresh" content="0"; URL="homepage.html">
```

erreicht werden oder durch eine Redirect-Einstellung am Server (HTTP Code 301). Bei obigem Meta-Tag wird nach *Null* Sekunden auf das Dokument *homepage.html* umgeleitet. Da Suchmaschinen insbesondere eine sehr kurze Redirect-Dauer oftmals als Signal für eine Doorway Page interpretieren, ist iterativ je Suchmaschine eine längere Refresh-Dauer zu finden, die nicht als Indikator für einen Doorway Page-Redirect interpretiert wird.

Da die Suchmaschinen jedoch mittlerweile sehr sensibel auf Redirects mittels HTTP-EQUIV-Befehl reagieren, sollte besser ein kleines JavaScript benutzt werden:

```
window.location.replace('seite_neu.htm');
```

Damit wird die neue Seite *seite_neu.htm* aufgerufen und gleichzeitig der aktuelle Eintrag in der History-Liste des Browsers überschrieben. Dies hat zur Folge, dass der Zurück- Button des Browsers weiterhin funktioniert. Setzt man hingegen

```
window.location.href
```

ein, würde ein Klick auf "Zurück" eine erneute Weiterleitung ausführen und man wäre sozusagen „gefangen".

Merke

- Doorway Pages werden im allgemeinen von Suchmaschinen erkannt.
- Es sind alle in diesem Buch benannten Optimierungsmethoden zur Entwicklung einer Doorway Page anzuwenden.
- Doorway Pages sollten auf maximal 3 Suchworte hin optimiert werden.
- Wählt man eine automatische Weiterleitung, ist eine Weiterleitung mittels JavaScript empfehlenswert, da die anderen Methoden erkannt werden.

Links

JavaScript Rewriting History
- [www.insidedhtml.com/tips/functions/ts14/page1.asp]

Apache Server Side Redirect
- [http://httpd.apache.org/docs/mod/mod_alias.html]

Google Indexierungseinschränkungen
- [www.google.com/webmasters/2.html]

Google Redirecting
- [www.google.com/webmasters/4.html]

Google Doorway Pages
- [www.google.com/webmasters/seo.html]

Lycos Doorway Pages
- [www.lycos.de/search/anmeldung/infos.popup.html?show=spam]

What Is A Bridge or Doorway Page?
- [http://searchenginewatch.com/webmasters/bridge.html]

Altavista Spam-Regeln
- [http://addurl.altavista.com/addurl/new]

Altavista Spam Detection
- [http://addurl.altavista.com/help/search/faq_web#11]

Lycos Mirror Seiten
- [https://secure.lycos.de/countries/de/faq/PriceView.php?view_page=faq12.htm]

Fireball Aufnahmerichtlinien
- [http://rubriken.fireball.de/paidlinks/katalogrichtlinien.html]

Inktomi Spam-Regeln
- [http://inktomi.com/products/web_search/guidelines.html]

Spam Definitionen-PositionTech
- [www.positiontech.com/guidelines.htm]

8.5 IP-Delivering und Cloaking

Eine Systematik die oftmals mit der Bildung von Doorway Pages verwechselt wird ist *IP-Delivering* bzw. *Cloaking*. Unter Cloaking versteht man eine Server basierte Systematik, die unterschiedliche Dokumente in Abhängigkeit des anfragenden Clients auf einen HTTP-Request liefert. Zur Verdeutlichung der Systematik muss erwähnt werden, dass die Client-Kennung Teil des HTTP-Request-Header ist, der an den Server übertragen wird. Mit der Client-Kennung gibt sich eine Anwendungssoftware zu erkennen. In der Systematik des Server-Client Prinzips ist ein

Webrobot der Client, der sich beim Server mittels Client-Kennung zu erkennen gibt. Der Webrobot von Google identifiziert sich beispielsweise mit *GOOGLEBOT*, Fireball mit *KIT-Fireball* und FAST mit *FAST-Web Crawler*.

Über Einstellungen an der Serversoftware kann bestimmt werden, dass zu einem URL unterschiedliche Dokumente, in Abhängigkeit der Client-Kennung, übertragen werden. Dadurch ist es grundsätzlich möglich, den Clients der Suchmaschinen individuell optimierte HTML-Dokumente zu liefern. Anwender die hingegen einen URL mit einem Browser aufrufen, der sich unter einer typischen Browser-Kennung (z.B. Mozilla) anmeldet, erhalten stattdessen eine völlig andere Website. In der Praxis bedeutet das, dass für die Suchmaschinen separate Seiten entwickelt werden, die sich ausschließlich an den Ranking-Kriterien der einzelnen Suchmaschinen orientieren. Wird eine Robot-Client-Kennung vom Server erkannt, wird die entsprechend optimierte Seite übertragen.

Grundsätzlich ist gegen eine Client individuelle Dokumentenübermittlung nichts einzuwenden. Denn dadurch können Einschränkungen die einzelne Browser oder Browser-Versionen hinlänglich der Programmieroptionen besitzen, ausgeschlossen werden. Spam ist es für die Suchmaschinen jedoch immer dann, wenn das tatsächliche Dokument und das betreffende Suchmaschinen optimierte Dokument erheblich voneinander abweichen.

Zur Erkennung von unzulässigem Cloaking spidern alle großen Suchmaschinen bereits erfasste URL's auch unter einer anderen Client-Kennung. Dabei täuschen sie bewusst die Client-Kennung von WWW-Browsern vor, um dadurch das eigentliche Dokument übertragen zu bekommen. Werden zwischen dem regulären und dem optimierten Dokument erhebliche Unterschiede erkannt, erfolgt die Löschung des URL.

IP-Delivering basiert auf der gleichen Systematik wie *Cloaking*. Im Protokoll-Header des Requests wird die IP-Adresse des anfragenden Clients übermittelt. Da die verschiedenen Robot-Clients auf Servern mit identifizierbaren IP-Adressen arbeiten, kann dem jeweiligen Robot, basierend auf Erkennung seiner IP-Adresse, ein für ihn individualisiertes Dokument übergeben werden. Das Webrobot System *Googlebot* von Google ist beispielsweise unter www.googlebot.com erreichbar. Entsprechend der jeweiligen IP-Adresse der Webrobot-Systeme werden beim IP-Delivering individualisierte und entsprechend optimierte Dokumente übertragen.

Merke

- Cloaking wird grundsätzlich von den Webrobot Systemen erkannt und entsprechend bestraft.
- IP-Delivering wird nur dann als Spam interpretiert, wenn die eigentliche Seite erheblich von der Seite für die Webrobots abweicht.
- Eine Erkennung erfolgt durch Wiederbesuch unter vorgetäuschter Client-Kennung mit anschließendem Dokumentenvergleich.

Links

Google und Cloaking
- [www.google.com/webmasters/faq.html#cloaking]

Google Googlebot
- [www.google.com/webmasters/faq.html#nocrawl]

Inktomi Cloaking
- [http://inktomi.com/products/web_search/spampolicyfaq.html]

Übersicht Client Kennung deutscher Robots
- [www.suchspezialist.de/webmaster/robot-liste.shtm]

Identifizierung des eigenen Browser Clients
- [www.pocketpcthai.com/useragent.php]

HTTP-Spezifikationen
- [www.w3.org/Protocols/rfc2068/rfc2068]

Altavista Spam-Regeln
- [http://addurl.altavista.com/addurl/new]

Altavista Spam Detection
- [http://addurl.altavista.com/help/search/faq_web#11]

Inktomi Spam-Regeln
- [http://inktomi.com/products/web_search/guidelines.html]

Robot Client Datenbank
- [www.robotstxt.org/wc/active/html/]

Robot-Clientkennungen
- [www.psychedelix.com/agents.html]

Domain Name Resolver
- [http://us.mirror.menandmice.com/cgi-bin/DoDig]

IP-Adressauflösung
- [www.muc.de/services/staubericht.pl]

Spider Spotting
- [http://searchenginewatch.com/webmasters/spiders.html]

Spam Definitionen-PositionTech
- [www.positiontech.com/guidelines.htm]

Search Engine Spider IP Addresses
- [www.searchengineworld.com/spiders/spider_ips.htm]

Cloaking Overview
- [www.searchengineworld.com/misc/cloaking.htm]

Cloaking Scripts
- [www.cloakmaster.com/]

8.6 Unsichtbare Hyperlinks

Unsichtbare Hyperlinks sind Link-Verweise die im Quellcode zwar vorhanden sind, aber im Browser eines Anwenders nicht oder nicht auf Anhieb erkennbar sind. In verschiedenen Fällen kann es für einen Content-Anbieter sinnvoll sein, Hyperlink-Verweise auf andere Seiten zu setzen, aber einem Anwender nicht die Möglichkeit zu geben, das betreffende Link zu sehen bzw. anzuklicken.

Im Zusammenhang mit der Link Popularity findet diese Methode gerne Einsatz, da verschiedene Suchmaschinen Dokumente mit einer Vielzahl von Hyperlinks als interessante Knotenpunkte im Web betrachten. Weist eine Website viele ausgehende Links auf, wird ihnen eine höhere Bewertung zugeordnet. Da der Content-Anbieter jedoch einen User solange wie möglich auf seiner Website halten möchte, versteckt er die Links so, dass sie zwar von den Suchmaschinen im Quelltext erkannt, aber vom User nicht oder nicht auf Anhieb gesehen werden.

Ein im Browser sichtbarer Textlink schließt immer einen Text mit ein:

<A HREF="verweis.htm"> **Text der vom Hyperlink eingeschlossen wird**</A>

Ein unsichtbarer Verweis schließt keinen Text ein, ist dennoch syntaktisch ein gültiger Hyperlink.

<A HREF="verweis.htm"> </A>

Da die Suchmaschinen auf Hyperlinks *ohne Inhalt* sensibel reagieren, werden von Programmierern auch verschiedentlich nur Zeichen der Interpunktion ohne Bedeutung als „sichtbarer Text" eingefügt

<A HREF="verweis.htm"> --- </A>

Zeichen der Interpunktion werden jedoch im Zuge der Datennormalisierung entfernt, wodurch wieder ein Hyperlink ohne Inhalt entsteht.

Das Setzen solcher blinder Hyperlinks dient nur dazu, Verweise auf Dokumente zu richten, die ausschließlich für die Suchmaschinen gedacht sind und nicht für den regulären Anwender. Im allgemeinen wird diese Form der blinden Hyperlinks erkannt und von den Suchmaschinen nicht berücksichtigt. Ein Ausschluss von Dokumenten, die blinde Hyperlinks einsetzen, erfolgt jedoch normalerweise nicht.

Eine Alternative stellt das Setzen von Hyperlinks als Bildreferenz dar. Teil vieler aktueller Webdesigns ist es, Bilddateien mit Hyperlink-Verweisen zu referenzieren, die auf eine andere Seite führen. In sehr vielen Fällen werden graphisch aufwendig gestaltete Menüs mittels dieser Methode gebildet:

<A HREF="verweis.htm"> <IMG SRC="bild.gif"></A>

Grundsätzlich ist diese Form der Verweisbildung *kein* Spam, da über eine Grafik ohne Spam-Intention durchaus auf eine andere Seite verwiesen werden kann. Aus diesem Grunde werden Bildverweise auch von vielen Suchmaschinen akzeptiert. Jedoch nicht von allen, weshalb es ergänzend zu graphisch basierten Menüstrukturen erforderlich ist, auch immer Text basierte Menüs auf allen Seiten zu bilden.

Eine weitere Methode zur Bildung von blinden Hyperlinks ist die Integration von nur 1 x 1 Pixel großen Bilddateien in Hintergrundfarbe. Durch dieses Verfahren kann eine Vielzahl von unsichtbaren Hyperlinks auf einer Seite positioniert werden, um hierdurch die Vorteile eines Knotenpunktes im Web mit vielen ausgehenden Verweisen zu erreichen.

Die Verfahren und Gewichtungskriterien der Hyperlink-Analyse machen es hingegen erforderlich, inhaltlich sinnvolle und mit geeigneten Keywords gefüllte Textlinks in den Dokumenten zu führen. Wie dargestellt werden Dokumente bzw. Keywords in Dokumenten höher bewertet, wenn im verweisenden Hyperlink ein Begriff vorkommt, der sich auch auf der Seite befindet, auf die verwiesen wird. Diese Bewertungsmethodik wird sowohl für interne als auch für externe Verweise im Zuge der Link Popularity eingesetzt (s. Kap. 7.4). Das Setzen von Hyperlinks mit Keywords ist in seiner Wirkungsweise folglich wesentlich stärker, als Hyperlinks ohne Inhalt.

Für Anwender unsichtbare Hyperlinks können, neben der oben dargestellten Methode, noch in zwei weiteren Formen realisiert werden. Zum einen besteht die Möglichkeit, sie außerhalb des sichtbaren Bereichs zu positionieren. Dabei kommt die gleiche Methode zur Anwendung, wie beim verstecken von Keywords im Text (s. Kap. 8.2). Die Hyperlinks sind Teil des regulären Textes, werden aber durch Positionsbestimmung mittels Cascading Style Sheats außerhalb des sichtbaren Bereichs eines Browsers positioniert. Das Resultat ist, dass sie im Quelltext als Text-Links erscheinen, aber im Browser nicht erkennbar sind.

Die andere Methode ist, einen Hyperlink regulär im Text aufzuführen, ihn aber durch eine spezielle Textauszeichnung mittels CSS unsichtbar zu machen. Hierzu muss in der CCS-Datei das *Verhalten* bestimmt und dem betreffenden Link eine *Klasse* zugewiesen werden, die ihn unsichtbar macht.

Beispiel

CSS-Angabe

- .versteckt { display: none }

Tag-Angabe

- <A HREF="verweis.htm" class="versteckt"> **Text ist nicht sichtbar**</A>

Damit diese beiden auf CSS-basierten Methoden auch zum Vorteil des Content-Anbieters wirken ist Voraussetzung, dass der Browser eines Anwenders CSS unterstützt und ein Webrobot die CSS-Angaben nicht interpretieren kann. Es sei jedoch angemerkt, dass sich die Analyseverfahren der Suchmaschinen immer weiter entwickeln und die oben dargestellten Methoden des Versteckens in absehbarer Zeit erkannt und dann als Spam gewertet werden können.

Merke

- Hyperlinks die Bilddateien referenzieren werden im allgemeinen von den Suchmaschinen akzeptiert.
- Blinde Hyperlinks ohne Textinhalt werden nicht weiterverfolgt.
- Der beste Weg ist Textlinks zu erstellen und diese so zu positionieren, dass sie nicht im Browser gesehen, aber von den Crawlern gelesen werden können.

8.7 Erkennung von Dubletten

Dubletten sind aus der Sicht der Suchmaschinen identische oder nahezu identische Dokumente, die unter einem *anderen Dateinamen* gespeichert oder über einen *anderen URL* aufgerufen werden können. Da Dubletten keine Erweiterung des Datenbestands durch neue Informationen bedeuten, sondern lediglich die Suchergebnisse verschlechtern, sind sie von den Suchmaschinen nicht erwünscht. Darüber hinaus erfordern sie den Einsatz von Systemressourcen zur Indexierung und Verwaltung, was gleichfalls nicht im Sinn der Suchmaschinen ist.

Dubletten stellen kein Spam im eigentlichen Sinn dar, werden aber bei Entdeckung eliminiert. Im allgemeinen verbleibt immer derjenige URL im Datenbestand, der zuerst erfasst wurde. Nahezu jede Suchmaschine mit halbwegs effizienter Technologie verfügt über geeignete Verfahren, Dubletten im Datenbestand zu erkennen. Mit der Implementierung der neuen Technologie im Herbst 2002 hat Altavista konkret auch dieses Merkmal verbessert.

Die Erkennung einer doppelten Seite ist vergleichsweise einfach. Bei der Indexierung einer Seite wird für einen Datensatz eine Chiffriersumme nach einem Verfahren errechnet das sicherstellt, dass jede Informationseinheit eine eigene Chiffriersumme erhält. Um zu vermeiden, dass die Veränderung nur eines einzigen Zeichens auch zu einer Veränderung der Chiffriersumme führt, wird die Kontrollsumme nicht aus allen Zeichen eines Dokuments gebildet. Berücksichtigt werden kann beispielsweise nur ein bestimmter Textblock des Dokuments, der Head-Bereich oder auch die Keyword-Liste des Dokuments. Damit wird vermieden, dass eine Veränderung von nur einem oder einigen wenigen Zeichen ausreicht, um Dokumente, die eigentlich Dubletten sind, unterschiedliche Chiffriersummen zuzuweisen.

Es stellt sich die Frage, warum der Einsatz von Dubletten interessant sein kann. Oftmals geschieht das Bilden von Dubletten unbewusst, wie z.B. durch das Routen unterschiedlicher Domain-Namen auf ein und dasselbe Dokument. Verwendet beispielsweise ein Unternehmen mehrere Domain-Namen bei den Suchmaschinen und wird ein Dokument entweder unabsichtlich unter mehreren Domain-Namen angemeldet oder über Hyperlinkverweise erfasst, wird das gleiche Dokument unter verschiedenen URL's indexiert.

Beispiel

- http://www.**firma.de**/wir.html
- http://www.**firma-gmbh.de**/wir.html

Der URL ist unterschiedlich, aber das Dokument und der Inhalt sind identisch. Die Datei *wir.html* ist eine Dublette.

In vielen Fällen wird eine Seite aber auch bewusst unter verschiedenen Domains angemeldet, um im Domain-Namen unterschiedliche Keywords zu positionieren. Da Keywords in Domain-Namen bei verschiedenen Suchmaschinen im Zuge der Indexierung gesondert berücksichtigt und höher gewichtet werden, stellt dies einen guten Ansatz dar, eine Website unter mehreren Schlüsselwörtern möglichst optimal zu positionieren.

Diese Methode der Website Positionierung funktioniert jedoch nicht bei allen Suchmaschinen. Zum einen erkennen die Suchmaschinen identische Dokumente, zum anderen ist ein Keyword im Domain-Namen nur eines von vielen Relevanzkriterien. Ist die Website selbst nicht schon effizient auf das im Domain-Namen vorkommende Keyword optimiert, ist die Wirkung auf die Gewichtung nur sehr mäßig. Eine interessante Option ist hingegen, Keyword bezogene Domains zu bilden, die auf Dokumente verweisen, die für das betreffende Keyword optimiert sind. Über die Servereinstellungen kann den verschiedenen Domains sehr einfach ein bestimmtes Dokument zugewiesen werden. Durch die hohe inhaltliche Konsistenz von Dokument und Domain erzielt man bei verschiedenen Suchmaschinen sehr gute Ranking Ergebnisse.

Unter bestimmten Gesichtspunkten ist es jedoch durchaus sinnvoll, eine existierende Website inhaltlich nicht zu ändern, aber auf andere Suchworte hin zu optimieren. Und zwar immer dann, wenn für Suchbegriffe auch häufig verwendete Synonyme existieren. Dadurch wird erreicht, dass eine Website ohne viel Aufwand auch zu synonym verwendeten Begriffen gut gefunden wird. Am idealsten ersetzt man dazu die jeweiligen Begriffe in allen Texten und Head-Informationen vollständig, ändert alle Verzeichnis- sowie Dokumentennamen und meldet die Website unter einer anderen Domain an. Der vieler Orts empfohlene Provider-Wechsel zur Änderung der IP-Adresse ist bei dieser Vorgehensweise nicht erforderlich. Streng genommen sind die Seiten bei dieser Vorgehensweise keine Dubletten mehr, da sie ja nun über andere Schlüsselwörter identifizierbar sind.

Merke

- Suchmaschinen werten identische Dokumente, die unter verschiedenen URL's angemeldet werden, als Dubletten und löschen sie.
- Eine Erkennung erfolgt durch die Bildung von Chiffriersummen.
- Bei wichtigen Synonymen ist es sinnvoll, Seiten zu duplizieren und auf unterschiedliche Schlüsselwörter hin zu optimieren.

Links

Altavista Dublettenerkennung
- [http://addurl.altavista.com/help/search/faq_web#14]

Inktomi Spam-Regeln
- [http://inktomi.com/products/web_search/guidelines.html]

Inktomi mehrfache virtuelle Hosts
- [http://inktomi.com/products/web_search/spampolicyfaq.html]

Spam Definitionen-PositionTech
- [www.positiontech.com/guidelines.htm]

8.8 Spam durch Link Farms

Mit der wachsenden Bedeutung der Link Popularity wurde auch sofort nach Mitteln und Wegen gesucht, um die Anzahl der Verweise schnell und einfach zu steigern, und um hierdurch einen möglichst hohen Relevanzwert zu erzielen. Es entstanden *Link Farms* in erheblicher Menge. Link Farms sind nichts anderes als Websites die unzählige Verweise auf andere Dokumente richten und ihrerseits wieder Verweise von den betreffenden Seiten erhalten. Die Link Farms besitzen keinen wirklichen Inhalt, noch stellen sie interessante Knotenpunkte im Web dar. Sie dienen ausschließlich dazu, die Link Popularity von Dokumenten zu steigern, weshalb sie von allen Suchmaschinen die Link Popularity in ihrem Algorithmus berücksichtigen, abgelehnt werden. Verweise von solchen Websites gelten als Spam.

Sehr oft versprechen sogenannte Webpromoter unerfahrenen Content-Anbietern ihre Website in mehreren Hundert, ja sogar Tausend Suchmaschinen und Webverzeichnissen zu positionieren. Was diese Unternehmen in sehr vielen Fällen jedoch machen ist, URL's an *FFA-Websites* (Free For All), also Link Farms zu übergeben, was eher einen Nachteil als einen Vorteil für einen Content-Anbieter darstellt. Link Farms werden gezielt von den Suchmaschinen gesucht und vom Index ausgeschlossen. Dabei besteht Gefahr, dass auch gleichzeitig alle URL's auf die verwiesen wird, entweder deklassifiziert oder gelöscht werden.

Teilnehmer von Link Farms versuchen über diesen Weg ihre Link Popularity zu steigern, da sie der Meinung sind, dass die Anzahl der Verweise sehr wichtig ist und dass Suchmaschinen Link Farms nicht identifizieren können. Beide Annahmen sind jedoch falsch.

Das Prinzip der Link Popularity beruht auf der *Bedeutung* der jeweils verweisenden Website, der *Qualität* eines Hyperlinks (z.B. Keyword im Link) und damit verbunden einer ausreichenden *Anzahl* von *qualitativ hochwertigen* Verweisen (s. Kap. 7.4). Eine Vielzahl an Links von wenig bedeutenden Web Sites hat nur geringen Einfluss. Nicht umsonst setzen Google oder Altavista subtile Link-Analyse-verfahren ein um die *Qualität* eines Verweises bewerten und um Spam-Versuche erkennen zu können.

Technisch gesehen ist die Identifikation einer Link Farm nicht sehr schwer. Im Zuge der Dokumentenanalyse wird festgestellt, ob ein entsprechendes Verhältnis von Textanteil und Hyperlink-Verweisen besteht. Ist die Link-Anzahl sehr hoch und steht der Textanteil in einem sehr inferioren Verhältnis, kann dies als Indikator für eine Link Farm interpretiert werden.

Die sehr harsche Reaktion der Suchmaschinen auf Link Farms hat teilweise zu übertriebenen Reaktionen bei Content-Anbietern geführt, die ausgehende Links nur noch restriktiv vornehmen, aus Angst selbst als Link Farm gewertet zu werden. Gleichzeitig entstand die Befürchtung, dass jede Themen spezifische Website, die viele externe Verweise zu anderen Dokumenten besitzt, als Link Farm klassifiziert wird. Solche Reaktionen sind natürlich übertrieben. In jedem Fall ist zu empfehlen weiterhin zu versuchen so viele Verweise wie möglich von anderen Websites zu bekommen, nur eben nicht von Link Farms. Da Link Farms ausschließlich eine Akkumulierung von Links beabsichtigen, sind sie von thematisch sinnvollen und qualitativ hochwertigen Webkatalogen sowie von Themenportalen oder Foren auch sehr leicht zu unterscheiden.

Dokumente mit ausgehenden Links werden von Suchmaschinen grundsätzlich immer als wichtig betrachtet, da nur über sie das Web letztendlich erfasst werden kann. Wichtig ist jedoch, dass Dokumente Text in angemessenem Umfang beinhalten und die Hyperlinks im Text eingebunden sind. Weiter soll die Anzahl an Link-Verweisen je Dokument nicht zu hoch sein. Google empfiehlt beispielsweise als Obergrenze eine Anzahl von 100 Links je Dokument.

Merke

- Link Farms werden von allen Suchmaschinen als Spam-Instrumentarium betrachtet.
- Eine Link Farm kann mit relativ einfachen Methoden erkannt werden.
- Verweise von bekannten Link Farms werden als Spam-Versuch gewertet.
- Eigene Seiten sollten in jedem Fall externe Verweise besitzen. Google beziffert die zulässige Obergrenze von ausgehenden Verweisen mit 100 Links je Dokument.

Links

Google-Link Farms
- [www.google.com/webmasters/guidelines.html]

Google Webmaster FAQ's
- [www.google.com/webmasters/facts.html]

Search Engine Promotion Glossary
- [www.spannerworks-positioning.co.uk/glossary/link_farm.html]

Link Farms Grow Spam
- [www.netmechanic.com/news/vol5/promo_no7.htm]

9 Aufnahme in den Datenbestand

Die Aufnahme in den Datenbestand stellt das eigentliche Ziel jeder Suchmaschinen basierten Marketing Maßnahme dar. Entspricht ein Dokument den zulässigen Dokumententypen und verstößt es nicht gegen die Spam-Regeln der Suchmaschinen, wird im allgemeinen eine Website von den Suchmaschinen indexiert und die Keywords entsprechend ihrer Relevanz für ein Dokument gewichtet.

Für einen Content-Anbieter stellen sich hinlänglich der Anmeldung verschiedene Fragen:

- Muss eine Website aktiv angemeldet werden?
- Bei welchen Suchmaschinen muss eine Website angemeldet werden?
- Wie kann eine Aufnahme in andere Länderindexe erfolgen?
- Welche Restriktionen existieren bei der Aufnahme?
- Wie oft müssen alle URL's wiederholt übergeben werden?
- Wie lange dauert es, bis eine Website bei den Suchmaschinen sichtbar ist?
- Wie kann man eine Indexierung beschleunigen?
- Wie funktioniert „Aufnahme gegen Bezahlung"?
- Wie arbeiten die verschiedenen Suchhilfen zusammen?
- Wie relevant sind Webkataloge?
- Wie kann eine Aufnahme überprüft werden?

Nachfolgende Kapitel gehen auf die verschiedenen Fragen ein und zeigen die Systematik der Aufnahme in den Datenbestand.

9.1 Relevante Suchmaschinen für die Indexierung

Welche Suchmaschinen von einem Content-Anbieter tatsächlich zu berücksichtigen sind, ist in mehrfacher Weise bedeutend. Wie bereits angemerkt, sollte eine Website auf die einzelnen Suchmaschinen hin optimiert werden. Zum anderen muss sie bei den ausgewählten Suchmaschinen in den Bestand aufgenommen und fortlaufend auf ihre Rangposition hin überprüft sowie an veränderte Algorithmen der Suchmaschinen angepasst werden. Beides erfordert Zeit- und Geldressourcen weshalb genau überlegt werden sollte, welche Suchhilfen *tatsächlich* relevant sind.

Ausgangspunkt der Überlegungen stellt die Marktdurchdringung der einzelnen Suchmaschinen bei einer Nutzergruppe dar. Möchte man für die Mehrzahl aller Internet User auffindbar sein, ist es erforderlich in all denjenigen Suchmaschinen gut positioniert zu sein, die auch von nahezu allen Anwendern bei einer Suche berücksichtigt werden. Dabei ist zu beachten, dass es immer individuelle Präferenzen gibt mit welcher Suchmaschine ein Anwender seine Suche startet und welche er ergänzend einsetzt. Empirische Untersuchungen über das Suchverhalten zeigen jedoch sehr deutlich, dass bei nahezu allen Suchprozessen mehrere Suchmaschinen der Reihe nach einbezogen werden, in Abhängigkeit der Qualität der Ergebnisse.

Einen sehr guten Aufschluss über die Relevanz von Suchmaschinen, Portalen und Webkataloge bieten zeitnahe Erhebungen von Marktforschungsunternehmen. So ermittelte beispielsweise *Jupiter Media Metrix Market Research* für den Monat März 2002 Nutzerzahlen für die verschiedenen europäischen Länder. Für Deutschland und die Schweiz ergeben sich folgende Werte:

Deutschland

Tabelle 9.1. Nutzerzahlen von Suchportalen in Deutschland

Portal	Anteil	Portal	Anteil
T-ONLINE.DE	54.5%	AOL.DE	13.3%
GOOGLE.DE	36.2%	GOOGLE.COM	10.8%
MSN.DE	33.7%	AOL.COM	10.6%
WEB.DE	32.3%	FIREBALL.DE	9.1%
LYCOS.DE	29.2%	ALTAVISTA.DE	5.3%
YAHOO.DE	28.0%	METAGER.DE	3.9%
FREENET.DE	23.6%	BELLNET.DE	2.8%
YAHOO.COM	23.0%	DINO-ONLINE.DE	2.6%
MSN.COM	16.2%	ALTAVISTA.COM	2.4%

Schweiz

Tabelle 9.2. Nutzerzahlen von Suchportalen in der Schweiz

Portal	Anteil	Portal	Anteil
MSN.COM	28.3%	LYCOS.FR	7.6%
MSN.CH	27.2%	LYCOS.DE	7.5%
GOOGLE.CH	27.1%	ALTA VISTA.COM	6.5%
SEARCH.CH	22.8%	LYCOS.COM	5.3%
YAHOO.COM	21.5%	T-ONLINE.DE	5.0%
MSN.DE	13.2%	GOOGLE.DE	4.3%
GOOGLE.COM	12.1%	ALTAVISTA.CH	2.6%
YAHOO.DE	11.1%	SUCHE.CH	2.6%
YAHOO.FR	8.0%	GOOGLE.FR	2.3%

Die einzelnen Werte drücken aus, von wie viel Prozent aller Internet User ein betreffender Suchdienst mindestens einmal im Betrachtungsmonat genutzt wurde. Kritisch ist anzumerken, dass obige Werte zwar aufzeigen, welche Suchmaschinen bevorzugt genutzt werden, sie lassen jedoch nur sehr wenig Einblick über

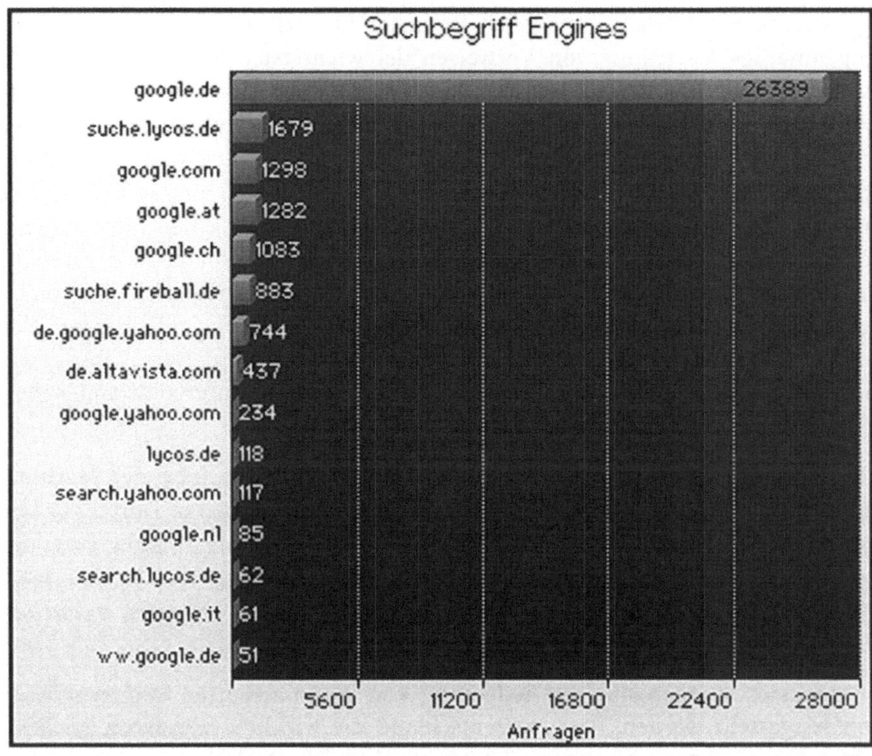

Abb. 9.1. Darstellung der Häufigkeit von Verweisen durch die Suchmaschinen mittels Server Logs

das Nutzerverhalten im Detail zu. Nicht zum Ausdruck kommt bei obigen Zahlen, *wie lange* ein Nutzer die betreffende Suchhilfe nutzte bzw. *wie viele Suchanfragen* gestartet wurden und *wie zufrieden* er mit den Ergebnissen war. Weiter ist nicht erkennbar, in welcher Reihenfolge bzw. Kombination ein Anwender Suchmaschinen einsetzt. Nähere Informationen bietet zu diesen Fragen zum Teil eine Analyse der Server-Protokolle der eigenen Website.

Unklar bei den Zahlen von *Jupiter Media Metrix Market Research* ist auch, ob bei der Berechnung der Nutzerzahlen die Besuchszahlen also die *Visits* oder die Anzahl von Usern berücksichtigt wurden, die auch *tatsächlich eine Suche* ausgeführt haben. Da bei den Spitzenpositionen sehr viele Portale und Webkataloge vertreten sind, deren Hauptfunktionen nicht primär Suchdienste sind, ist die Marktdurchdringung der einzelnen Suchdienste nicht nur an Hand von Marktforschungszahlen zu bewerten, die die Anzahl der Besuche auf einer Portalseite zählen. Relevant ist nur die Anzahl an Besuchern, die auch tatsächlich eine Suchanfrage ausgeführt haben.

Bedeutsam sind in diesem Zusammenhang für einen Content-Anbieter auch letztendlich nur die tatsächlich erzielten Verweise von Suchdiensten auf seine eigene Website. Die Log Files der Web Server bieten hierzu eine sehr gute Auswertung, welche Suchdienste tatsächlich Besucher bringen. Obige Grafik zeigt die mengenmäßige Verteilung von Verweisen der wichtigsten Suchmaschinen. Zur besseren Beurteilung der Verteilung muss angemerkt werden, dass die Website auf die sich die dargestellten Werte beziehen, bei allen relevanten Suchdiensten immer auf der ersten Ergebnisseite erscheint. Durch eine gleichwertige Auffindbarkeit über alle Suchmaschinen hinweg, sind Verzerrungen ausgeschlossen, die damit zusammenhängen können, dass die Website bei der einen oder anderen Suchhilfe nicht optimal indexiert ist. Selbstverständlich ist die oben dargestellte Verteilung von erfolgten Verweisen der einzelnen Suchdienste nicht allgemeingültig, sondern zeigt lediglich Tendenzen auf. Sie basiert jedoch auf einer bei allen Suchdiensten unter identischen Suchworten optimal positionierten Website, was einen guten Überblick ermöglicht, welche Suchhilfen relevanter sind und welche geringere Bedeutung haben.

Bei der Betrachtung der Auswertung der Server Logs als auch bei den Marktdaten von *Jupiter Media Metrix* zeigt sich in jedem Fall eine starke Dominanz von Google. Erhebliche Abweichungen ergeben sich bei der Marktstellung bzw. den Verweiszahlen der großen Portale wie beispielsweise T-Online, Web.de, Microsoft Network und Yahoo, die bei der Erfassung von tatsächlich erfolgten Verweisen keine bzw. nur eine untergeordnete Rolle spielen.

Berücksichtigt man nur die Bedeutung von automatisierten Suchmaschinen kann festgestellt werden, dass in Deutschland die wirklich relevanten Suchmaschinen Google, Lycos, Fireball und Altavista sind. Die Optimierung einer Website sollte als Minimalanforderung in jedem Fall die Bewertungskriterien dieser vier Suchmaschinen beinhalten. Da die Bewertung und Gewichtung von Websites bei Webkatalogen wie Yahoo und Web.de überwiegend manuell erfolgt, ist neben der inhaltlichen Ausrichtung insbesondere die betreffende Kategorie relevant, in der eine Website angemeldet wird. Ausschlag gebend für die Bewertung bei Webkatalogen kann aber auch die visuelle Darstellung einer Website sein.

Eine Konzentration bei der Anmeldung auf nur einige wenige Suchmaschinen oder Portale ist jedoch unzureichend. In jedem Fall ist es sehr sinnvoll, eine Website bei möglichst vielen und unterschiedlichen Suchmaschinen sowie Webkatalogen anzumelden und das aus mehreren Gründen.

Zum einen können Suchmaschinen die heute noch unbekannt sind, bereits morgen sehr relevant sein. Wer hätte beispielsweise 1999 vermutet, dass Google in nur sehr kurzer Zeit führende Anbieter wie Altavista bei weitem überholt? Weiter berücksichtigen Suchmaschinen immer mehr intellektuell bewertete Webkataloge sowie Datenbestände anderer Suchhilfen in ihren Suchergebnissen. Aber auch thematisch spezifische Webkataloge und Portale sind für den Erfolg einer Website bedeutend. Viele Anwender berücksichtigen neben den bedeutenden Suchmaschinen ergänzend immer mehr Themen spezifische Portale und Kataloge. Weiter dienen Themen spezifische Portale in vielen Fällen als bevorzugte Knotenpunkte für Suchmaschinen die Link Popularity einsetzen. Ein Eintrag kann dort u.U. zu einer erheblichen Verbesserung der Gewichtung bei den großen Suchmaschinen führen.

Priorität muss sein, in den bedeutenden Suchmaschinen optimal vertreten zu sein. Darüber hinaus sind alle bekannten und relevanten Webkataloge als auch Themen spezifische Portale zu berücksichtigen. Verfolgt man bei der Indexierung das Ziel in mehreren Ländern präsent zu sein, ist die Indexierung und Optimierung in gleichem Umfang und Präzision für jedes einzelne Land bzw. Sprachraum vorzunehmen.

Merke

- Die Mehrzahl aller Internet User sind über die bedeutenden Suchmaschinen erreichbar.
- Priorität muss sein, eine Website zumindest auf die wichtigen Suchmaschinen hin zu optimieren.
- Eine Analyse der Web Server Protokolle gibt Aufschluss welche Suchmaschinen die höchsten Verweise liefern. Ergänzend ist auch eine möglichst umfassende Indexierung bei allen sonst bekannten Suchmaschinen, Webkatalogen und Themen spezifischen Portalen vorzunehmen.
- Zu vermeiden sind immer Link Farms sowie Anmeldedienste, die versprechen Websites auf unzähligen (1.000–5.000) Suchmaschinen zu positionieren. Es gibt für jeden Sprachbereich nur maximal 10 bis 30 wirklich relevante Suchmaschinen.
- Jedes Land bzw. Sprachraum verfügt neben den bedeutenden Suchdiensten auch immer über landeseigene bzw. Sprachraum eigene Suchhilfen, die bei einer internationalen Strategie individuell zu berücksichtigen sind.
- Die Sprache der Dokumente muss mit dem Sprachindex der Suchmaschine übereinstimmen.

Links

Jupiter MMXI European Search Engine Ratings
- [http://searchenginewatch.com/reports/mmxi-europe.html]

Media Metrix Digital Media Audience Ratings
- [http://wreportus.mediametrix.com/clientCenter.html]

IVW-Media Daten
- [www.ivw.de/data/index.html]

Noesis 300 Suchmaschinen auf einen Blick
- [www.noesis.de/emarketing/suchmaschinen.html]

TU-Darmstadt Linkliste wichtiger Suchmaschinen
- [www.tu-darmstadt.de/suche/suchmaschinen.de.tud]

c't-Technik Suchmaschinen und Verzeichnisse
- [www.heise.de/ct/tipsundtricks/cttt7.shtml]

Suchmaschinen Deutschland
- [http://directory.google.com/Top/World/Deutsch/Computer/Internet/Suchen/Suchmaschinen/]

Suchmaschinen Österreich
- [http://directory.google.com/Top/World/Deutsch/Computer/Internet/Suchen/Suchmaschinen/%C3%96sterreich/]

Suchmaschinen Schweiz
- [http://directory.google.com/Top/World/Deutsch/Computer/Internet/Suchen/Suchmaschinen/Schweiz/]

Spezialsuchmaschinen
- [http://directory.google.com/Top/World/Deutsch/Computer/Internet/Suchen/Suchmaschinen/Spezialisierte/]

Verzeichnisse
- [http://directory.google.com/Top/World/Deutsch/Computer/Internet/Suchen/Verzeichnisse/]

Deutscher Multimedia Verband E-Commerce
- [www.dmmv.de/de/7_pub/homepagedmmv/marktforschung/marktzahlenmafojump/ecommerce.cfm]

9.2 Suchmaschinen und Kooperationen

Eng mit der Auswahl von geeigneten Suchmaschinen verbunden ist der Sachverhalt, dass die meisten Suchhilfen nicht ausschließlich ihre eigenen Indexe bzw. Webkataloge bei der Beantwortung von Suchanfragen einsetzen, sondern auch auf Datenbestände anderer Suchhilfen zurückgreifen. So berücksichtigt beispielsweise Google bevorzugt die Inhalte des ODP Open Directory Project Katalogs bei der Beantwortung von Suchanfragen. Weiter weist Google Websites die sich im manuell erstellten Katalog von Yahoo oder ODP befinden ad hoc einen wesentlich höheren PageRank Wert zu, als Verweisen von anderen Websites. Auf der anderen Seite findet man Suchergebnisse die aus dem Index von Google stammen sowohl bei Yahoo als auch bei Web.de. Kurz gesagt, es existieren verschiedene Kooperationen zwischen den verschiedenen Betreibern von Suchhilfen die dazu führen, dass Suchergebnisse teilweise von anderen Suchhilfen geliefert werden.

Möchte man möglichst optimal und hoch bewertet indexiert sein, ist es unbedingt erforderlich die wichtigsten Kooperationen zu kennen und entsprechend bei allen Suchmaschinen und Webkatalogen indexiert zu sein. Nachfolgende Tabelle zeigt die relevantesten gegenseitigen Verknüpfungen von Suchhilfen im Überblick.

Deutschland

Tabelle 9.3. Kooperationen von Suchmaschinen und Webkatalogen in Deutschland

Suchhilfe	Lokal	WWW	Katalog
Google.de	Google	Google	ODP
Yahoo.de	Google	Google	Yahoo.de
Lycos.de	FAST	FAST	Lycos.de
MSN.de	Inktomi	Inktomi	Allesklar.de
T-Online.de	FAST	FAST	Allesklar.de
Web.de	Google	Google	Web.de
Altavista.de	Altavista	Altavista	Looksmart
Fireball.de	Fireball	Altavista	Fireball
Freenet.de	Inktomi	Inktomi	ODP

Lokal bezieht sich die Herkunft der Suchergebnisse der betreffenden Sprache, die mittels Direktsuche im Index gesucht werden. D.h. aus welchem Crawler basierten Datenbestand kommen die Suchergebnisse in der betreffenden Sprache.

WWW bezieht sich auf die Herkunft von Daten die sich WWW-weit und auf alle Sprachen beziehen, die mittels Direktsuche gesucht werden. D.h. aus welchem Crawler basierten Datenbestand kommen die Suchergebnisse unter Einbeziehung des gesamten WWW.

Katalog bezieht sich auf die Herkunft der Daten des jeweiligen Webkatalogs die im Katalog gesucht werden. D.h. aus welchem manuell erstellten Katalog kommen die intellektuell bewerteten und kategorisierten Katalogergebnisse.

Für die Suchmaschinen in den USA lässt sich eine ähnliche Tabelle erstellen.

USA

Tabelle 9.4. Kooperationen von Suchmaschinen und Webkatalogen in USA

Suchhilfe	Lokal	Katalog
Alltheweb.com	FAST	-
Altavista.com	Altavista	LookSmart
AOL.com	Google	ODP
AskJeeves.com	Teoma	ODP
Google.com	Google	ODP
HotBot.com	Inktomi	ODP
IWon.com	Google	LookSmart
LookSmart.com	LookSmart	LookSmart
Lycos.com	FAST	ODP
MSN.com	Inktomi	LookSmart
Netscape.com	Google	ODP

Suchhilfe	Lokal	Katalog
Teoma.com	Teoma	ODP
WiseNut.com	WiseNut	LookSmart
Yahoo.com	Google	Yahoo

Aus beiden Aufstellung wird sehr gut deutlich, dass die verschiedenen Suchmaschinen und Webkataloge eng miteinander zusammenarbeiten. Möchte man also in den Katalogen der verschiedenen Suchmaschinen erscheinen ist es hierzu wichtig, sich bei den betreffenden Webkatalogen anzumelden. In den meisten Fällen ist dies jedoch nur noch gegen Bezahlung möglich. Eine Ausnahme davon stellt der Webkatalog ODP-Open Directory Project dar, der eine Aufnahme ohne Bezahlung zulässt. ODP ist darüber hinaus von seiner Verwendung als auch seiner Wirkung auf die Suchergebnisse von sehr großer Bedeutung. Konkret Google bewertet Websites die im ODP-Katalog geführt werden besonders hoch.

Für Index basierte Suchergebnisse ist in Deutschland sowohl Google als auch FAST von großer Bedeutung. Ist man nicht in beiden Crawler basierten Indexen vertreten, erreicht man nur eine sehr kleine Anzahl von Internet Usern. Zu betonen ist, dass FAST die Technologie als auch den Datenbestand für Alltheweb, Lycos, Tiscali, Search und T-Online sowie zahlreiche internationale Portale stellt. Da Lycos dazu übergegangen ist, eine Aufnahme in den Datenbestand nur noch gegen Bezahlung zuzulassen, ist der Umweg über den FAST Datenbestand sicher sinnvoll. Gleiches gilt auch für T-Online, das überhaupt keine direkte Aufnahme ermöglicht. Eine Aufnahme in T-Online ist ausschließlich über den Datenbestand von FAST möglich.

Auch wenn die verschiedenen Suchhilfen eng zusammen arbeiten und Datenbestände teilen bedeutet dies nicht, dass Suchergebnisse immer übereinstimmen. Der Datenbestand einer fremden Suchhilfe durchläuft immer die Relevanzkriterien derjenigen Suchhilfe, die den fremden Datenbestand im eigenen Suchergebnis integriert. D.h. die Vermengung von Index basiertem und manuell bewertetem Datenbestand unterliegt einer System spezifischen Mischung, die auf individuellen Algorithmen beruht.

Google bewertet beispielsweise Inhalte aus dem ODP-Katalog so hoch, dass sie in vielen Fällen als bestes Suchergebnis auf Position eins der Suchergebnisliste erscheinen. Lycos stellt hingegen den Suchergebnissen aus dem FAST Datenbestand grundsätzlich immer mindestens drei Suchergebnisse aus dem eigenen Webkatalog voran, ohne dass diese jedoch entsprechend gekennzeichnet sind. Altavista und Fireball vermischen Inhalte aus dem Index und dem Webkatalog innerhalb ihrer Suchergebnislisten hingegen nicht, sondern führen sie getrennt auf.

Die Webkataloge Web.de und Yahoo integrieren die Daten von Google entsprechend ihrer System individuellen Anforderungen. Während Web.de *Suchen im Katalog* und *Suchen bei Google* trennt, vermischt Yahoo Suchergebnisse aus dem eigenen Bestand, die mittels Direktsuche ausgeführt werden, mit Ergebnissen aus dem Datenbestand von Google und bildet beide in einer Ergebnisliste ab.

Merke

- Suchmaschinen und Webkataloge arbeiten in vielfältiger Form eng miteinander zusammen.
- Eine Aufnahme in den Katalog von OPD, Yahoo und Allesklar ist unbedingt erforderlich.
- Gleichfalls muss eine Aufnahme in den Index von Google und FAST höchste Priorität sein.

Links

Google Tipps zur Aufnahme in den Datenbestand
- [www.google.com/webmasters/1.html]

Add URL Google.de
- [www.google.de/intl/de/addurl.html]

Add URL Altavista.de
- [http://addurl.Altavista.com/addurl/new]

Add URL Fireball.de
- [http://rubriken.fireball.de/Suchen/anmelden.csp]

Add URL Lycos.de
- [www.lycos.de/search/anmeldung/]

Add URL FAST / Alltheweb.com
- [www.alltheweb.com/add_url.php]

Add URL Teoma.com
- [http://ask.ineedhits.com/]

Add URL Web.de-Anmeldung erfolgt innerhalb der Kategorie
- [www.web.de]

Add URL Yahoo.de-Anmeldung erfolgt innerhalb der Kategorie
- [www.yahoo.de]

Add URL ODP-Katalog-Anmeldung erfolgt innerhalb der Kategorie
- [http://dmoz.org/World/Deutsch/add.html]

Add URL Allesklar.de-Anmeldung erfolgt innerhalb der Kategorie
- [www.allesklar.de/listing.php?mid=2]

Add URL Looksmart.com-Anmeldung erfolgt innerhalb der Kategorie
- [http://listings.looksmart.com/?synd=none&chan=lshomeft]

9.3 Anmeldung bei Suchmaschinen

Die Anmeldung bei den verschiedenen Suchmaschinen erfolgt über eigene Anmeldeseiten, so genannte *ADD-URL Seiten*. Mit Übergabe eines URL erfolgt in aller Regel die Verarbeitung des betreffenden Dokuments und im positiven Fall die Aufnahme in den Datenbestand der Suchmaschine (s. Kap. 3.2).

Betrachtet man die Zielsetzung der Suchmaschinen, über vorhandene Link-Strukturen möglichst das gesamte Hypermedia zu erfassen, ist es grundsätzlich nicht erforderlich ein Dokument *aktiv* anzumelden. Entsprechend der Angaben der verschiedenen Suchmaschinen ist es hingegen ausreichend, über einen Hyperlink-Verweis von einem bereits indexierten Dokument auf das eigene Dokument zu verfügen, um von den Webrobots erfasst zu werden.

Betrachtet man die aktuelle, restriktive Handhabung der verschiedenen Suchmaschinen einen URL aktiv anmelden zu können, ist ein Verweis von einer anderen Seite mit Sicherheit der zuverlässigste Weg in den Datenbestand aufgenommen zu werden. Denn bereits indexierte Dokumente werden periodisch wiederbesucht und auf Veränderungen hin untersucht. Dabei werden im Dokument vorkommende Hyperlinks extrahiert und den Webrobots zum spidern übergeben.

Die Suchmaschinen lassen eine aktive Anmeldung zur Aufnahme in vielen Fällen nur noch sehr beschränkt zu. Folgende Tabelle gibt eine entsprechende Übersicht über die bestehenden Restriktionen.

Tabelle 9.5. Restriktionen bei der URL-Anmeldung bei Suchmaschinen

SM	Index	Webkatalog
Google	Ohne Bezahlung unbegrenzt	Ohne Bezahlung
Altavista	Nur 5 URL's je Session	Nur gegen Bezahlung
Fireball	Nur 1 URL je Domain / pro Tag	Nur gegen Bezahlung
FAST	Ohne Bezahlung unbegrenzt	Kein Webkatalog
Lycos	Nur gegen Bezahlung	Nur gegen Bezahlung
Teoma	Nur gegen Bezahlung	Nur gegen Bezahlung

Ähnlich verhält es sich bei den bekannten Webkatalogen.

Tabelle 9.6. Restriktionen bei der URL-Anmeldung bei Webkatalogen

Suchmaschine	Index	Webkatalog
Yahoo	Google	Nur gegen Bezahlung
Web.de	Google	Nur gegen Bezahlung
LookSmart		Nur gegen Bezahlung
MSN		Nur gegen Bezahlung
AOL	Google	Nur gegen Bezahlung
ODP		Ohne Bezahlung

In Hinblick auf die Suchmaschinen ist folglich der beste Weg, um in den Index aufgenommen zu werden, einen Link von einer bereits indexierten Seite zu erhalten, da die Suchmaschinen (und nicht Webkataloge) Hyperlink-Verweise in Dokumenten konkret erfassen und bevorzugt behandeln.

Eine wichtige Frage im Zusammenhang mit der Anmeldung ist, *welche* Seiten bzw. *wie viele* Seiten von einer Website angemeldet werden müssen, um möglichst vollständig in den Datenbestand aufgenommen zu werden. Grundsätzlich ist die Anmeldung nur einer Seite völlig ausreichend, um einer Suchmaschine die Indexierung aller Dokumente zu ermöglichen. Wichtig ist jedoch, dass die erstellte interne Link-Struktur und die Methodik wie (HTML-Links oder JavaScript-Links) die einzelnen Seiten miteinander verknüpft sind, es den Robots auch tatsächlich ermöglicht alle Seiten zu erfassen.

„... *If your site's internal link structure does not provide a path to all your pages, our robot may not see all the pages on your site. Google follows links from one page to the next, so pages that are not linked to by others may be missed ...*" [Google Webmaster Info]

Wurde bei der Website-Erstellung eine Link-Struktur entwickelt über die es möglich ist alle Seiten, ausgehend von einer einzigen Seite (z.B. der Startseite) zu finden, reicht es bei nahe zu allen Suchmaschinen aus, ihnen diese zentrale Seite zu übergeben. Wurde hingegen keine durchgängige Link-Struktur entwickelt oder erfolgte die Menüführung mittels JavaScript ist es sinnvoll, ein Site Map (zentrale Navigationsseite) mit HTML-Verweisen zu allen Dokumenten zu entwickeln und anzumelden. Über dieses zentrale Dokument können die Suchmaschinen dann unproblematisch alle zu einer Website gehörenden Dokumente erfassen und bewerten.

Wie umfangreich eine Suchmaschine eine Website erfasst ist unterschiedlich und hängt von verschiedenen Faktoren ab. Übergibt man beispielsweise FAST und Fireball die zentrale Navigationsseite, werden im allgemeinen alle Dokumente die über die Link-Struktur erreichbar sind, auch in den Datenbestand aufgenommen. Altavista und Lycos indexieren hingegen nicht so umfassend, was auch mit ihren *Express Inclusion Services* zu tun hat (s. Kap. 9.4). Aber auch Google ist letztendlich sehr selektiv was die Aufnahme von Dokumenten in den Datenbestand anbelangt. Auf seinen Webmaster Info-Seiten weist Google konkret darauf hin, dass Seiten auf die *zu wenige Verweise* von anderen Seiten gerichtet sind, nicht aufgenommen werden.

Neben *externen Verweisen* ist bei allen Suchmaschinen die Link Popularity einsetzen auch die *interne Link-Struktur* für die Aufnahme ein wichtiges Kriterium. Dokumente auf die von *eigenen Seiten* verstärkt verwiesen wird, werden im Zuge der Analyse *der internen Link-Struktur* als wichtiger bewertet, als Dokumente auf die intern nur wenige Links gerichtet sind. Möchte man also bestimmte Seiten unterhalb der eigenen Domain bevorzugt aufgenommen und bewertet bekommen, ist es erforderlich auch die interne Link-Struktur so zu entwickeln, dass auf wichtige Dokumente möglichst viele Hyperlinks gerichtet sind. Die Wichtigkeit von *externen Hyperlinks* für die Relevanzbewertung von Dokumenten wurde bereits mehrfach erörtert. Externe Links haben neben der Gewichtung von Dokumenten also auch konkrete Bedeutung für die Aufnahme in den Datenbestand.

Einen weiteren Einfluss auf die Aufnahme in den Datenbestand stellen die Verzeichnistiefe sowie die Spam-Regeln dar. Liegen Dokumente zu tief im Verzeichnis werden sie von Suchmaschinen nicht indexiert. Nahezu jede Suchmaschine verfügt über eine Obergrenze, bis zu welcher Tiefe im Verzeichnis Dokumente erfasst werden. Wird diese Obergrenze überschritten, erfolgt keine Aufnahme. Gleiches gilt auch für die Nichtbeachtung der Spam-Regeln. Erkennen die Suchmaschinen einen Verstoß gegen ihre Richtlinien, wird der URL eliminiert oder im Extremfall sogar der gesamte Host aus dem Bestand gelöscht.

Beinhaltet ein Dokument Begriffe die sich auf der Stoppwortliste oder Black List einer Suchmaschine befinden, oder wird eine Website auf einem Server gehostet, dessen IP-Adresse von einer Suchmaschine gesperrt ist, erfolgt gleichfalls keine Aufnahme in den Datenbestand.

Ist ein URL vom System erfasst, erfolgt im positiven Fall eine Aufnahme in Abhängigkeit der Crawl-Rhythmen der einzelnen Suchmaschinen. Während Fireball im allgemeinen ein neues Dokument innerhalb von 24 Stunden erfasst, analysiert und in seinen Datenbestand aufnimmt, haben Suchmaschinen wie Google oder FAST wesentlich weiter auseinander liegende Crawl-Perioden. Ursache bei Google sind die enorm großen Datenbestände von zurzeit mehr als 3 Milliarden Dokumente, die periodisch überprüft und bei Veränderungen aktualisiert werden müssen. Die Crawl-Perioden betragen bei Google, FAST als auch bei Altavista circa 4 bis 6 Wochen. Das bedeutet, dass neue Dokumente erst dann im Datenbestand erscheinen, wenn ein Crawl-Prozess erfolgt ist und alle Dokumente verarbeitet sind. Eine Aktualisierung von veränderten und bereits erfassten Dokumenten erfolgt in entsprechend gleichen Abständen.

Eine oftmals gestellte Frage ist, ob eine *manuelle* oder eine *automatisierte* Suchmaschinen-Anmeldung mittels Eintragssoftware besser ist. Grundsätzlich gibt es für beide Methoden keine Unterschiede in der Qualität bzw. der Gefahr einer Ablehnung. Bei automatisierter Anmeldung sind jedoch einige Punkte zu beachten. Gelegentlich verändern die Suchmaschinen die erforderlichen Angaben zur URL-Übergabe oder sie ändern den URL der betreffenden Aufnahmeseite. Wird die Eintragungssoftware nicht zeitnah aktualisiert, kommt es zu Fehlermeldungen und die Anmeldung schlägt fehl.

Bei der automatisierten, Software unterstützten Anmeldung ist zu beachten, dass eine Eintragungssoftware sich nicht unter seiner eigenen Software spezifischen Client-Kennung beim Server anmeldet, sondern eine Client-Kennung von gewöhnlichen Web Browsern verwendet. Erkennen Suchmaschinen eine Client-Kennung einer nicht zulässigen Eintragungssoftware, kann es bei Suchmaschinen die automatisierte Anmeldungen nicht akzeptieren (wie z.B. Google) zur Ablehnung des URL kommen. Einem ähnlichen Risiko unterliegen auch Eintragsdienste die unzählige URL's pro Tag im Kundenauftrag an die Suchmaschinen übermitteln. Mit jedem URL übergeben sie auch eine Client-Kennung sowie ihre IP-Adresse, über die sie sehr einfach identifiziert werden können.

Unabhängig von der Art der automatisierten Anmeldung bzw. der verwendeten Software ist wichtig zu beachten, dass es bei der Anmeldung nicht zum *Index-Spam* kommt. Je nach Suchmaschine wird eine mehrmalige Anmeldung desgleichen URL in einer Stunde oder pro Tag bereits als Index-Spam gewertet. Das bedeutet grundsätzlich, URL's dürfen nicht in sehr kurzen Abständen wiederholt an das System einer Suchmaschine übergeben werden, in der Hoffnung dadurch eine Verbesserung der Rangposition zu erzielen. Das Gegenteil wird der Fall sein, denn durch diese Methode besteht bei vielen Systemen die Gefahr, dass der URL oder auch die gesamte IP-Adresse des Hosts gesperrt wird.

Merke

- Die beste Methode in den Index von Suchmaschinen aufgenommen zu werden, ist durch einen Link-Verweis von einer anderen Seite.
- Eine Aufnahme kann auch manuell über die ADD URL-Seiten der einzelnen Suchmaschinen erfolgen.
- Verfügt eine Website über eine gut angelegte Link-Struktur reicht es aus, ein zentrales Dokument anzumelden, von dem aus alle Dokumente erreicht werden. Es werden dann i.d.R. alle externen URL's erfasst.
- Verstöße gegen Black Lists, Spam-Regeln, zu wenig externe Hyperlink Verweise auf ein Dokument oder auch eine zu tiefe Verzeichnisstruktur können zur Ablehnung eines URL führen.

Links

Google Webmaster Info
- [www.google.com/webmasters/index.html]

Altavista Webmaster Info
- [http://addurl.Altavista.com/help/search/faq_web]

Fireball Webmaster Info
- [http://rubriken.fireball.de/Suchen/anmelden.csp]

FAST Webmaster Info
- [www.alltheweb.com/help/webmaster/faq.html]

TopDog Submission Program
- [http://66.150.115.99/]

TrafficStudio Submission Program
- [www.trafficstudio.com/home.htm]

Website Promotion Service
- [www.sagerock.com/]

Website Promotion Service
- [www.promotionworld.com/]

Search Engine Submissions with Submit It
- [www.positionagent.com/]

Submit Plus Search Engine Submissions
- [www.submitplus.com/]

Site Submission
- [http://kresch.com/submit/search_engine_submission.html]

9.4 Express Inclusion – Aufnahme gegen Bezahlung

In Hinblick auf die Aufnahme in ihren Datenbestand verfolgen die Suchmaschinen unterschiedliche Strategien. So können URL's bei Google, Altavista, Fireball als auch bei Alltheweb grundsätzlich ohne Gebühr zur Aufnahme in den Index übergeben werden. Andere Suchmaschinen wie z.B. Lycos oder Teoma lassen hingegen eine Aufnahme in ihren Datenbestand mittlerweile nur noch gegen Bezahlung zu.

Bei Suchmaschinen die ein Aufnahmeverfahren ohne Bezahlung ermöglichen, ist der Zeitraum bis ein URL im Datenbestand erscheint teilweise relativ lang. Die Dauer einer regulären Aufnahme in den Datenbestand der verschiedenen Suchmaschinen ist dabei von den individuellen Crawl-Perioden der Webrobots, der Größe des Datenbestands sowie der Klassifizierung des betreffenden URL abhängig. In Dokumenten gefundene, als auch aktiv übergebene URL's befinden sich solange in einem Verzeichnis neuer URL's, bis die nächste Aktualisierung des Datenbestands erfolgt. Die regulären Crawl-Perioden betragen circa 4 bis 8 Wochen und können sich bei bereits indexierten URL's sogar noch verlängern, sofern sie in eine Klassifikation eingeteilt wurden, die eine geringe Änderungsfrequenz repräsentiert.

Altavista und FAST ermöglichen über spezielle *Express Inclusion Services* die Aufnahme eines URL innerhalb von kürzester Zeit. Gegen Bezahlung wird ein URL innerhalb von 24 bis 48 Stunden erfasst, das betreffende Dokument indexiert und ist dann sofort im Datenbestand sichtbar. Als wesentliche Zusatzleistung beinhaltet jedes Express-Aufnahmeprogramm eine permanente Überprüfung des URL auf Veränderungen. Eine direkte Auswirkung auf das Ranking hat laut Auskunft der Betreiber keines der Express-Aufnahmeprogramme.

Altavista

Altavista bietet zwei Formen einer Aufnahme gegen Bezahlung an, die *Express Inclusion* und das *Trusted Feed Programm*. Während die *Express Inclusion* im wesentlichen eine schnelle Aufnahme in den Index sowie eine wöchentliche Reindexierung beinhaltet, ist das *Trusted Feed Programm* ein *Payed Placement Service* auf Basis eines *Cost Per Click-Modells* und wird in Kap. 10.2. näher erläutert. Den Service der Aufnahme gegen Gebühr wird nicht von Altavista selbst, sondern von Infospider ausgeführt.

Mit seinem Express Inclusion Service richtet sich Altavista an Content-Anbieter, die eine URL-Anzahl von weniger als 500 Stück zur Aufnahme in den Index des Retrievalsystems anmelden möchten. Die Kosten betragen bei einer Laufzeit von 6 Monaten zwischen US Dollar $ 19.00 bis $ 39.00 je Dokument (Stand 11/2002), in Abhängigkeit der Anzahl der zu indexierenden URL's. Neben einer umgehenden Aufnahme der Dokumente und einer wöchentlichen Reindexierung, eignet sich dieser Service insbesondere für Seiten, die mittels Frame Set erstellt wurden sowie für dynamisch generierte Dokumente. Beide Dokumententypen können über Express Inclusion vollständig indexiert werden. Dokumente mit so genanntem *Adult Content* (pornographische Inhalte) unterliegen jedoch gesonderten Aufnahmebedingungen und Preisen.

Wichtig ist anzumerken, dass bei der Aufnahme eines URL mittels Express Inclusion nur genau der URL indexiert wird, für den bezahlt wird. Die Aufnahme anderer URL's einer Website mittels Weiterverfolgung von Hyperlinks erfolgt entgegen der Systematik der regulären URL-Erfassung nicht. Möchte man möglichst alle URL's einer Website indexieren lassen, müssen entweder alle URL's mittels Express Inclusion an Altavista übergeben oder ergänzend die Systematik der regulären Anmeldung mittels ADD-URL Seite vorgenommen werden.

Innerhalb von 2 Arbeitstagen erfolgt eine Aufnahme in den globalen Datenbestand von Altavista. Es erfolgt wöchentlich eine Reindexierung der betreffenden Seite. Veränderungen am Dokument werden umgehend erfasst und erscheinen bereits am Folgetag im Datenbestand. Zur Bestimmung der Relevanz eines Dokuments werden die Informationen zur Deskriptoren-Gewinnung aus den einzelnen Dokumenten entsprechend der beschriebenen Systematik von Retrievalsystemen generiert. Veränderungen am Dokument, die Einfluss auf die Gewichtung haben, wie z.B. eine Änderung des Titels, der Keyword-Dichte oder der Textauszeichnung, erkennt das System und führt zu einer Neubewertung des Dokuments. Eine höhere Bewertung der Dokumente erfolgt durch die reine Aufnahme und Reindexierung mittels Express Inclusion Service nicht.

Der Express Inclusion Service bietet weiter die Möglichkeit, einen URL nicht nur im globalen Datenbestand von Altavista zu indexieren, sondern ihn auch in einem oder mehreren der 22 Länder spezifischen Indexe aufnehmen zu lassen. Welchem Index ein URL ohne Indexdefinition zugeordnet wird, entscheidet das Retrieval System von Altavista auf Basis der Top Level Domain, in Kombination mit der im Dokument dominierenden Sprache.

Aus verschiedenen Gründen des Marketing kann es für einen Content-Anbieter nützlich sein, eine nicht Länder spezifische Domain wie beispielsweise .net, .com, .org, .biz oder .info zu besitzen und ein Dokument neben dem Index der betreffenden Dokumentensprache auch in einem anderen Index von Altavista aufnehmen zu lassen. Bei der Buchung des Express Inclusion Service besteht zusätzlich die Möglichkeit, eine TLD, die ein bestimmtes Land kennzeichnet, auch einem anderen Landesindex zuzuordnen. So können beispielsweise Dokumente mit der TLD .DE auch dem Landesindex der Schweiz .CH oder dem Landesindex von Österreich .AT zugeordnet werden.

Tabelle 7.7. Landesindexe bei Altavista

TLD	Land	TLD	Land
.au	Australien	.ie	Irland
.at	Austria	.in	Indien
.be	Belgien	.it	Italien
.br	Brasilien	.kr	Korea
.ca	Kanada	.nl	Niederlande
.ch	Schweiz	.no	Norwegen
.de	Deutschland	.nz	Neuseeland
.dk	Dänemark	.pt	Portugal
.es	Spanien	.se	Schweden
.fi	Finnland	.uk	United Kingdom
.fr	Frankreich	.us	Vereinigte Staaten

Ein Dokument wird in solch einem Fall zusätzlich in dem betreffenden Landesindex geführt und findet somit auch Berücksichtigung bei Suchanfragen, die sich an den Index des zusätzlich ausgewählten Landes richten. Die von Altavista geführten Landesindexe können aus oben dargestellter Tabelle abgelesen werden.

Als weitere optionale Zusatzleistung des Express Inclusion Service können Links in der Suchergebnisliste mit Logos gekennzeichnet werden. Altavista bietet gegenwärtig als einzige Suchmaschine die Möglichkeit an, Verweise der regulären Suchergebnisliste visuell hervorzuheben (Listing Enhancement). Die Option einer Individualisierung ist jedoch nur möglich, wenn ein URL über den Express Inclusion Service gebucht wurde, unabhängig davon ob sich ein URL bereits im regulären Datenbestand von Altavista befindet oder nicht.

Die Visualisierungsoptionen eröffnen die Möglichkeit einem Eintrag ein Icon [1], ein Logo [2], eine individuelle Beschreibung [3] und mehrere Textlinks [4] zuzuordnen, die auf unterschiedliche Dokumente im WWW verweisen können. Während ein Logo individuell gewählt werden kann (Größe 60x60 Pixel oder 120x30 Pixel; GIF oder JPEG), besitzt Altavista für verschiedene Branchenkategorien vordefinierte Icons [1].

Durch Textlinks im Listing Enhancement verweist ein Eintrag nicht mehr nur auf ein Dokument, sondern mittels mehrerer Textlinks auf unterschiedliche URL's. Für jede Option des Listing Enhancement werden weitere Kosten zwischen US Dollar $ 25.00 bis 50.00 (Stand 1/2003) fällig. Ein Beispiel von Altavista verdeutlicht die verschiedenen Optionen.

Abb. 9.2. Listing Enhancement bei Altavista

Entsprechend dem Express Inclusion besitzt die Buchung des Listing Enhancement keinen direkten Einfluss auf die Gewichtung eines Dokuments. Berücksichtigt man jedoch, dass die Hervorhebung eines Verweises in der Suchergebnisliste gegebenenfalls zu einer höheren Aufmerksamkeit und somit zu mehr Klicks im Vergleich zu anderen Verweisen führt, beeinträchtigt ein Schmuckeintrag das Ranking über die Click Popularity positiv. Wie in Kapitel 4.4.2 dargestellt, wirkt bei der Click Popularity eine hohe Anzahl an Klicks verstärkend auf die Dokumentengewichtung

FAST-Partner Site

Gleichfalls wie Altavista bietet FAST eine beschleunigte Aufnahme in den Datenbestand an und nennt diesen Service *FAST PartnerSite*. FAST übt diesen Service nicht selbst aus, sondern er wird über verschiedene Partner von FAST angeboten. Die Partner für FAST PartnerSite sind in nachfolgender Tabelle aufgeführt.

Tabelle 9.8. PartnerSite – Partner von FAST

PARTNER	URL
Terra Lycos	[http://insite.lycos.com/searchservices/]
Lycos Europe	[www.lycos.de]
TrafficLeader	[www.trafficleader.com]
Decide Interactive	[www.decideinteractive.com]
PositionTech	[www.positiontech.com]
WesiteResults	[www.websiteresults.com]
Momentum	[www.momentum-solutions.com]
RawHide	[www.rawhideinc.com]
Inceptor	[www.inceptor.com]

Das FAST PartnerSite Programm richtet sich an Anbieter von Websites mit maximal 500 Dokumenten; das *PartnerSite Plus* Programm hingegen an Anbieter mit mehr als 500 Dokumenten. Je nach FAST Partner variiert jedoch diese Obergrenze und in diesem Zusammenhang auch die Kosten für die Leistung. Grundsätzlich gilt, dass jeder URL der indexiert werden soll, einzeln angegeben und bezahlt werden muss.

Je nach FAST-Partner sind die Kosten etwas unterschiedlich. Der erste URL kostet bei Lycos USA US Dollar $ 30.00 pro Jahr, bei PositionTech hingegen US Dollar $ 39.00 pro Jahr. Weitere URL's berechnet Lycos USA mit $ 15.00 US Dollar, PositionTech hingegen mit $ 25.00 US Dollar pro Jahr (Stand 11/2003).

Die Buchung des FAST PartnerSite Service bei einem FAST Partner bedeutet, dass ein URL in den globalen Datenbestand von FAST aufgenommen wird. Es ist völlig unerheblich über welchen Partner die Anmeldung erfolgt. Es existieren keine qualitativen Unterschiede oder Unterschiede bei der Zuordnung in spezifische Indexe. Auch besteht kein Unterschied hinlänglich der Relevanzbewertung.

Mit der Buchung der FAST PartnerSite erfolgt eine Indexierung des URL innerhalb von 24 Stunden. Das betreffende Dokument wird dann in Folge alle 48 Stunden auf Veränderungen hin überprüft. FAST weist ausdrücklich darauf hin, dass FAST PartnerSite nicht zu einer Verbesserung der Rangposition führt, sondern dass die Bestimmung der Rangposition eines Dokuments ausschließlich auf dem für alle Dokumente geltenden Relevanzverfahren beruht.

„... FAST PartnerSite is a payment-for-inclusion program. It does not provide or guarantee any boost in the relevance of your pages in our search. The key benefit is that the web pages that you have submitted via FAST PartnerSite are included in the index, and that any changes made to the web pages you have submitted via FAST PartnerSite will be indexed a result of the 24-hour refresh of your content ..." [www.positiontech.com].

und

„... The best way to improve your sites' ranking is to offer users great content and or services. Additionally, make sure that you include text on every page that clearly states what the page is for or Abort ..." [www.positiontech.com].

Im Gegensatz zum Express Inclusion Programm von Altavista können bei FAST grundsätzlich keine dynamisch erzeugten Dokumente mit Sonderzeichen im URL indexiert werden:

„... Please do not submit web pages with these symbols in the URL: ampersand (&), percent sign (%), equals sign (=), dollar sign ($) or question mark (?). Our spider does not recognize them ..." [www.fastsearch.com].

Der FAST-Partner Momentum, der ein eigenes Webrobots System einsetzt, eröffnet hingegen die Möglichkeit dynamisch erzeugte Websites in den Datenbestand von FAST zu integrieren:

„... WebScan (from Momentum) will crawl any form of dynamic content, with the exception of form-generated dynamic pages, provided the full URL, including the parameters necessary for retrieving the dynamic content, is submitted ..." [www.momentum-solutions.com].

Ein großer Vorteil der Aufnahme in den globalen Datenbestand von FAST ist, dass ein Dokument auch über die Partner-Portale von FAST erreichbar ist, sofern ein Dokument den entsprechenden Sprachdefinitionen sowie der für das entsprechende Portal zutreffenden TLD entspricht. Die wichtigsten Portale, die auf den Datenbestand von FAST zugreifen, sind nachfolgend aufgelistet:

Tabelle 9.9. Portal-Partner von FAST

Portal	URL	Portal	URL
TerraLycos	[www.lycos.com]	Telus	[www.telus.com]
Lycos	[www.lycos.de]	Sinohome	[www.sinohome.net.cn]
Lycos Asia	[http://hk.lycosasia.com]	Jubii	[www.jubii.dk]
Tiscali	[www.tiscali.de]	Ya.com	[www.ya.com]
T-Online	[www.t-online.de]	Eniro	[http://evreka.passagen.se]
Excite USA	[www.excite.com]	Dogpile USA	[www.dogpile.com]
WebCrawler	[www.webcrawler.com]	MetaCrawler	[www.metacrawler.com]
Libero Italien	[www.libero.it]	Italia Online	[www.iol.it]
Looksmart	[www.looksmart.com]	Eniro	[www.eniro.com]
InfoSpace USA	[www.infospace.com]	Hispavista	[www.hispavista.com]
M-Web	[www.mweb.com]	Walla.Co	[www.walla.co.il]
Alltheweb	[www.alltheweb.com]		

Die einzelnen Portale liefern Suchergebnisse auf Basis des Datenbestands von FAST, wenden aber im Einzelfall individuelle Relevanz-Algorithmen an. Dies führt in der Praxis dazu, dass beispielsweise bei T-Online für ein Dokument eine andere Rangposition berechnet wird als bei Lycos, obwohl mit identischen Suchworten gesucht wird.

Eine sehr schnelle Aufnahme in ihren Datenbestand bieten auch die Suchmaschinen Teoma und AskJeeves sowie Inktomi an. Google und Fireball ermöglichen hingegen ausschließlich eine Aufnahme über die regulären Webrobots ohne zeitlich bevorzugte Indexierung.

Auch wenn die Suchmaschinen-Betreiber darauf hinweisen, dass die Aufnahme gegen Bezahlung keine Auswirkung auf die Rangposition hat, zeigt sich jedoch, dass sich die Aktualisierung einer Website in kurzen Abständen positiv auf den Rang auswirkt. Durch eine häufigere inhaltliche Veränderung sowie dem Umstand, dass eine Veränderung sehr rasch erkannt wird, steigt die Änderungsfrequenz einer Website. Dies wirkt sich mittelfristig positiv auf die Gewichtung eines Dokuments aus.

Inktomi

Ähnlich wie FAST ist Inktomi eine Crawler basierte Suchmaschine die über einen umfangreichen Datenbestand von circa 3 Milliarden Dokumente (Stand 1/2003) verfügt, individuelle Gewichtungs- und Suchalgorithmen entwickelt hat und ihren Datenbestand sowie die entsprechende Suchtechnologie anderen Suchdiensten zur Verfügung stellt. Inktomi verfügt jedoch selbst über keinen eigenen Webauftritt, über den auf den Datenbestand direkt zugegriffen werden kann. Inktomi stellt seinen Datenbestand sowie seine Suchtechnologie ausschließlich Portal-Partnern zur Verfügung.

Eine Aufnahme in den Datenbestand von Inktomi kann sehr wichtig sein, da der Inktomi-Index ergänzend als auch teilweise exklusiv von bedeutenden Portalen als Datenbasis genutzt wird.

Tabelle 9.10. Portal-Partner von Inktomi

Portal	URL	Portal	URL
MSN USA	[www.msn.com]	ICQ	[http://web.icq.com]
Overture USA	[www.overture.com]	Espotting USA	[www.espotting.com]
Terra Lycos USA	[www.lycos.com]	HotBot	[www.hotbot.com]
Abort USA	[www.about.com]	Freenet	[www.freenet.de]
Looksmart	[www.looksmart.com]	Overture Deutschland	[www.overture.de]

Inktomi bietet keine Möglichkeit einer direkten Aufnahme in seinen Datenbestand z.B. mittels einer ADD URL-Seite. Da Inktomi seinen Datenbestand primär mittels Link-Verfolgung durch Webrobots aufbaut, ist die beste Methode in den Datenbestand ohne Bezahlung zu kommen, ein Link von einer Seite zu bekommen, die bereits im Datenbestand von Inktomi erfasst ist. Im regulären Verfahren mittels Hyperlink-Verfolgung erfasst Inktomi jedoch keine URL's mit Sonderzeichen bzw. keine dynamisch generierten Dokumente.

Inktomi bietet zwei verschiedene Inclusion-Programme an, die sich an der Anzahl der zu indexierenden URL's orientieren und auf unterschiedlichen Abrechnungsmodellen beruhen. Während das von Inktomi angebotene *Search Submit Programm* zu den Payed Inclusion-Programmen zählt, ist das *Index Connect* ein Payed Placement-Modell. Beide Inclusion-Programme werden ausschließlich über Partner von Inktomi verkauft.

Mit Search Submit richtet sich Inktomi an Content-Anbieter, die eine Anzahl von 1 bis 1.000 URL's auf Basis einer Einmalzahlung indexieren wollen. Mit diesem Programm kann eine Aufnahme in den Datenbestand innerhalb von 72 Stunden erreicht werden und ein Dokument ist dann bei allen Portal-Partnern sichtbar. Verbunden mit der Aufnahme ist eine Reindexierung, die in einem Rhythmus von 48 Stunden erfolgt.

Ein URL wird mit Zahlung eines einmaligen Betrags (US Dollar $ 25.00 bis $ 39.00 / Stand 1/2003) für 12 Monate in den Datenbestand aufgenommen. Inktomi weist jedoch ausdrücklich darauf hin, dass eine Aufnahme nicht garantiert wird (z. B. Nichtaufnahme wegen Spam), noch dass Search Submit Auswirkungen auf das Ranking hat. Als alleiniges Ranking-Kriterium wird das für alle URL's einheitliche Gewichtungsverfahren von Inktomi eingesetzt.

Über ein Online Interface kann ein Reporting je URL aufgerufen werden, das Aufschluss über das durchschnittliche Ranking einer URL liefert sowie weiter alle Suchworte auflistet, unter denen das Dokument gefunden wurde.

Index Connect – das zweite von Inktomi angebotene Inclusion-Programm basiert auf einem Cost-Per-Click Modell und garantiert bestimmte Rangpositionen, weshalb es in Kapitel 10 – Payed Placement besprochen wird.

Abschließend soll noch angemerkt werden, dass nahezu alle Webkataloge, gleich ob eigenständige Portale wie Yahoo, Looksmart oder Web.de als auch integrierte Webkataloge von Suchmaschinen wie der Katalog von Altavista, Fireball oder auch von Lycos, eine Aufnahme fast nur noch gegen Bezahlung ermöglichen. Eine Ausnahme bildet hiervon der Katalog von ODP, der von sehr vielen Suchhilfen verwendet wird und für eine gute Rangposition bei verschiedenen Suchmaschinen höchste Bedeutung hat.

Merke

- Verschiedene Suchmaschinen bieten den Service einer schnelleren Aufnahme und einer laufenden Reindexierung gegen Bezahlung an.
- Dokumente die möglichst schnell im Index erscheinen sollen, eignen sich besonders gut für diesen Service.
- Dokumente die häufigen Änderungen unterliegen, werden immer mit dem aktuellen Stand geführt.
- Maßnahmen einer Dokumenten bezogenen Beeinflussung werden durch die sehr kurzen Perioden der Reindexierung schnell erkannt und führen zur erneuten Bewertung eines Dokuments.
- Über die Steigerung der Änderungshäufigkeit kann die Änderungsfrequenz beeinflusst werden, was positiv auf die Bewertung eines Dokuments wirkt.
- Die Aufnahme in den Datenbestand von FAST bedeutet die Auffindbarkeit eines Dokuments bei allen Portal-Partnern von FAST.
- Dynamisch erzeugte Dokumente sowie Frame Sets können nur über die bezahlte Aufnahme aufgenommen und indexiert werden.
- Dokumente die gegen die Spam-Regeln verstoßen werden von der Aufnahme ausgeschlossen.
- Websites mit Adult Content unterliegen gesonderten Aufnahmeregeln.

Links

Altavista Express Inclusion
- [www.Altavista.com/web/express_incl]

Altavista Partner Infospider
- [https://www.infospider.com]

Altavista Partner PositionTech
- [www.positiontech.com/tf_overview.htm]

Lycos InSite Pro Programm
- [http://searchservices.lycos.com/searchservices/pro_overview.asp?co=atw]

FAST-Advanced Online Reporting
- [www.fastsearch.com/press/press_display.asp?pr_rel=205]

FAST Partner Momentum
- [www.momentum-solutions.com/solutions/applications/webscan.html]

FAST Partner PositionTech
- [www.positiontech.com]

FAST Partner Terra Lycos USA
- [http://insite.lycos.com/searchservices]

FAST Partner Lycos Europe-Deutschland
- [http://www.lycos.de/search/anmeldung/]

FAST Partner Portale
- [www.fastsearch.com/products/partnersite/partners.asp]

Teoma / AskJeeves Fast Site Submitting
- [http://ask.ineedhits.com/]

Inktomi Search Submit Partner
- [www.inktomi.com/products/web_search/submit.html]

Inktomi Reseller Partner
- [www.inktomi.com/products/web_search/resellers.html]

Inktomi Search Interface
- [http://169.207.238.189/]

Inktomi Aufnahmeregeln
- [www.inktomi.com/products/web_search/guidelines.html]

Infospider Altavista Express-Aufnahme
- [www.infospider.com]

Inktomi URL-Guidelines
- [www.positiontech.com/guidelines.htm]

9.5 Filterketten der Webrobot Systeme

Mit der Übergabe eines URL an die Suchmaschine setzen die Webrobot-Systeme ihre Prozesse zur Indexierung in Gang. Entweder werden die übergebenen URL's in einer Datenbank gesammelt und entsprechend systemspezifischer Crawl-Frequenzen aufgesucht oder es erfolgt sofort ein Request, wie das beispielsweise bei Fireball der Fall ist.

Bevor ein URL bzw. das dazugehörige Dokument vollständig geladen und vom Information Retrieval System verarbeitet wird, werden im allgemeinen vorab verschiedene Filter angewendet. Die einzelnen Filter dienen dazu, unerwünschte Dokumententypen, fehlerhafte URL's oder Spam-Versuche weitestgehend frühzeitig zu erkennen.

Die Maßnahmen die sich an jedes *nicht Filter konforme* Verhalten anschließen, sind grundsätzlich von Filtertyp und Suchmaschine verschieden. Grundsätzlich ist jedoch davon auszugehen, dass diejenigen URL's die nicht alle Filter einwandfrei durchlaufen, in einer Datei unter Angabe der Fehler gespeichert werden und zum Zweck einer differenzierten Bearbeitung oder der Löschung an die URL-Datenbank weitergeleitet werden. Erkennt das System Syntaxfehler im URL oder Sonderzeichen, wird der URL sofort gelöscht.

In nahezu allen professionellen Suchmaschinen kommen nachfolgend beschriebene Filter zur Anwendung.

Dokumentenfilter

Information Retrievalsysteme im Internet sind bei der Indexierung grundsätzlich nicht nur auf HTML-Dokumente beschränkt, sondern können je nach System bis zu 255 verschiedene Textdateien verarbeiten. Zur Überwachung des Dokumententyps wird ein Dokumentenfilter eingesetzt, der zur Filterung der Eingangsdaten nach erlaubten Ressourcen dient. Wie gezeigt lassen die Suchmaschinen verschiedentlich neben HTML-Dokumenten auch noch andere Dateiformate zu.

Die Identifikation des Dokumententyps kann u.a. durch die Mime-Type-Angabe innerhalb des HTTP-Response-Header als Objektinformation erfolgen. Entspricht ein Eingangsdokument nicht den Systemvorgaben wird es gelöscht und der dazugehörige URL aus der Datenbank entfernt.

Neben der Überprüfung auf zulässige Dokumententypen filtert der Checker die einzelnen Ressourcen auch darauf, ob sie bereits unter einem anderen Domain-Namen indexiert wurden; d.h. ob es sich bei einem Dokument um eine Dublette handelt. Da Dubletten keine wirkliche Erweiterung der Datenbasis einer Suchmaschine darstellen, werden Mehrfachverweise auf ein und das selbe Dokument von einigen Suchmaschinen als Indexspam gewertet. Die Folge von Spam kann die Löschung des doppelten URL's und/oder des gesamten Dokuments sein.

URL-Syntax-Filter

URL's bilden die wichtigste Grundlage für die Erfassung des Internets und finden besondere Beachtung bei den Filterprozessen. Insofern bedarf es einer genauen Analyse der erhalten URL's hinlänglich ihrer Existenz, Syntax und anderen relevanten Kriterien.

In einem ersten Schritt wird überprüft, ob die durch das HTTP-Protokoll definierte URL-Syntax eingehalten wird. Gleichzeitig erfolgt eine Überprüfung ob ein URL für die Aufnahme im Verzeichnis gesperrt ist.

URL-Existenz

Eine Überprüfung der Existenz eines URL kann sofort vor weiteren Filterprozessen erfolgen (wie bei Fireball) oder im Zuge der regulären Crawl-Prozesse. Hierzu wird ein HTTP-Request gestartet und der Status Code des Response-Header ausgewertet. Wird der Status Code *404 file not found* geliefert, ist der URL nicht mehr existent und es kommt zur Löschung des betreffenden URL.

Sonderzeichen-dynamisch erzeugte Dokumente

Suchmaschinen können die Indexierung von dynamisch erzeugten Dokumenten zulassen oder ablehnen. Zur Erkennung von dynamisch generierten Dokumenten wird der URL-String auf Sonderzeichen wie ?, &, %, =, untersucht, da sie alle auf dynamische HTML-Dokumente schließen lassen. Schließt eine Suchmaschine dynamisch erzeugte Dokumente von der Indexierung aus, wird der betreffende URL nicht gespeichert.

Verzeichnistiefe

Wie gezeigt besteht eine Beziehung zwischen Änderungshäufigkeit und Verzeichnistiefe. In jedem System kann eine maximale Verzeichnistiefe für URL's definiert werden. Die Erkennung der Anzahl der Verzeichnisse erfolgt über die Analyse des URL. Wird die vom System definierte Verzeichnistiefe überschritten, erfolgt keine Aufnahme der betreffenden Ressource.

Maximale URL-Anzahl

Es besteht weiterhin die Möglichkeit, die maximale Anzahl von URL's je Domain und Host per Einstellung auf eine Obergrenze zu beschränken. Hierzu wird in der URL-Datenbank die Anzahl aller einem Host zugeordneten Dateien überprüft. Ziel dieser Filterfunktion ist es u.a., das System nicht zu überbeanspruchen, bzw. nicht durch Seiten gespamt zu werden, die nur als URL-Register ohne wirklichen Inhalt dienen.

Statusfilter

URL's können bereits im Datenbestand erfasst sein und sollen aus Gründen einer nicht redundanten Datenhaltung auch nicht doppelt gespeichert werden. Eine Statusüberprüfung dient dazu, URL's bzw. Ressourcen nicht doppelt zu speichern. Ein mehrfaches Erfassen eines URL kann aufgrund verschiedener Systematiken vom System aus auch selbst verursacht sein (s. Kap. 3.1). Weiter kann eine mehrfache Erfassung durch wiederholte aktive Anmeldeversuche erfolgt sein. Das mehrmalige aktive Anmelden des gleichen URL in sehr kurzen Abständen wird jedoch von einigen Systemen als Spam-Attacke gewertet und kann zu einem Ausschluss des betreffenden URL führen.

Redirect -Filter

Durch Redirect erfolgt mittels HTTP-Befehl, JavaScript oder Servereinstellung eine automatische Weiterleitung einer Anfrage nach Ablauf einer Zeitvorgabe auf einen anderen als den ursprünglichen URL. Erfolgt ein Redirect einer Ressource wird dies im Response-Header als Information mittels Status Code 301 oder 302 an den Gatherer kommuniziert und ist insofern identifizierbar.

Der Einsatz von Doorway Pages, die mittels Redirect sehr schnell eine nach der anderen an die Robots übergeben werden, sollen zur Verbesserung der Relevanzbewertung von Seiten dienen. Von verschiedenen Systemen wird jedoch eine Kette von mehreren Redirects als Spam-Versuch interpretiert und es erfolgt die Löschung des betreffenden URL. Wird hingegen ein Redirect zugelassen, erfolgt eine vollständige Überprüfung der betreffenden Ressource unter dem neuen URL.

Merke

- Mit Übergabe eines URL's an das System erfolgt eine erste Analyse der Zulässigkeit des Dateiformats und des URL.
- Webrobots überprüfen jeden URL auf Existenz, Syntax und Sonderzeichen.
- Faktoren die eine Aufnahme verhindern können, ist u.a. die Verzeichnistiefe sowie die maximale Anzahl an URL's je Domain oder Host.
- Die Serververfügbarkeit ist ein sehr wichtiges Kriterium. Ist ein Server nicht 24 x 7 x 365 verfügbar, kann dies zur Elimination eines Dokuments bzw. aller Dokumente eines Hosts führen.
- Redirects die zum Einsatz kommen um Doorway Pages zu indexieren, werden im Allgemeinen erkannt und als Spam gewertet.
- Ein URL bzw. ein Dokument muss letztendlich alle Filter eines Webrobot-Systems fehlerfrei durchlaufen, so dass ein Dokument aufgenommen wird.

9.6 Überprüfung der Indexierung

Wurden URL's zur Indexierung an die Suchmaschinen übergeben, ist es erforderlich zu überprüfen, ob und im welchem Umfang sie in den Datenbestand aufgenommen wurden. Um dies vornehmen zu können, bieten die einzelnen Suchmaschinen Kurzbefehle zur Kontrolle an, die in das Suchfeld eingegeben werden. Die exakte Syntax wird an der Domain „firma.de" dargestellt.

Altavista

- **host:** firma.de
zeigt alle URL's einer Domain, die sich im Datenbestand befinden.

- **url:** firma.de/provider/provider.html
überprüft, ob sich ein bestimmter URL im Datenbestand befindet.

Fireball

- **host:** firma.de
zeigt alle URL's einer Domain, die sich im Datenbestand befinden.

- **url:** firma.de/provider/provider.html
überprüft, ob sich ein bestimmter URL im Datenbestand befindet.

FAST Portal Partner (Alltheweb, Lycos, Tiscali)

- **url.host:** firma.de
zeigt alle URL's einer Domain, die sich im Datenbestand befinden.

- **url.all:** firma.de/provider/provider.html
überprüft, ob sich ein bestimmter URL im Datenbestand befindet.

Google

- **site:** firma.de + **Suchwort** (das sich auf allen Seiten befindet)
zeigt alle URL's einer Domain, die sich im Datenbestand befinden und das betreffende Suchwort auf ihrer Seite führen. Eine URL-Suche ohne Suchwort ist bei Google nicht möglich.

- **allinurl:** firma.de/provider/provider.html
überprüft, ob sich ein bestimmter URL im Datenbestand befindet.

Inktomi

- **originurl:** firma.de/provider/provider.html
überprüft bei Inktomi [http://search.positiontech.com/], ob sich ein bestimmter URL im Datenbestand befindet.

Merke

- Die Aufnahme eines URL ist weder im regulären Verfahren noch bei bezahlter Aufnahme garantiert.
- Ob eine Website aufgenommen wurde und welche Dokumente im einzelnen erfasst sind, muss vom Content-Anbieter kontrolliert werden.
- Die Suchmaschinen bieten die Möglichkeit über Kurzbefehle zu überprüfen, ob sich ein URL im Datenbestand befindet.
- Je nach Suchmaschine dauert die Aufnahme zwischen 4 bis 8 Wochen.

10 Payed Placement – Ranking gegen Bezahlung

Die Systematiken des *Payed Placement* weichen von den bisher dargestellten Verfahren erheblich ab. Alle bisher dargestellten Methoden der Optimierung von Websites mittels *On the Page* und *Off the Page-Verfahren* haben zum Ziel, eine Website oder ein Dokument programmiertechnisch und inhaltlich so aufzubereiten, dass es die Kriterien der Relevanzbewertung von Suchmaschinen möglichst exakt erfüllt. Zielsetzung einer Website-Optimierung ist es, zu bestimmten Suchworten eine möglichst hohe Rangposition in der Ergebnisliste zu erreichen.

Das von verschiedenen Suchmaschinen angebotene Payed Placement ist hingegen *bezahlte Werbung*. An exponierter Stelle sind bei verschiedenen Suchmaschinen und Portalen Flächen vorgesehen, wo die bezahlten Verweise erscheinen. Ähnlich der Keyword basierten Bannerwerbung werden bei einer Suche zu definierten Schlüsselwörtern Links angezeigt, die in der Mehrzahl der Fälle von den Suchmaschinen als Sponsored Links markiert sind. Sie sind den regulären, auf Relevanzkriterien basierten Suchergebnissen vorangestellt. Payed Placement hat folglich mit den Methoden des Ranking nichts zu tun.

Der große Vorteil des Payed Placement für Content-Anbieter im Vergleich zur Website-Optimierung ist, dass ein Anbieter zu bestimmten Suchwörtern ohne große Zeitverzögerung sicher auf prominenten Positionen der Suchergebnisliste erscheint. Betrachtet man jedoch das sehr ablehnende Verhalten von Usern auf Werbebanner in der Vergangenheit, ist zu erwarten, dass das Payed Placement sehr schnell als das erkannt wird was es ist – nämlich bezahlte Werbung.

10.1 Payed Placement Programme bei Google

Google bietet interessierten Content-Anbietern zwei unterschiedliche Formen des Payed Placement an, das *Premium Sponsorship* und die *AdWords*.

Premium Sponsorship

Die Premium Sponsorship Werbung ist Keyword orientiert und zeigt maximal zwei Text basierte Verweise von unterschiedlichen Anbietern an. Die Werbeeinblendung erscheint in einem farblich deutlich hervorgehobenem Feld, das der regulären Suchergebnisliste vorangestellt ist. Keyword orientiert bedeutet in diesem Zusammenhang, dass die Werbeeinblendung nur dann erscheint, wenn die vom

Auftraggeber bestimmten Schlüsselwörter gesucht werden. Die Vorteile die Google für sein Premium Sponsorship nennt sind:

- Hoher Traffic durch zielgerichtete Anzeigen.
- Verschiedenen Keywords können unterschiedliche Anzeigentexte zugewiesen werden.
- Durch die Bestimmung der Keywords wird eine genaue Zielgruppe bestimmt.
- Die Darstellung der Textlinks verbessert die Sichtbarkeit von Anzeigen.
- Erfahrene Google-Mitarbeiter assistieren jede Kampagne, wodurch sich die Klickraten über die Laufzeit verbessern lassen.
- Die durchschnittlichen Klickraten liegen im Durchschnitt fünf mal höher als beim Branchendurchschnitt.

Interessant ist auch das Nutzerprofil von Google-Deutschland, das von Google selbst wie folgt definiert wird:

Der GoogleUser

- 68%   männliche Nutzer, 32% weibliche Nutzer
     (Internet-Nutzer gesamt: 65% männlich/ 35% weiblich);
- 58%   haben Abitur, 18% haben einen Universitätsabschluss
     (Internet-Nutzer gesamt: 48% Abitur/ 14% Universität);
- 28%   haben ein Netto-Einkommen von 2.000,- Euro/Monat oder mehr
     (Internet-Nutzer gesamt: 26%);
- 86%   nutzen das Internet seit 2 Jahren und länger
     (Internet-Nutzer gesamt: 79%);
- 74%   informieren sich über Produkte und Dienstleistungen
     (Internet-Nutzer gesamt: 69%);
- 40%   haben bereits mehr als 20mal Online eingekauft
     (Internet-Nutzer gesamt: 34%);

Angaben von Google-Deutschland, basierend auf der W3B-Analyse [www.fittkaumaass.de] vom Mai 2002.

Die Premium Sponsorship Werbung erfordert ein Mindestbudget von 5.000.– Euro (Stand und 1/2003) und wird auf Basis von TKP-Preisen (CPM in Englisch) abgerechnet. Volumenrabatte gibt es ab 25.000,- Euro Buchungsvolumen pro Jahr. Dabei stellt die Berechnungsgrundlage die Häufigkeit der Einblendung der Werbung dar. TKP bedeutet *Kosten pro Tausend gelieferter Anzeigen*. In Abhängigkeit der Suchworte unterbreitet Google ein Angebot, was eintausend eingeblendete Werbeanzeigen kosten. Eine Kampagne läuft dann solange bis die vereinbarte Anzahl von Werbeeinblendungen erreicht und das Werbebudget aufgebraucht ist.

Ist beispielsweise von Google ein TKP von 50.– Euro angeboten (Tausend Werbeeinblendungen kosten 50.– Euro) und beträgt das vereinbarte Budget 10.000.– Euro, so ermöglicht dies 200.000 Werbeeinblendungen bei Google. Als Werbeeinblendung wird dabei jede Seite gezählt, auf der die betreffende Werbung erscheint.

AdWords

Die zweite Form des Payed Placement bei Google ist die *AdWords Werbung*. Sie erscheint auf der rechten Seite der Suchergebnisliste und ist als Werbung deutlich gekennzeichnet. Die AdWords *Werbung* ist gleichfalls Keyword basiert, wird aber auf einer Cost-Per-Click (CPC) Basis abgerechnet. D.h. nur wenn die vom Anbieter definierten Schlüsselwörter eingegeben werden, erscheint die Werbeanzeige. Wenn dann von einem Anwender ein Klick auf den Link der Werbung ausgeführt wird, fällt der vereinbarte CPC-Betrag an. Google legt für jedes neue Konto ein anfängliches Kreditlimit von 50.– Euro für 30 Tage fest. Dieses Kreditlimit wird stufenweise erhöht, wenn das Limit durch die Anzahl der erfolgten Klicks erreicht wird, bevor der Zeitraum von 30 Tagen verstrichen ist. Das Kreditlimit wird dann von Google bei Bedarf auf 200.– Euro, dann 350.– Euro und letztendlich auf 500.– Euro angehoben. Eine Kampagne kann vom Anbieter jedoch jederzeit abgebrochen werden. Google ermöglicht mit der Zuweisung des Kreditlimits, eine Kampagne die großen Erfolg hat, nicht an einem begrenzten Kreditlimit scheitern zu lassen.

Google bietet aber auch eine Kostenlimitierung an, die das täglich maximale Budget bestimmt. Die Werbung wird solange angezeigt, bis ein definiertes Tagesbudget durch die Häufigkeit von Klicks aufgebraucht ist.

Die Rangposition die sich für eine Werbeeinblendung bei mehreren Anzeigen ergibt, bestimmt sich aus einer Kombination der Höhe die ein Anbieter bereit ist für einen Klick zu bezahlen und der Anzahl der erfolgten Klicks auf eine Werbung. Google bietet zur Erstellung einer Kampagne ein Berechnungstool an, das den maximal erforderlichen C-P-C berechnet, um auf erster Stelle vor den anderen Werbeanbietern zu erscheinen.

Die AdWords *Werbung* bietet den Vorteil, dass nahezu alle Länder sowie zahlreiche Sprachen differenziert berücksichtigt werden können. D.h. es kann eine genaue Definition vorgenommen werden, bei welchen Zielländern und welchen Sprachen eine Werbung eingeblendet werden soll. Die Standorte der Nutzer ermittelt Google über die IP-Adressen der Benutzer, die mit dem HTTP-Request übermittelt werden. Durch dieses Verfahren ist Google laut Eigenauskunft in der Lage, das Herkunftsland des Benutzers mit einer Wahrscheinlichkeit von beinahe 99% zu ermitteln. Die Zielsprache eines Benutzers wird durch die voreingestellte „bevorzugte Sprache" im Browser festgestellt. Dadurch werden Google AdWords-Anzeigen beispielsweise mit der Zielsprache Deutsch nur Personen gezeigt, die im Browser als „bevorzugte Sprache" Deutsch ausgewählt haben.

Aufgrund verschiedener Kooperationen mit Portalen und Webkatalogen besteht die Möglichkeit, AdWords-Kampagnen nicht nur bei Google erscheinen zu lassen, sondern auch bei den Partnern von Google. Diese sind gegenwärtig (Stand 1/2003):

Tabelle 10.1. Portal-Partner von Google für AdWords Werbung

Portal	URL	Portal	URL
America Online	[www.aol.com]	Netscape	[www.netscape.com]
CompuServe	[www.compuserve.com]	AT&T Worldnet	[www.att.net]
Sympatico	[www.sympatico.ca]	EarthLink	[www.earthlink.net]

Durch die Einbindung von Partner-Portalen ist es möglich, die Reichweite einer Werbekampagne über die Nutzergruppen von Google hinaus auszuweiten.

Merke

- Google bietet zwei Formen des Payed Placement an.
- Sowohl Premium Sponsorship als auch AdWords Werbung sind für den Anwender als Werbung zu erkennen.
- Premium Sponsorship basiert auf der Buchung einer festen Anzahl von Werbeinblendungen bzw. einem festen Budget zu bestimmten Suchworten.
- AdWords Werbung basiert auf einem Pay-Per-Click-Verfahren in Kombination mit der Bestimmung des Preises für jeden Klick.
- Die AdWords Werbung kann für verschiedene Länder und Sprachen gebucht werden.
- Die AdWords Werbung kann auch auf den Websites von Google-Partnern erscheinen.

Links

Google Werbeformen
- [www.google.de/intl/de/ads/]

Google Premium Sponsorship Werbung
- [www.google.de/intl/de/ads/overview.html]

Google AdWords Überblick
- [https://AdWords.google.de/select/overview.html]

Google AdWords FAQ
- [https://AdWords.google.de/select/faq/basics.html]

10.2 Trusted Feed-Programm von Altavista

Das *Trusted Feed-Programm* von Altavista richtet sich an Content-Anbieter mit mehr als 500 zu publizierenden ULR's. Es basiert auf einem C-P-C (Cost-per-Click) Modell, bei dem Altavista in Abhängigkeit der jeweiligen Website individuell bestimmt, wie viel es für einen Klick berechnet. Zur Teilnahme am Trusted Feed-Programm ist eine Anfrage an das Altavista-Verkaufsbüro zu richten, unter Angabe der zu promotenden Domain. Neben einer direkten Buchung bei Altavista kann das Trusted Feed-Programm auch über Partner von Altavista, wie z.B. PositionTech gebucht werden. Während bei Altavista eine Mindestmenge von 500 URL's Voraussetzung sind, ist die Buchung des Trusted Feed-Programms über PositionTech bereits ab 200 URL's möglich.

Das Trusted Feed-Programm ermöglicht insbesondere Dokumente die aufgrund ihrer Programmierung nur eingeschränkt zu indexieren und bezüglich ihrer Relevanz schwer zu bewerten sind, eine optimale Aufnahme in den Index. Altavista hebt konkret hervor, dass speziell Seiten mit Frames sowie dynamisch erzeugte Dokumente indexiert und bewertet werden können.

„... (Trusted Feed) Accepts pages that are traditionally difficult for crawlers to index, such as framed pages or pages with dynamic content ..." [www.positiontech.com].

Im Trusted Feed-Programm kann bei der Anmeldung der einzelnen URL's jedem einzelnen Dokument individuelle Titel, Keywords und eine Beschreibung zugeordnet werden. Diese Angaben können abweichend von den tatsächlichen Head-Informationen eines Dokuments erfolgen. D.h. Informationen des Dokumentenkopfs, die die Relevanz bestimmen, müssen nicht Teil des eigentlichen Dokuments sein, sondern werden bei der Anmeldung der URL's gesondert übergeben. Dabei gibt ein Anbieter die entsprechenden Informationen über eine XML-Eingabe (eXtensible Markup Language) oder mittels einer Text basierten Eingabe weiter. Diese Angaben können vom Anbieter selbst wöchentlich aktualisiert werden. Hierdurch wird sichergestellt, dass zum einen die Head-Informationen von schwer erfassbaren Dokumenten in der gewünschten Form vorliegen und zur Relevanzbewertung berücksichtigt werden können. Zum anderen ist es durch die wöchentliche Anpassung und Reindexierung möglich, die indexierten Dokumente individuell aktuell zu halten.

Durch die genaue Bestimmung der einzelnen URL's hat ein Content-Anbieter eine exakte Kontrolle darüber, welche Dokumente indexiert werden sollen. D.h. anders als bei der regulären Anmeldung entscheidet nicht Altavista welche Dokumente es in den Bestand aufnimmt, sondern die Entscheidung trifft der Anbieter. Die Nutzungsordnung von Altavista sowie die Regeln gegen Spam sind jedoch zu beachten.

Zur Erfolgskontrolle stellt Altavista für jeden URL einen detaillierten Leistungsbericht online zur Verfügung. Über dieses Reporting kann ein Content-Anbieter die Aufrufe jedes URL exakt nach Suchbegriffen und Zeiträumen analysieren.

Das Trusted Feed Programm ist streng genommen nicht als Payed Placement zu qualifizieren, da Altavista mit der Buchung keine bestimmte Rangposition garantiert. Im Gegensatz zur Premium Sponsorship Werbung von Google ermöglicht Altavista offiziell nur eine Rangverbesserung durch die Optimierung der

Head-Informationen und eine vollständige Erfassung des Dokumentenkörpers, die im Zuge der regulären Relevanzbewertung berücksichtigt werden.

„... The pages are indexed into searchable databases using normal scoring algorithms ...“ [www.positiontech.com/tf_feedspecs.htm].

Da das Abrechnungserfahren auf einem Cost-Per-Click-Modell beruht und Altavista ein eigenes Interesse an einer möglichst hohen Klickzahl hat, kann jedoch „vermutet“ werden, dass das Trusted Feed Programm „positiv“ auf das Ranking wirkt.

Merke

- Altavista bietet mit dem Trusted Feed Programm die Möglichkeit speziell Frame Sets und dynamisch generierte Dokumente in den Index aufzunehmen.
- Ein Anbieter kann genau diejenigen URL's bestimmen, die er indexieren möchte.
- Durch die Möglichkeit Head-Informationen direkt an Altavista zu übergeben und diese wöchentlich zu verändern, verfügt ein Anbieter über gute Möglichkeiten positiv Einfluss auf das Ranking zu nehmen.

Links

Altavista Trusted Feed
- [http://de.altavista.com/web/trustedfeed]

Altavista Adding & Removing UR's
- [www.altavista.com/help/search/faq_web]

Altavista Partner PositionTech
- [www.positiontech.com/tf_overview.htm]

Trusted Feed Content Provider Technical Specs
- [www.positiontech.com/tf_feedspecs.htm]

10.3 Index Connect von Inktomi

Neben einem Payed Inclusion Programm bietet auch Inktomi ein Payed Placement Programm an, mit dem garantiert wird, dass bestimmte Seiten bei den Portal-Partnern von Inktomi bevorzugt erscheinen:

„...Guarantee that your most important pages appear in results for related product queries...“ [www.inktomi.com].

Index Connect kann direkt bei Inktomi oder einem seiner Reseller-Partner gebucht werden. Es richtet sich an Anbieter, die mehr als 1.000 URL's in den Datenbestand aufnehmen lassen wollen. Das Index Connect-Programm beruht auf einer C-P-C-Methode (Cost-Per-Click), bei der nur dann Kosten für einen Content-Anbieter anfallen, wenn ein entsprechender URL aufgerufen wird.

Mit dem Index Connect-Programm ist es Anbietern insbesondere möglich, sehr umfangreiche Produktkataloge über die Portal-Partner von Inktomi zu publizieren.

"... Inktomi Index Connect can present your entire catalog of products, services, and premium content through leading search portals ..." [www.inktomi.com].

Da Produktkataloge in Größenordnungen von 1.000 und mehr Seiten im allgemeinen dynamisch erstellt werden, ist aus den Angaben zu interpretieren, dass es mittels Index Connect-Programm möglich ist, Datenbank basierte Inhalte problemlos im Datenbestand von Inktomi aufgenommen zu bekommen.

Alle 48 Stunden werden die teilnehmenden URL's reindexiert und Veränderungen sind dann unverzüglich über die Portal-Partner sichtbar. Mit der Buchung des Index Connect-Programms bietet Inktomi auch ausgefeilte Reporting-Berichte und Suchwortanalysen an.

Merke

- Inktomi bietet über seine Portal-Partner ein Payed Placement an.
- Ein Anbieter kann genau diejenigen URL's bestimmen, die er indexieren möchte.
- Das Abrechnungsmodell beruht auf C-P-C.
- Das Index Connect-Programm ist speziell entworfen worden, um umfangreiche Produktkataloge optimal zu positionieren.

Links

Inktomi Index Connect
- [www.inktomi.com/products/web_search/connect.html]

Inktomi Index Connect Partner
- [www.inktomi.com/products/web_search/connect.html]

Inktomi Reseller Partner
- [www.inktomi.com/products/web_search/resellers.html]

Inktomi Portal-Partner
- [www.positiontech.com/inktomi/index.htm]

URL Guidelines
- [www.positiontech.com/guidelines.htm]

10.4 Overture – Payed Placement

Die Suchmaschine Overture ist die erste Suchmaschine die Payed Placement bekannt und bei weiten Kreisen von Anwendern akzeptiert gemacht hat. Sie wurde 1997 unter dem Namen *GoTo* gegründet und im Oktober 2001 in Overture umbenannt. Overture garantiert zu bestimmten Suchworten genaue Positionen eines URL's sowohl in seiner eigenen Suchergebnisliste als auch in den Ergebnislisten seiner Portal-Partner.

Overture verfügt über einen eigenen Datenbestand, der zum einen von Inktomi erzeugt wird und zum anderen durch diejenigen URL's und Dokumente gebildet wird, die für eine bestimmte Position bereit sind zu bezahlen. Das Bezahlmodell von Overture basiert auf einem C-P-C-Verfahren, bei dem für jeden erfolgten Klick der vereinbarte Betrag abgerechnet wird. Erfolgt kein Klick auf den URL eines Anbieters, fallen auch keine Kosten an. Aufgrund dieser Systematik wird Overture oftmals auch als Pay-Per-Click-Suchmaschine bezeichnet.

Das Besondere an der Preisfindung bei Overture ist, dass die Rangposition in der Suchergebnisliste über den Klickpreis ersteigert wird. Verweise sind dabei immer Suchwort bezogen, d.h. ein Anbieter kann ein oder mehrere Suchworte bestimmen, unter denen er gefunden werden möchte. In sehr vielen Fällen wollen jedoch mehrere Anbieter unter den gleichen Schlüsselwörtern gefunden werden. Wer in welcher Reihenfolge in der Suchergebnisliste erscheint, bestimmt sich ausschließlich über die Höhe die ein Anbieter bereit ist, für einen getätigten Klick an Overture zu bezahlen.

Die Rangposition wird unter der Maßgabe versteigert, dass sich die Position in Abhängigkeit der Höhe des Preises bestimmt. Overture ermöglicht jedem über ein Online Tool genau einzusehen, welche Angebote zu den verschiedenen Suchwörtern bereits vorliegen. Das Mindestangebot für ein Suchwort bzw. eine Kombination von Suchwörtern beträgt immer Euro 0,10. Gebote in Bruchteilen von Cents werden nicht berücksichtigt. Das Mindestbudget um starten zu können beträgt Euro 50,00. Innerhalb von 5 Arbeitstagen nach Buchung überprüft ein Redaktionsteam von Overture die Relevanz der Website zu den gewählten Suchworten. Overture behält sich dabei immer das Recht vor, Gebote und Einträge zu ändern oder abzulehnen.

Entsprechend der bereits vorhandenen Gebote kann ein höheres oder ein niedrigeres Gebot, aber auch nur das Mindestgebot erteilt werden. Die Position eines Verweises in der Suchergebnisliste bestimmt sich in absteigender Reihenfolge, entsprechend der Höhe aller gebotenen Preise. Existieren gleich hohe Preise für ein Suchwort, wird die Reihenfolge in Abhängigkeit der Buchungsdauer bestimmt.

Die Position der Auflistung ist jedoch nicht dauerhaft, denn jeder Anbieter kann jederzeit erneut ein höheres oder niedrigeres Angebot abgeben, wodurch sich eine neue Reihenfolge ergibt. Weiter können Buchungsperioden von Anbietern enden, wodurch sich gleichfalls eine neue Reihenfolge ergibt.

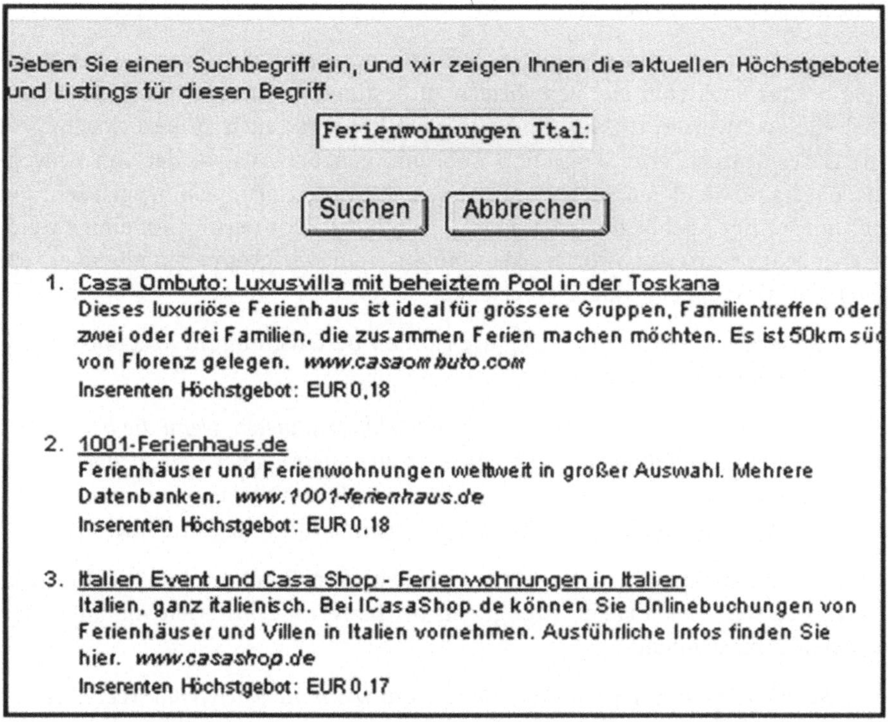

Abb. 10.1. Listing bei Overture

Die Nutzung eines Gebotsmanagement-Moduls ermöglicht die Ausübung eines *automatischen Bietens*. Um sicherzustellen, dass ein Anbieter beispielsweise immer auf der ersten Stelle erscheint, ohne permanent seine Mitbewerber beobachten zu müssen, kann ein Höchstbetrag bestimmt werden, den man bereit ist als maximalen Betrag für einen Klick zu bezahlen. Erhöht ein anderer Anbieter sein Angebot um die erste Position einzunehmen, wird dessen Angebot automatisch um 1 Cent überboten. Bis zur Erreichung des Höchstbetrags, sichert dieses Verfahren einem Anbieter auf Platz eins zu bleiben. Inserenten können jedoch die fünf höchsten Gebote für ihr Keyword einsehen. Außerdem werden die Höchstgebote für alle anderen Positionen angezeigt. Es ist jedoch nicht ersichtlich, ob es sich bei den Geboten um feste oder automatische Gebote handelt.

Die Bestimmung von geeigneten Schlüsselwörtern ist erfahrungsgemäß ein schwieriger Entscheidungsprozess. Overture bietet unterstützend ein Online Tool an, das einem Anbieter helfen sollen, geeignete Suchwörter zu finden. Das *Search Term Suggestion Tool* zeigt die Suchhäufigkeit von Wörtern des jeweils vorangegangenen Monats. Hat ein Anbieter zu seinem Angebot bereits eine Liste an interessanten Suchwörtern erstellt, kann er sehr einfach nachvollziehen, wie oft die einzelnen Suchbegriffe im Overture Netzwerk aller Portal-Partner aufgerufen wurden. An Hand der Suchhäufigkeit erkennt man sehr gut, welche Wörter wichtig sind, weil sie oft gesucht und welche Wörter unerheblich sind, weil sie von Anwendern bei ihrer Suche nicht verwendet werden.

Zur Bestimmung von geeigneten Suchwörtern empfiehlt Overture ein möglichst breites Spektrum an Suchwörtern zu bestimmen, um hierdurch weitestgehend alle Suchwörter, die verwendet werden könnten, auch zu berücksichtigen. Mittels des Search Term Suggestion Tool und genauer Analyse der von Anwendern häufig verwendeten Suchwörter, lässt sich eine Zielgruppe hingegen sehr gut über nur wenige Suchbegriffe definieren. Durch die Reduzierung auf einige wenige, aber sehr präzise Suchwörter, ist es möglich, eine Zielgruppe mit einem akzeptablen C-P-C Budget optimal zu erreichen.

Ein wichtiges Kriterium für Overture ist die Übereinstimmung von Suchbegriffen und Inhalten einer Website:

„... Inserenten dürfen nur dann für einen Suchbegriff bieten, wenn die betreffende Website wesentliche Inhalte aufweist, die klar und offensichtlich den Suchbegriff widerspiegeln, und wenn aus dem Listing (Titel und Beschreibung) genau hervorgeht, warum die Website für diesen Suchbegriff gelistet ist ...“ [www.overture.de].

Mit seinen strikten Vorgaben der Konsistenz von Inhalt und Suchwörtern ist Overture in sehr vielen Fällen strenger als die Bewertungskriterien von automatisierten Suchmaschinen.

„... Suchbegriffe werden nur dann akzeptiert, wenn die betreffende Webseite den relevanten Inhalt dazu aufweisen, der klar mit diesem Suchbegriff verbunden ist. Textlinks, Banner oder Titels, die Besucher auf eine andere Webseite umleiten, sind NICHT ausreichend relevanter Inhalt ...“ [www.overture.de].

Mit der Buchung von Keywords hat ein Anbieter die Möglichkeit den Titeltext sowie die DESCRIPTION-Angabe direkt an Overture zu übergeben. Beide Angaben können von denen im eigentlichen Dokumentenkopf abweichen, müssen aber den Inhalt des betreffenden Dokuments wiedergeben.

„... Titel und Beschreibungen müssen informativ sein und das auf der Website angebotene Produkt oder den angebotenen Service objektiv darstellen...Generell gilt: Titel und Beschreibungen sollten genau das wiedergeben, was der Nutzer auf der Seite vorfindet ...“

und

„... Ein Suchbegriff ist nur dann für eine Website relevant, wenn der Benutzer die zum Suchbegriff passenden Inhalte auf der Website (leicht) finden kann ...“ [www.overture.de].

Übereinstimmung von Angaben die in der Suchergebnisliste erscheinen, Inhalte der Website und ausgewählte Suchwörter müssen also konsistent sein, sonst kann Overture eine Aufnahme ablehnen.

Betrachtet man den Bekanntheitsgrad von Overture beim Anwender sowie deren Berücksichtigung des Overture Suchportals bei Suchprozessen, ist Overture im Vergleich zu anderen Suchmaschinen nur sehr gering relevant. Die Strategie von Overture ist jedoch nicht die von automatisierten Suchmaschinen, ein eigenes hoch frequentiertes Suchportal zu entwickeln, sondern bereits bekannten Portalen die Möglichkeit zu geben, über die Systematik des Payed Listings, auf Basis eines C-P-C-Abrechnungsmodells Werbeeinnahmen zu erzielen. Die von Overture angebotene Technologie, eines auf Versteigerung von Keywords basierenden Abrechnungsverfahren, war bei seiner Gründung sehr innovativ und wird mittlerweile von wichtigen Portalen genutzt.

Für den einzelnen Content-Anbieter bedeutet das, dass ein Listing bei Overture nicht nur auf der Overture eigenen Website erscheint, sondern grundsätzlich bei allen Portal-Partnern. Allein in den USA erhält Overture (laut eigenen Angaben) über sein Netzwerk circa 2 Milliarden Suchabfragen pro Monat. In Deutschland sind die Portal-Partner von Overture nachfolgend dargestellt.

Tabelle 10.2. Portal-Partner von Overture in Deutschland

Portal	URL	Portal	URL
T-Online	[www.t-online.de]	AOL	[www.aol.de]
Altavista	[www.altavista.de]	MSN	[www.msn.de]
Freenet	[www.freenet.de]	ZDNet	[www.zdnet.de]
Fireball	[www.fireball.de]	Lycos	[www.lycos.de]
PC-Welt	[www.pc-welt.de]	HoBot	[www.hotbot.lycos.de]
Tiscali	[www.tiscali.de]		

In den USA kooperiert Overture gleichfalls mit sehr bedeutenden Portalen.

Tabelle 10.3. Portal-Partner von Overture in USA

Portal	URL	Portal	URL
Altavista	[www.altavista.com]	Excite	[www.excite.com]
AOL	[www.aol.com]	Go	[www.go.com]
Ask	[www.ask.com]	HotBot	[www.hotbot.com]
Direct Hit	[www.directhit.com]	iWon	[www.iwon.com]
Lycos	[www.lycos.com]	MSN	[www.msn.com]
Yahoo	[www.yahoo.com]	Netscape	[www.netscape.com]

Für einen Content-Anbieter bedeutet das konkret, dass mit einer Buchung bei Overture sein Angebot auf Basis der ersteigerten Suchworte, bei allen Portal-Partnern von Overture erscheint. Eine Einschränkung behalten sich jedoch individuell die Partner von Overture vor. So zeigen nicht alle Portal-Partner auch alle möglichen Anbieter zu einer Suchanfrage, sondern reduzieren die Auswahl auf bestimmte Rangpositionen. Insofern ist die Rangposition, die über den Preis bestimmt wird, von besonderer Bedeutung, da sie nicht nur die Position in der

Suchergebnisliste bestimmt, sondern auch direkt die Reichweite eines Verweis via Portal-Partner.

Nachfolgende Aufstellung zeigt, bis zu welcher Rangposition die einzelnen Portal-Partner Buchungen bei Overture berücksichtigen.

Tabelle 10.4. Rangposition bei Overture Portal-Partnern

Portal	Rang	Anmerkung
T-Online	1 – 10	Weitere Verweise auf Folgeseiten
Altavista	1 – 3	Weitere Verweise auf Unterseite
Freenet	1 – 7	Weitere Verweise auf Folgeseiten
AOL	1 – 4	Weitere Verweise auf Folgeseiten
HotBot	1 – 2	Weitere in Fußleiste & Folgeseiten
Lycos	1 – 2	Weitere in Fußleiste & Folgeseiten
Fireball	1 – 2	3 – 5 in Fußleiste
MSN	1 – 3	Weitere Verweise auf Folgeseiten
Tiscali	1 – 10	Begrenzung auf 10 Ergebnisse
Arcor	1 – 10	Weitere Verweise auf Unterseite

Die Spalte „Rang" gibt an, welche Overture Positionen auf der ersten Seite der Suchergebnisliste eines Portal-Partners erscheinen. Niedrigere Rangpositionen von Overture werden entweder auf den nachfolgenden Ergebnisseiten dargestellt oder auf separaten Unterseiten (Altavista, Arcor) vollständig aufgeführt.

Abb. 10.2. Darstellung des Payed Placement von Overture bei Altavista

Für die Darstellung der Suchergebnisse aus dem Overture-Index halten die einzelnen Suchmaschinen, den regulären Suchergebnissen vorangestellt, einen prominenten Platz frei (Altavista, AOL, MSN) oder integrieren sie in ihren regulären Suchergebnissen, wobei sie den Suchergebnissen aus dem eigenen Index vorangestellt sind (T-Online, Freenet, Arcor, Tiscali). Alle oben dargestellten Portale kennzeichnen die Overture Suchergebnisse entweder als *Sponsored Links* oder mit dem Textzusatz *Overture*. Hierdurch ist es für einen Anwender gut erkennbar, dass es sich um eine Werbeeinblendung handelt. Auf eine Kennzeichnung verzichten hingegen die meisten Meta-Suchmaschinen, die Suchergebnisse der verschiedenen Overture-Partner-Portale mit einbeziehen.

Merke

- Bei Overture kann eine Aufnahme nur durch Buchung und Bezahlung von Keywords erfolgen.
- Die Berechnung beruht auf einem C-P-C-Modell. Der Preis bestimmt sich über ein Versteigerungsverfahren.
- Die Höhe des Preises bestimmt die Rangposition und die Reichweite.
- Zwischen gebuchten Suchwörtern und Inhalt muss eine hohe Konsistenz existieren.
- Über Portal-Partner von Overture erreicht man laut Eigenauskunft 75% aller Internetnutzer.
- Links von Overture sind bei den Portal-Partnern i.d.R. gekennzeichnet.

Links

Overture Bieter Tool
- [http://uv.bidtool.overture.com/d/search/tools/bidtool/?mkt=de]

Automatisches Bieterverfahren bei Overture
- [www.de.overture.com/d/DEm/about/advertisers/dedefaq_ab.jhtml#f1]

Overture Search Term Suggestion Tool
- [http://inventory.de.overture.com/d/searchinventory/suggestion/]

Overture FAQ
- [www.de.overture.com/d/DEm/about/advertisers/dedefaq.jhtml?lang=de_DE]

Overture Klick Tracking
- [www.de.overture.com/d/DEm/about/advertisers/dedetracking.jhtml]

Overture Gebotsmanagement
- [www.de.overture.com/d/DEm/about/advertisers/dedefaq_ab.jhtml]

Overture Relevanzkriterien
- [www.de.overture.com/d/DEm/about/advertisers/dederelevancy.jhtml?lang=de_DE]

10.5 Espotting – Payed Placement

Das Geschäftsmodell von Espotting gleicht dem von Overture in sehr vielen Bereichen. Das Bezahlmodell von Espotting basiert gleichfalls auf einem *C-P-C-Verfahren*, bei dem für jeden erfolgten Klick der vereinbarte Betrag abgerechnet wird. Erfolgt kein Klick auf den URL eines Anbieters, fallen auch keine Kosten an. Die Preisfindung je Klick wird ebenfalls über ein Versteigerungsverfahren gebildet, bei dem die Anbieter auf der Suchergebnisliste eine Rangposition in Abhängigkeit der Höhe des gebotenen Preises für einen Klick einnehmen. Ein Anbieter kann dazu in Echtzeit sein Gebot für ein Keyword bzw. eine Kombination von Keywords abgeben und verfolgen.

„... Der Werbekunde kann in einer Echtzeit-Online-Auktion den Cost-per-Click pro Suchbegriff (Keyword) verändern und damit die Position seines Suchergebnisses steuern. Je höher das Gebot, desto weiter oben wird seine Eintragung auf den Suchmaschinen gelistet. Über eine Espotting Kampagne generiert der Werbekunde qualifizierten Traffic, da er mit seinem Suchergebnis genau das Bedürfnis des suchenden Konsumenten trifft. Der Werbekunde hat dabei stets die Kosten pro Besucher sowie die Position des Suchergebnisses innerhalb der Sponsored Links unter Kontrolle und erzielt damit den optimalen Return-on-Investment (ROI) ...“ [www.espotting.de].

Um auf der ersten Position zu erscheinen muss folglich der höchste Betrag je Klick geboten werden. Die Position in der Bieterrangfolge hat für einen Anbieter direkte Auswirkung auf die Reichweite und den Erfolg seiner Payed Placement Kampagne. Bei Portal-Partnern die alle Suchergebnisse von Espotting abbilden, erscheint ein Link-Verweis entsprechend seiner Rangposition entweder auf der ersten Suchergebnisseite oder auf den nachfolgenden Suchergebnisseiten. Verschiedene Portale berücksichtigen jedoch nicht alle Verweise von Espotting, sondern die höchsten Rangpositionen. So übernimmt beispielsweise Yahoo laut eigenen Angaben, nur die besten fünf Listings von Espotting.

„... Damit Ihre eigenen Web-Sites in dem Bereich "Sponsoren-Links" bei Yahoo! Deutschland erscheinen, müssen sie in den Top 5 der Suchergebnisse auf Espotting enthalten sein. ...“ [www.espotting.de/advertisers/yahoowelcome.asp].

Die wichtigsten Portal-Partner von Espotting in Deutschland sowie die Anzahl und Stelle, wo Verweise erscheinen, sind in der nachfolgenden Tabelle aufgeführt.

Tabelle 10.5. Partner von Espotting in Deutschland

Portal	URL	Anmerkung
Ciao!	[www.ciao.com]	5 Links an zentralen Stellen
Tiscali	[www.tiscali.de]	Links an zentralen Stellen
Lycos	[www.lycos.de]	Links im Lycos Channel und Directory
Web.de	[www.web.de]	Links 1 – 3 erscheinen vor Suchergebnissen
Netscape	[www.netscape.de]	Suchauswahloption auf Espotting

Portal	URL	Anmerkung
Stern	[www.stern.de]	Links 1 – 3 erscheinen vor Suchergebnissen
Metaspinner	[www.metaspinner.de]	Links 1 – 3 vor Suchergebnissen
Yahoo	[www.yahoo.de]	Links 1 –5 erscheinen vor Suchergebnissen

Das Payed Placement bei Espotting ist Keyword gebunden und erfordert ähnlich wie bei Overture, eine hohe Relevanz von Inhalt einer Website zu den gebuchten Schlüsselwörtern. D.h. die gewählten Suchbegriffe müssen das Leistungsangebot und nicht die Zielgruppe reflektieren und sich inhaltlich auch auf den Webseiten wieder finden.

„... Keywords werden nur akzeptiert, falls die Webseite für den Verbraucher ausreichend nützlichen und relevanten Inhalt zum Keyword enthält. Die Tatsache, dass evtl. Textlinks und Banner, die Nutzer zu einer anderen Drittseite lenken vorhanden sind, ist nicht ausreichend ...“ [www.espotting.de]

und

„... Keywords müssen die Produkte oder Dienstleistungen, die auf der Website angeboten werden beschreiben, und nicht den potenziellen Kunden, z.B. darf ein Anbieter von medizinischen Geräten für "medizinische Geräte bieten, nicht aber für das Wort "Doktor"...“ [www.espotting.de]

Zur Kontrolle der Einhaltung einer Konsistenz von Keyword und Inhalt werden alle Buchungen mit der Maßgabe aufgenommen, sie durch ein Redaktionsteam korrigieren oder ablehnen zu können. Mit der Buchung gibt ein Anbieter den betreffenden URL an und kann für jeden Verweis einen individuellen Titel und Beschreibung bestimmen, welche als Vorabinformationen in der Suchergebnisliste dienen. Diese können vom Titel und der Beschreibung der Head-Information des jeweiligen Dokuments abweichen, müssen aber den Inhalt der Seite präzise beschreiben:

„... Alle Titel und Beschreibungen müssen akkurat beschreiben, was die Suchanfrage des Kunden mit der Website des Werbekunden zu tun hat. ...“ [www.espotting.de]

und

„... Wenn möglich sollten die Keywords auch in Titel und Beschreibung vorkommen, so dass Verbraucher die Relevanz der Eintragung sofort wahrnehmen ...“ [www.espotting.de]

und

„... Titel und Beschreibung sollten klar und informativ beschreiben, was Nutzer auf ihrer Seite vorfinden, falls Sie weiter klicken ...“. [www.espotting.de].

Ein wichtiges Aufnahmekriterium für Anbieter ist, dass ihr Produkt- oder Leistungsangebot in Europa verfügbar ist. Ist dies nicht der Fall, kann ein Unternehmen keine Buchung bei Espotting vornehmen. Für ausländische Websites die bei deutschen Portal-Partnern erscheinen möchten, müssen alle Seiten deutsche Titel und Beschreibungen haben. Führt ein Link von einem deutschen Portal-Partner auf eine fremdsprachige Seite ist es erforderlich, dass in der Beschreibung der Zusatz *engl.* (für Englisch) hinzugefügt wird.

Zur Unterscheidung der Espotting-Verweise von den Ergebnissen einer Suche im Datenbestand eines Portal-Partners, wird das Payed Placement-Suchergebnis im allgemeinen als Sponsored Link gekennzeichnet.

Espotting verfügt über einen eigenen Index und Datenbestand, der durch die URL's der Werbepartner gebildet wird. Ergänzend greift Espotting auf die Technik von Inktomi zu. Die Suchtechnologie, um auf den Espotting-Datenbestand zugreifen zu können, wird von FAST gestellt. Betrachtet man die Portal-Partner von Overture und Espotting, die erzielbare Reichweite sowie die Form wie die Sponsored Links dargestellt werden, ist Overture gegenwärtig die interessantere der beiden Payed Placement-Alternativen.

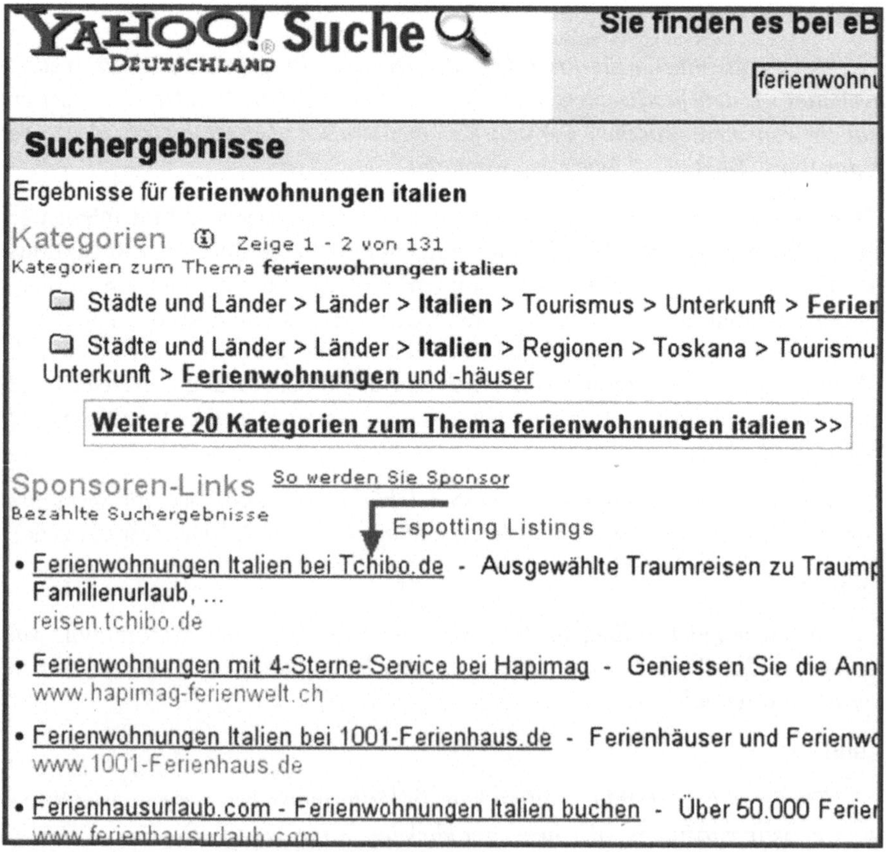

Abb. 10.3. Espotting Listing bei Yahoo

Merke

- Bei Espotting kann eine Aufnahme nur durch Buchung von Keywords erfolgen.
- Das Berechnungsverfahren beruht auf einem C-P-C-Modell. Der Preis bestimmt sich über ein Versteigerungsverfahren.
- Der Preis hat direkten Einfluss auf die Rangposition und die Reichweite.
- Zwischen den Suchwörtern und Inhalt muss eine hohe Übereinstimmung bestehen, um von Espotting akzeptiert zu werden.
- Voraussetzung für eine Aufnahme ist, dass das angebotene Leistungs- und Produktprogramm in Europa verfügbar ist.
- Links von Espotting sind bei den Portal-Partnern i.d.R. gekennzeichnet.

Links

Espotting-Überblick
- [www.espotting.de/info/about.asp]

Espotting-Werbekunden FAQ
- [www.espotting.de/popups/adfaq.asp]

Espotting-Listing Angebote
- [www.espotting.de/advertisers/list_yoursite.asp]

Espotting Portal-Partner
- [www.espotting.de/info/affilpartners.asp]

Espotting-Technik Partner
- [www.espotting.de/info/corppartners.asp]

FAST Technology
- [www.fast.no]

Yahoo-Hilfeseiten Sponsoren-Links
- [http://help.yahoo.com/help/de/ysearch/sponsor/]

10.6 QualiGo – Payed Placement

Die Suchmaschine QualiGo verfolgt die Zielsetzung, qualitativ hochwertige Suchergebnisse aus dem deutschsprachigen Web zu liefern. Hierzu indexiert sie über eigene Webrobots alle Dokumente mit den TLD's .DE, .CH und .AT. Kürzlich wurde der Datenbestand auch um Dokumente aus dem niederländischen Web mit der TLD NL erweitert.

Der Datenbestand und Index von QualiGo wird mittels zweier Verfahren entwickelt. Zum einen wird das Deutsch sprachige Web durch Webrobots via Hyperlink-Verfolgung erfasst. Eine Gewichtung der Keywords und die Bewertung der Relevanz eines Dokuments erfolgt mittels der in diesem Buch beschriebenen Indexierungsverfahren von Retrieval Systemen.

„... Bei den nicht ersteigerten Suchtreffern wird die Relevanz der Ergebnisse durch die innovative Suchmaschinentechnologie von QualiGo gewährleistet ...". [www.qualigo.de].

Eine Aufnahme eines neuen Dokuments in den Datenbestand von QualiGo *ohne Bezahlung* ist nur möglich, wenn eine bereits indexierte Website einen Hyperlink auf ein Dokument richtet.

Das Abrechnungsmodell bei QualiGo entspricht in seinen Grundzügen dem von Overture bzw. Espotting. Ein Anbieter bucht die Aufnahme eines URL's unter Bestimmung der gewünschten Schlüsselwörter. Werden die definierten Begriffe bei QualiGo oder einem seiner Portal-Partner gesucht, erscheint der Verweis und ein Anbieter bezahlt für jeden erfolgten Klick.

Die Höhe der Rangposition in der Ergebnisliste bestimmt sich gleichfalls über die Höhe des Preises, den ein Anbieter bereit ist, für einen Klick zu bezahlen. Der Rang wird dazu im Wettbewerb mit anderen Anbietern über ein Versteigerungsverfahren festgelegt.

„... Je höher Ihr Gebot, desto weiter oben steht Ihr Eintrag in den Ergebnislisten. Bei mehreren gleich hohen Geboten wird das ältere Gebot zuerst platziert ...“ [www.qualigo.de]

Das Mindestgebot für eine Buchung ist immer Euro 0,10 und der C-P-C-Betrag kann immer nur um Euro 0,01 erhöht werden (Stand 1/2003). Die Buchung erfolgt durch *Selbstanmeldung* einer Website oder ein Anbieter wählt das *Full Service Paket*, bei dem er hinlänglich der zu wählenden Schlüsselwörter und Beschreibung aktiv unterstützt wird. Die Mindestkosten der Selbstanmeldung variieren in Abhängigkeit des Erscheinungslandes:

Tabelle 10.6. Mindestkosten für die Aufnahme bei QualiGo – Stand 1/2003

Partner	Selbst	Full Service	Mindestgebot
Deutschland	50.– Euro	249.– Euro	0,10 Euro
Schweiz	100.– Euro	249.– Euro	0,10 Euro
Österreich	100.– Euro	249.– Euro	0,10 Euro
Holland	100.– Euro	249.– Euro	0,10 Euro

Ein vorbestimmtes Budget reduziert sich durch die Anzahl der erfolgten Klicks in Abhängigkeit des C-P-C Betrages. Die Auffüllung des Etats kann bei Bedarf selbst durch den Anbieter erfolgen oder es kann festgelegt werden, dass es sich automatisch auf einen bestimmten Betrag neu auffüllt (*Non-Stop-Traffic Plan*). Alternativ kann auch eine monatlich automatisierte Auffüllung des Budgets bis zu einem Limitbetrag erfolgen (*Fixed-Budget Plan*). In der Zeit in der das Konto aufgebraucht ist, erscheint der gebuchte Verweise nicht mehr in der Suchergebnisliste.

Der besondere Qualitätsanspruch von QualiGo erfordert eine hohe Übereinstimmung von gebuchten Schlüsselwörtern zum Seiteninhalt. Ein Anbieter kann einen individuellen, 64 Zeichen langen Titel sowie eine 256 Zeichen lange Beschreibung zu jedem URL angeben. Ein Redaktionsteam überprüft jede Buchung auf Relevanz. Wird eine Buchung akzeptiert, ist sie nach 3 bis 5 Arbeitstagen bei QualiGo, als auch bei den Portal-Partnern sichtbar.

Buchungen werden getrennt nach Ländern vorgenommen, in denen das Payed Placement erscheinen soll. In verschiedenen Ländern arbeitet QualiGo mit einer Vielzahl von Portal-Partnern zusammen, auf denen der Payed Placement-Verweis eines Anbieters an prominenter Stelle erscheint.

Portal-Partner Schweiz

Tabelle 10.7. QualiGo Partner in der Schweiz

Partner	URL	QualiGo Payed Placement
Bluewin.ch	[www.bluewin.ch]	1. – 3. Payed Placements
T-Online.ch	[www.t-online.ch]	Einige Links als Power-Link
Tricus.ch	[www.tricus.ch]	Alle Payed Placements
Suchen.com	[http://suchen.com]	Einstreuung der Payed Placements
eTools.ch	[www.etools.ch]	1. – 3. Payed Placements

Portal-Partner Österreich

Tabelle 10.8. QualiGo Partner in Österreich

Partner	URL	QualiGo Payed Placement
AustroNaut	[www.austronaut.at]	Alle Payed Placements
Telekom	[www.aon.at]	1. Payed Placement
Suchen.com	[http://suchen.com]	Einstreuung der Payed Placements
Tricus.at	[www.tricus.at]	Alle Payed Placements

Portal-Partner Deutschland

Tabelle 10.9. QualiGo Partner in Deutschland

Partner	URL	QualiGo Payed Placement
Metacrawler.de	[www.metacrawler.de]	Einstreuung der Payed Placement
MetaGer	[www.metager.de]	1. – 5. Payed Placement
Blitzsuche	[http://blitzsuche.rp-online.de]	1. – 3. Payed Placement
Tricus	[www.tricus.de]	Alle Payed Placements
Sharelook	[www.sharelook.de]	1. – 5. Payed Placement
Ixquick	[http://ixquick.com/deu/]	Alle Payed Placements
Suchen.com	[www.suchen.com]	1. – 20. Payed Placement

Partner	URL	QualiGo Payed Placement
Hexnet	[www.suchen.com]	1. – 20. Payed Placement
Nettz.de	[www.nettz.de]	Einstreuung der Payed Placement
Apollo 7	[www.apollo7.de]	1. Payed Placement
CYbiz.de	[www.cybiz.de]	Alle Payed Placements
Metalook	[www.metalook.de]	1. – 4. Payed Placements
Seite.com	[www.seite.com]	Alle Payed Placements
Infotiger	[www.infotiger.de]	1. – 5. Listings als Featured Links
Metatiger	[www.metatiger.de]	1. – 5. Listings als Featured Links
Bingooo	[www.bingooo.com]	1. – 20. Payed Placement
Nathan	[www.nathan.de]	Alle Payed Placements in Surftipps
EURO	[www.euro-verzeichnis.de]	Alle Payed Placements

Die Payed Placement-Einträge von QualiGo erscheinen bei den verschiedenen Portal-Partnern entweder in einem gesonderten Bereich, der der Suchergebnisliste vorangestellt ist, oder sie werden mit den regulären Suchergebnissen gemischt aufgelistet. Im allgemeinen erfolgt unabhängig der Darstellungsform immer eine Kennzeichnung des Verweises als QualiGo-Ergebnis bzw. als Sponsored Link.

In der Suchergebnisliste des eigenen Portals von QualiGo erscheinen die Payed Placements als Teil der regulären Suchergebnisse, sind ihnen aber vorangestellt und entsprechend gekennzeichnet. Gleichzeitig werden die jeweiligen Buchungsgebote des C-P-C mit angezeigt.

Durch seine Ausrichtung auf bestimmte Länder sowie die Kooperationen mit entsprechenden Portal-Partnern, eröffnet QualiGo *ergänzend* zu Overture und Espotting, ein sehr gutes und Länder spezifisches Payed Placement-Angebot.

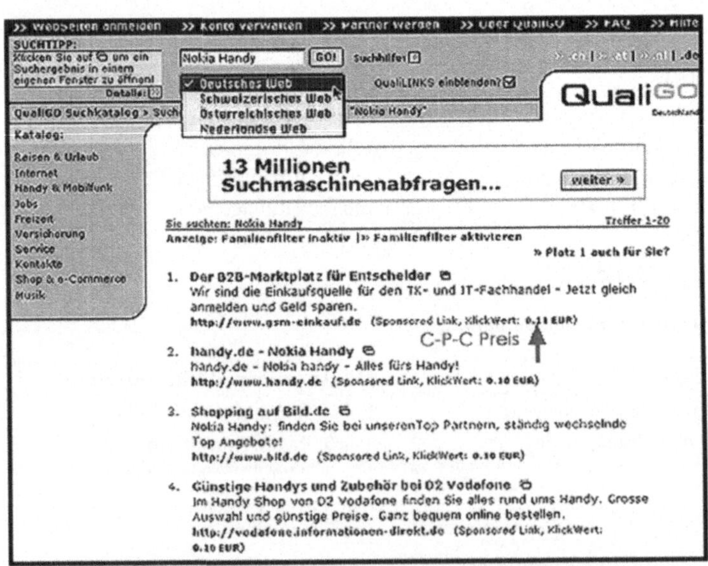

Abb. 10.4. C-P-C Preis Darstellung bei QualiGo

Merke

- QualiGo ist auf das deutschsprachige Web spezialisiert.
- Bei QualiGo kann eine Aufnahme nur durch Buchung und Bezahlung von Keywords oder durch Link-Verweise von anderen Dokumenten erfolgen.
- Buchungen erfolgen immer Länder spezifisch.
- Die Abrechnung beruht auf einem C-P-C-Modell. Der Preis bildet sich über ein Versteigerungsverfahren.
- Der Preis bestimmt die Rangposition und somit auch die Reichweite.
- Zwischen Suchwörtern und Inhalt muss eine hohe Übereinstimmung existieren.
- Voraussetzung für eine Aufnahme ist, dass das angebotene Leistungs- und Produktprogramm in Europa verfügbar ist.
- Links von QualiGo sind bei den Portal-Partnern i.d.R. gekennzeichnet.

Links

QualiGo Anmeldung
- [www.qualigo.de/doks/auktion/pos.php]

QualiGo Richtlinien für die Positionierung
- [www.qualigo.de/doks/auktion/pos_richtlinien.htm]

QualiGo Portal Partner
- [www.qualigo.de/doks/auktion/pos_kooperation.php]

11 Monitoring und Controlling

Nachdem ein URL erfolgreich in den Datenbestand einer Suchmaschine aufgenommen wurde, ist es erforderlich bei den einzelnen Suchmaschinen seine permanente Existenz als auch die Rangposition über den gesamten Lebenszyklus hinweg zu überwachen. Wird ein Dokument aus dem Index entfernt oder verändert sich seine Rangposition in der Suchergebnisliste, sind unverzüglich entsprechende Maßnahmen zur Reindexierung und gegebenenfalls Verbesserungen der angewendeten Methoden vorzunehmen. Eine Überprüfung kann manuell oder automatisiert erfolgen.

Ein wichtiges Kriterium für den Erhalt im Datenbestand stellt die dauerhafte Verfügbarkeit des Hosts sowie das Vorhandensein des URL auf dem Server dar (s. Kap. 7.3). Zur Überwachung existieren verschiedene Softwaretools als auch Online-Dienstleister, die entsprechende Monitoring-Dienste anbieten und die Content-Anbieter bei Ausfällen unverzüglich informieren.

Über eine Analyse der erfolgten Besuche auf einer Website lässt sich der Erfolg der Indexierung direkt überprüfen. Professionelle *Web Log Analyse Tools* ermöglichen eine umfassende *qualitative* und *quantitative* Beurteilung über den Erfolg einer Website. Sie ermöglichen beispielsweise Einblicke wie viele Besucher eine Website aufsuchten, unter welchen Suchwörtern sie gefunden wurde, aber auch von welchen Suchmaschinen die meisten Verweise erfolgten. Die genaue Auswertung der Log Files ist eine wichtige Aufgabe des Content-Anbieters. Auf Basis der kumulierten Server-Daten lässt sich die angewendete Strategie der Indexierung überprüfen und Anpassungen vornehmen.

Das Monitoring und Controlling von Websites darf folglich nicht als ein notwendiges „Muss" betrachtet werden, sondern es stellt ein wichtiges Kriterium zur dauerhaft erfolgreichen Indexierungsstrategie dar.

11.1 Website-Monitoring

Die Grundvoraussetzung für ein Dokument um im Datenbestand von Suchmaschinen dauerhaft auffindbar zu sein, ist die permanente Verfügbarkeit des jeweiligen URL's. Die Webrobot-Systeme besuchen alle URL's in periodischen Abständen und überprüfen die Dokumente auf ihre Existenz sowie mögliche inhaltliche Veränderungen. Ist ein URL temporär nicht zu laden oder ist ein Dokument nicht mehr auffindbar, kann es je nach Art des übermittelten Server Codes zu einem wiederholten Besuch oder auch zur Löschung kommen (s. Kap. 2.2.2).

Die Erreichbarkeit des URL muss höchste Priorität beim Betrieb einer Website haben. Die Gründe, dass ein URL nicht erreichbar ist, können sehr unterschiedlich sein. Einige Ursachen sollen kurz erläutert werden.

Server nicht erreichbar

Eine der häufigsten Ursachen für die Nichterreichbarkeit eines URL's ist, dass der Server auf der die Website gehostet wird, den HTTP-Request des Crawler nicht erfüllt. Der Grund kann beispielsweise eine temporäre Überlastung des Servers oder ein Server Crash sein. In beiden Fällen erfolgt i.d.R., in Abhängigkeit der übermittelten Server Codes, ein erneuter Besuch durch die Robots. Erfolgt eine häufige Überlastung des Servers, wird der URL bei den Suchmaschinen in einen niedrigeren Crawl Cluster eingeordnet, der eine geringere Wiederbesuchshäufigkeit bedeutet. Änderungen am Dokument werden dann nicht mehr kurzfristig, sondern erst nach längerer Zeit von der Suchmaschine erkannt, was Auswirkungen auf das Ranking hat.

Dokument nicht mehr existent

Die Löschung eines Dokuments vom Server kann bewusst erfolgen, da beispielsweise ein Dokument nicht mehr benötigt wird. Oder unbewusst durch einen Anwenderfehler bei der Verwaltung der Dokumente auf dem Server. Ist ein Dokument nicht mehr auf dem Server verfügbar, wird der Server Code Error 404 übermittelt, der in jedem Fall zu einer Löschung des URL bei den Suchmaschinen führt. Wurde für ein bestimmtes Dokument eine gute Rangposition bei den Suchmaschinen erreicht, ist es falsch den URL zu löschen. Auch dann, wenn ein Dokument nicht mehr benötigt wird. Sinnvoller ist es einen Redirect auf ein inhaltlich ähnliches Dokument oder die Startseite vorzunehmen, um hierdurch nicht die Indexierung zu verlieren.

DNS-Probleme

Wenn eine Domain bzw. ein URL nicht aufrufbar ist, kann dies gelegentlich auch durch eine fehlerhafte oder ausbleibende Domain-Auflösung durch die DNS-Server begründet sein. Das *Domain Name Server-System* im Internet hat die Aufgabe, einen Domain-Namen in eine IP-Adresse umzuwandeln, sodass der betreffende Host-Rechner über seine IP-Adresse angesprochen werden kann. Hierzu verfügen mindestens zwei redundante DNS-Server im Internet über Informationen, auf welchem Host sich eine Website befindet.

Wichtig ist insbesondere, dass der DNS-Server des Internet Service Provider (ISP) der die Domain der Website verwaltet, immer aktiv ist. Denn er beantwortet letztendlich alle Domain-Requests und löst die von ihm verwalteten Domains auf. Fällt der DNS-Server des ISP aus oder ist er fehlerhaft konfiguriert, können keine

Anfragen auf eine Domain beantwortet werden, selbst wenn der betreffende WWW-Server fehlerfrei arbeitet. Die Domain bzw. ein URL ist somit nicht erreichbar, was zu einer Lösung bei den Suchmaschinen führen kann.

Domain-Löschung

Mit der Löschung einer Domain bei der TLD-Domain Vergabestelle ist eine Website unter der betreffenden Domain nicht mehr erreichbar. Vielfach werden Websites bzw. einzelne Dokumente unter verschiedenen Keyword orientierten Domains bei den Suchmaschinen angemeldet. Diese Methodik kann wie beschrieben, zu einer Verbesserung des Rankings führen. Wird eine bestimmte Domain, unter der ein Dokument bei den Suchmaschinen indexiert ist, gelöscht, kann es von einem Webrobot nicht mehr aufgerufen werden und wird deshalb im Datenbestand der Suchmaschine gelöscht. Vor der Löschung einer Domain bei der TLD-Domain Vergabestelle ist sinnvollerweise zuerst zu überprüfen (s. Kap. 9.6), welche Dokumente unter einer Domain indexiert sind. Für diese Dokumente ist zum Erhalt der Indexierung, ein entsprechender Redirect mit einer alternativen Domain einzurichten.

Die Löschung einer Domain bei der TLD-Domain Vergabestelle kann jedoch auch dadurch erfolgen, dass der Internet Service Provider oder auch der Content-Anbieter selbst, die Jahresgebühr für eine Domain nicht oder nicht rechtzeitig an die TLD-Domain Vergabestelle bezahlt haben.

Protokollwechsel

Der Wechsel von einem Anwendungsprotokoll zu einem anderen, führt konsequenterweise zur Nichterreichbarkeit einer Ressource unter dem bisherigen Protokoll. Ist beispielsweise ein Dokument bei den Suchmaschinen unter HTTP indexiert und erfolgt ein Wechsel auf HTTPS, ist das betreffende Dokument unter dem indexierten URL nicht erreichbar. Erfolgt kein Redirect, wird der betreffende URL und das Dokument aus dem Datenbestand der Suchmaschine gelöscht.

Netzwerk-Verfügbarkeit

Das schlimmste Szenario für einen Content-Anbieter ist der Ausfall des gesamten Netzwerkes seines Internet Service Provider oder sogar der Ausfall des gesamten Internet Back Bone, über den der ISP seine Server angebunden hat. In beiden Fällen sind, aufgrund der Nichtverfügbarkeit des gesamten Netzes, alle Domains bzw. alle URL's die sich innerhalb der jeweiligen Netze bzw. Subnetze befinden, nicht mehr erreichbar.

Eine geeignete Methode, um die Verfügbarkeit des Netztes permanent selbst zu überprüfen, ist der Einsatz eines *Website-* und *Server-Monitorings*. Das *Website- und Server-Monitoring* ist eine permanente Überprüfung der Erreichbarkeit eines URL's. Es schließt u.a. die Überwachung des Servers sowie die DNS-Auflösung, als auch eine Überprüfung der Verfügbarkeit des Netzes insgesamt sowie seiner Bandbreite ein. Da ein Server-Monitoring nicht nur auf WWW-Server beschränkt ist, kann je nach Monitoring-Objekt die Berücksichtigung verschiedener Protokolle (HTTP, HTTPS, FTP, Ping, DNS, POP3, SMTP, NNTP, TELNET, IRC) erfolgen.

Ziel des Website- und Server-Monitoring ist es, die Nichterreichbarkeit eines URL unverzüglich zu erkennen und den Host Master bzw. den Content-Anbieter zu informieren, sodass ohne Zeitverzögerung Gegenmaßnahmen getroffen werden können. Das Monitoring kann entweder durch spezialisierte Dienstleister erfolgen oder es kann selbst durch den Einsatz geeigneter Software ausgeführt werden. Letzteres setzt jedoch voraus, dass ein Content-Anbieter die Möglichkeit hat, den Monitoring Prozess permanent und aus einen anderen Netzwerk ausführen zu können.

Website- und Server-Monitoring Services bzw. Software Lösungen sollten i.d.R. die folgenden Leistungsmerkmale beinhalten:

- Überwachung des Servers in kurzen Abständen,
- Analyse von Fehlverhalten des Servers,
- Protokollierung und Interpretation von Response Server Codes,
- Überprüfung der DNS-Auflösung,
- Port Monitoring von POP3, FTP, SMTP, SSL, HTTP, HTTPS, FTP, u.a.,
- Check aller Passwort geschützten Bereiche,
- Monitoring von Datenbanken und Datenbankservern,
- Überprüfung von Web-Formularen und CGI-Skripten,
- Analyse der Server Response-Zeit,
- Messung der Ladedauer für Dateien,
- Netzwerkverfügbarkeit und Bandbreite,
- Überprüfung auf Existenz einer Ressource,
- Inhaltsanalyse von Dokumenten auf Keyword-Dichte,
- Ressourcen-Analyse auf unerlaubte Veränderungen,
- Überprüfung auf Vollständigkeit aller einem Dokument zugeordneten Dateien,
- Überprüfung aller Hyperlinks im Dokument,
- Problemmitteilung über Mail, SMS und Fax,
- Detaillierte Fehlerberichte.

Merke

- Die permanente Verfügbarkeit einer Website ist wichtige Voraussetzung für den Erhalt im Datenbestand der Suchmaschinen.
- Die Nichterreichbarkeit eines URL kann u.a. auf Probleme beim Hostrechner, eine fehlerhafte DNS-Auflösung, Löschung der Domain, Netzwerkausfälle als auch der Löschung des betreffenden Dokuments zurückzuführen sein.
- Es empfiehlt sich für wichtige Websites umfassende Monitoring-Maßnahmen auszuführen.

Links

Connection Errors & Web Server Response Codes
• [www.internetseer.com/help/error.xtp]

Website Monitoring Service
• [www.alertra.com]

MAC OS X Server Management
• [www.apple.com/xserve/management.html]

Use Scripting To Monitor Your Site
• [www.alertra.com/script_info]

PingALink-Website Monitoring Service
• [www.pingalink.com/]

HTTP-Server Monitoring Software
• [www.share2.com/httpmonitor/]

SiteScope for Web Services
• [www.freshwater.com/]

DNS-Resolver
• [www.tracert.com/resolver.html]

Traceroute.org
• [www.traceroute.org]

Internet Traffic Report
• [www.internettrafficreport.com/main.htm]

11.2 Log File Analyse

Einen umfassenden Einblick über den Erfolg der Indexierung bei den Suchmaschinen bietet die Auswertung von statistischen Werten der Webserver-Protokolle. Basierend auf dem Client Server-Modell sowie den Systematiken des HTTP-Protokolls und der TCP/IP Protokollfamilie, lassen sich vielfältige Informationen gewinnen, die mittels einer Log File-Analyse interessante Erkenntnisse und Rückschlüsse ermöglichen. Die statistischen Werte der Log Files basieren u.a. auf der Erfassung von HTTP-Requests, deren Herkunft, Art und Menge der übertragenen Dateien, den IP-Adressen der Clients sowie der Dauer von TCP/IP-Verbindungen.

Für einen Content-Anbieter sollte es oberstes Gebot sein, die Log Files seines Webauftritts zeitnah und umfangreich auszuwerten. Im Allgemeinen stellen die Internet Service Provider geeignete Log File-Analyse-Software vorinstalliert zur Verfügung. Mindestens generieren die Server jedoch Text File basierte Server Log-Dateien, die von gesonderten Log File-Analyse-Programmen vielfältig ausgewertet werden können.

Die Analysemöglichkeiten lassen sich in *quantitative Analysen* und *qualitative Analysen* unterteilen. *Quantitative Analysen* geben beispielsweise Aufschluss über die Anzahl der Besucher, die Verteilung von Besuchen auf Wochentage und Tageszeiten, die Menge an aufgerufenen Seiten oder auch die Anzahl von fehlerhaft oder unvollständig übertragenen Dateien.

Qualitative Analysen eröffnen u.a. einen Einblick in die durchschnittliche Verweildauer, die Sequenz der betrachteten Dokumente (Click Through), die Herkunft von Verweisen oder auch das Spektrum von Keywords über die ein Contentanbieter gefunden wird.

Aus der Vielfalt der möglichen Analysen sollen nachfolgend einige exemplarisch dargestellt werden.

Anfragen pro Monat

Der Bericht *Anfragen pro Monat* zeigt genau wie viele Seitenabrufe (page view) in einem Berichtsmonat erfolgten. Die Anzahl gibt z.B. Auskunft darüber, ob eine Indexierung von einem Monat zum anderen zu einer mengenmäßigen Steigerung der abgerufenen Seiten führt. In diesem Zusammenhang steht auch die Anzahl der *Besucher*. Dieser Wert misst die Anzahl aller Besucher (visit) einer Website. Je nach Art der Datenerfassung und Auswertung, werden wiederkehrende Besucher entweder einfach oder auch mehrfach (also nicht bereinigt) gezählt. Der Zahlenwert *Anfragen* beschreibt die Anzahl der erfolgten HTTP-Request auf alle Dateien (page impression). Dies drückt aus, wie viele Dateien übertragen wurden.

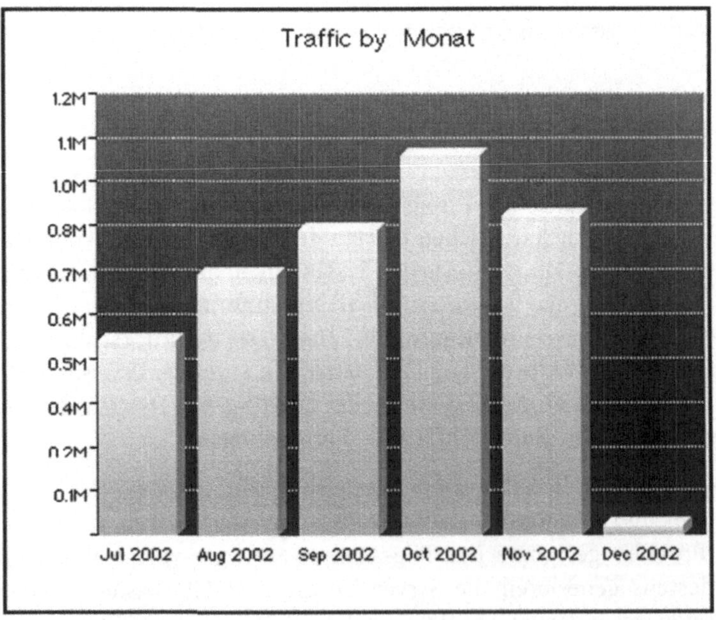

Abb. 11.1. Monatliche Seitenabrufe – Balkendiagramm

Anfragen	Bytes	Seiten	Besucher	Monat
(6) Monatliche Zugriffstatistik				
534,891	2.7G	82,245	8.345	Jul 2002
708,200	2.9G	110,022	11.212	Aug 2002
837,884	3.4G	127,082	14.785	Sep 2002
1,043,665	4.4G	158,116	16.101	Oct 2002
864,361	3.7G	132,064	11.989	Nov 2002
29,582	122.0M	4,013	5.899	Dec 2002
669,763	2.9G	102,257	9.390	**Durchschnitt**
4,018,583	17.3G	613,542	56.342	**Insgesamt**

Abb. 11.2. Monatliche Seitenabrufe, Besucheranzahl und Anfragen

Anfragenverteilung über die Wochentage

Die *Anfragenverteilung über die Wochentage* ist für das Marketing in Hinblick auf die Publizierung von neuen Inhalten oder Angeboten interessant. Sie zeigt die Verteilung der Besuchszahlen auf die einzelnen Wochentage. Hierdurch wird deutlich, an welchen Tagen das Informationsangebot verstärkt aufgesucht wird. Werden Marketingmaßnahmen von Anbietern wochenweise initiiert, kann man durch diesen Bericht den geeigneten Wochentag zur Veröffentlichung von neuen Inhalten bestimmen. Es ist jedoch zu bedenken, dass dieser Bericht erst durch einen längeren Betrachtungszeitraum ausreichend zuverlässige Durchschnittszahlen liefert.

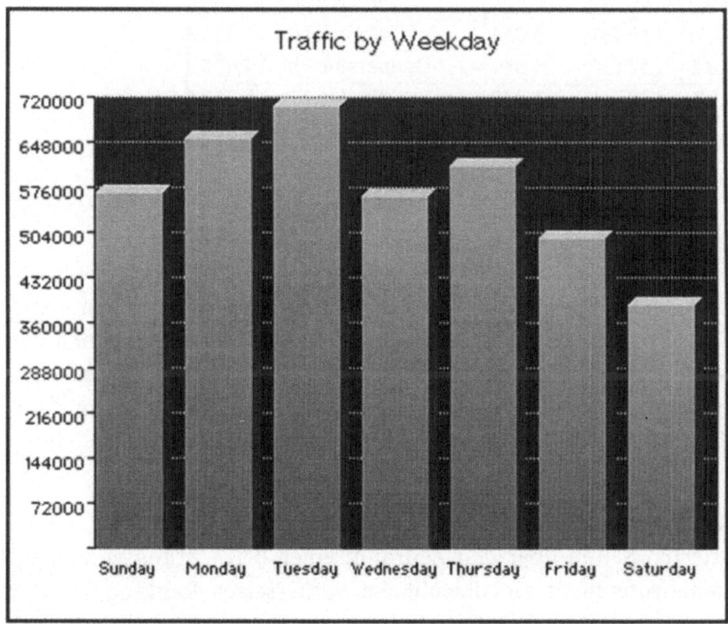

Abb. 11.3. Anfrageverteilung über Wochentage-Balkendiagramm

Tägliche Seitenabrufe

Eine detaillierte Betrachtung der Menge an kürzlich aufgerufenen Seiten (Bericht Tägliche Seitenabrufe) ist für das Marketing immer dann sehr wichtig, wenn der Erfolg einer Marketing Maßnahme (z.B. Payed Listing-Buchungen) sehr zeitnah gemessen werden soll. Durch den Report *Tägliche Seitenabrufe* ist es einem Content-Anbieter möglich, den Anstieg der Seitenabrufe täglich bzw. auch teilweise stündlich nachzuvollziehen. Basierend auf diesen Ergebnissen können dann sehr kurzfristig Entscheidungen getroffen werden.

Tägliche Seitenaufrufe				
Anfragen	**%**	**Bytes**	**Seiten**	**Datum**
26,677	0.7%	108.5M	3,665	Freitag Nov 01 2002
1	0.0%	30.6K	1	Samstag Nov 02 2002
35,851	0.9%	156.0M	5,621	Sonntag Nov 03 2002
38,712	1.0%	170.7M	5,536	Montag Nov 04 2002
36,850	0.9%	166.9M	5,662	Dienstag Nov 05 2002
37,818	0.9%	171.6M	5,779	Mittwoch Nov 06 2002
27,612	0.7%	125.9M	4,586	Donnerstag Nov 07 2002
25,493	0.6%	123.1M	4,230	Freitag Nov 08 2002
28,598	0.7%	128.1M	4,399	Samstag Nov 09 2002
32,392	0.8%	143.5M	4,964	Sonntag Nov 10 2002
43,783	1.1%	191.4M	6,408	Montag Nov 11 2002
35,615	0.9%	160.6M	5,606	Dienstag Nov 12 2002
31,734	0.8%	146.2M	5,014	Mittwoch Nov 13 2002
32,540	0.8%	147.9M	4,943	Donnerstag Nov 14 2002
27,365	0.7%	122.2M	4,370	Freitag Nov 15 2002
23,131	0.6%	95.1M	3,443	Samstag Nov 16 2002

Abb. 11.4. Tägliche Seitenabrufe und Anfragen

Anfragen nach Web Seiten

Der Bericht *Anfragen nach Web Seiten* listet alle Dokumente einer Website entsprechend der Häufigkeit der Anfragen auf. Der Bericht wird im Allgemeinen von der Software sowohl graphisch als auch numerisch erstellt. Bei der graphischen Darstellung erfolgt der besseren Übersichtlichkeit halber eine Begrenzung auf nur einige wenige, z.B. die *Top Ten Web Seiten*, während die numerische Darstellung alle Seiten entsprechend der Menge ihrer Abrufe darstellt.

An Hand dieses Berichts kann man sehr gut erkennen, ob sich die Menge der Abrufe von indexierten Seiten über den Zeitraum einer Betrachtung verbessert. Nehmen die Seitenabrufe nicht zu, obwohl ein verbessertes Ranking bei den Suchmaschinen erzielt wurde, kann dies als Hinweis für einen falsch erstellten Dokumententitel, eine ungeeignete Beschreibung oder falsch gewählte Schlüsselwörter sein.

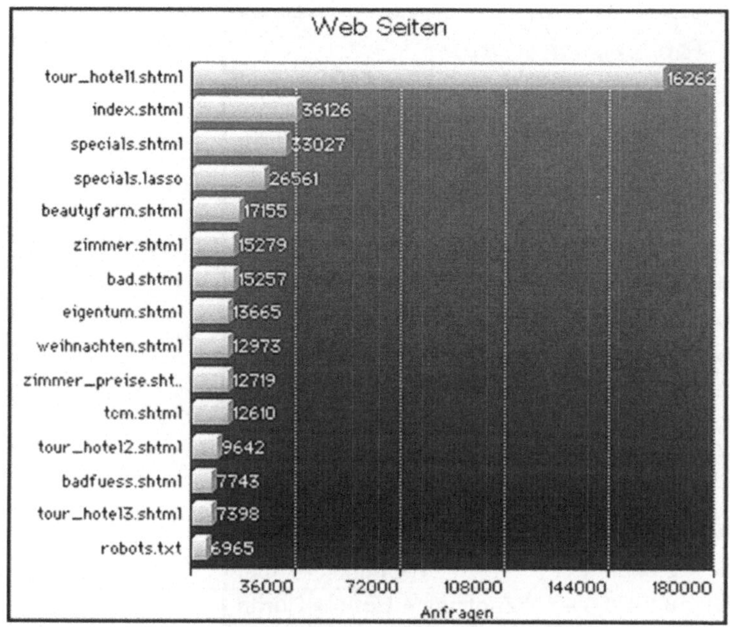

Abb. 11.5. Anfragen nach Webseiten

Top 50 Suchbegriffe

Der Bericht *Top 50 Suchbegriffe* ist, in Hinblick auf die vorgenommene Bestimmung von Keywords, mit der wichtigste Bericht. Über die Aggregation aller Suchbegriffe wird deutlich, mittels welcher Suchbegriffe eine Website bzw. ein Dokument über die Suchmaschinen gefunden wird. Technisch gesehen ist dies aufgrund der Übertragung und Speicherung des Suchanfrage-Strings der Suchmaschinen möglich. Neben einer kumulierten Angabe der Keywords aller Suchmaschinen, stehen bei hochwertigen Log File Analyse Programmen auch einzelne Berichte zu den verschiedenen Suchmaschinen zur Verfügung (ohne Abbildung).

Die in diesem Bericht aufgeführten Schlüsselwörter sind vom Content-Anbieter nach bestimmten Kriterien hin zu analysieren:

- Repräsentiert die Keyword-Dichte eines Dokuments die Häufigkeit eines Suchbegriffs?
- Wurde die Website über die wichtigsten Schlüsselwörter gefunden?
- Über welche Keywords wurde die Website schlecht oder gar nicht gefunden?
- Entsprechen die am meisten verwendeten Suchbegriffe dem Inhalt?
- Welche Suchbegriffe wurden nicht oder unzureichend im Dokument berücksichtigt?
- Werden Suchwörter alleine oder kombiniert gesucht?
- Welche Wortkombinationen sind bevorzugt gesucht worden?
- Welche Wortkombinationen können die Auffindbarkeit verbessern?
- War eine bewusste Falschschreibung von Begriffen erfolgreich?

Top 50 Suchbegriffe				
Anfragen	%	Bytes	%	
1,539	0.0%	29.7M	0.2%	Hotel Berlin
1,169	0.0%	30.0M	0.2%	Berlin Hotels
1,107	0.0%	26.1M	0.1%	Hotelzimmer Berlin
1,054	0.0%	21.1M	0.1%	Hotel + Zimmer + Berlin
1,040	0.0%	21.4M	0.1%	Hotel Messe Berlin
718	0.0%	14.7M	0.1%	Berlin Hotelzimmer Messe
585	0.0%	15.6M	0.1%	Tagungshotel + Berlin
520	0.0%	12.2M	0.1%	Hotel + Berlin + City
512	0.0%	9.8M	0.1%	Hotelzimmer City Berlin
502	0.0%	9.7M	0.1%	Tagungshotel + Wellness
493	0.0%	11.1M	0.1%	Messe + Tagungshotel
444	0.0%	11.6M	0.1%	1-hotel-berlin.de
338	0.0%	6.8M	0.0%	Wellness + Hotel
337	0.0%	6.8M	0.0%	Zentrum + Hotel + Berlin

Abb. 11.6. Bericht der Top 50 Suchbegriffe

Eine kritische Überprüfung des Berichts der *Top 50 Suchbegriffe* sichert die Erreichbarkeit der Zielgruppe sowie den Marketing-Erfolg. Eine Analyse sollte periodisch vorgenommen und der Dokumenteninhalt entsprechend den Anfragen sukzessive optimiert werden.

Verweisende Websites

Im Bericht *Verweisende Websites* werden alle Websites erfasst, über die Besucher auf den Webauftritt eines Content-Anbieters gelangen. D.h. es werden in diesem Report all diejenigen Websites aufgeführt, die einen Link gesetzt haben, über den Anwender in ausreichender Anzahl auf den Webauftritt eines Content-Anbieters gelangen. Die verweisenden Websites können Suchmaschinen, Webkataloge, Themen-Portale oder sonstige Websites sein. Dieser Bericht erfasst im Gegensatz zum Bericht *Verweisende Suchmaschinen* „alle Arten" von Websites, während der Bericht *Verweisende Suchmaschinen* nur die Anzahl der Verweise von „Suchmaschinen" erfasst.

Verfolgt ein Content-Anbieter die Strategie nicht nur bei Suchmaschinen indexiert zu sein, sondern auch bei Portalen einen Hyperlink-Verweis zu platzieren, zeigt dieser Bericht durch die Anzahl der erfolgten Link-Verweise sehr gut, welche Website die meisten Besuche generiert.

Verweisende WebSites		
Anfragen	**%**	**Empfohlene WebSite Story**
29,637	3.7%	http://www.google.de
14,279	1.8%	http://www.wellness-hotel.berlin
8,540	1.3%	http://www.1-hotel-berlin.de
6,223	0.8%	http://www.1-hotel-hamburg.de
3,441	0.4%	http://www.alltheweb.com
2,264	0.3%	http://www.google.com
1,679	0.2%	http://www.lycos.de
1,619	0.2%	http://search.msn.de
1,611	0.1%	http://www.blitzsuche.de
1,378	0.2%	http://www.google.at
1,356	0.2%	http://www.google.ch
1,311	0.2%	http://brisbane.t-online.de
1,074	0.1%	http://www.search.ch
1,060	0.1%	http://www.1-hotel-muenchen.de
1,018	0.1%	http://searchaol.aol.de
883	0.1%	http://www.suche.fireball.de

Abb. 11.7. Verweisende Websites

Anfragen nach Suchmaschinen

Die Anzahl aller erfolgten Verweise die zum Bericht *Anfragen nach Suchmaschinen* aggregiert werden, zeigt auf von welcher „Suchhilfe" die meisten Verweise ausgehen. In Hinblick auf die Indexierung bei den Suchmaschinen stellt dieser Bericht die wichtigsten quantitativen Informationen zur Verfügung. Er zeigt, welche Suchmaschine bzw. Webkatalog für einen Content-Anbieter die meisten Besuche generiert, vorausgesetzt eine Website ist bei allen Suchmaschinen annähernd gleich gut positioniert.

Obwohl eine sehr erhebliche Marktdurchdringung von Google als auch eine Dominanz bei der Gesamtmenge aller Suchanfragen existiert, ist es immer dann besonders sinnvoll die Indexierung einer Website bei allen anderen relevanten Suchmaschinen zu überprüfen, wenn sich wie dargestellt, ein erhebliches Ungleichgewicht der Suchmaschinen zueinander zeigt.

Abschließend ist noch anzumerken, dass eine Log File Analyse immer nur Tendenzen aufzeigt und kein absolut zuverlässiges Zahlenmaterial liefert. Zum einen werden häufig aufgerufene Dokumente auf Proxy-Servern der Internet Access Provider zwischengespeichert. Dies dient zur Verringerung der Übertragungszeiten und Entlastung vorhandener Bandbreiten. Die Systematik der Zwischenspeicherung von Dokumenten auf Proxy-Rechnern verfälscht jedoch die tatsächliche Abrufmenge nach unten. D.h. die Gesamtmenge wie oft ein Dokumente gemäß Server Logs tatsächlich angesehen wurde, kann größer sein.

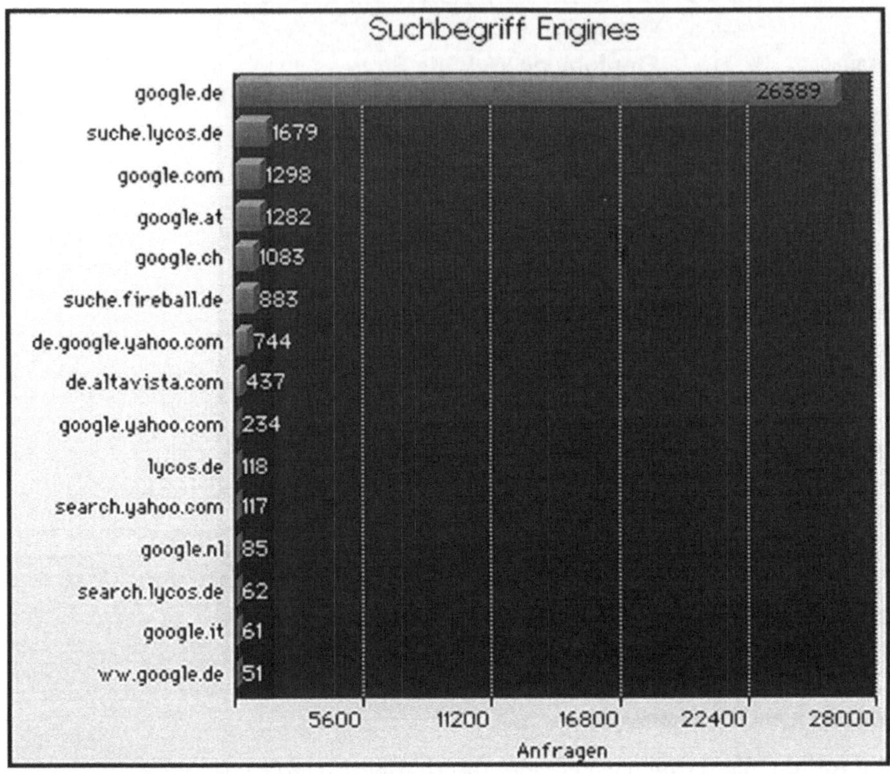

Abb. 11.8. Anfragen nach Suchmaschinen

Auf der anderen Seite erhöht die Systematik der Vergabe von dynamischen IP-Adressen bei der Internet-Einwahl tendenziell die Menge an erfassten Besuchen. Wählt sich ein Anwender bei einem Access Provider mittels analoger Einwahl oder ISDN-Einwahl ein, erhält er i.d.R. eine dynamisch zugewiesene IP-Adresse. Diese IP-Adresse ist ihm nur für die Dauer der Einwahl zugeteilt. Unterbricht er die Verbindung und wählt er sich erneut ein, erhält er im Allgemeinen aus dem Pool der vorhandenen freien IP-Adressen des Providers, dynamisch eine neue IP-Adresse zugewiesen.

Die quantitative Erfassung von Besuchern basiert auf der Speicherung von IP-Adressen. Besucht ein und derselbe Anwender eine Website häufiger und wählt er sich hierzu mehrmals ein, wird er jedes Mal mit einer anderen IP-Adresse erfasst und somit als neuer Besucher gezählt.

Merke

- Web Server generieren eine Vielzahl von Daten, die eine umfassende quantitative und qualitative Analyse ermöglichen.
- Die Auswertung der Server Logs ist oberste Pflicht des Content-Anbieter.
- Wird eine Marketing Maßnahme vorgenommen, kann deren Erfolg direkt über die Auswertung der Log Files nachvollzogen werden.
- Eine der wichtigsten Berichte sind *Top 50 Suchbegriffe* und *Verweisende Websites*. Beide Berichte zeigen, wie und wo eine Website optimal indexiert ist.
- Die Daten der Log Files zeigen nur Tendenzen auf und sind keine absolut zuverlässigen Zahlen.

Links

Log Analysis Software Jump
- [http://directory.google.com/Top/Computers/Software/Internet/ Site_Management/Log_Analysis/]

MSN Fast Counter
- [www.bcentral.com/products/fc/default.asp]

11.3 Rank Monitoring

Neben der Kontrolle der Aufnahme und des Erhalts im Datenbestand, ist das Monitoren der Rangposition eines URL's mit die wichtigste Aufgabe eines Content-Anbieters.

Mit der Buchung eines Express Inclusion Programms bei Inktomi erhält man sehr aufschlussreiche Statistiken, auf welcher *durchschnittlichen* Rangposition sich ein URL zu den häufigsten Suchwörtern befindet. Andere Suchmaschinen oder Eintragsdienste bieten diesen Service nicht an, weshalb eine Messung der Rangposition durch den Anbieter erfolgen muss. Da eine eindeutige und messbare Abhängigkeit von Rangposition und Anzahl der Besuche besteht, ist es für einen Anbieter von äußerster Wichtigkeit die Rangposition permanent zu beobachten. Verschlechtert sich das Ranking, sind unverzüglich die erforderlichen Methoden der Optimierung anzuwenden.

Die Überprüfung der Rangposition kann manuell oder automatisiert erfolgen, soll sich aber immer auf die jeweiligen URL's im einzelnen beziehen. Sofern die Menge an URL's und Suchmaschinen nicht zu umfangreich ist, kann anfänglich auch eine manuelle Überprüfung der Rangposition erfolgen. Hierzu gibt man die vordefinierten Suchwörter bei den Suchmaschinen ein und überprüft, auf welcher Position ein Verweis innerhalb der Suchergebnisseite erscheint.

Sicherlich entspricht diese Methode nicht den Anforderungen der Informatik, die ja solche Verfahren bewusst automatisiert löst. Jedoch gerade am Anfang einer Indexierung vermittelt diese Methode einem Content-Anbieter einen guten Einblick, welche Seiten noch vor der eigenen platziert sind und welche Titel, Beschreibungen und Inhalte diese Seiten einsetzen. Durch die damit verbundene Beobachtung der besser positionierten Mitbewerber können sich gute Anregungen für die Verbesserung der eigenen Website ergeben.

Konnte eine Seite indexiert werden und ist im Fortverlauf die Rangposition bei einer Vielzahl von Suchmaschinen konstant zu überprüfen, ist die automatisierte Überprüfung in jedem Fall sinnvoller. Führt man ein automatisiertes Rank Monitoring der eigenen URL's aus, sollten gleichzeitig auch die URL's der wichtigsten Konkurrenten separat überwacht werden.

Automatisierte Verfahren sind jedoch unter der Beachtung der Nutzungsbedingungen der Suchmaschinen einzusetzen. Speziell Google weist darauf hin, dass es automatisierte Verfahren der Rangkontrolle nicht akzeptiert:

„... Automated "ranking checking" programs violate Google's terms of service. They use server resources that should be spent on answering user requests. We strongly request that you not use rank checking programs to check your position on Google ...“ [www.google.com].

Die Gefahr aus dem Index entfernt zu werden entsteht jedoch erst, wenn die Anzahl von Requests zur Überprüfung der Rangposition durch einen Anwender übertrieben oft ausgeführt werden. Erfolgt ein moderater Einsatz von Rank Checking Programmen besteht im Allgemeinen keine Gefahr der Exkludierung aus dem Datenbestand.

Ein interessante Alternative bietet Google hingegen mit dem *Google Web API* [www.google.com/apis/], das es Entwicklern ermöglicht, Applikation *jeglicher Art* zu programmieren, die direkt auf die Datenbank von Google zugreifen dürfen. Die Obergrenze an Zugriffen pro Tag limitiert Google auf 1.000 Suchanfragen. Es kann also selbst eine Rank Checking Applikation programmiert werden, die direkt auf den Datenbestand von Google zugreift.

Neben der reinen Überprüfung der Position liefern die verschiedenen Rank Checking Programme noch weitere interessante Informationen:

- Positionsüberprüfung einer Website zu mehreren Suchwörtern bzw. Wortkombinationen,
- Auflistung aller Websites zu einem bestimmten Suchwort,
- Anzahl der insgesamt relevanten Dokumente bei jeder Suchmaschine,
- Nummer der Suchergebnisseite auf der sich der angefragte URL befindet,
- Genau Rangposition des URL bei jeder Suchmaschine,
- Eine Auflistung der Top 10 URL's bei allen Suchmaschinen.

Merke

- Eine Website ist konstant auf ihre Rangposition hin zu überprüfen.
- Veränderungen im Ranking erfolgen immer erst nach den periodisch ausgeführten Crawl-Prozessen der Suchmaschinen.
- Zur Überprüfung des Ranking eignen sich sehr gut Rank Checking Programme.
- Ein tägliches Überprüfen je Suchmaschine ist nicht erforderlich.
- Die Häufigkeit der Rangüberprüfung sollte nicht permanent erfolgen, sondern sich an den Crawl-Perioden der Suchmaschinen orientieren.
- Verschlechtert sich eine Rangposition, sind unverzüglich die besser positionierten Dokumente zu analysieren und die eigenen entsprechend zu optimieren.

Links

Google Information for Webmasters
- [www.google.com/webmasters/facts.html]

Google Web APIs
- [www.google.com/apis/]

Google Web APIs-FAQ
- [www.google.com/apis/api_faq.html]

Google Web APIs Reference
- [www.google.com/apis/reference.html]

How to Avoid Ranking Programs
- [www.webmasterworld.com/forum3/7580.htm]

How to increase traffic to your Web
- [www.webposition.com/]

Online Rank Checkin bei Google
- [www.ebiz-consulting.com/google-position-check.html]

RankMeter-Rank Checking Software
- [www.searchutilities.com/rankmeter/]

RankSpy
- [www.searchutilities.com/rankspy/]

Rank Checking Software
- [www.academywebspecialists.com/newsletters/0302.html]

Search Engine Rank Checking Programs
- [www.pr2.com/resources_position.htm]

PositionAgent and of Submit It
- [www.positionagent.com/]

AgentWebRanking
- [www.free-software-downloads.org/webmaster-tools/]

Position Analyser
- [www.ranks.nl/cgi-bin/tools/ranks.cgi]

Anhang

Literaturverzeichnis

Baeza-Yates R, Ribeiro-Neto B (1999) Modern Information Retrieval. Addision-Wesley, Harlow

Borlund P (2001) Evaluation of Interactive Information Retrieval Systems. Abo Akademi University, Abo

Buckley C, Singhal A, Mitra M, Salton G (1996) New Retrieval Approaches Using SMART: TREC4. NIST Special Publication, New York

Dresler S, Grosse A, Rösner A (1997) Realisierung und Optimierung der Informationsbeschaffung, von Internet – Suchmaschinen am Beispiel von www.crawler.de. Universität Karlsruhe, Institut für Telematik, Karlsruhe

Eckstein R (2000) XML – kurz und gut. O'Reilly Verlag GmbH & Co KG, Köln

Faloutsos Ch, Oard D (1995) A Survey of Information Retrieval and Filtering Methods. University of Maryland, Maryland

Fielding R, Mogul J, Frystyk H, Berners-Lee, T (1999) Hypertext Transfer Protocol – HTTP/1.1. Networking Group R Fielding, Irvine

Fuhr N, (2000) Information Retrieval - Scriptum zur Vorlesung WS 00/01. Univ. Dortmund, Informatik IV, Dortmund

Harter S, (1986) Online Informational Retrieval. Academic Press Inc, Orlando

Haveliwala T (1999) Efficient Computation of Page Rank. 1. edn, ed Stanford University, Stanford

Hull D, (1998) Cross-language Information Retrieval. Kluwer Academic Publishers, Boston Dordrecht London

Jacquemin C (2001) Spotting and Discovering Terms through Natural Language Processing. The MIT Press, Cambridge London

Jenkins C, Jackson M, Burden P, Wallis J (2000) Automatic RDF Metadata Generation for Resource Discovery Systematik. 1. edn, ed Univ. of Wolverhamton, Wolverhamton

Kowalski G (1998) Information Retrieval Systems, 2. edn, ed W Bruce Croft, Univ. of Massachusetts, Amherst

Krieger R, Kuhn N (2000) Rechnernetze – Internet – und Intranet – Anwendungen II. 1 Aufl, Hrsg Fachhochschule Trier, Trier

Noack M, Burr B (1991) Information Retrieval verschiedener Systemkonzepte am Beispiel des Hypertext-systems GUIDE und des relationalen Datenbanksystems ORACLE. 1 Aufl, Hrsg Rechenzentrum Univ Stuttgart, Inst für Computeranwendungen, Stuttgart

Oechsle R (1999) Rechnernetze – TCP/IP: Transport und Vermittlung im Internet.1 Aufl, Hrsg Fachhochschule Trier, Trier

Salton G (1987) Introduction to Modern Information Retrieval. 1. edn, ed McGraw-Hill, Hamburg Deutschland, New York

Sander-Beuermann W (1998) Suchen im Web. c't Magazin 35: 127–131

Schenk I, Thomas M (1999) Hacker's Guide, Markt und Technik Verlag, Haar

Seeboerger-Weichselbaum M (1999), Java Script. BHV Verlags GmbH, Kaarst

Steffens U (1997) Information Retrieval: Grundlagen, Systeme und Integration Arbeitsbereich Softwaresysteme. Hrsg Technische Universität Hamburg Harburg, Hamburg

Sachwortverzeichnis